© Palanque Denis/hemis.fr

Islande

Cofonda… …VAL

Directeur de collecti…
Philippe GLOAGUEN

…I
…GROLLIER
Thierry BROUARD
Marie BURIN des ROZIERS
Véronique de CHARDON
Fiona DEBRABANDER
Anne-Caroline DUMAS
Géraldine LEMAUF-BEAUVOIS
Olivier PAGE
Alain PALLIER
Anne POINSOT
André PONCELET

Rédacteurs en chef adjoints
Amanda KERAVEL
et Benoît LUCCHINI

Directrice de la coordination
Florence CHARMETANT

Directrice administrative
Bénédicte GLOAGUEN

Directeur du développement
Gavin's CLEMENTE-RUIZ

Direction éditoriale
Catherine JULHE

Conseiller à la rédaction
Pierre JOSSE

Administration
Carole BORDES
Éléonore FRIESS

2017/18

hachette

TABLE DES MATIÈRES

PRÉAMBULE

COMMENT Y ALLER ?

ISLANDE UTILE

Important : dernière minute

Sauf rare exception, le *Routard* bénéficie d'une parution annuelle à date fixe. Entre deux dates, des événements fortuits (formalités, taux de change, catastrophes naturelles, conditions d'accès aux sites, fermetures inopinées, etc.) peuvent modifier vos projets de voyage. Pour éviter les déconvenues, nous vous recommandons de consulter la rubrique « Guide » par pays de notre site • *routard.com* • et plus particulièrement les dernières ***Actus voyageurs.***

Recommandation à ceux qui souhaient profiter des réductions et avantages proposés dans le *Routard* par les hôteliers et les restaurateurs.

À l'hôtel, pensez à les demander au moment de la réservation ou, si vous n'avez pas réservé, **à l'arrivée**. Ils ne sont valables que pour les réservations en direct et ne sont pas cumulables avec d'autres offres promotionnelles (notamment sur internet). Au restaurant, parlez-en **au moment** de la commande et surtout **avant** que l'addition soit établie. Poser votre *Routard* sur la table ne suffit pas : le personnel de salle n'est pas toujours au courant et une fois le ticket de caisse imprimé, il est souvent difficile de modifier le total. En cas de doute, montrez la notice relative à l'établissement dans le *Routard* de l'année et, bien sûr, ne manquez pas de nous faire part de toute difficulté rencontrée.

Chevaux islandais

LA RÉDACTION DU ROUTARD

(sans oublier nos 50 enquêteurs, aussi sur le terrain)

Thierry, Anne-Caroline, Éléonore, Olivier, Pierre, Benoît, Alain, Fiona, Gavin's, André, Véronique, Bénédicte, Jean-Sébastien, Mathilde, Amanda, Isabelle, Géraldine, Marie, Carole, Philippe, Florence, Anne.

La saga du *Routard* : en 1971, deux étudiants, Philippe et Michel, avaient une furieuse envie de découvrir le monde. De retour du Népal germe l'idée d'un guide différent qui regrouperait tuyaux malins et itinéraires sympas, destiné aux jeunes fauchés en quête de liberté. 1973. Après 19 refus d'éditeurs et la faillite de leur première maison d'édition, l'aventure commence vraiment avec Hachette. Aujourd'hui, le *Routard*, c'est plus d'une cinquantaine d'enquêteurs impliqués et sincères. Ils parcourent le monde toute l'année dans l'anonymat et s'acharnent à restituer leurs coups de cœur avec passion.

Merci à tous les routards qui partagent nos convictions : liberté et indépendance d'esprit ; découverte et partage ; sincérité, tolérance et respect des autres.

NOS SPÉCIALISTES ISLANDE

Fiona Debrabander : franco-britannique, passionnée d'histoire, de musique et de cinéma, elle apprécie autant le thé après un trek qu'un café au comptoir, les bains de foule sur les marchés et les bains de minuit en bord de mer. Avide de rencontres et de nature sauvage, au coin de la rue ou au bout du monde, elle sillonne la planète avec l'envie de partager ses découvertes.

Fabrice Doumergue : tous ses chemins mènent… au bout du monde. Passionné d'histoire(s), d'architecture, d'art et de gastronomie, il ouvre à qui veut ses coins secrets, côté nature et côté culture. Et chaque bout du monde en appelant un autre, il a parcouru en 30 ans 70 contrées sur les 5 continents. Son pays préféré ? Heu… tous !

Pierre Mitrano : fils de Marseille, petit-fils des congés payés, Pierre plante sa première tente à 6 mois… et endosse son premier sac à l'âge de la carte Interrail. Puis, de pirogue en cargo, de cheval en van ou en montgolfière, il rejoint l'équipe du *Routard,* conscient de passer de l'autre côté du miroir pour faire partager à d'autres les pays des merveilles.

UN GRAND MERCI À NOS AMI(E)S SUR PLACE ET EN FRANCE

Pour cette nouvelle édition, nous remercions particulièrement :

- **Móa,** de l'office du tourisme de Reykjavík pour son aide précieuse ;
- **Tim Olsen,** pour ses conseils bien avisés sur les sites à visiter.

Pictogrammes du Routard

Établissements

- Hôtel, auberge, chambre d'hôtes
- Camping
- Restaurant
- Boulangerie, sandwicherie
- Glacier
- Café, salon de thé
- Café, bar
- Bar musical
- Club, boîte de nuit
- Salle de spectacle
- Office de tourisme
- Poste
- Boutique, magasin, marché
- Accès Internet
- Hôpital, urgences

Sites

- Plage
- Site de plongée
- Piste cyclable, parcours à vélo

Transports

- Aéroport
- Gare ferroviaire
- Gare routière, arrêt de bus
- Station de métro
- Station de tramway
- Parking
- Taxi
- Taxi collectif
- Bateau
- Bateau fluvial

Attraits et équipements

- Présente un intérêt touristique
- Recommandé pour les enfants
- Adapté aux personnes handicapées
- Ordinateur à disposition
- Connexion wifi
- Inscrit au Patrimoine mondial de l'Unesco

Tout au long de ce guide, découvrez toutes les photos de la destination sur • *routard.com* • Attention au coût de connexion à l'étranger, assurez-vous d'être en wifi !

Le *Routard* est imprimé sur un papier issu de forêts gérées.

I.S.B.N. 978-2-01-279944-8

Cercle polaire arctique
OCÉAN GLACIAL ARCTIQUE
Le nord
Les fjords du Nord-Ouest
Horn (Cap Nord)
Ísafjarðardjúp
Détroit du Danemark
Drangajökull
925
Ísafjörður
Flateyri
Súdavík
LES FJORDS DU NORD-OUEST p. 241
Dyrafjörður
Arnarfjörður
Þingeyri
920
Djúpavík
Patreksfjörður
Bíldudalur
Patreksfjörður
Hólmavík
Drangsnes
Brjánslækur
Látrabjarg
Bjarkalundur
Flatey
Breidafjörður
Húnaflói
Skagafjörður
Hofsós
Sauðárkrókur
Blönduós
Hólar
Glaumbær
Péninsule de Vatnsnes
Varmahlíð
711
1
Hvammstangi
60
Le centre
La péninsule de Snæfellsnes
Búðardalur
Staðarskáli
Blöndulón
Stykkishólmur
Hvammsfj.
LE CENTRE p. 170
35
Hellissanður
LA PÉNINSULE DE SNÆFELLSNES p. 266
Grundarfjörður
1 446
Snæfellsjökull
Kjölur
Hveravellir
1
Hraunfossar
Húsafell
Langjökull
Reykholt
550
Kerlingarfjöll
Faxaflói
Borgarnes
50
F 508
Kaldidalur
Hvítárvatn
Borgarfj.
Parc national
Geysir
Gullfoss
Akranes
Hvalfjörður
1
Þingvellir
LE SUD p. 117
Mosfellsbaer
Laugarvatn
La péninsule de Reykjanes
REYKJAVÍK
36
Flúðir
26
1
F 208
Garður
Sandgerði
1
Þingvallavatn
Skálholt
Keflavík
41
Hveragerði
F 225
39
26
Hekla
1 491
Selfoss
425
Blue Lagoon
1
Grindavík
Þorlákshöfn
Hella
Mýrdalsjökull
Eldey
Eyrarbakki
REYKJAVÍK ET LA PÉNINSULE DE REYKJANES p. 79
Hvolsvöllur
Þórsmörk
F 249
Seljalandsfoss
Eyjafjallajökull
Skógar
Skógafoss
Îles Vestmann
Heimaey
Svarta Fjaran
Surtsey
Dyrhólaey
Le sud
50 km
sites inscrits au Patrimoine mondial de l'Unesco
les incontournables

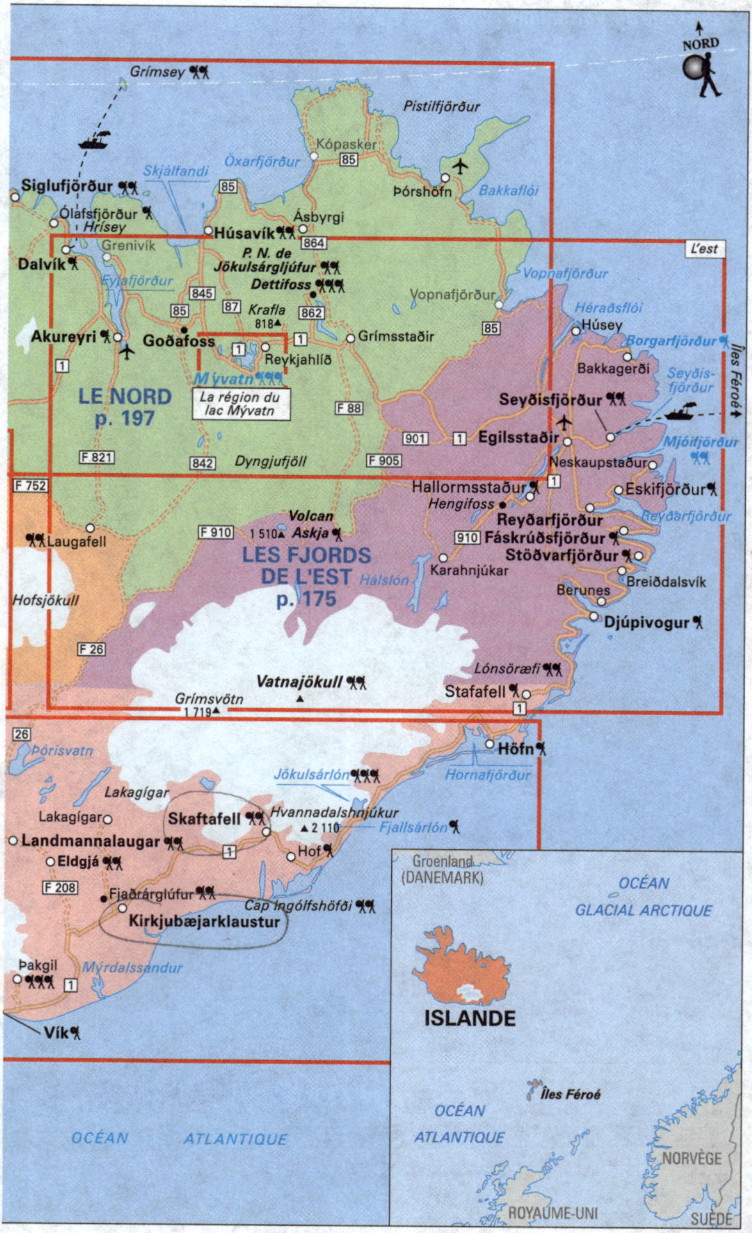
NORD
Grímsey
Pistilfjörður
Kópasker
Öxarfjörður
Skjálfandi
Þórshöfn
Bakkaflói
Siglufjörður
Ólafsfjörður
Hrísey
Ásbyrgi
Húsavík
Grenivík
Dalvík
P. N. de Jökulsárgljúfur
Dettifoss
Eyjafjörður
L'est
Vopnafjörður
Vopnafjörður
Krafla
818
Akureyri
Goðafoss
Grímsstaðir
Reykjahlíð
Héraðsflói
Húsey
Borgarfjörður
Bakkagerði
Seyðisfjörður
Mývatn
La région du lac Mývatn
LE NORD p. 197
Seyðisfjörður
Îles Féroé
Egilsstaðir
Mjóifjörður
Neskaupstaður
Dyngjufjöll
Hallormsstaður
Hengifoss
Eskifjörður
Reyðarfjörður
Reyðarfjörður
Laugafell
Volcan Askja
1 510
Fáskrúðsfjörður
Stöðvarfjörður
LES FJORDS DE L'EST p. 175
Hálslón
Karahnjúkar
Breiðdalsvík
Hofsjökull
Berunes
Djúpivogur
Lónsöræfi
Vatnajökull
Stafafell
Grímsvötn
1 719
Þórisvatn
Höfn
Jökulsárlón
Hornafjörður
Lakagígar
Lakagígar
Skaftafell
Hvannadalshnjúkur
2 110
Fjallsárlón
Landmannalaugar
Hof
Eldgjá
Groenland (DANEMARK)
OCÉAN GLACIAL ARCTIQUE
Fjaðrárglúfur
Cap Ingólfshöfði
Kirkjubæjarklaustur
ISLANDE
Þakgil
Mýrdalssandur
Vík
Îles Féroé
OCÉAN ATLANTIQUE
OCÉAN ATLANTIQUE
NORVÈGE
ROYAUME-UNI
SUÈDE
85
85
85
864
845
87
862
85
1
1
1
1
901
F 88
F 821
842
F 905
F 752
F 910
910
1
F 26
26
1
F 208
1

L'ISLANDE

Paysage de Varmahlid

« Celui qui revient n'est jamais le même que celui qui est parti. »
Halldór Laxness

Un voyage en Islande, terre des extrêmes et des contrastes, à la limite du cercle polaire, voilà l'occasion d'une fabuleuse leçon de géologie. **Volcans, glaciers, champs de lave, zones géothermiques et plages de sable noir** composent des paysages sauvages qui, selon le ciel et l'éclairage, évoquent le début ou la fin du monde. Avec ses sols craquelés, soulevés, fumants, bouleversés, laissant apparaître par endroits les entrailles de la Terre, l'Islande était considérée autrefois comme la porte des Enfers… Pourtant, quelque **325 000 habitants** (c'est à la fois peu et beaucoup…) vivent sur cette île, la deuxième d'Europe par sa superficie (après la Grande-Bretagne), dans de paisibles villages côtiers, fiers d'être ancrés à une île dont la découverte ne laisse jamais indifférent. Car, à l'image de son relief et de ses couleurs tranchées et crues, l'Islande ne peut inspirer que des sentiments entiers. Vous userez jusqu'à la corde votre dictionnaire de superlatifs : à chaque instant, on s'émerveille de la grandeur des paysages. En un mot, voilà une **destination unique** (et l'on pèse nos mots) pour le routard amoureux de nature et de solitude. Ce qui n'empêche pas **Reykjavík** de ressembler à une ville assez branchée, **propice à un court séjour.** Bref, de quoi contenter tous les curieux.

Glacier de Vatnajokull

© Philippe Turpin/Photononstop

NOS COUPS DE CŒUR

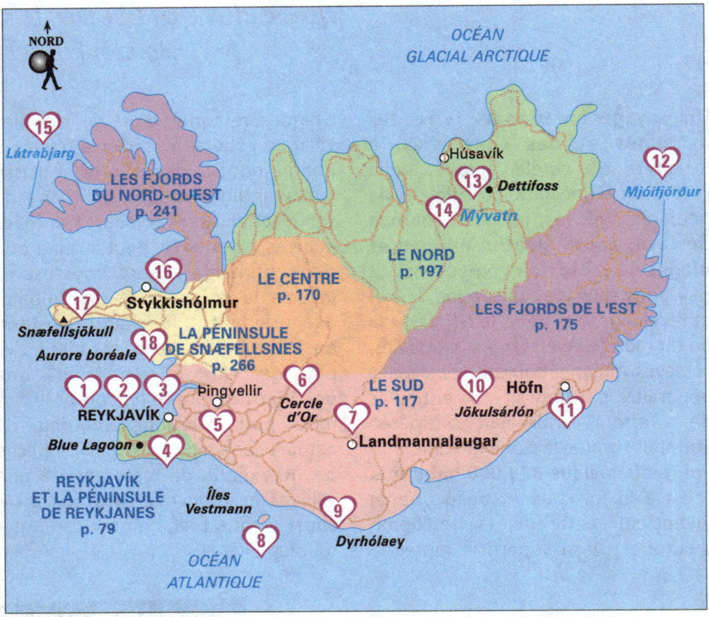

1 **Profiter du meilleur point de vue sur Reykjavík depuis le clocher de la Hallgrímskirkja.**

Devenue le symbole de la ville, cette église en forme de fusée se repère de loin. Œuvre de Gudjón Samúelsson (1887-1950), sa silhouette s'inspire des paysages islandais, notamment des orgues basaltiques. Financée essentiellement par l'argent des paroissiens et commencée en 1945, l'église ne fut inaugurée qu'en 1986 ! De là-haut, le regard embrasse les maisons multicolores de cette capitale à taille humaine. *p. 102*

Bon à savoir : *ouv tlj 9h-21h ; entrée libre dans l'église, mais accès au clocher payant.*

© Cavalier Michel/hemis.fr

©Leah Bignell/Design Pics/Photononstop

S'émerveiller devant l'architecture futuriste et les miroitements de l'Harpa, la salle de concerts et centre de congrès de Reykjavík.
Ce prestigieux monument posé sur la mer a été inauguré en 2011. La façade, véritable kaléidoscope, est composée de plus de 10 000 vitres de formes différentes qui prennent au crépuscule des teintes fantastiques. À l'intérieur, de sublimes volumes livrent des perspectives et des angles incroyables, reflétés par le jeu de miroirs du plafond. Et la vue sur la baie au travers des facettes est superbe ! *p. 97*
Bon à savoir : *• harpa.is •*

© John Waburton Lee/hemis.fr

3 **Le week-end, assister aux concerts et soirées dans les bars de Reykjavík.**

Reykjavík est une capitale créative, qui cultive une forme de *dolce vita* nordique. En fin de semaine, la ville déborde d'énergie et se couche tard. Les noctambules et les amateurs de musique feront la tournée des bars, où il y aura sûrement un bon petit concert au programme. *p. 95*

Bon à savoir : *programmation de la semaine sur le site • grapevine.is •*

4 Se baigner dans les eaux turquoise et sulfureuses du Blue Lagoon.
Les bains chauds en plein air font partie intégrante de la culture islandaise. Au Blue Lagoon, l'un des hauts lieux touristiques du pays, on se baigne dans une eau laiteuse à 35-40 °C au milieu d'un désert de lave surnaturel. Le rêve ! Le lieu est cher et très fréquenté, mais cela reste une expérience mémorable. En outre, de nombreuses sources chaudes dans toute l'île permettent de renouveler l'expérience dans un cadre plus intime, par exemple le *Laugarvatn Fontana,* dans le Sud. *p. 109, 123, 126, 212*
Bon à savoir : *réservation indispensable pour le Blue Lagoon ; • bluelagoon.is •*

5 Visiter « l'hémicycle » de Þingvellir, où siégeait le premier parlement au monde, autour de l'an mille.
Inscrit au Patrimoine mondial de l'Unesco, le parc national de Þingvellir mérite le détour pour son impressionnante faille tectonique à ciel ouvert, lieu de rencontre des plaques américaine et eurasienne. C'est dans cet hémicycle naturel que se retrouvaient, dès 930, les chefs des différents clans de l'île. Ce parlement, l'Alþing, est le plus ancien au monde. Un site qui vaut autant pour sa beauté que pour son importance historique. *p. 119*
Bon à savoir : *• thingvellir.is •*

6 Faire le tour du Cercle d'Or.

Outre la faille de Þingvellir, ne pas manquer, à quelques dizaines de kilomètres de là, les incroyables chutes de Gullfoss, dont les eaux puissantes et assourdissantes sont littéralement siphonnées dans une gorge étroite. Un peu plus loin se trouve le fameux Geysir, geyser qui donna son nom à tous les autres. Ses voisins immédiats assurent le spectacle, dont le Strokkur qui projette ses eaux toutes les 5-10 mn… jusqu'à 30 m de haut ! *p. 117*

Bon à savoir : *s'adresser par exemple à la compagnie* Iceland Excursions – Gray Line Iceland. *• grayline.is •*

7 Randonner dans le Landmannalaugar, **l'un des sites volcaniques les plus grandioses d'Islande.**

Ici, les couleurs déclinent leur nuancier du noir cendré au jaune soufre, en passant par le vert éclatant de l'herbe. Pour savourer la beauté des lieux et l'incroyable variété des paysages, il faut y consacrer du temps. Il y en a pour tous les types de marcheurs, de la simple balade au trek de plusieurs jours. *p. 136*

Bon à savoir : *en été, réserver sa place en refuge auprès de* Ferðafélag Íslands (*• fi.is •*) *ou emporter sa tente.*

8 **Naviguer jusqu'aux îles Vestmann et grimper sur l'Eldfell, ce cratère apparu au-dessus du village en 1973.**

Cet archipel, situé à une dizaine de kilomètres des côtes, est composé d'un chapelet d'îles et d'îlots issus d'une succession d'éruptions sous-marines. Les deux plus grandes sont Heimaey (13,4 km²), la seule habitée, et Surtsey (1,4 km² aujourd'hui). Cette dernière est classée au Patrimoine mondial par l'Unesco depuis 2008, mais son accès est réservé aux scientifiques. *p. 142*

Bon à savoir : *liaisons depuis le port de Landeyjahöfn, au sud-est de Hvolsvöllur. Infos : • herjolfur.is •*

9 **Prendre un bol d'air et d'embruns à Dyrhólaey, l'un des paysages littoraux les plus jolis qui soient.**

Près de Vík, sur la côte sud-est, ces falaises évoquent celles d'Étretat avec leurs aiguilles, leur roche percée et leur magnifique plage de galets… Mais ici le blanc est remplacé par une roche d'un noir profond. Les macareux (nombreux ici en été) en ont fait une de leurs terres de prédilection. *p. 155*

Bon à savoir : *infos pratiques sur le site* • *visitvik.is* •

10 **Faire un arrêt au lac de Jökulsárlón, parsemé d'icebergs.**

Entre Skaftafell et Höfn, ce lac formé par le reflux d'une des langues glaciaires du Vatnajökull est une pure merveille. Un paysage polaire, piqué d'icebergs aux reflets merveilleux… En fin de journée, avec la lumière rasante qui embrase la glace de lueurs bleues, le spectacle est envoûtant ! Les réalisateurs ne s'y sont pas trompés : de nombreux films ont été tournés ici, notamment deux opus de James Bond. *p. 163*

© Ullstein bild/gettyimages

11 **Savourer de délicieuses langoustines à Höfn, dans le sud-est du pays.**

Höfn est le principal port du pays pour la pêche à la langoust(in)e. C'est le lieu idéal pour goûter au « Humar », comme on dit ici, et pour lequel on en pince… à toutes les sauces ! *p. 165*

Bon à savoir : *un festival célèbre ce crustacé chaque 1er week-end de juillet ; attention, à ce moment-là les hébergements sont complets.*

©Pepperer85/shutterstock

12 **Découvrir le fjord de Mjóifjörður, désolé et inquiétant sous un ciel menaçant, bucolique et enchanteur sous le soleil.**

À l'est d'Egilsstaðir, Mjóifjörður est le plus beau fjord de la région. On y accède par une piste grisante… en croisant les doigts pour ne pas rencontrer un autre véhicule ! Paysage magnifique, digne du *Seigneur des anneaux,* surtout lorsque le soleil sublime les cascades et les pierriers qui dévalent la pente vers la mer. p. 183

Bon à savoir : d'Egilsstaðir, suivre la route 92 vers Reyðarfjörður, puis prendre à gauche la piste 953 (64 km A/R).

© Robert Harding/hemis.fr

13 **Admirer les chutes d'eau de Dettifoss, les plus puissantes d'Europe, dévalant dans un canyon immense.**

Au cœur des gorges de la Jökulsá et du parc national de Jökulsárgljúfur, Dettifoss est la plus puissante chute d'eau d'Europe. Se déversant de 44 m de hauteur et sur 100 m de large, le débit moyen de la cascade frôle les 200 m^3/sec. Du petit chemin qui la surplombe, on en prend plein les yeux… et les oreilles ! *p. 200*

Bon à savoir : situées au nord-est de la région du lac Mývatn ; • vjp.is •

14 **Prendre le temps de découvrir la région du lac Mývatn, et ses divers phénomènes géologiques.**

Le lac Mývatn, c'est une nature sauvage d'où surgissent de toutes parts des petits chefs-d'œuvre : ici un volcan endormi, là des marmites de boue qui glougloutent à côté de la lave encore fumante, là-bas un lagon dormant dans le noir… Dans un espace très limité, cette région tient du miracle géologique, minéral et naturel. *p. 206*

Bon à savoir : *c'est l'un des sites les plus visités d'Islande ; en été, réserver son hébergement bien à l'avance. Infos ; • visitmyvatn.is •*

© Morandi Tuul et Bruno/hemis.fr

15 **Observer les macareux moines, notamment sur le rebord des falaises de Látrabjarg.**

Situées au point le plus à l'ouest d'Europe, les falaises de Látrabjarg s'étendent sur 14 km et abritent tant de nids d'oiseaux que ça en fait l'une des plus importantes concentrations d'avifaune au monde ! En l'occurrence, c'est l'endroit rêvé pour rapporter quelques merveilleux clichés de macareux, que l'on peut approcher ici de près. *p. 262*

Bon à savoir : *situées à plus de 60 km du premier village (Patreksfjörður), les falaises ne sont pas d'accès très pratique sans véhicule.*

© Frilet Patrick/hemis.fr

© Stefan Altenburger/Roni Horn/Artangel/Vatnasafn/Library of Water

16 **Visiter la Vatnasafn (« bibliothèque de l'eau ») de Roni Horn, à Stykkishólmur.**

Très joliment posée sur un promontoire surplombant le port et l'océan, l'ancienne bibliothèque de Stykkishólmur accueille une installation de l'artiste américaine Roni Horn : 24 colonnes de verre contenant l'eau de 24 glaciers islandais. Un lieu dépouillé et lumineux, où les colonnes produisent des effets de transparence et de réflexion assez envoûtants. *p. 270*

***Bon à savoir :** Stykkishólmur est la « capitale » de la péninsule de Snæfellsnes.*

17 Grimper sur le Snæfellsjökull, le volcan choisi par Jules Verne comme point de départ de son *Voyage au centre de la Terre*.

Tout au bout de la péninsule de Snæfellsnes, dont l'extrémité est classée parc national, se dresse le majestueux Snæfellsjökull (1 446 m), sorte de Fujiyama islandais que l'on voit de très loin. Il est possible d'approcher le glacier ou même d'en faire l'ascension, notamment au départ de la piste 570 qui longe son flanc est. *p. 274*

Bon à savoir : • *ust.is/snaefellsjokull-national-park* •

© Eric Nathan/Alamy/Hemis

18 S'en mettre plein les yeux en assistant à un phénomène naturel fascinant : une aurore boréale.

Tous les ans, de (fin) septembre à (début) avril, le ciel des nuits islandaises explose littéralement sous l'effet de fines pluies de poussière d'étoiles. Ces particules se consument en entrant dans l'atmosphère, traçant dans le firmament d'incroyables courbes lumineuses vertes, jaunes, rouges… c'est selon. Seules conditions requises pour les observer : un ciel nocturne dégagé et… pas mal de patience !

Bon à savoir : *le site de la météo nationale indique les probabilités d'admirer ce phénomène* • *en.vedur.is* •

© Cultura/hemis.fr

Lu sur routard.com

Reykjavík, le bain d'énergie
(tiré du carnet de voyage de Carine Keyvan)

« *In Iceland, we don't have cash but we have ash* », autrement dit, « en Islande, on n'a pas d'argent, mais on a des cendres ». Et de l'humour aussi ! Malgré la crise, les Islandais gardent un moral d'acier. Démonstration à Reykjavík, une capitale créative, qui cultive **une certaine *dolce vita* nordique.**

Citez-moi un nom d'artiste islandais. Björk, évidemment ! Pourtant, la chanteuse aux airs d'elfe sous acide n'est pas la seule à s'exporter. On pourrait évoquer Barði Jóhannsson, qui a signé avec Keren Ann le duo mélancolique Lady & Bird, les productions atmosphériques de Sigur Rós ou encore la chanteuse folk Emilíana Torrini, et bien d'autres. Première étape pour découvrir les ***talents de la chanson*** islandaise au *12 Tonar,* magasin de disques situé sur Skólavörðustíg, une rue bordée de terrasses bohèmes et boutiques branchées. Le sympathique proprio vous concoctera une *playlist* sur mesure autour d'un expresso. L'été, le soleil ne se couche jamais, profitez-en pour céder à une tradition locale : le *pöbbarölt* (la tournée des bars). Direction l'*English Pub* ou le *Rosenberg,* qui accueillent les meilleurs concerts de la ville.

Bien qu'il ne soit pas aussi réputé que celui de ses cousins nordiques, le ***design islandais*** commence à se faire une place au soleil. Installé dans une vieille maison de bois d'Aðalstræti, *Kraum* sélectionne des designers de vêtements, de bijoux et d'objets déco poétiques. Filez ensuite sur Laugavegur, la principale rue commerçante. Boutiques vintage, griffes islandaises ou collectifs de jeunes stylistes y ont élu domicile. Pour les galeries *arty,* il suffit de se balader dans Hverfisgata, la rue parallèle. Poursuivez jusqu'au port pour visiter le Reykjavík Art Museum. Ce musée d'art contemporain consacre plusieurs salles à son Erró national.

Étymologiquement, Reykjavík veut dire « baie des fumées » (reykur : fumée ; vík : baie), en référence aux vapeurs qui s'échappent de la terre. Les ***bains de vapeur en plein air*** tiennent une place à part dans la vie des islandais, qui cèdent à ce rituel été comme hiver. Plusieurs thermes et piscines sont disséminés dans la capitale. Profitez de votre dernier jour pour vous rendre au Blue Lagoon, situé sur la route de l'aéroport. Ces bassins naturels, remplis d'une eau bleu turquoise oscillant entre 36 et 39 °C, sont plantés dans un décor de lave quant à lui surnaturel. Vue de loin, une épaisse fumée s'échappe, donnant au lieu des airs de bouillon de sorcière. La silice contenue dans l'eau possède des propriétés exfoliantes, et certains n'hésitent pas à se les déposer en masque sur le visage. Un moment de détente très apprécié avant le retour à la maison.

ITINÉRAIRES CONSEILLÉS

Un week-end

Reykjavík (1) et l'ambiance de ses bars les vendredi soir et samedi soir, avec souvent un bon petit concert au programme. Une visite au *Þjóðminjasafn Íslands* (musée national d'Islande), pour avoir un bon aperçu de l'histoire du pays, puis au musée d'Art de Reykjavík, installé dans la Hafnarhús.

Consacrer une longue demi-journée à la ***péninsule de Reykjanes (2),*** au sud-ouest de Reykjavík, pour barboter dans les eaux sulfureuses du Blue Lagoon et ensuite explorer cette péninsule aux paysages très variés, qui donne déjà un bon aperçu de l'île.

10 jours

Reykjavík (1) et la ***péninsule de Reykjanes (2)*** (le Blue Lagoon) : 1 ou 2 jours.

Le Cercle d'Or (3) (le site de l'hémicycle à Þingvellir, Geysir et les chutes de Gullfoss) : 1 jour.

Le Landmannalaugar (4), dans le Sud : 2 jours. Il faut prendre le temps de randonner pour vraiment apprécier le site. Les plus courageux peuvent entreprendre le magnifique trek Landmannalaugar-Þórsmörk (compter au moins 4 jours).

La côte sud par la route 1 : 2 jours. Somptueux paysages (souvent pluvieux), notamment dans les environs de ***Vík (5)*** et au lac ***Jökulsárlón (6),*** un site très touristique mais superbe, dans lequel une langue de l'immense glacier Vatnajökull déverse ses icebergs.

Si vous roulez en 4x4 ou voyagez en bus, en juillet-août (quand les pistes sont ouvertes), après le Landmannalaugar, nous recommandons vivement de partir explorer le ***Lakagígar (7)*** ainsi que le centre, avec ***Kerlingarfjöll (8)*** et ***Hveravellir (9).***

Vous pouvez également choisir de vous concentrer sur l'Ouest : Reykjavík, le Cercle d'Or puis la belle ***péninsule de Snæfellsnes (10)*** et les fantastiques ***fjords du Nord-Ouest.***

Reykjavík

3 semaines et plus

Là, vous êtes (au moins) partis pour le ***tour de l'île par la route circulaire 1*** (environ 1 340 km) avec, ici et là, des petites (et grandes) digressions sur la côte ou à l'intérieur du pays…

Reykjavík (1) : 2 jours pour découvrir un peu la ville, les environs et s'approvisionner.

La péninsule de Snæfellsnes (10) : 2 jours. Randos dans le parc national de Snæfellsjökull, voire ascension avec un guide sur le glacier éponyme (ou plus facile : en *snowcat*).

Les fjords du Nord-Ouest : au moins 3 jours. On les rejoint de préférence en ferry. Extraordinaire ***plage de Rauðisandur (11),*** incontournables ***falaises de Látrabjarg (12),*** avec (entre autres) des colonies de macareux, des paysages sauvages ponctués de villages bordant les fjords, comme le très isolé ***Djúpavík (13)*** et, pour les amateurs de randonnée et de vie sauvage, l'extraordinaire ***péninsule du cap Horn (14),*** vierge de toute population.

Poursuivre à l'est en passant par la bourgade de ***Hólar (15),*** ancien évêché du nord de l'Islande, ainsi que ***Hofsós (16)*** et son intéressant centre de l'Émigration, jusqu'au joli port de

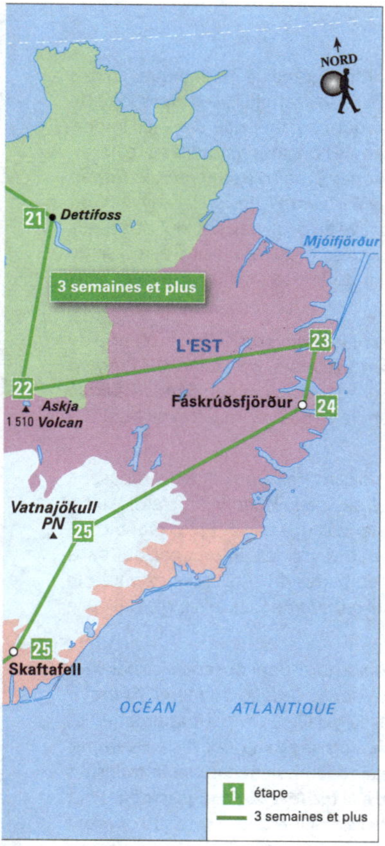

Siglufjörður (17) et son passionnant musée du Hareng (si !) : 1 jour.

Akureyri (18) : 1 jour pour reprendre contact avec la « civilisation » et se réapprovisionner.

Le lac Mývatn (19) : 2 jours, voire davantage si vous envisagez de randonner. Si vous avez les moyens et que les baleines vous fascinent, vous pouvez partir pour ***Húsavík (20)*** (1 jour). Une excursion au ***volcan d'Askja (22)*** (1 journée) fait aussi partie des must, mais elle est réservée à ceux qui disposent d'un 4x4 (ou qui sont prêts à payer – un peu cher – pour une excursion à la journée).

Les fjords de l'Est : 2 jours. De Húsavík ou Mývatn, un petit détour s'impose d'abord vers la chute de ***Dettifoss (21).*** Ensuite, il y a l'étroit et ravissant ***fjord de Mjóifjörður (23),*** puis le village de ***Fáskrúðsfjörður (24),*** riche des souvenirs des pêcheurs français… Si vous avez davantage de temps, vous pourrez même longer la ***côte nord-est,*** avec un passage particulièrement beau au-dessus de la baie de Héraðsflói, entre Vopnafjörður et Egilsstaðir.

La côte sud : Skaftafell et le parc national du Vatnajökull (25) méritent que vous passiez au moins une nuit dans le coin. Le mieux étant évidemment la randonnée pour découvrir le parc national englobant le plus grand glacier d'Islande.

Les îles Vestmann (26) : 1-2 jours. On adore !

Pour la suite de l'itinéraire, on retrouve ***le Landmannalaugar (4)*** et ***le Cercle d'Or (3) ;*** se reporter à l'itinéraire de 10 jours. Lors d'un séjour de 3 semaines et plus, la visite de ***la péninsule de Reykjanes (2)*** n'est sans doute pas indispensable.

Maison islandaise

SI VOUS ÊTES PLUTÔT...

Amateur de grands spectacles naturels : l'île regorge de magnifiques chutes d'eau : ***Gullfoss*** (Cercle d'Or), ***Svartifoss*** (parc de Skaftafell), ***Dettifoss*** (dans le Nord), ***Dynjandi*** (fjords du Nord-Ouest), pour ne parler que des plus importantes ou jolies. Et rien ne vaut un bain dans les piscines naturelles à l'eau sulfureuse comme le très célèbre ***Blue Lagoon*** ou, moins fréquentés, le ***Gamla Laugin*** dans le Cercle d'Or, le ***Jarðböðin við Mývatn*** (près du lac Mývatn) ou les sources chaudes de ***Hveraverði.*** On trouve aussi un peu partout de secrets *hot tubs,* naturels ou aménagés, où l'on peut se glisser dans une eau chaude en pleine nature ! Le must, mais demandez aux locaux, on ne va dévoiler leurs petits secrets !

Sportif et féru de treks : vous pouvez choisir la ***région de Kjölur*** (au centre de l'île), arpenter la ***réserve naturelle de Lónsöræfi*** (près de Stafafell), la ***région du Landmannlaugar,*** ou longer la côte sur 2 jours au pied du ***Snæfellsjökull.*** Et mille autres endroits encore, à condition de ne pas craindre d'avoir les pieds humides et glacés !

Passionné de volcans et de glaciers : les volcans Hekla ou d'Askja s'imposent, tout comme, à l'extrémité de la péninsule de Snæfellsnes, le Snæfellsjökull, à la fois volcan et glacier, et le site du Landmannalaugar, un des plus grandioses. Mais les phénomènes liés au volcanisme sont visibles un peu partout dans le pays. Côté glaciers, vous n'aurez que l'embarras du choix : par exemple, le Vatnajökull (le plus vaste), le Mýrdalsjökull (au sud de l'île), le Langjökull ou le Snæfellsjökull.

Amateur de tourisme animalier : direction le nord, pour observer les baleines à bosse et petits rorquals au départ de ***Húsavík, Dalvík,*** ou même ***Akureyri*** (des sorties sont aussi proposées depuis Reykjavík). On peut approcher les colonies de phoques de la ***péninsule de Vatnsnes*** au départ de Hvammstangi, et partir en quête des rennes islandais déambulant dans les immensités désolées de l'intérieur, quelque part ***entre le lac Mývatn et Egilsstaðir.*** Pour les passionnés d'ornithologie, les fjords du Nord-Ouest ou la côte sud offriront de superbes occasions de s'approcher des macareux et guillemots ***(falaises de Látrabjarg ou de Dyrhólaey).*** S'ils sont désormais rares dans les îles Vestmann, il en existe encore de nombreuses colonies sur des îlots proches des côtes, comme ***Vigur*** et ***Grímsey*** (fjords du Nord-Ouest) ou ***Papey*** (Sud-Est). Quant au ***lac Mývatn,*** il concentre à lui seul 14 espèces de canards. Meilleure période pour l'observation des oiseaux : de mi-mai à mi-juin.

Plutôt culture : du grand Musée national de ***Reykjavík*** à la modeste église au toit de tourbe, en passant par les expositions consacrées aux métiers anciens ou aux sagas, on trouve des ***musées dans presque chaque village d'Islande !*** La plupart sont thématiques et explorent souvent des pans de la vie d'autrefois. Les amateurs d'histoire ne manqueront pas non plus une visite de ***« l'hémicycle » de Þingvellir,*** où siégeait le premier parlement en Europe.

Plutôt fêtard : le week-end (uniquement), ***Reykjavík*** se révèle l'une des villes les plus festives d'Europe… Gros atouts : une vie nocturne concentrée dans un tout petit centre-ville, jamais (ou presque) de prix d'entrée, peu de *face* ou *dress control,* présence policière presque invisible, grande tolérance au bruit, musique et groupes de toutes sortes… ça s'amuse vraiment.

Trek sur le site de Landmannalaugar

Blue lagoon

LES QUESTIONS QU'ON SE POSE AVANT LE DÉPART

➢ Quels sont les documents nécessaires ?

Passeport ou carte d'identité en cours de validité pour les ressortissants de l'Union européenne et les Suisses ; passeport pour les ressortissants canadiens (durée maximale du séjour : 3 mois). L'Islande adhère à la convention de Schengen : il n'y a donc pas de contrôle aux frontières pour les ressortissants européens.

➢ Quelle est la meilleure saison ?

Entre juin et mi-août, c'est la combinaison idéale entre nuits très courtes, donc lumière du jour prolongée, et douceur des températures. Évidemment, découvrir l'Islande sous la neige est tentant. Mais, outre les routes inaccessibles, en décembre et janvier, le soleil ne montre son nez que 3 à 5 heures par jour ! Et beaucoup d'adresses sont fermées à cette saison... Côté températures, elles descendent rarement au-dessous de - 10 °C ou - 15 °C en hiver. L'été, la moyenne tourne autour de + 12 °C, avec des variations assez considérables, d'un jour ou même... d'une heure à l'autre. Souvent, la force de la pluie et du vent font pencher la balance entre un temps exécrable et un temps acceptable !

➢ Quel budget prévoir ?

Le coût de la vie est élevé en Islande, prévoir un budget conséquent ! On peut toutefois loger à moindre coût en dortoir, en camping (le plus économique) ou en refuge en pleine nature. Les *guesthouses* proposent pour la plupart des chambres avec salle de bains commune, moins chères. Certaines accueillent les routards avec sac de couchage, mais seulement dans les zones les plus touristiques (selon disponibilité et rarement en pleine saison).

➢ Comment se déplacer dans le pays ? Quels moyens de transport ?

En été, le réseau des bus couvre les principales destinations touristiques du pays (fjords du Nord-Ouest exceptés), avec des systèmes de forfaits coûteux mais plus avantageux que les billets à l'unité. De mi-septembre à mai, seule la compagnie publique *Stræto* fonctionne. La meilleure solution, bien que chère, consiste à louer une voiture, voire un camping-car aménagé (certains sont de taille modeste), et de préférence un 4x4, pour accéder aux pistes qui mènent aux coins reculés de l'île.

➢ Y a-t-il des problèmes de sécurité ?

Non ! Le pays n'a jamais vraiment compté d'armée (pas de péril extérieur), la police est plus que discrète (une seule victime à son actif depuis son existence), les seules vraies agressions recensées sont celles... des oiseaux marins qui défendent leur nid !

➢ Quel est le décalage horaire ?

1 ou 2h en moins par rapport à la France, la Belgique ou la Suisse selon la saison. Quand il est midi sur le continent, il est 11h à Reykjavík en été, 10h en hiver.

➢ Quel est le temps de vol moyen ?

Depuis Bruxelles, Paris ou Zürich, compter 3h30. Depuis Montréal, env 5h30.

➢ Côté santé, quelles précautions prendre ?

Avoir une carte européenne d'assurance maladie (reconnue par l'Islande) et des vêtements adaptés au climat, sinon c'est le coup de froid assuré : un des plus gros risques courus, avec la glissade sur glacier !

➢ Peut-on y aller avec des enfants ?

Les grands espaces et les phénomènes naturels exceptionnels devraient autant les fasciner que leurs parents ! Sans parler des animaux, comme les phoques ou les macareux, faciles à observer. Mais, pour ne pas gâcher le séjour, pensez à bien les équiper contre la pluie et le froid.

➢ Quel est le taux de change ? Comment payer sur place ?

La monnaie locale est la couronne islandaise (ISK). Le taux de change moyen est de 1 € = 120 ISK, soit 100 ISK = 0,83 €.

➢ Quelles langues parle-t-on ?

L'islandais, une langue germanique issue du norrois. Cependant, tout le monde parle plus ou moins l'anglais et, parfois, un peu l'allemand. Quelques musées et brochures touristiques traduisent aussi leurs textes en français.

➢ Quand et comment observer une aurore boréale ?

Plutôt de fin septembre à début avril (en plein hiver, les chances augmentent). Il faut un ciel dégagé, éviter les zones urbaines (les éclairages de ville perturbent l'observation du ciel) et savoir attendre son heure.

COMMENT Y ALLER ?

EN AVION

La compagnie régulière

▲ **ICELANDAIR**

– Paris : 12, rue Vignon, 75009. Bureau fermé au public. Infos et résas : ☎ 01-44-51-60-51, lun-ven 9h-17h (en français), tlj 24h/24 en anglais. • icelandair.fr •

Icelandair, la compagnie aérienne islandaise, propose 4 à 14 rotations hebdomadaires (selon la saison). Paris-Reykjavík au départ de Roissy-Charles-de-Gaulle. Durée moyenne de vol : 3h. Des forfaits week-end ou semaine de 3 ou 4 nuits à Reykjavík sont également disponibles.

La compagnie low cost

Plus vous réserverez vos billets à l'avance, plus vous aurez de chances d'avoir des tarifs avantageux. En outre, les pénalités en cas de changement de vols sont assez importantes. Il faut aussi rappeler que plusieurs compagnies facturent maintenant les bagages en soute et limitent leurs poids. En cabine, également, le nombre de bagages est strictement limité (attention même le plus petit sac à main est compté comme un bagage à part entière). À bord, tous les services sont payants (boissons, journaux). Attention aussi au moment de la réservation par Internet à décocher certaines options qui sont automatiquement cochées (assurances, etc.). Au bout du compte, même si les prix de base restent très attractifs, il convient de prendre en considération les frais annexes pour calculer le plus justement son budget.

▲ **WOW AIR**

• wowair.com •

➢ La compagnie islandaise low cost assure 8 vols/sem en hte saison, de début juin à mi-sept, au départ de Roissy-Charles-de-Gaulle – Terminal 3 vers Reykjavík. Le reste de l'année, 3 vols/sem de début nov à fin mars, 4 vols/sem d'avr à fin mai, et 6 vols/sem de mi-sept à fin oct. Également des liaisons depuis Lyon, 4 fois/sem de mi-juin à fin août.

Comment aller à Roissy et à Orly ?

Toutes les infos sur notre site *• routard.com •* à l'adresse suivante : *• bit.ly/aeroports-routard •*

Conservez dans votre bagage cabine vos médicaments, vos divers chargeurs et appareils ainsi que vos objets de valeur (clés et bijoux). Et on ne sait jamais, ajoutez-y de quoi vous changer si vos bagages n'arrivaient pas à bon port avec vous.

LES ORGANISMES DE VOYAGES

Ne pas croire que les vols à tarif réduit sont tous au même prix pour une même destination à une même époque : loin de là. On a déjà vu, dans un même avion partagé par deux organismes, des passagers qui avaient payé 40 % plus cher que les autres... De plus, une agence bon marché ne l'est pas forcément toute l'année (elle peut n'être compétitive qu'à certaines dates bien précises). Donc, contactez tous les organismes et jugez vous-même.

Les organismes cités sont classés par ordre alphabétique, pour éviter les jalousies et les grincements de dents.

EN FRANCE

▲ AGUILA-VOYAGES-PHOTO

– Atelier 10 : 270, rue Thomas-Edison, 34400 Lunel. ☎ 04-67-13-22-32. • aguila-voyages.com •

Fondée par trois photographes professionnels et grands voyageurs, Aguila offre l'opportunité de partir en voyage avec un photographe-reporter. Lors des séjours, celui-ci livre ses techniques de la photographie de reportage et sa connaissance du territoire. Il apprend aux participants, par petits groupes de 3 à 10 personnes, à repérer les scènes et les lumières et leur fait bénéficier de ses relations privilégiées avec les populations. Le catalogue offre une large gamme de destinations dans le monde, dont l'Islande. Des séjours sont également organisés en France. Aguila propose aussi un cycle de conférences-formations sur le thème de la photo, dans différentes villes de France. Inscriptions sur Internet.

▲ ALLIBERT TREKKING

– Paris : 37, bd Beaumarchais, 75003. ☎ 01-44-59-35-35. • allibert-trekking.com • Lun-ven 9h-19h, sam 10h-18h. Agences également à Chamonix, Chapareillan, Nice et Toulouse.

Né en 1975 d'une passion commune entre 3 guides de montagne, Allibert propose aujourd'hui 1 100 voyages aux quatre coins du monde tout en restant une entreprise familiale. Découvrir de nouveaux itinéraires en respectant la nature et les cultures des régions traversées reste leur priorité. Pour chaque pays, différents niveaux de difficulté. Allibert est le premier tour-opérateur certifié tourisme responsable.

▲ ATALANTE

• atalante.fr •

– Lyon : 36, quai Arloing, 69009. ☎ 04-72-53-24-80. Lun-ven 9h-18h, sam 10h-13h, 14h-18h.

– Paris : 18, rue Séguier, 75006. ☎ 01-55-42-81-00. Lun-ven 9h-19h, sam 10h-13h, 14h-18h.

Depuis 1976, Atalante est le spécialiste du trekking et des voyages d'aventure dans le monde entier. Avec une sélection de treks authentiques, Atalante vous emmène sur les sentiers du monde, au plus près de la nature et de la culture, en petits groupes et avec un guide érudit. Pionnier du tourisme responsable, Atalante propose des voyages à pied pour tous les niveaux avec le respect de la terre et des hommes comme principe. De la découverte d'un pays à l'ascension de sommet, les itinéraires vous emmènent loin de l'urbanité pour vivre un retour à l'essentiel.

▲ COMPTOIR DES VOYAGES

• comptoir.fr •

– Bordeaux : 26, cours du Chapeau-Rouge, 33800.

– Lille : 76, rue Nationale, 59160. Ouverture prévue avril 2017.

– Lyon : 10, quai Tilsitt, 69002. ☎ 04-72-44-13-40. Lun-sam 9h30-18h30.

– Marseille : 12, rue Breteuil, 13001. ☎ 04-84-25-21-80. Lun-sam 9h30-18h30.

– Paris : 2-18, rue Saint-Victor, 75005. ☎ 01-53-10-30-15. Lun-sam 9h30 (10h sam)-18h30.

– Toulouse : 43, rue Peyrolières, 31000. ☎ 05-62-30-15-00. Lun-sam 9h30-18h30.

Comptoir des Voyages s'impose comme une référence incontournable dans le voyage sur mesure, avec 80 destinations couvrant les 5 continents. Les conseillers privilégient des hébergements typiques, des moyens de transport locaux et des expériences authentiques pour favoriser l'immersion dans la vie locale. Comptoir vous offre aussi la possibilité de rencontrer des francophones habitant dans le monde entier, des greeters, qui vous donneront, le temps d'un café, les clés de leur ville ou de leur pays.

Comptoir des Voyages propose aussi une large gamme de services : échanges par visioconférence, devis par Internet et carnet de voyage personnalisés, assistance téléphonique 24h/24 et 7 j./7 pendant votre voyage.

▲ DESTINATION ISLANDE

Infos et résa : • destination-islande.com •

Contactez Destination Islande, une agence locale de confiance, pour organiser votre voyage sur mesure. Leurs conseillers, fins connaisseurs du terrain et de la réalité du pays, vous accompagnent dans la préparation de votre

LE SPÉCIALISTE DES
66°Nord
VOYAGES POLAIRES
Circuits accompagnés | Voyages individuels & sur-mesure | Eté | Hiver
VOYAGEZ EN DIRECT, NOS EXPERTS À VOTRE ÉCOUTE !
www.66nord.com
04.78.92.30.80

voyage, en couple, en famille ou en groupe d'amis. Vous avez ainsi accès à un service personnalisé en bénéficiant d'un prix accessible. Destination Islande vous propose un maximum de garanties et de services : règlement de votre voyage en ligne (sécurisée), possibilité de souscrire à une assurance et de bénéficier de garanties solides en cas d'imprévu. De quoi voyager de façon authentique et en toute tranquillité !

▲ HUWANS – CLUBAVENTURE

☎ 04-96-15-10-20. • huwans-clubaventure.fr •

– Lyon : 38, quai Arloing, 69009. ☎ 04-96-15-10-52. Lun et sam 10h-13h, 14h-18h ; mar-ven 9h-19h.

– Marseille : 4, rue Henri-et-Antoine-Maurras, 13016. ☎ 04-96-15-10-20. Sur rdv slt.

– Paris : 18, rue Séguier, 75006. ☎ 01-44-32-09-30. Lun-sam 9h-19h.

Spécialiste du voyage d'aventure, ce tour-opérateur privilégie la randonnée en petits groupes, en famille ou entre amis pour parcourir le monde hors des sentiers battus. Leur site propose près de 1 000 voyages dans 90 pays différents. Ces voyages sont encadrés par des guides accompagnateurs locaux et professionnels.

▲ NOMADE AVENTURE

☎ 0825-701-702 (prix appel + 0,15 €/mn). • nomade-aventure.com •

– Paris : 40, rue de la Montagne-Sainte-Geneviève, 75005. ☎ 01-46-33-71-71. Lun-sam 9h30-18h30.

– Lyon : 10, quai Tilsitt, 69002. Lun-sam 9h30-18h30.

– Marseille : 12, rue Breteuil, 13001. Lun-sam 9h30-18h30.

– Toulouse : 43, rue Peyrolières, 31000. Lun-sam 9h30-18h30.

Nomade Aventure propose des circuits inédits partout dans le monde à réaliser en famille, entre amis, avec ou sans guide. Également la possibilité d'organiser, hors de groupes constitués, un séjour libre en toute autonomie. Spécialiste de l'aventure avec plus de 400 itinéraires (de niveau tranquille, dynamique, sportif ou sportif +) qui vont à la rencontre des pays et de leurs habitants, Nomade Aventure donne la priorité aux expériences authentiques à pied, à cheval, en bateau ou en 4x4.

▲ NORTOURS

– Paris : 5, rue Thorel, 75002 Paris. ☎ 01-71-18-30-35. • nortours.fr • Lun-ven 9h30-18h.

Depuis plus de 25 ans, Nortours s'est imposé comme un acteur reconnu sur ses destinations du grand Nord. Du circuit accompagné francophone (avec découverte des sites incontournables de l'Islande) au voyage individuel personnalisé, les conseillers-voyage de Nortours, experts de l'Islande, répondent à toutes vos attentes grâce une connaissance inégalée du terrain. Nortours propose une gamme complète de produits : vols, circuits accompagnés, hébergements, location de voitures, location de camping-cars, locations de chalets, autotours, séjours insolites...

▲ ROOTS TRAVEL

– Paris : 17, rue de l'Arsenal, 75004. ☎ 01-42-74-07-07. • rootstravel.com • Lun-ven 10h-13h, 14h-18h ; sam sur rdv.

Roots Travel est un spécialiste des circuits individuels sur mesure en autotour libre ainsi que des séjours à Reykjavík. Réservation des vols, hôtels, fermes et *guesthouses,* location de voitures et 4x4, d'excursions à la journée. Possibilité de forfait en combiné Reykjavík/New York.

Roots Travel est aussi spécialisé sur Cuba, la République dominicaine, New York, le Maroc et Madagascar.

▲ ROUTE DES VOYAGES (LA)

• route-voyages.com • Agences ouv lun-ven 9h-19h (18h ven), rdv conseillé.

– Angers : 6, rue Corneille, 49000. ☎ 02-41-43-26-65.

– Annecy : 4 bis, av. d'Aléry, 74000. ☎ 04-50-45-60-20.

– Bordeaux : 19, rue des Frères-Bonie, 33000. ☎ 05-56-90-11-20.

– Lyon : 59, rue Franklin, 69002. ☎ 04-78-42-53-58.

– Paris : 10, rue Choron, 75009. ☎ 01-55-31-98-80.

– Toulouse : 9, rue Saint-Antoine-du-T, 31000. ☎ 05-62-27-00-68.

Plus de 20 ans d'expérience de

COMPTOIR
DES VOYAGES
© Emanuela Cino - IM 075100064
ISLANDE

voyages sur mesure sur les 5 continents ! Cette équipe de voyageurs passionnés a développé un vrai savoir-faire du voyage personnalisé : écoute, conseils, voyages de repérage réguliers et des correspondants sur place soigneusement sélectionnés, avec qui ils travaillent en direct. Son engagement à promouvoir un tourisme responsable se traduit par des possibilités de séjours solidaires à insérer dans les itinéraires de découverte individuelle. Elle a aussi créé un programme de compensation solidaire qui permet de financer des projets de développement locaux.

▲ TERRES D'AVENTURE

N° Indigo : ☎ 0825-700-825 (prix appel + 0,15 €/mn). • terdav.com •
– Paris : 30, rue Saint-Augustin, 75002. Lun-sam 9h30-19h. ☎ 01-70-82-90-00.
– Agences également à Bordeaux, Grenoble, Lille, Lyon, Marseille, Nantes, Rennes, Rouen, Strasbourg et Toulouse.

Depuis 1976, Terres d'Aventure, spécialiste du voyage à pied, propose aux voyageurs passionnés de marche et de rencontres des randonnées hors des sentiers battus, à la découverte des grands espaces de la planète. Voyages à pied, à cheval, à raquettes, en bateau... Des aventures sont proposées sur tous les continents, en petits groupes ou en individuel encadrés par des professionnels expérimentés. Les hébergements dépendent des sites explorés : camps d'altitude, bivouacs, refuges ou petits hôtels. Les voyages sont conçus par niveaux de difficulté : de la simple balade en plaine à l'expédition sportive, en passant par la course en haute montagne.

En province, certaines de leurs agences sont de véritables *Cités des Voyageurs* dédiées au voyage : librairies spécialisées, boutiques d'accessoires de voyage, expositions-ventes d'artisanat et cocktails-conférences. Consultez le programme des manifestations sur leur site internet.

▲ TERRES LOINTAINES

• terres-lointaines.com •
– Issy-les-Moulineaux : 2, rue Maurice-Hartmann, 92130. Sur rdv slt ou par tél : ☎ 01-75-60-63-50 (lun-ven 9h-19h, sam 10h-18h).
– Bordeaux : 4, rue Esprit-des-Lois, 33000. ☎ 05-33-09-09-10.

Terres Lointaines est le dernier-né des acteurs du Net qui compte dans le monde du tourisme avec pour conviction : « un voyage réussi est un voyage qui dépasse les attentes du client ». Son ambition est clairement affichée : démocratiser le voyage sur mesure au prix le plus juste. En individuel ou en petit groupe, entre raffinement et excellence, Terres lointaines met le monde à votre portée. Europe, Amériques, Afrique, Asie, Océanie, la palette de destinations programmées est vaste, toutes proposées par des conseillers-spécialistes à l'écoute des envies du client. Grâce à une sélection rigoureuse de prestataires locaux, Terres lointaines crée des voyages de qualité, qui laissent de merveilleux souvenirs.

▲ TERRE SCANDINAVE

– Paris : 28, bvd de la Bastille, 75012. ☎ 01-44-32-12-83. • terre-voyages.com/voyage-islande • Lun-ven 9h-18h30, sam 10h-18h.

Spécialiste des pays nordiques, Terre Scandinave propose une découverte atypique de la Norvège, la Suède, la Finlande, le Danemark ou l'Islande, de leur nature préservée, de leur peuple fier et chaleureux. Découvrez les célèbres fjords de Norvège, respirez dans les forêts immenses de la Suède, flânez dans Stockholm, parcourez la Laponie pendant la saison d'hiver, visitez Helsinki ou Copenhague, partez à la découverte de l'Islande, pays des volcans, des glaciers et des geysers. L'équipe spécialisée vous fera découvrir le charme des pays scandinaves grâce à une offre originale et unique de voyages sur mesure.

▲ TUI

Rens et résas au ☎ 0825-000-825 (0,20 €/mn + prix appel) • tui.fr • dans les agences de voyages TUI présentes dans toute la France.

TUI, numéro 1 mondial du voyage, propose tous les circuits Nouvelles Frontières, ainsi que les clubs Marmara et un choix infini de vacances pour une

expérience unique. TUI propose des offres et services personnalisés tout au long de vos vacances, avant, pendant et après le voyage.
Un circuit accompagné dans une destination de rêves, un séjour détente au soleil sur l'une des plus belles plages du monde, un voyage sur mesure façonné pour vous, ou encore des vacances dans un hôtel ou dans un club, les conseillers TUI peuvent créer avec vous le voyage idéal adapté à vos envies. Ambiance découverte, familiale, romantique, dynamique, zen, chic... TUI propose des voyages à deux, en famille, seul ou entre amis, parmi plus de 180 destinations à quelques heures de chez vous ou à l'autre bout du monde.

▲ VOYAGEURS DU MONDE – VOYAGEURS EN EUROPE DU NORD

• voyageursdumonde.fr •
– Paris : La Cité des Voyageurs, 55, rue Sainte-Anne, 75002. ☎ 01-42-86-17-60. Lun-sam 9h30-19h. Avec une librairie spécialisée sur les voyages.
– Également des agences à Bordeaux, Grenoble, Lille, Lyon, Marseille, Montpellier, Nantes, Nice, Rennes, Rouen, Strasbourg et Toulouse.
Parce que chaque voyageur est différent, que chacun a ses rêves et ses idées pour les réaliser, Voyageurs du Monde conçoit, depuis plus de 30 ans, des projets sur mesure. Les séjours proposés sur 120 destinations sont des suggestions élaborées par leurs 180 conseillers voyageurs. Spécialistes par pays et même par régions, ils vous aideront à personnaliser les voyages présentés à travers une trentaine de brochures d'un nouveau type et sur le site internet où vous pourrez également découvrir les hébergements exclusifs et consulter votre espace personnalisé. Au cours de votre séjour, vous bénéficiez des services personnalisés Voyageurs du Monde, dont la possibilité de modifier à tout moment votre voyage, l'assistance d'un concierge local, la mise en place de rencontres et de visites privées et l'accès à votre carnet de voyage via une application *iPhone* et *Androïd.*
Voyageurs du Monde est membre de l'association ATR (Agir pour un tourisme responsable) et bénéficie de la certification Tourisme responsable AFAQ AFNOR.

> Voir aussi au sein de chaque ville les agences locales que nous avons selectionnées.

EN BELGIQUE

▲ AIRSTOP

Infos : ☎ 070-233-188. • airstop.be • Lun-ven 9h-18h30 ; sam 10h-17h.
– Anvers : Jezusstraat, 16, 2000.
– Gand : Maria Hendrikaplein, 65, 9000.
– Louvain : Mgr. Ladeuzeplein 33, 3000.
Airstop offre une large gamme de prestations, du vol sec au séjour tout compris à travers le monde.

▲ ATALANTE

• atalante.fr •
– Bruxelles : rue César-Franck, 44A, B-1050. ☎ 02-318-42-69. Lun-sam 9h (10h sam)-13h, 14h-18h ; lun et sam slt sur rdv.
Voir plus haut le texte dans la partie « En France ».

▲ CONNECTIONS

Infos et résa : ☎ 070-23-33-13. • connections.be •
Fort d'une expérience de plus de 20 ans dans le domaine du voyage, Connections dispose d'un réseau de 30 *travel shops* dont un à l'aéroport international de Bruxelles. Connections propose des vols dans le monde entier à des tarifs avantageux et des voyages destinés aux voyageurs désireux de découvrir la planète de façon autonome. Connections propose une gamme complète de produits : vols, hébergements, locations de voitures, autotours, vacances sportives, excursions, etc.

▲ CONTINENTS INSOLITES

– Bruxelles : rue César-Franck, 44A, B-1050. ☎ 02-218-24-84. • continents-insolites.com • Lun-ven 10h-18h, sam 10h-16h30 sur rdv.
Continents Insolites, organisateur de voyages lointains sans intermédiaire, propose une gamme étendue de formules de voyages détaillée dans leur brochure gratuite sur demande.

– *Voyages découverte taillés sur mesure :* à partir de 2 personnes. Un grand choix d'hébergements soigneusement sélectionnés : du petit hôtel simple à l'établissement luxueux et de charme.
– *Circuits découverte en minigroupes :* de la grande expédition au circuit accessible à tous. Des circuits à dates fixes dans plus de 60 pays en petits groupes francophones de 7 à 12 personnes. Avant chaque départ, une réunion est organisée. Voyages encadrés par des guides francophones, spécialistes des régions visitées.

▲ TUI

• tui.be •
– Nombreuses agences dans le pays, notamment à Bruxelles, Charleroi, Liège, Mons, Namur, Waterloo, Wavre et au Luxembourg.
Voir le texte dans la partie « En France ».

▲ TERRES D'AVENTURE

– Bruxelles : chaussée de Charleroi, 23, 1060. ☎ 02-543-95-60. • terdav.com • Lun-sam 10h-19h.
Voir le texte dans la partie « En France ».

▲ VOYAGEURS DU MONDE

– Bruxelles : chaussée de Charleroi, 23, 1060. ☎ 02-543-95-50.
Le spécialiste du voyage en individuel sur mesure. • voyageursdumonde.com •
Voir le texte dans la partie « En France ».

EN SUISSE

▲ HUWANS – CLUB AVENTURE

– Genève : rue Prévost-Martin, 51, 1211. ☎ 022-320-50-80. • huwans-clubaventure.ch •
Voir le texte dans la partie « En France ».

▲ STA TRAVEL

☎ 058-450-49-49. • statravel.ch •
– Fribourg : rue de Lausanne, 24, 1701. ☎ 058-450-49-80.
– Genève : rue Pierre-Fatio, 19, 120. ☎ 058-450-48-00.
– Genève : rue Vignier, 3, 1205. ☎ 058-450-48-30.
– Lausanne : bd de Grancy, 20, 1006. ☎ 058-450-48-50.
– Lausanne : à l'université, Anthropole, 1015. ☎ 058-450-49-20.
Agences spécialisées dans les voyages pour jeunes et étudiants. 150 bureaux STA et plus de 700 agents du même groupe répartis dans le monde entier sont là pour vous donner un coup de main *(Travel Help)*.
STA propose des tarifs avantageux : vols secs *(Blue Ticket)*, hôtels, écoles de langues, Work & Travel, circuits d'aventure, voitures de location, etc. Délivre aussi la carte internationale d'étudiant ISIC.

▲ TERRES D'AVENTURE

– Genève : rue de la Rôtisserie, 19, 1204. ☎ 022-518-05-13. • terdav.com • Lun-ven 10h-19h, sam 9h30-18h30.
Voir le texte dans la partie « En France ».

▲ TUI

Infos et résa : ☎ 0848-121-221 (tlj 6h-21h). • tui.ch •
– Genève : rue Chantepoulet, 25, 1201. ☎ 022-716-15-70.
– Lausanne : bd de Grancy, 19, 1006. ☎ 021-616-88-91.
Voir le texte dans la partie « En France ».

▲ VOYAGEURS DU MONDE

– Genève : rue de la Rôtisserie, 19, 1204. ☎ 022-518-04-94. • voyageursdumonde.fr • Lun-ven 10h-19h, sam 9h30-18h30.
Voir le texte dans la partie « En France ».

AU QUÉBEC

▲ EXPÉDITIONS MONDE

Infos et résa : • expeditionsmonde.com •
Expéditions Monde est à l'avant-garde du voyage d'aventure, de découverte, de trekking, de vélo et d'alpinisme sur tous les continents. Les voyages en petits groupes facilitent les déplacements dans les régions les plus reculées et favorisent l'interaction avec les peuples locaux pour vivre une expérience authentique. Expéditions Monde offre aussi la possibilité de voyager en Europe à pied ou à vélo en liberté.

VOTRE LOCATION DE VOITURE
EN ISLANDE :
bsp-auto.com
01 43 46 20 74
Ma location de voiture pour les vacances
avec bsp-auto.com c'est :
- La garantie du meilleur tarif
- Une offre tout compris
Km illimités
Assurances incluses
Annulations et modifications sans frais
- La moins chère des options "0 franchise"
Je ne paie ma location que 5 jours avant le départ
Réservations gratuites
Tel: 01 43 46 20 74
Des conseillers spécialisés 7/7
Remise exceptionnelle avec le code : ROUTARD17

EN BATEAU

Oui, c'est possible ! Et même mieux que possible : génial ! Toute l'année, le ferry *MS Norröna,* de la compagnie *Smyril Line,* part du port danois de Hirtshals (nord du Jutland) pour rejoindre Seyðisfjörður, sur la côte est de l'Islande, après une escale intermédiaire aux îles Féroé, une dépendance danoise de toute beauté – où l'on s'oublie volontiers quelques jours en chemin. Les amateurs de 4x4 sont de plus en plus nombreux à se laisser tenter, mais on rencontre aussi camping-cars et simples véhicules de tourisme partis tutoyer le cercle arctique avec titine !

SMYRIL LINE

☎ 298-34-59-00 (lun-ven 8h-16h).
• smyrilline.com •
Voyages Gallia *est l'agent général de la* Smyril Line *pour la France et propose aussi des séjours. 30, rue de Mogador, 75009 Paris. ☎ 01-53-43-36-10.*
• islande@voyages-gallia.fr • Lun-ven 9h-18h.

Les rotations régulières ont lieu de fin mars à fin octobre, à raison d'une traversée hebdomadaire en basse saison (départ de Hirtshals le samedi à 15h, arrivée à Seyðisfjörður le lundi à 9h) et de deux rotations de mi-juin à fin août (2e départ le mardi à 11h30, pour une arrivée en Islande le jeudi à 8h30). L'hiver, les bateaux circulent aussi, mais ils transportent alors surtout du fret ; les restos du bord ne sont donc pas forcément ouverts.

Côté tarifs, bien sûr, ce n'est pas donné. Heureusement il y a des réductions pour les familles et des tarifs inférieurs pour une simple couchette dans une cabine partagée. Finalement, ça ne vous reviendra pas vraiment moins cher que de prendre l'avion et de louer un 4x4 sur place, mais quel voyage ! N'oubliez pas de réserver suffisamment à l'avance : les places partent vite. À noter que la *Smyril Line* propose aussi différents types de forfaits incluant l'hébergement aux Féroé ou en Islande. Et attention, si vous choisissez une promotion qui ne comprend pas les repas à bord, mieux vaut prévoir des provisions au risque de casser la banque !

MADRID
(paru)

Madrid me mata ! Toujours tuante, Madrid, comme le proclamait l'époque Movida ? Oui, de plaisir, et plus que jamais. Madrid se joue des extrêmes. La capitale de l'Espagne aligne des musées stupéfiants et propose aussi des ambiances de village dans chaque quartier, aux identités bien marquées. On plonge dans l'univers de Picasso au Museo Reina Sofia *(Guernica !)* ou une journée d'éblouissement au Prado (Goya, Velázquez, et l'incroyable Jérôme Bosch) ou au Museo Thyssen-Bornemysza, les bars à tapas, traditionnels ou osés. Et la nuit se prolonge souvent : entre deux placettes autour de la plaza Mayor, au long du barrio de Las Letras, en dévalant La Latina et les ruelles cosmopolites de Lavapiés, de Malasaña la rebelle ou du gay-friendly Chueca… Autant de mondes à savourer ! Plus que jamais capitale et dynamique, la ville prend le tournant durable en développant un vaste réseau de pistes cyclables et en aménageant ses rives de bouffées d'espaces verts. À découvrir entre potes, en famille ou en couple, définitivement.

ISLANDE UTILE

ABC de l'Islande

- ***Superficie :*** 103 000 km².
- ***Point culminant :*** Hvannadalshnjúkur (2 110 m).
- ***Population :*** 335 878 hab (2016), dont 94 % urbanisée.
- ***Densité :*** env 2,7 hab./km².
- ***Âge moyen :*** 36 ans.
- ***Taux de natalité :*** 2,01 enfants.
- ***Espérance de vie :*** 85 ans pour les femmes et 80 ans pour les hommes.
- ***Monnaie :*** couronne islandaise (ISK), króna, divisée en 100 aurars.
- ***PIB/hab. :*** env 45 600 $ (2015).
- ***Religion :*** luthérienne à 73,8 %.
- ***Régime :*** république parlementaire.
- ***Président :*** M. Guðni Thorlacius Jóhannesson (depuis août 2016).
- ***Emploi/secteurs :*** primaire (agriculture) : 5,8 %, secondaire (industrie) : 20,7 % et tertiaire (services) : 73,5 %.
- ***Ressources naturelles :*** pêche (40 % des exportations et 12 % du PIB), aluminium, énergies hydroélectriques et géothermiques, tourisme.

AVANT LE DÉPART

Adresses utiles

En France

Office de tourisme d'Islande : pas de bureau ouvert au public. Uniquement un site internet : *• visiticeland.com •*

Ambassade d'Islande : *52, av. Victor-Hugo, 75116 Paris. ☎ 01-44-17-32-85. • iceland.is/iceland-abroad/fr • Ⓜ Victor-Hugo ou Charles-de-Gaulle-Étoile. Lun-ven 9h30-15h30.*

En Belgique

Ambassade d'Islande : *rond-point Schuman, 11, Bruxelles 1040. ☎ 02-238-50-00. • iceland.is/iceland-abroad/be • Lun-ven 9h30-16h.*

En Suisse

Il n'y a pas d'ambassade d'Islande en Suisse. Les ressortissants helvètes doivent s'adresser à celle de Bruxelles.

Au Canada

Embassy of Iceland : *360 Albert St, Suite 710, Ottawa, Ontario, K1R 7X7. ☎ (613) 482-1944. • iceland.is/iceland-abroad/ca • Lun-ven 8h30-16h.*

Formalités d'entrée

Pensez à scanner passeport, visa, carte bancaire, billet d'avion et *vouchers* d'hôtel. Ensuite, adressez-les-vous par e-mail, en pièces jointes. En cas de perte ou de vol, rien de plus facile pour les récupérer dans un cybercafé. Les démarches administratives seront bien plus rapides.

– Passeport ou carte d'identité en cours de validité pour un séjour inférieur à 3 mois pour les ressortissants de l'Union européenne et les Suisses ; le passeport pour les ressortissants canadiens (durée maximale du séjour : 3 mois). En 2001, sans faire partie de l'Union européenne, l'Islande a adhéré à la convention de Schengen sur la libre circulation des personnes. Il n'y a donc pas de contrôle aux frontières pour les ressortissants de l'Union. Pour les cartes d'identité françaises, attention : en 2014, les autorités françaises ont décidé de proroger de 5 ans les cartes en cours (sans y apposer de mention). Les policiers, douaniers, voire administrations locales n'en ont pas forcément connaissance. Si vous avez dépassé la date limite inscrite sur votre carte, envisagez d'utiliser votre passeport en cours de validité.
– Les ***mineurs*** doivent être munis de leur propre pièce d'identité. De plus, pour les mineurs non accompagnés, une loi entrée en vigueur en janvier 2017 à ***rétabli l'autorisation de sortie du territoire.*** Rens sur • service-public.fr •
– Aucune vaccination exigée.
– Désinfection obligatoire du matériel de pêche, avant de venir (certificat d'un vétérinaire demandé) ou à l'arrivée (payant). Le matériel d'équitation (vêtements et bottes exceptés) est strictement interdit. Pour plus d'infos : • *mast.is* •
– Produits frais et fumés (viande, œufs, laitages) sont interdits. Concernant l'alcool et les cigarettes, vous avez le droit d'importer hors taxe 3 l de vin par personne (ou 1 l de vin et 1 l de spiritueux, ou 1 l de spiritueux et 6 l de bière, ou encore 1,5 l de vin et 6 l de bière) et 1 cartouche de cigarettes. L'âge minimum légal pour importer de l'alcool en Islande est de 20 ans, 18 ans pour les cigarettes.
– Rappelons que le transport de liquide en cabine est strictement réglementé : seuls les flacons et tubes de 100 ml maximum (rangés dans une pochette en plastique) sont autorisés dans les bagages à main.

Assurances voyages

■ ***Routard Assurance*** *(c/o AVI International) : 40-44, rue Washington, 75008 Paris. ☎ 01-44-63-51-00. • avi-international.com •* Ⓜ *George-V.* Depuis plus de 20 ans, *Routard Assurance,* en collaboration avec *AVI International,* spécialiste de l'assurance voyage, propose aux voyageurs un contrat d'assurance complet à la semaine qui inclut le rapatriement, l'hospitalisation, les frais médicaux, le retour anticipé et les bagages. Ce contrat se décline en différentes formules : individuel, senior, famille, light et annulation. Pour les séjours longs (2 mois à 1 an), consultez le site. L'inscription se fait en ligne et vous recevrez dès la souscription tous vos documents d'assurance par e-mail.

■ ***AVA :*** *25, rue de Maubeuge, 75009 Paris. ☎ 01-53-20-44-20. • ava.fr •* Ⓜ *Cadet.* Un autre courtier fiable pour ceux qui souhaitent s'assurer en cas de décès-invalidité-accident lors d'un voyage à l'étranger, mais surtout pour bénéficier d'une assistance rapatriement, perte de bagages et annulation. Attention, franchises pour leurs contrats d'assurance voyage.

■ ***Pixel Assur :*** *18, rue des Plantes, BP 35, 78601 Maisons-Laffitte. ☎ 01-39-62-28-63. • pixel-assur.com • RER A : Maisons-Laffitte.* Assurance de matériel photo et vidéo tous risques (casse, vol, immersion) dans le monde entier. Devis en ligne basé sur le prix d'achat de votre matériel. Avantage : garantie à l'année.

Carte d'assurance maladie

Pour un séjour temporaire en Islande, pensez à vous procurer la ***carte européenne d'assurance maladie (CEAM).*** Il vous suffit d'appeler votre centre de sécurité sociale (ou, plus rapide, de vous connecter au site internet de votre centre) qui vous l'enverra sous une quinzaine de jours. Cette carte fonctionne avec tous les pays membres de l'Union européenne ainsi qu'en Islande, au Liechtenstein, en Norvège et en Suisse. C'est une carte plastifiée bleue du même format que la carte vitale. Attention, elle est valable 1 an, gratuite et personnelle (chaque membre de la famille doit avoir la sienne, y compris les enfants).

ARGENT, BANQUES, CHANGE

Monnaie

L'unité monétaire de l'Islande est la couronne islandaise, abrégée ISK.

Important : depuis la crise financière de 2008, la couronne fluctue régulièrement. Nous avons donc pris le parti de ne pas convertir en euro les prix indiqués dans ce guide. Informez-vous sur le taux de change avant votre départ... et emportez une calculette, vous serez ainsi beaucoup plus près de la vérité.

Pour info, début 2017, le ***taux de change moyen*** était de 120 ISK pour 1 €, soit 100 ISK = 0,83 €.
Certains hôteliers ou prestataires choisissent désormais d'indiquer leurs prix en euros. La devise européenne est de plus en plus acceptée (à Reykjavík en tout cas) ; en revanche, on risque de vous rendre la monnaie en couronnes islandaises.

Argent liquide

Euros, francs suisses et dollars canadiens s'échangent sans difficulté dans les banques (ouvertes du lundi au vendredi de 9h15 à 16h) et les bureaux de change (parfois ouverts le samedi). Pas de commission, mais le taux peut varier un peu (pas inutile de comparer). Cela dit, on trouve partout des distributeurs automatiques acceptant les cartes internationales de paiement, jusque dans les petites villes de moins de 500 habitants. Bref, aucun problème pour se procurer de l'argent liquide. Une petite commission de environ 150 ISK par opération peut être perçue.

Cartes de paiement

Les cartes internationales de paiement permettent non seulement de retirer de l'argent dans tout le pays, mais aussi de payer la plupart des achats – son café ou sa bière dans un bar, un paquet de biscuits dans une station-service, etc. L'Islande est sur le point de devenir une « *cashless society* ». Même les *guesthouses,* où on loge chez l'habitant, possèdent le plus souvent un terminal. Attention, toutefois, les retraits au distributeur entraînent généralement des frais fixes et une commission variable selon la somme retirée (et votre banque) ; évitez donc de les multiplier. Les règlements par carte s'accompagnent aussi d'une commission qui varie en fonction de la somme réglée : plus le montant est petit, plus cela renchérit le taux de change. Prévoir donc plutôt du liquide pour les faux frais et garder la carte pour les grosses dépenses. Enfin, pensez à changer en euros l'argent restant avant de quitter le pays, car la couronne islandaise est difficilement convertible au retour (sauf pour nos lecteurs suisses).

Perte ou vol de cartes de paiement

Quand vous partez à l'étranger, pensez à téléphoner à votre banque pour relever le plafond de retrait aux distributeurs et pour les paiements par carte, quitte à le faire rebaisser à votre retour.

Avant de partir, notez donc bien le numéro d'opposition propre à votre banque (il figure souvent au dos des tickets de retrait, sur votre contrat, ou à côté des distributeurs de billets), ainsi que le numéro à seize chiffres de votre carte. Bien entendu, conservez ces informations en lieu sûr et séparément de votre carte. Par ailleurs, l'assistance médicale se limite aux 90 premiers jours du voyage et l'assistance véhicule aux cartes haut de gamme (renseignez vous auprès de votre banque). Et surtout, n'oubliez pas aussi de VÉRIFIER LA DATE D'EXPIRATION DE VOTRE CARTE BANCAIRE avant votre départ !
En cas de perte, de vol, ou de fraude, quelle que soit la carte que vous possédez, chaque banque gère elle-même le processus d'opposition et le numéro de téléphone correspondant.

– ***Carte Bleue Visa :*** *numéro d'urgence (Europ Assistance) au ☎ (00-33) 1-41-85-85-85 (24h/24).* • *visa.fr* •
– ***Carte MasterCard :*** *numéro d'urgence au ☎ (00-33) 1-45-16-65-65.* • *mastercardfrance.com* •
– ***Carte American Express :*** *numéro d'urgence au ☎ (00-33) 1-47-77-72-00.* • *americanexpress.fr* •

Petite mesure de précaution : si vous retirez de l'argent dans un distributeur, utilisez de préférence les distributeurs attenants à une agence bancaire. En cas de pépin avec votre carte (carte avalée, erreurs de code secret...), vous aurez un interlocuteur dans l'agence pendant les heures ouvrables.

ACHATS

– L'Islande est un pays où le tricot reste très présent. Vous en connaissez beaucoup, vous, des pays où l'on trouve aiguilles à tricoter et pelotes de laine dans les stations-service ?! Cette activité reste populaire parmi toutes les catégories d'âge, jeunes inclus. L'incontournable ***pull islandais,*** ou *lopapeysa,* est extrêmement chaud, très épais, mais cher et, surtout... il gratte ! Cependant, les amateur(trice)s de tricot trouveront tout le matériel sur place, ainsi que les modèles. Et en cas de panne au retour, on peut commander les pelotes manquantes sur le site : • *alafoss.is* •
Outre les pulls, il existe aussi un vaste choix de ***gants, moufles, mitaines, bonnets, chaussettes de laine*** et autres ponchos, certains très classiques, d'autres vraiment originaux. Certains de ces produits étant artisanaux, vous ne trouverez pas les mêmes partout : donc, si vous flashez sur un super bonnet à pompons ou le pull « exactement comme je voulais », ne laissez pas passer l'occasion. Sachez tout de même qu'une bonne partie de la production est aujourd'hui automatisée.
– Des marques locales comme ***66° North, Icewear*** ou ***Zo-On Iceland*** proposent des vêtements parfaitement adaptés aux activités de plein air et aux conditions climatiques rudes.
– Comme dans tous les pays nordiques, les ***objets de décoration*** en verre, bois, céramique ou lave sont bien présents dans les magasins. On trouve aussi des objets en ***galuchat,*** un cuir de poisson produit par une unique entreprise de la côte nord (Sauðárkrókur).
On vous fait grâce des trolls *made in China,* poupées costumées, mugs cheval (voire pire) et magnets griffés Islande, ou copies d'*askur,* ces bols dans lesquels les vikings entreposaient leur pitance du jour...
Plus jolis : les pendentifs et autres ***bijoux en argent*** conçus à partir de modèles médiévaux. Dans un autre registre, les enfants adoreront les peluches et

calendriers de macareux, et les adultes les beaux livres, souvent commentés en français et illustrés de photos de volcans et glaciers.

– Plusieurs entreprises locales de ***cosmétiques*** proposent des produits dont la composition inclut des minéraux islandais, comme ceux de la marque bio *Tær Icelandic*, de *Blue Lagoon*, ou encore *Purity Herbs* et *Villimey*.

– ***Horaires :*** les magasins sont ouverts en semaine de 9-10h à 18h et, le samedi, de 10h à 13h-16h. Les horaires des supermarchés (on en trouve dans tous les villages) varient pas mal selon la taille de la ville et selon la chaîne. *Bonus* est toujours ouvert *(lun-jeu 11h-18h30, ven 10h-19h30, sam 10h-18h et dim 12h-18h)*. Les autres ferment souvent le dimanche dans les villages, mais peuvent rester ouverts jusqu'à 22h ou 23h tous les jours dans les endroits les plus fréquentés (en été, en tout cas). Sinon, le week-end, on peut se ravitailler dans les stations-service.

BUDGET

L'Islande figure parmi les pays les plus chers au monde. La baisse importante de la couronne face à l'euro en 2008 (conséquence de la crise financière) a rendu quelque temps le coût de la vie nettement plus supportable pour les étrangers, mais, depuis, les prix n'ont cessé de grimper. Ces dernières années, les hôtels et autres opérateurs touristiques ont augmenté leurs tarifs de 10 à 15 % par an, alors même que l'inflation a été jugulée ! À cela s'est ajoutée, en 2013, une augmentation de la TVA de 7 à 14 % sur l'hébergement. Bref, ***il est très difficile d'anticiper une telle évolution des prix d'une année sur l'autre.*** Afin d'éviter les mauvaises surprises, préparez bien votre voyage et surtout votre budget, en vérifiant le prix des chambres, transports et excursions sur Internet. Les tarifs pratiqués sont le plus souvent bien indiqués sur les sites des hôtels et des *guesthouses*.

Une bonne nouvelle quand même : les produits de consommation courante restent, eux, plus abordables qu'avant la crise. La bière, par exemple, autrefois hors de prix, est aujourd'hui relativement raisonnable. Idem pour le café, qui reste abordable, même s'il est quand même plus cher qu'en France. En revanche, les restaurants sont chers, surtout le soir.

Les postes les plus lourds dans votre budget seront l'hébergement (sauf si vous campez) et les transports. Pour la nourriture, tout dépend si vous prenez vos repas au resto ou si vous profitez des cuisines souvent mises à disposition dans les hébergements.

Hébergement

Dans ce guide, nous indiquons les prix par personne si l'hébergement se fait en dortoir (ou en chambre privée avec son sac de couchage, assez courant dans les *guesthouses*), pour deux s'il s'agit d'une chambre double avec draps (« *made-up beds* »). Le petit déjeuner (un buffet à volonté) n'est quasiment jamais compris dans le premier cas, mais l'est souvent dans le second (nous le précisons alors dans le texte). Important aussi : en général, les prix indiqués sont ceux de la haute saison, c'est-à-dire, grosso modo, en juillet-août. En juin et septembre, les tarifs sont souvent un peu plus bas, mais pas toujours (certains hébergements, n'ouvrant que de juin à début septembre) tandis qu'en hiver les réductions varient entre 10 et 50 %.

– ***Bon marché :*** 3 000-5 000 ISK par personne avec sac de couchage, en dortoir ou en chambre privée rudimentaire, dans les auberges de jeunesse, chalets en bois, refuges ou même certaines *guesthouses* et fermes. Pour les campings, le prix varie entre 1 200 et 2 000 ISK par personne, mais est souvent dégressif

au-delà du 2e ou 3e jour. Certains petits terrains peu équipés sont gratuits (cela devient rare) et les enfants ne payent qu'exceptionnellement jusqu'à 12-14 ans.
– ***Prix moyens :*** 13 000-20 000 ISK pour 2 personnes. C'est ce qu'on paie, en AJ, dans une *guesthouse* ou un petit hôtel un peu isolé, en fonction de l'importance touristique du lieu, pour une chambre double sans fioritures, généralement avec salle de bains partagée (parfois privée), mais avec des draps.
– ***Chic :*** 20 000-30 000 ISK pour 2 personnes. Dans cette catégorie, la salle de bains est presque toujours privée et le petit déj inclus, sauf dans quelques endroits particulièrement chers comme Reykjavík, la région du lac Mývatn ou le coin du Jökulsárlón.
– ***Très chic :*** plus de 30 000 ISK. C'est le prix qu'il vous faudra payer pour une vraie impression de « chic »...
– Dans les AJ et certaines *guesthouses,* les draps peuvent être loués sur place. Cela dit, à 1 100-1 500 ISK/pers, on a vite fait de faire des économies en apportant les siens... Idem pour la serviette, en général louée autour de 500 ISK.

Nourriture

Entre 1 500-2 000 ISK, vous aurez droit à un petit déjeuner à volonté qui vous permettra (peut-être) de tenir jusqu'au dîner. Le midi, beaucoup de visiteurs se rabattent sur un pique-nique, avec les provisions achetées au supermarché (si vous avez un véhicule, faites le plein de courses avant de quitter les agglomérations). Pour le dîner, un certain nombre d'hébergements laissent une cuisine à la disposition de leurs hôtes.
Sinon, ***les prix indiqués sont ceux d'un plat principal dans un café ou un resto,*** que ce soit un burger-frites, une pizza ou un plat de poisson ou de viande plus travaillé, les deux types de restauration se côtoyant souvent au menu. D'ailleurs, on peut très bien, dans un même resto, manger « chic » si on lorgne du côté des plats sophistiqués ou plutôt « bon marché » si on s'en tient à un burger-frites ou à un plat de pâtes. Quelques endroits proposent aussi un menu avantageux le midi (généralement en semaine), qui comprend une soupe ou une entrée, un plat, un dessert et le café. Pour les petits appétits, la formule « soupe et pain », proposée dans de nombreux cafés et boulangeries, permet de se nourrir à moindre frais. Et le hot-dog qu'on trouve dans les petits kiosques des grandes villes comme dans les cafét' des stations-service reste le moins cher des en-cas.
– ***Bon marché :*** moins de 2 500 ISK. Le plus souvent, il s'agira, outre certains menus du midi pas trop chers, d'un plat genre burger, pizza, salade, sandwich... pris dans un café, une cafétéria, une station-service, voire dans un petit resto.
– ***Prix moyens :*** de 2 500 à 4 000 ISK. Là, vous aurez droit à un plat plus fin, que ce soit dans un resto, un café ou un bar-resto.
– ***De chic à très chic :*** 4 000-5 000 ISK le plat, plutôt le soir, dans un bon resto... ou simplement dans une zone très touristique le midi ! Attention, dans les endroits vraiment chic, l'addition peut grimper vite, surtout avec un dessert et une bouteille de vin, celui-ci restant hors de prix. À Reykjavík, certaines bonnes tables peuvent afficher jusqu'à 7 000 ISK pour un plat le soir.

Visites et transports

Visiter un musée coûte dans la plupart des cas entre 600 et 1 500 ISK. Un certain nombre de « petits » musées de villages se révèlent finalement plutôt chers, du moins si on les compare aux « grands » musées des villes. Heureusement ils sont

gratuits pour les moins de 12 ans et offrent généralement des réductions (voire sont également gratuits) pour les moins de 16 ans, les plus de 67 ans et les étudiants (avoir sa carte).
Cela dit, en Islande, les plus beaux spectacles et tableaux sont dans la nature et, le gros avantage de ce pays, c'est que l'accès aux sites, si rares et magnifiques soient-ils, reste largement gratuit (parcs nationaux inclus). Toutefois, le gouvernement envisage d'instaurer une taxe unique pour visiter tous les sites. Pour l'heure, seuls quelques sites des environs du lac Mývatn appliquent un tarif de 800 ISK.
Si vous voyagez en bus, pensez à vous renseigner sur les différents *passports* (voir la rubrique « Transports »), chers mais en général plus économiques que les billets au coup par coup (environ 10-15 % d'économie si vous utilisez la totalité des trajets).
Concernant l'essence, son prix est un peu plus élevé qu'en France et le gasoil est presque aussi cher. Sachez que, si vous louez un 4x4, vous risquez de devoir passer à la pompe tous les jours ! (voir aussi « Carburants » dans la rubrique « Transports ».)

Remboursement de la TVA

Si vous faites vos achats dans les magasins portant l'inscription « *Tax Free* », vous pourrez vous faire rembourser la TVA locale (en général 25,5 %) avant de quitter le pays. Excluant services (location de voitures, hébergements, etc.) et produits consommables, ce dispositif s'applique surtout, en pratique, aux achats de souvenirs. Conditions : avoir dépensé un minimum de 6 000 ISK dans un même point de vente. N'oubliez pas de demander dans lesdits magasins le *Tax Refund Cheque,* que vous pourrez vous faire rembourser à l'aéroport de Keflavík (auprès de la *National Bank*), dans la monnaie de votre choix, en présentant reçu et objets concernés. Si vous repartez en bateau de Seyðisfjörður, vous trouverez un bureau dans le terminal des ferries. Là, un virement sur votre compte bancaire sera effectué dans les semaines suivantes (en euros).
Procurez-vous la brochure gratuite « *Where to shop tax-free in Iceland* » dans les offices de tourisme ou les commerces.

CLIMAT

Contrairement aux idées reçues, il ne fait jamais très froid en Islande : la température moyenne en été est de 12,5 °C, avec parfois des pointes à 20 °C ! La nuit, bien sûr, il fait plus frais et il peut même parfois neiger en août, en altitude ou à l'intérieur de l'île. L'hiver, le mercure peut descendre à - 15 °C mais la température moyenne à Reykjavík en janvier est de 0,4 °C. Toutefois, que cela ne vous incite pas à vous découvrir, la pluie et le vent sont très présents et volontiers traîtres... « Si vous n'aimez pas le temps qu'il fait, attendez quelques minutes »... le dicton s'applique parfaitement à la variabilité du climat islandais ! Ainsi, les prévisions météo sont, en général, assez peu fiables. Vous pouvez toutefois consulter le site : • vedur.is • Très bien fait, avec version anglaise, il donne aussi les températures, l'état de la mer et même les probabilités de voir une aurore boréale ou, moins drôle, les risques de séismes et d'avalanches...

VIVE LE BON AIR FRAIS !

Voici une habitude surprenante : les bébés font souvent leur sieste dehors, dans les poussettes. Y compris en hiver ! Bien emmitouflés, c'est un excellent moyen de renforcer leur système immunitaire ! Toutefois, quand la température descend en-dessous de -5° C, il est déconseillé de les sortir plus de... 3h !

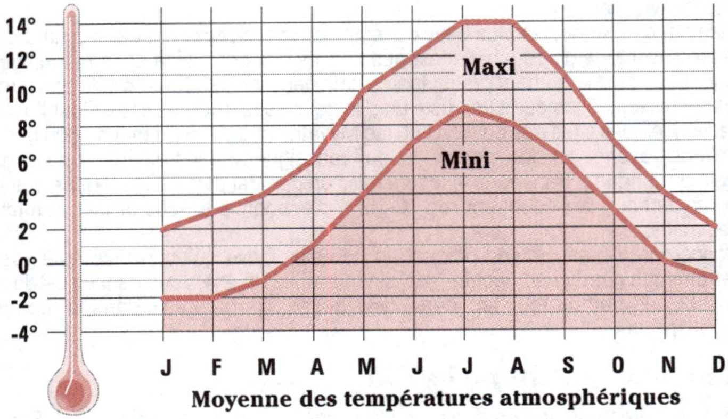

Moyenne des températures atmosphériques

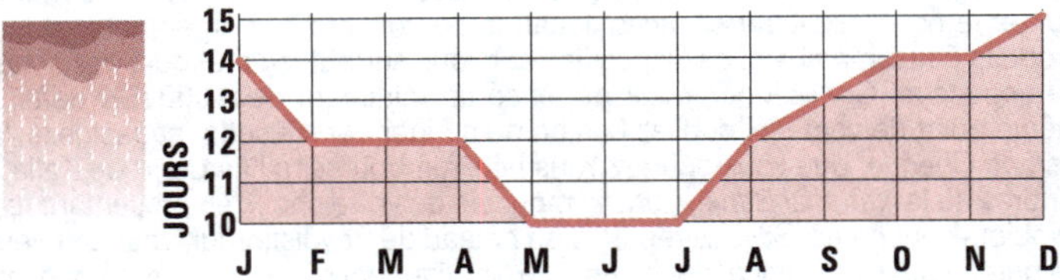

Nombre de jours de pluie

ISLANDE (Reykjavík)

Sinon, sachez que les côtes nord et est s'avèrent plus ensoleillées que les côtes sud et ouest... alors, si vous êtes surpris par un déluge à Vík ou dans les îles Vestmannaeyjar (ça peut durer une semaine d'affilée), filez vite vers Egilsstaðir ou Akureyri.

Quand partir ?

À moins de vouloir visiter l'île sous la neige ou admirer les aurores boréales (visibles surtout en hiver, quand il fait nuit), on conseille aux randonneurs avides de découvrir les paysages uniques d'Islande de s'y rendre entre juin et août. Sachez tout de même qu'en juin, comme en septembre, la plupart des pistes intérieures ne sont pas encore ouvertes ou déjà fermées, tout comme un certain nombre de refuges (voire d'hébergements en général, certains fermant dès la fin août). Le meilleur mois, en fait, est juillet, quand la nuit est, pour ainsi dire, inexistante. L'inconvénient : c'est aussi à cette période que la saison touristique bat son plein et que les prix sont très élevés. Pour éviter les foules et bénéficier de tarifs plus bas, on pourra préférer venir entre fin mai et juin, souvent assez ensoleillés.

DANGERS ET ENQUIQUINEMENTS

Que dire... ? Excepté les débordements dus à l'alcool consommé en quantité impressionnante le week-end ou lors des fêtes et rassemblements, les plus grands dangers en Islande sont surtout liés aux conditions de circulation sur certaines pistes et au manque d'aptitude des touristes à conduire dessus. Autre sujet de préoccupation, les déchaînements de Dame Nature (éruptions volcaniques, secousses telluriques, inondations, etc.), qui font l'objet d'une surveillance étroite de la part des autorités.

ÉLECTRICITÉ

En Islande, ce sont des prises européennes (courant à 220 volts), pas d'adaptateur nécessaire (sauf pour les routards canadiens).

FÊTES ET JOURS FÉRIÉS

Fêtes et manifestations

– Le ***1er vendredi après le 19 janvier :*** ancien festival sacrificiel rendant hommage aux dieux païens, ***Thorrablot*** est l'occasion d'un grand festin traditionnel. Au menu : agneau fumé, testicules et tête de mouton, panse de brebis farcie de boudin, requin fermenté et autres joyeusetés – plus une dose non négligeable d'alcools forts pour faire glisser le tout.
– Le ***1er mars :*** le jour de la Bière célèbre chaque année la légalisation de la vente de la bière en Islande (en 1989).
– Le ***1er dimanche de juin :*** la fête de la Mer. Si vous le pouvez, tâchez de vous trouver dans un village côtier. Festivités autour des pêcheurs, balades en mer, compétitions...
– Le ***21 juin :*** le solstice d'été (Jónsmessa) est l'occasion de nombreuses fêtes. Si l'on en croit les vieilles légendes, ce jour-là, les vaches se mettent à parler...
– Le ***1er week-end de juillet :*** les jeunes dépensent leur première paie de travail d'été. Excès un peu partout dans le pays. Éviter spécialement la vallée de Þórsmörk.
– ***Gay pride :*** autour du 2e week-end d'août à Reykjavík.
– ***Fête de la Culture :*** mi-août. Dans tout le pays, toute la nuit.
– Durant ***l'été,*** le week-end généralement, on trouve des petites ***fêtes locales*** dans de nombreux villages. L'ambiance change du tout au tout dans ces bourgades plutôt assoupies en temps normal. Les lieux sont envahis par les familles, groupes d'amis, petits groupes de musiciens, motards... Le camping local est alors rempli et, bien souvent, un autre camping de fortune est mis en place pour absorber le trop-plein de visiteurs.

Jours fériés

Les banques, la plupart des commerces et les bureaux sont alors fermés.
– ***Pâques :*** tout est fermé du Jeudi saint au lundi de Pâques.
– La ***fête de l'été :*** le 3e jeudi du mois... d'avril. Déjà dans les têtes, l'été est encore bien loin en pratique !
– Le ***1er mai.***
– Le ***jeudi de l'Ascension.***
– Le ***lundi de Pentecôte.***
– Le ***17 juin :*** fête nationale. Anniversaire de la naissance de la république d'Islande en 1944.
– Le ***1er ou 2e lundi (selon les années) du mois d'août :*** la fête des commerçants *(Verslunarmannahelgi),* un peu l'équivalent du 1er mai, mais uniquement pour les commerçants. Les gens font la fête, dansent et boivent le week-end précédent. Sûrement l'une des meilleures occasions pour rencontrer les Islandais.

– ***Noël :*** visiter Reykjavík à Noël est peut-être exotique, mais pas forcément très gai, car tout est fermé du 24 après-midi au 26 décembre inclus (même si, développement du tourisme oblige, certains commerces restent désormais ouverts à cette période).
– Le ***31 décembre (après-midi)*** et le ***Nouvel An.*** À Reykjavík, tout le monde organise son propre feu d'artifice.

HÉBERGEMENT

D'abord, sachez que le sac de couchage est IMPÉRATIF pour ceux qui veulent voyager économiquement. On peut l'utiliser un peu partout (auberges de jeunesse, *guesthouses,* « fermes » et même certains hôtels) à la place des draps, et bénéficier ainsi de tarifs moins élevés (de - 20-30 %). Cette forme d'hébergement s'appelle, en anglais, *sleeping-bag accommodation.* Nous l'indiquons pour les établissements cités dans ce guide qui acceptent les sacs de couchage. Cette formule est parfois possible toute l'année, mais, bien souvent, dans les zones les plus touristiques, où les hôtels et *guesthouses* sont pleins en été, elle n'est disponible qu'en basse saison, ou selon disponibilités.
Si vous partez en juillet-août, il est fortement recommandé de réserver vos hébergements à l'avance, surtout à Reykjavík, dans le Sud (zone du Vatnajökull en particulier), autour du lac Mývatn et à Akureyri. Autrement, il peut être sage de prendre une petite tente ou un sac de couchage, en dépannage...
Heimur (● heimur.is ●) édite un guide gratuit relativement complet des AJ, *guesthouses,* fermes, refuges, hôtels *Edda* (voir plus loin) et campings dans la brochure *Áning,* distribuée dans tous les offices de tourisme ou téléchargeable en ligne. On peut s'intéresser aussi à la petite brochure gratuite *Hand Picked (● handpicked iceland.is ●),* qui liste des établissements appréciés des Islandais (hôtels, auberges mais aussi restos) – que vous retrouverez régulièrement dans nos pages.

Campings

Le meilleur moyen de réduire son budget ! On trouve des ***campings municipaux et privés*** partout, y compris dans les coins les plus reculés, pour environ 1 200-2 000 ISK/pers, douche généralement comprise. Certains (mais de plus en plus rares) sont parfois gratuits ! Le ***camping sauvage*** est interdit dans les zones naturelles protégées, mais toléré sur les terres non cultivées, à distance des habitations, pour peu qu'aucun panneau n'indique le contraire. Cela dit, attention, dans le coin du lac Mývatn, les proprios, lassés d'être envahis en été, se sont ligués pour chasser les importuns...
Côté ***équipement,*** s'il n'y a pas de douche (on se lave alors à la piscine du village), on trouve presque toujours au moins un minibloc équipé de w-c et de deux éviers pour faire la vaisselle. Certains campings disposent aussi d'une salle commune ou d'un abri pour manger, et d'un coin cuisine – plus ou moins rudimentaire – avec des plaques électriques (mieux vaut donc apporter de quoi faire sa popote). Bien souvent, on a aussi accès à une machine à laver et un sèche-linge. Dans de nombreux cas, les douches sont payantes (à pièces, avec un minuteur), et nous le précisons dans le texte.
De plus en plus de campings se dotent de ***bungalows, chalets, cabanes ou cottages,*** en tout cas des hébergements en dur, généralement en bois, pour 2 à 10 personnes, où l'on peut dormir avec son duvet ou des draps. Les mieux équipés (avec salle de bains et cuisine) reviennent souvent aussi cher, voire plus, qu'une *guesthouse,* mais vous avez votre propre petite maison, pratique pour les familles ou les petits groupes. Les plus basiques, eux, peuvent être une bonne alternative à la tente les jours de pluie intense !
L'humidité est le premier ennemi du campeur et, comme vous l'avez sûrement déjà compris, le climat islandais n'est pas toujours des plus cléments (euphémisme). Il

faut prévoir une tente solide et vraiment étanche, qui puisse résister à des rafales un peu violentes, sur des terrains souvent sans aucune protection (haies et arbustes sont rares). Si vous n'avez pas de voiture où abriter vos affaires, prenez une tente suffisamment grande pour pouvoir ranger vos sacs à l'intérieur, ou avec un auvent. L'expérience prouve aussi que les grands sacs-poubelle, solides et étanches eux aussi, sont très, très précieux pour tout emballer la nuit ou dans la soute à bagages des autocars.
Pour les ***réchauds à gaz,*** vous trouverez des recharges dans les stations-service ; les marques *Coleman* et *Primus* se trouvent plus facilement que les *Campingaz.* Le bon plan est d'aller voir à la réception si des campeurs n'ont pas laissé leur recharge avant de prendre le chemin du retour : c'est une pratique fréquente et admise, qui permet de racheter des cartouches à moitié pleines. Il existe même dans les campings les plus proches de l'aéroport des espaces de troc où il est plus que conseillé de laisser des objets utiles à d'autres campeurs en remplacement de ce que vous récupérez. Sinon, pour ne pas risquer la pénurie, offrez-vous un réchaud multicombustibles.
Si vous envisagez de beaucoup camper, la *Camping Card* (● campingcard.is ●) vous intéressera sans doute. Vendue au prix de 99 €, elle permet de passer 28 nuits dans un réseau de 43 terrains à travers le pays – pour un séjour maximum de 4 nuits par emplacement. Elle est valable pour 2 adultes et jusqu'à 4 enfants de moins de 16 ans, aussi bien pour les tentes que pour les caravanes et camping-cars. Vous pouvez l'acheter en ligne, sur le ferry venant du Danemark, dans les campings participants, les supermarchés *10-11* ou les bureaux de poste.

Refuges

On trouve de nombreux *refuges* gardés (souvent par des étudiants, saisonniers) dans l'intérieur désertique. De taille variable, très propres, ils sont plus ou moins bien équipés, disposant parfois de douches (en supplément) et d'un coin cuisine. Bon à savoir : il est toujours possible de camper à côté (mais, à la différence des refuges des Alpes, par exemple, il ne faut pas, dans ce cas, espérer accéder à la cuisine ou aux douches... et les tables extérieures sont même parfois payantes !). La ***réservation est plus que conseillée*** en été, mais aussi hors saison pour s'assurer de leur ouverture.
Sinon, il existe aussi des *refuges* aménagés sur des chemins de randonnée balisés reliant les grands refuges gardés. La clé s'obtient auprès des gardiens. Pour ceux qui font les treks de Landmannalaugar et Hveravellir, un bain réparateur est assuré en fin d'étape dans les sources chaudes.
Les deux organismes suivants gèrent les refuges et vous donneront tous les renseignements à leur sujet. On peut réserver directement sur leur site internet.

■ ***Icelandic Touring Association*** *(Ferðafélag Íslands)* ***:*** *Mörkin 6, 108 Reykjavík.* ☎ *568-25-33.* ● *fi.is* ● Une quarantaine de refuges sont gérés par les antennes régionales du *FI.* Les liens et détails sur le site internet.

■ ***Outdoor Life Touring Club*** *(Útivist)* ***:*** *Laugavegi 178, 105 Reykjavík.* ☎ *562-10-00.* ● *utivist.is* ● Gère 7 refuges.

Pour indication, il faut compter 4 500 à 6 500 ISK la nuit par personne dans la plupart des refuges et environ 1 200 ISK pour y camper. Ajouter 500 ISK pour la douche. À noter qu'on peut aussi devenir membre de *Útivist* (environ 7 000 ISK pour l'année) et bénéficier d'importantes réductions sur chaque nuitée. L'accès au camping est aussi gratuit pour les membres.

Auberges de jeunesse

C'est l'un des moyens les plus sympathiques et les moins chers de se loger en Islande, d'autant plus qu'on peut presque toujours y faire sa cuisine. La plupart des AJ possèdent à la fois des dortoirs et des chambres doubles, triples ou

familiales qui n'ont souvent rien à envier à celles des *guesthouses*. Beaucoup sont équipées d'un lave-linge et d'un sèche-linge (1 000-2 000 ISK/machine). La plupart ont aussi le wifi (gratuit).
Certaines AJ sont fort éloignées de la route principale ou du centre et, de ce fait, difficilement accessibles à ceux qui n'ont pas de véhicule. Celles des « grandes » villes sont ouvertes à peu près toute l'année, mais les autres ne fonctionnent qu'en été ou une partie de l'année.
En gros, pour un lit en dortoir, il faut compter environ 3 400 ISK par nuit si vous êtes membre et 4 100 ISK si vous ne l'êtes pas ; respectivement 4 900 et 5 700 ISK pour les dortoirs dotés de salle de bains. ***Les prix que nous indiquons pour chacune des AJ dans le guide sont ceux pour les non-membres.*** Petit déjeuner entre 1 500 et 2 000 ISK : ça vaut le coup de le faire soi-même ! Procurez-vous le fascicule gratuit – en anglais – qui indique leur localisation et leurs caractéristiques, disponible dans les offices de tourisme et les AJ.

■ ***Association des auberges de jeunesse d'Islande :*** *Borgartún 6, 105 Reykjavík.* ☎ *575-67-00.* ● *hostel.is* ● Le réseau national, affilié à *Hostelling International,* gère une trentaine d'auberges de jeunesse bien réparties à travers le pays. Il propose des forfaits comprenant nuitées en AJ et location de voiture.

Guesthouses

Il existe toutes sortes de *guesthouses*. Les plus « authentiques » sont celles où vivent les proprios (façon chambres d'hôtes), mais certaines sont carrément devenues des petits hôtels, avec des tarifs à l'avenant. Les *guesthouses* les plus abordables sont celles qui acceptent les sacs de couchage. Bien sûr, le niveau de confort n'est alors pas le même : salle de bains commune, équipement assez sommaire, petit déj non inclus, etc. Cela dit, la tenue générale est le plus souvent satisfaisante (en tout cas dans les adresses que nous avons sélectionnées !). On a dans la plupart des cas accès à une cuisine commune et, fréquemment, à un salon. À noter : le *sleeping bag accommodation* est rarement disponible dans les zones à forte demande en été, ou alors seulement selon dispos (donc sans réservation) ; en hiver, c'est bien plus courant...
Si vous prenez une chambre avec « lits faits », vous constaterez bien vite qu'en Islande on ne fait pas couette commune, c'est chacun pour soi. Même dans les chambres doubles, les lits sont très souvent séparés !

Hébergement à la ferme

C'est certainement le meilleur moyen de faire connaissance avec les Islandais de l'arrière-pays... quand la ferme en question est encore une vraie ferme. Car on a de plus en plus affaire à des *guesthouses* à la campagne, ce qui en soi n'est pas déplaisant, mais le terme « à la ferme » est alors galvaudé... Dans les fermes « actives », on est logé soit dans la maison familiale, soit dans un bâtiment séparé. On y trouve plusieurs niveaux de confort, mais, le plus souvent, les chambres sont simples, avec presque toujours la salle de bains à partager. Dans certains cas, on peut louer des chalets ou des bungalows (intéressant quand on est plusieurs), ou encore planter sa tente à côté.
La plupart des fermes proposent le dîner (sur résa), ce qui est presque obligatoire si le lieu est isolé... Dans certaines exploitations bio, on peut parfois avoir un petit déjeuner d'anthologie ! Une cuisine est quelquefois disponible. Par ailleurs, certaines fermes proposent des activités comme la pêche ou l'équitation.
Icelandic Farm Holidays (Hey Iceland), qui fédère quelque 170 hébergements ruraux (comprenant non seulement des fermes, mais aussi des petits hôtels et bungalows), édite une brochure avec toutes les infos et un descriptif de chaque établissement, accompagnée d'une carte qui permet de les localiser.

Outre les résas classiques, il est possible d'acheter des *open vouchers,* sortes de bons valables toute la saison ; on téléphone alors au maximum 24h à l'avance pour trouver une place. Pratique pour ceux qui aiment aller là où le vent les porte, mais parfois pas facile de dénicher un hébergement en été – d'autant que tous les hébergements n'acceptent pas ces bons et que certains d'entre eux, jugeant leurs prestations supérieures, demandent un supplément. À savoir toutefois, ces bons sont remboursés à 70 % s'ils n'ont pas pu être utilisés.
Infos : ☎ 570-27-00. • heyiceland.is •

Hôtels *Edda*

Il s'agit d'établissements scolaires dans lesquels les touristes prennent la place des pensionnaires durant les vacances d'été, de début juin à la seconde quinzaine d'août. Il en existe une douzaine en tout, dont un reste ouvert un peu plus longtemps (à Vík, de début ou mi-mai à fin septembre). Rassurez-vous, si l'aspect extérieur des bâtiments est souvent banal, l'intérieur est plutôt bien équipé : cafétéria, accès internet et wifi et parfois piscine, gymnase... Les chambres sont presque toutes calquées sur le même modèle : un lit, un bureau et basta. Après, on choisit entre les sanitaires communs (en général bien tenus) ou privés. Il existe en outre des *Edda Plus,* aux chambres qui n'ont rien à envier à celles d'un hôtel de gamme moyenne supérieure (comme à Ísafjörður). Quoi qu'il en soit, ça revient à peu près au même prix qu'une *guesthouse* ou un hôtel. L'inconvénient des hôtels *Edda* : le manque de charme, l'absence de cuisine à disposition (mais il y a le plus souvent une cafétéria) et le petit déjeuner non inclus.
Infos : ☎ 444-40-00. • hoteledda.is •
Notez qu'il existe des établissements du même type non affiliés au réseau *Edda* offrant des conditions similaires.

Hôtels

Ils ne sont pas d'un mauvais standing, mais ils manquent souvent de caractère et, surtout, appliquent des tarifs élevés qui laissent toujours un arrière-goût de rapport qualité-prix déficient : rarement moins de 25 000 ISK la double, mais souvent plus près des 32 000 ISK, voire davantage ! Le petit déj est généralement compris dans le prix. En bref, ce sont des endroits le plus souvent fonctionnels, fréquentés essentiellement, en dehors de l'été (pour ceux qui restent ouverts), par une clientèle d'affaires. On vous en signale quelques-uns dans ce guide, principalement ceux qui, justement, échappent à la description ci-dessus (sauf au niveau des tarifs, là c'est pareil partout !).

LANGUE

L'islandais, comme le danois, le norvégien et le suédois, vient du norrois, la langue des Vikings, mais, à la différence des autres langues scandinaves, l'islandais a fort peu évolué depuis le XIIIe s. Les Islandais peuvent ainsi lire en version originale les sagas de leurs ancêtres ! Bref, l'islandais pour un Norvégien ou un Danois, c'est un peu comme le latin pour un Français. Ce conservatisme linguistique, dû à l'insularité, fut encouragé au XIXe s pour résister à la danisation du pays et, aujourd'hui encore , tous les nouveaux mots sont islandisés. L'avion se dit « machine volante », le téléphone est devenu « le fil » (*simi,* une abréviation de *talsimi,* « le fil qui parle ») et l'ordinateur est une « sorcière qui compte » (*tölva,* mot-valise composé de *völva,* « oracle », et de *tal,* « compter »). Certains mots, créés de toutes pièces parce que correspondant à des réalités absentes du sol islandais, n'ont pas eu de succès auprès des Islandais. On a inventé par exemple *bjügaldin,* littéralement « fruit courbe », pour « banane » mais *banani* s'est imposé de lui-même... Parfois, on imagine des

mots à rallonge qui ne servent pas souvent. Ainsi, pour « métro », une savante commission d'experts a préconisé *nedanjar darlest,* « le train qui va sous terre », mais c'est bien long pour un mot peu usité en Islande... On se contente donc de *jörðlest* (« terre-train »).
L'islandais est une langue plutôt poétique, mais qui, bizarrement, perd tout charme quand on se penche un peu sur sa grammaire, très complexe ! Dans cette langue à cas, tout se décline, y compris les prénoms (!), c'est pourquoi il vous sera parfois difficile de reconnaître un même mot. Le « Listasafn Einars **Jónssonar** » est ainsi le musée d'Art d'Einar **Jónsson,** et le ***Þórbergssetur*** est le musée de ***Þórbergur.*** Vous noterez aussi que le mot « rue » est parfois noté *gata* et d'autres fois *götu.*
Autre détail utile pour identifier les mots : l'article défini en islandais est postposé, c'est-à-dire accolé à la fin du mot. Ainsi si *safn* signifie « musée », *safnið* signifie « le musée ». Les articles définis au singulier sont : -ið (neutre), -inn (masculin) et – in (féminin).
Pas de panique, les Islandais comprennent bien et parlent presque tous l'anglais – un avantage lié, entre autres, aux films systématiquement diffusés en VO. Très souvent, dans le secteur touristique, vos interlocuteurs parleront aussi les autres langues scandinaves et l'allemand. En revanche, le français est rare.

Prononciation des lettres (sauf exceptions)

a devant ng et nk	« ao »
A	« ao »
Au	« euï »
E	« è »
E	« iè »
ei/ey	« eï »
I	« é »
I	« i »
O	« au »
Ö	« eu »
U	« u »
U devant ng ou nk	« ou »
Y	« é »
Y devant ng, nk ou gi	« i »
Æ	« aï »
F	« v »
f à l'initiale et devant k, s ou t	« f »
f devant i ou n	« p »
g après une voyelle et devant i ou j	« y »
h devant v	« k »
J	« y »
k à l'intérieur du mot devant k, l ou n	« h »
k devant s et t	« gh »
Ll	« tl »
p devant t	« f »

Deux lettres originales

Le **ð** (minuscule), **Ð** (majuscule) (remplacé parfois par un « d » dans les brochures touristiques ou sur Internet)	*th* anglais tendant vers « z », comme dans « the ».
Le ***þ*** (minuscule), **Þ** (majuscule) (remplacé parfois par « Th » dans les brochures ou sur Internet)	*th* anglais tendant vers le « s » comme dans « thin »

À noter, il n'y a ni « c » ni « q » en islandais.

Mots usuels

Oui	*já*
Non	*nei*
Bonjour	*góðan dagínn* (le second *g* ne se prononce pas)
Au revoir	*bless*
Merci	*takk fyrir* (on peut se contenter de *takk)*
Santé !	*skál*
Ouvert	*opið*
Fermé	*lokað*
Entrée	*inn*
Sortie	*út*
Aujourd'hui	*í dag*
Piscine	*sundlaug*
Tous les jours	*alla daga*
En semaine (lundi-vendredi)	*virka daga*
Lundi	*mánudagur*
Mardi	*þriðjudagur*
Mercredi	*miðvikudagur*
Jeudi	*fimmtudagur*
Vendredi	*föstudagur*
Samedi	*laugardagur*
Dimanche	*sunnudagur*
Un	*einn*
Deux	*tveir*
Trois	*þrir*
Janvier	*janúar*
Février	*febrúar*
Mars	*mars*
Avril	*apríl*
Mai	*mai*
Juin	*júni*
Juillet	*júli*
Août	*ágúst*
Septembre	*september*
Octobre	*október*
Novembre	*nóvember*
Décembre	*desember*

Pour lire une carte

Dalur	vallée
Fjall	montagne
Fjörður	fjord
Foss	cascade
gígur (pluriel : *gigar*)	cratère
Hóll	colline
Höfn	port
Hraun	champ de lave
Hver	source chaude
Jökull	glacier
Mörk	bois
Nes	péninsule
Sandur	désert de sable
Vatn	lac
Völlur	plaine

LIVRES DE ROUTE

En voyage, le livre audio, c'est malin. **Écoutez** un extrait de ***La Lettre à Helga* de Birgisson Bergsveinn,** lu par Rufus, et vous serez déjà en Islande. *Extrait offert par Audiolib.*

Impossible de raconter l'Islande sans parler de la littérature islandaise... Le pays compte un nombre incroyable de poètes, romanciers, écrivains, journalistes. Les statistiques disent même qu'un Islandais sur 10 est un jour publié ! La culture islandaise, qui assimile les diverses traditions, se reflète mieux que n'importe où ailleurs dans une production littéraire remarquable. La tradition orale a, en effet, rapidement évolué pour se pérenniser dans des récits écrits.

Tout Islandais qui se respecte détient au moins deux sortes d'œuvres dans sa bibliothèque : les *sagas* et les formidables romans de l'écrivain islandais Halldór Laxness (1902-1998), prix Nobel de littérature en 1955, évoquant sans égal l'Islande et ses habitants. Il a renouvelé le genre de la tradition narrative islandaise tout en introduisant une langue plus familière. Sa longue production romanesque a éclipsé longtemps les autres auteurs. Cette production littéraire rassemble les *eddas,* poèmes mythologiques et épiques en vers, et les *sagas.* Ces dernières se sont développées aux XIIe et XIIIe s et sont le récit en prose de la vie d'une personne d'importance. Les sagas ne sont ni des mythes ni des légendes, et les personnages ont en général bel et bien existé, ce qui leur confère une certaine valeur historique. Dans cette littérature, deux livres fondamentaux se rapprochent des sagas : le *Livre de la colonisation (Landnámabók),* qui décrit la colonisation du pays aux IXe et Xe s, et le *Livre des Islandais (Íslendingabók),* qui relate lui aussi les débuts de l'histoire islandaise.

Auteurs islandais

– ***La Cloche d'Islande*** (1943-1946), roman de Halldór Laxness (Flammarion Poche, coll. « Garnier » ; 1998). Du prix Nobel de littérature 1955, un texte truculent et varié, nourri de la tradition épique, dans lequel alternent les épisodes les plus burlesques et les plus tragiques. Les trois protagonistes incarnent l'âme d'un peuple, celui de l'Islande du XVIIIe s.

– ***Le Paradis retrouvé*** (1960), roman de Halldór Laxness (Gallimard, coll. « L'Imaginaire » ; 1990). Le fermier Steinar, qui vit en Islande, est convaincu par un évêque mormon de s'installer dans la communauté islandaise du Paradis terrestre du lac Salé en Utah. Mais le malheur s'abat sur sa famille.

– ***Comptine matinale dans les brins d'herbe*** (1998), roman de Þor Vilhjálmsson (Actes Sud ; 2001). Au début du XIIIe s, l'Islande indépendante est en proie à de nombreux conflits intérieurs. Sturla, le personnage central du roman, devra lutter à la fois contre ses frères et le pouvoir religieux pour préserver ses terres.

– ***Entre ciel et terre*** (2007), roman de Jón Kalman Stefánsson (Gallimard ; « Folio » ; 2011). Le jeune Bárður, trop occupé à retenir les vers du *Paradis perdu* du poète anglais Milton, oublie de prendre sa vareuse quand il part pêcher en mer. C'est son cadavre gelé que le reste de l'équipage ramène à la fin de la journée. Le récit est celui de son meilleur ami, un gamin orphelin qui, après la mort de Bárður, se demande à quoi bon continuer de vivre. Un texte poignant et magnifiquement écrit, où chaque mot compte.

– Les romans policiers d'**Arnaldur Indriðason** *(La Cité des Jarres, La Femme en vert, L'Homme du lac, Rivière noire, Le Duel,* etc.). Tous ces romans sont publiés aux éditions Métailié et souvent aussi en poche (Points). Indriðason a popularisé le polar islandais à travers ses histoires très noires mettant en scène Erlendur, policier détective hors pair, héros fatigué, sinistre, désespéré, solitaire, véritable candidat au suicide. Ses romans n'ont cependant rien du thriller – il n'est pas rare que les morts de ses enquêtes remontent à plusieurs décennies ou qu'Erlendur enquête seul dans son coin –, mais quelle atmosphère ! Petite histoire et grande Histoire se mêlent habilement.

– Les romans policiers d'***Árni Þórarinsson,*** l'autre maître du polar islandais, à la plume tout aussi désabusée qu'Indriðason, mais trempée, elle, dans un humour volontiers noir et grinçant. Les enquêtes sont menées par Einar, un journaliste ex-alcoolique et exilé à Akureyri, où il est correspondant pour le *Journal du soir.* Les livres de Þórarinsson sont aussi publiés aux éditions Métailié, disponibles en poche (Points) pour les plus anciens.

– ***Brouillages*** (2005), de Jón Hallur Stefánsson (Actes Sud, coll. « Babel Noir » ; 2010). Encore un roman policier, ancré celui-ci à Reykjavík, et peuplé lui aussi de personnages pas très nets, voire *borderline.* Le tueur à gages japonais envoyé en mission en Islande passerait presque pour le plus équilibré et le plus sympathique de tous ! Là encore, on se laisse entraîner dans un récit empreint de cynisme et d'une noirceur totale. Stefánsson est aussi l'auteur de *L'Incendiaire* (2008 ; Gaïa), dont l'action se situe cette fois-ci à Seyðisfjörður, dans les fjords de l'Est.

– ***Rosa Candida*** (2010), d'Audur Ava Ólafsdóttir (Zulma ; 2015). À côté de cette sinistrose surgit un petit bijou d'une jeune écrivaine qui a connu un succès incroyable en France. « Rosa Candida », c'est le nom d'une rose à huit pétales et sans épines, à l'image du héros parti de son pays, jamais nommé (on imagine que c'est l'Islande), pour rejoindre un monastère sur le continent, jamais nommé lui non plus, avec trois boutures de *Rosa candida* et une photo de sa petite fille née d'une très brève union d'un soir, sans lendemain. Parti pour redonner vie au jardin du monastère, c'est à sa propre vie qu'il va redonner sens.

– ***La Hache et la Terre*** (2010), d'Olafur Gunnarsson (Gaïa ; 2010). On retrouve également dans la littérature actuelle des romans qui font référence au Moyen Âge, aux luttes féodales et religieuses entre la Réforme et les catholiques. *La Hache et la Terre* réinvente le genre de la saga et démontre la capacité du peuple à résister à l'envahisseur, son attachement à la terre. Ce roman a obtenu le prix de littérature islandaise.

– ***Pendant qu'il te regarde tu es la Vierge Marie*** (2008), de Gudrun Eva Minervudottir (Zulma ; 2008). Un titre pour le moins insolite pour cette longue série de très courtes nouvelles, mais où il n'est nullement question de religion... ce serait même l'inverse ! Le contenu des pages est à l'image des titres de ses nouvelles (« *Je sais par exemple quelle forme a le bout de tes seins, dans quelle position tu dors d'habitude* », « *Le bouquet de mariée était plein de pucerons* », etc.) : un grain de folie, de l'étrangeté au goût japonisant, pas mal d'humour...

– ***Illska, le mal*** (2011), de Eiríkur Örn Norðdhal (Métailié ; 2015). Prix de la littérature islandaise 2012, *Illska* est un récit de la Shoah à travers la vie et les amours d'Agnès Lukauskaite, jeune Islandaise d'origine lituanienne. À cheval entre le passé et le présent se dessine un triangle amoureux des plus tumultueux entre Agnès, Omar et Arnor, le néonazi qu'elle rencontre lors de sa thèse sur l'extrême droite contemporaine. Un roman-fleuve très ambitieux et surprenant.

Auteurs français

– ***Pêcheur d'Islande*** (1886), roman de Pierre Loti (Bleu Autour ; coll. « D'un regard l'autre » ; 2015). C'est l'histoire de Yann, pêcheur breton de Paimpol, qui pratique la pêche lointaine dans les eaux islandaises. Lui et ses compagnons sont appelés les « Islandais ». Pierre Loti décrit avec réalisme les conditions de vie de ces hommes qui pêchent sans relâche pendant les longues journées d'été sans jamais mettre pied à terre durant leur campagne.

– ***L'Incendie de Copenhague*** (1995), roman de Gilles Lapouge (Albin Michel ; 1995). La mission commanditée en 1702 par Frédéric IV, roi du Danemark, à son archiviste Eggert Pétursson, le conduit en Islande, terre sauvage à demi lunaire de neige et de pâturages, en quête des vélins où furent calligraphiées au XIIe s les célèbres sagas islandaises.
– ***Islandia*** (2006), bande dessinée en 3 tomes de Marc Védrines (Dargaud ; 2006-2008). Au XVIIe s, un jeune homme, Jacques, part en Islande pour confronter ses rêves à la réalité. Une atmosphère mystérieuse, où la magie est au cœur des croyances séculaires...
– ***Temps glaciaires*** (Flammarion ; 2015), roman de Fred Vargas. Une partie de l'intrigue se déroule sur un îlot perdu en Islande...
– ***Islande : le sublime et l'imaginaire*** (La Martinière, 2013), de Patrick Desgraupes. Un régal de beau livre, tant le photographe a perçu les phénomènes climatiques, la lumière intense et omniprésente de cette terre où le minéral et le végétal éclatent devant son objectif. Et puis ces couleurs... ces ciels... sublime !

POSTE ET TÉLÉCOMMUNICATIONS

Poste

Les ***bureaux de poste*** *(póstur)* ne sont ouverts que du lundi au vendredi, de 9h à 16h30, voire 18h autour de Reykjavík et dans les grandes villes comme Akureyri. Compter 225 ISK pour affranchir une lettre de moins de 50 g ou une carte postale vers l'Europe. Il existe aussi un tarif « B » plus lent et un poil plus économique (200 ISK). *Infos : • postur.is •*

Téléphone

Globalement, quatre opérateurs de téléphonie mobile couvrent le pays : *Siminn, Vodafone, TAL* et *Nova.* Si vous souhaitez téléphoner vers l'étranger depuis les (rares) cabines téléphoniques, mieux vaut acheter une carte à code *Atlas Fresli,* en vente dans les bureaux de poste, boutiques de téléphonie, stations-service, certains supermarchés et même à l'office de tourisme de Reykjavík ou d'Akureyri. Enfin, si vous désirez être joignable sur votre portable au tarif local, vous devrez acheter une carte SIM avec un crédit prépayé (voir la rubrique suivante).
Si vous avez besoin d'aide, composez le ☎ *905-50-10* pour les renseignements et le ☎ *533-50-10* pour les opérateurs.
– ***Islande → France :*** 00 + 33 + numéro de votre correspondant à 9 chiffres (c'est-à-dire le numéro à 10 chiffres sans le 0 initial).
– ***France → Islande :*** 00 + 354 + numéro du correspondant.
– Pour appeler en *PCV,* aller dans les postes *(póstur og sími)* et demander un ***collect call to France*** *(ou Belgium, Switzerland, Canada).*

Téléphone portable

Les Islandais utilisent beaucoup le téléphone portable qui, bien souvent, remplace la ligne fixe. Cependant, si la réception est bonne dans toute la partie côtière du pays, à l'intérieur, sa qualité est très variable. Et dans certains endroits reculés... on ne capte pas du tout !

Utiliser son propre téléphone

On peut utiliser son propre téléphone portable en Islande avec l'option « Europe » ou « Monde ». Renseignez-vous auprès de votre opérateur sur les conditions d'utilisation de votre portable à l'étranger.

– ***À savoir :*** un téléphone tribande ou quadribande est parfois nécessaire. Pour être sûr que votre appareil est compatible avec votre destination, se renseigner auprès de votre opérateur.
– ***Activer l'option « international » :*** elle est en général activée par défaut. Pensez sinon à contacter votre opérateur pour souscrire à l'option (gratuite), au moins 48 h avant le départ.
– ***Le « roaming » ou itinérance :*** c'est un système d'accords internationaux entre opérateurs. Concrètement, cela signifie que lorsque vous arrivez dans un pays, le nouveau réseau s'affiche automatiquement. Vous recevez rapidement un SMS de votre opérateur qui propose un ***pack voyageurs*** plus ou moins avantageux (plutôt moins que plus), incluant un forfait limité de consommations téléphoniques et/ou de connexion internet.
– ***Tarifs (hors UE) :*** ils sont propres à chaque opérateur et varient en fonction des pays (le globe est découpé en plusieurs zones tarifaires). N'oubliez pas que, ***à l'international, vous êtes facturé aussi bien pour les appels sortants que pour les appels entrants, idem pour les textos.***
Cependant, la majorité des fournisseurs de téléphonie mobile offrent aujourd'hui des ***journées incluses dans le forfait,*** avec appels téléphoniques, SMS, voire MMS et connexion internet en 3G limitée. Ne manquez pas de consulter le site de votre fournisseur pour connaître les destinations concernées.
– ***Acheter une carte SIM/puce sur place :*** une option très avantageuse pour certaines destinations. Il suffit d'acheter à l'arrivée une carte SIM/puce dans une boutique de téléphonie (qu'on trouve dans les centres commerciaux et à l'aéroport de Keflavík). Avant de payer, essayez donc, si possible, la carte/puce dans votre téléphone – préalablement débloqué – afin de vérifier si celui-ci est compatible. Ensuite, si on dépasse ce crédit, on n'a plus qu'à acheter des recharges (dans les mêmes boutiques).

Connexion Internet en voyage

– ***Se connecter au wifi*** à l'étranger est le seul moyen d'avoir accès au web gratuitement. Attention, ne vous connectez pas aux réseaux 3G ou 4G, au risque de faire grimper votre facture !
Le plus sage consiste à ***désactiver la connexion*** « données à l'étranger » (dans « Réseau cellulaire »). On peut aussi mettre le portable ***en mode « Avion »*** et activer ensuite le wifi. Attention, le mode « Avion » empêche, en revanche, de recevoir appels et messages.
– De plus en plus d'hôtels, restos, bars et mêmes certains espaces publics disposent d'un réseau, le plus souvent gratuit. Une fois connecté au wifi, vous avez accès à tous les services de la ***téléphonie par internet***. ***Whatsapp, Messenger*** (la messagerie de *Facebook*), ***Viber, Skype,*** permettent d'appeler, d'envoyer des messages, des photos et des vidéos aux quatre coins de la planète, sans frais. Il suffit de télécharger – gratuitement – l'une de ces applis sur son smartphone. Elle détecte automatiquement dans votre liste de contacts ceux qui utilisent la même appli.

Internet et wifi

Les Islandais ont pour ainsi dire tous un ordinateur chez eux, du coup vous trouverez assez peu de cybercafés. Cela dit, les auberges de jeunesse, les offices de tourisme et les *guesthouses* disposent tous du wifi (les bars aussi) et, souvent, d'une borne (payante ou non) où surfer. On peut aussi se connecter dans les bibliothèques, l'accès y revient généralement à 300-400 ISK pour une heure (certaines sont même gratuites). Bref, vous trouverez toujours, en cherchant un peu, le moyen de vous connecter.

SANTÉ

Un accord de réciprocité existe entre l'Islande et l'Union européenne ; munissez-vous donc de votre carte européenne d'assurance maladie – CEAM – (voir « Avant le départ. Carte d'assurance maladie »). Pour les ressortissants des pays non-membres de l'UE, il est conseillé de souscrire une assurance voyage pour se garantir des éventuels frais médicaux.

Ne vous arrêtez pas à l'odeur de soufre assez fréquente (re)ssentie en prenant une douche : seule l'eau chaude est issue de la géothermie (donc légèrement chargée en soufre). L'eau froide est, quant à elle, puisée dans des nappes phréatiques distinctes qui sont réputées parmi les plus pures au monde : elle est donc parfaitement potable, partout en Islande. Les pharmacies *(Apótek)* sont accessibles aux heures ouvrables (c'est-à-dire : assez réduites), mais certaines sont de garde la nuit en ville. De nombreux médecins généralistes et spécialistes exercent à Reykjavík. Il y a aussi 8 centres médico-sociaux dans la capitale, où des généralistes peuvent recevoir des patients dans un bref délai pendant la journée.

On trouve un dispensaire ou un hôpital dans toutes les villes et agglomérations principales. Le numéro de téléphone du service d'urgence (24h/24) est le ☎ *112.*

Aucune vaccination n'est exigée à l'entrée du territoire islandais. Vaccins conseillés : pour les adultes, les mêmes que pour l'Europe de l'Ouest : diphtérie, tétanos, polio, coqueluche et hépatite B.

■ ***Santé Voyages :*** les produits et matériels utiles aux voyageurs peuvent être achetés par correspondance sur le site de Santé Voyages ● *sante-voyages.com* ● Infos complètes toutes destinations, boutique web, paiement sécurisé, expéditions *Colissimo Expert* ou *Chronopost*. ☎ *01-45-86-41-91 (lun-ven 14h-19h).*

SITES INTERNET

● ***routard.com*** ● Le site de voyage n° 1 avec 750 000 membres et des millions d'internautes chaque mois. Partagez vos expériences avec la communauté de voyageurs : forums de discussions, avis, bons plans et photos. Pour s'inspirer et s'organiser, plus de 250 fiches pays actualisées avec les infos pratiques, les incontournables et les dernières actualités, ainsi que des reportages terrains et des carnets de voyage. Enfin, vous trouverez tout pour vos vols, hébergements, activités et voitures pour réserver votre voyage au meilleur prix. Routard.com, votre voyage de A à Z !

● ***fr.visiticeland.com*** ● Site de l'office de tourisme islandais (en français). Tout un tas de thèmes abordés, des liens et des infos pratiques, bref un site exhaustif.

● ***icelandnaturally.com*** ● Le site officiel nord-américain de l'office de tourisme islandais. Un site très complet et attractif sur l'Islande, son histoire, sa population, sa culture, le tourisme...

● ***visitreykjavik.is*** ● Une bonne introduction à la capitale, avec des infos touristiques de tous ordres : hébergements, événements culturels, descriptif des musées, sites et excursions, planning des concerts et expos des mois à venir. Bien fait.

● ***south.is*** ● ; ● ***east.is*** ● ; ● ***northiceland.is*** ● ; ● ***west.is*** ● Sites régionaux du tourisme islandais (en anglais). Nombreuses informations sur les lieux à visiter, actualités, hébergements, etc.

● ***infos-islande.fr*** ● Un site perso très utile, qui regroupe une flopée de liens (bien à jour) classés par catégories, pour des infos pratiques, culturelles, historiques, géographiques, et toutes sortes de carnets de voyage.

• ***toutelislande.fr*** • Ce site intéressant propose une introduction très complète au pays d'un point de vue culturel et historique, avec des dossiers thématiques traitant de sujets allant du polar à la crise économique en passant par la sorcellerie.
• ***voyage-islande.fr*** • Un site de passionnés sur le pays, avec des récits de voyages, de très nombreuses photos, des vidéos et un forum pour échanger ses impressions.
• ***vivreenislande.fr*** • Des articles de fond, des actualités politiques et sociales, une façon différente de voir l'Islande, plus proche des gens que des volcans, avec des articles écrits par des passionnés du pays et des Français expatriés.
• ***vegagerdin.is/english*** • Le site des Ponts et Chaussées islandais, avec tout ce qu'il faut savoir sur l'état des routes du pays, avec moult cartes détaillées, les portions en travaux, la hauteur des gués, bref la totale avant de prendre la route !

TRANSPORTS

Louer une voiture, faire passer la sienne par le ferry ou s'en remettre aux bus en été ? À chaque option ses avantages et... son coût !

Bus

L'Islande est desservie par ***trois compagnies principales :*** *Strætó (• straeto.is •),* compagnie publique qui opère toute l'année et possède le réseau le plus étendu, *Sterna (• sterna.is •)* et *Reykjavík Excursions (• re.is •),* qui fonctionnent, au mieux, de mai à mi-octobre (et seulement de fin juin à fin août pour les pistes de l'intérieur). Il existe des liaisons dans toutes les régions les plus touristiques du pays, à l'exception des fjords du Nord-Ouest (en particulier au-delà de Hólmavík), même si cela devrait s'améliorer dans les années à venir. Quoique pas vraiment bon marché, le bus reste le plus économique pour découvrir l'Islande si vous êtes seul, voire à deux. On peut acheter les billets en ligne, à la gare routière ou directement à bord ; vu leur prix à l'unité (cher), l'achat d'un forfait *(passport)* peut s'avérer plus intéressant. Toutefois, comparez bien les options proposées par rapport au périple que vous imaginez faire. Par exemple, la compagnie *Sterna* propose le *Golden Circle,* au départ de Reykjavík ou Selfoss, qui permet de rejoindre les sites du Cercle d'Or (Þingvellir, Geysir et Gullfoss). Le *Full Circle Passport* permet de faire le tour de l'île entre la mi-juin et fin août, sans limitation de temps, mais uniquement sur la route circulaire 1, et ne permet pas de retour en arrière.
Les forfaits proposés par *Reykjavík Excursions* sont pour les bus « excursion » et disponibles uniquement de mi-juin à la 1re semaine de septembre mais, contrairement à ceux proposés par *Sterna,* des retours en arrière sont autorisés avec certains d'entre eux (les plus chers). Certaines formules n'ont pas de durée de validité définie, d'autres si (3-15 jours), leur prix variant en fonction de celle-ci. Bref, vous devrez vous déterminer selon l'itinéraire de vos rêves, la durée de votre séjour et les offres en cours.
Certaines lignes n'existent donc qu'en été et nombre de destinations, même parmi les plus populaires, ne sont desservies qu'une seule fois par jour. Les horaires sont bien respectés. Pour ce qui est des bus de l'intérieur, ils ne commencent à circuler que fin juin, voire début juillet, jusqu'à fin août. Renseignez-vous bien avant d'établir votre itinéraire.
Pour avoir un récapitulatif de toutes les lignes, toutes les compagnies, les horaires et les prix, consulter le site : • *publictransport.is* • Il propose une carte interactive très bien faite : on clique sur sa destination et toutes les lignes/compagnies/modes de transport s'affichent (bus, avion, bateaux...).

Distance en km / Temps du parcours	AKUREYRI	BORGARNES	DALVÍK	DJÚPIVOGUR	EGILSSTAÐIR	GULLFOSS	HELLISSANDUR	HOFSÓS	HÓLMAVÍK	HÖFN	HÚSAVÍK	ÍSAFJÖRÐUR	KEFLAVÍK	LAUGARVATN	MYVATN	PINGVELLIR	ÞÓRSMÖRK	REYKJAVÍK	SELFOSS	SKÓGAR	VARMAHLÍÐ	VÍK
AKUREYRI		3h30	30mn	4h45	3h15	5h15	5h	1h45	4h	6h	1h15	6h30	6h30	5h	1h15	5h30	6h45	4h30	5h	4h45	1h	1h
BORGARNES	316		4h	7h30	6h45	2h	1h30	3h	2h	6h15	4h45	4h30	4h30	1h45	4h45	1h15	3h15	1h	1h45	1h15	2h30	4h
DALVÍK	43	338		5h15	3h45	5h30	5h30	1h15	4h15	6h30	1h45	6h45	6h45	5h30	1h45	5h45	7h	4h45	5h30	5h	1h30	30mn
DJÚPIVOGUR	349	609	390		1h45	6h30	9h	6h15	8h30	1h20	3h30	11h	11h15	6h15	3h30	7h30	6h	6h30	5h45	6h45	6h	5h45
EGILSSTAÐIR	265	579	307	85		8h	8h15	4h45	7h	3h	2h	9h30	9h45	8h	2h	9h	7h30	7h45	7h30	8h	4h15	4h10
GULLFOSS	470	157	491	545	629		3h30	4h30	3h30	5h30	6h30	6h	6h	30mn	6h30	1h	2h15	1h30	1h	1h45	4h15	5h30
HELLISSANDUR	408	131	429	737	671	285		4h30	3h	8h	6h15	5h30	5h15	3h	6h15	2h45	4h45	2h30	3h15	2h45	4h	5h30
HOFSÓS	133	255	90	479	396	408	346		3h15	7h30	2h45	5h45	5h45	4h30	2h45	4h45	6h	3h45	4h30	4h	30mn	1h
HÓLMAVÍK	336	161	357	682	599	315	220	274		8h15	10mn	2h30	3h15	3h30	5h	3h30	5h	2h45	3h30	3h15	2h45	4h
HÖFN	449	515	490	103	186	451	643	580	673		5h30	10h45	10h30	5h15	5h	6h30	4h45	5h30	4h45	5h30	7h	7h
HÚSAVÍK	92	406	134	303	220	561	498	224	426	404		7h30	7h40	6h15	45mn	6h45	8h	5h45	6h15	6h	2h15	2h
ÍSAFJÖRÐUR	557	382	578	903	820	536	441	495	222	894	647		3h45	6h	7h30	6h45	7h30	5h15	6h	5h30	5h15	6h45
KEFLAVÍK	430	116	451	590	694	157	244	368	274	496	521	495		1h30	7h45	1h30	7h30	5h15	5h45	5h30	5h30	6h45
LAUGARVATN	432	119	453	534	618	38	246	370	277	440	523	498	119		6h15	45mn	2h10	1h	30mn	1h15	4h	5h30
MYVATN	90	404	132	258	175	559	496	221	424	359	56	645	519	521		5h45	8h	5h45	6h15	6h	2h15	2h
PINGVELLIR	407	93	428	537	620	63	222	345	252	442	499	473	95	25	496		2h30	1h	1h	2h30	4h	5h
ÞÓRSMÖRK	529	216	551	457	540	152	344	468	374	362	621	595	197	141	619	143		2h15	1h45	2h30	5h45	7h
REYKJAVÍK	386	72	407	549	650	113	200	324	230	455	477	451	59	75	475	51	156		45mn	20mn	3h30	4h45
SELFOSS	429	115	450	495	579	71	243	367	274	400	520	495	96	40	518	43	101	55		1h	4h	5h30
SKÓGAR	526	212	547	398	482	148	340	464	371	304	617	592	193	137	615	140	60	152	97		3h45	5h
VARMAHLÍÐ	95	221	116	441	358	375	313	48	241	542	185	462	335	337	183	312	434	291	334	431		1h30
VÍK	558	244	579	365	449	180	372	496	402	271	649	623	225	169	621	172	91	184	130	32	463	

Important : les prix fluctuant énormément ces dernières années en Islande, il est préférable, en organisant votre voyage, de consulter le site internet des compagnies, où vous trouverez toutes les dessertes, formules (carte à l'appui), horaires et prix.
Dernière remarque : la plupart des compagnies acceptent le ***transport des vélos,*** pour un prix d'environ 3 500 ISK. Sachez enfin que leurs soutes ne sont pas étanches, alors, si vous êtes censé passer des gués, un sac-poubelle ne sera pas inutile pour protéger vos bagages !

Le réseau

– ***Strætó :*** ☎ *540-27-00.* • *straeto.is* • Unique compagnie publique nationale, *Strætó* assure les transports urbains à Reykjavík et Akureyri, et dessert le Sud jusqu'à Höfn, la péninsule de Snæfellsnes, Hólmavík au début des fjords du Nord-Ouest, le Nord jusqu'à Siglufjörður et l'Est jusqu'à Egilsstaðir. Bref, elle fait le tour de l'île. En basse saison, on ne peut guère compter que sur elle !
– ***Sterna :*** ☎ *551-11-66.* • *sterna.is* • Cette compagnie privée fait le tour de l'île, pour l'essentiel par la route 1, avec des lignes secondaires permettant de rejoindre le Landmannalaugar et Þórsmörk (en partenariat avec Trex). Une ligne intéressante relie Reykjavík à Akureyri par la piste F35, qui traverse l'île par le centre, via Kerlingarfjöll, Gullfoss et Geysir. La compagnie marque sur de nombreuses lignes des arrêts touristiques qui permettent de visiter les sites en chemin (geysers, chutes d'eau, sites volcaniques, lacs...). La compagnie propose également des excursions à la journée, tant au départ de Reykjavík que d'Akureyri. Le wifi est disponible sur tous les bus *Sterna*.
– ***Reykjavík Excursions :*** • *re.is* • Délaissant l'Ouest, cette compagnie dessert les sites touristiques les plus connus, mais pas toujours faciles d'accès ou même inaccessibles aux voitures de tourisme (comme le Landmannalaugar et Þórsmörk). Bus tout-terrain, à même de traverser les gués. À bord, le chauffeur diffuse un CD contenant de brefs commentaires (en anglais). Ils relient aussi Reykjavík à Akureyri par le centre de l'île, via la piste F35 ou la F26. Au-delà, ils permettent de gagner le Laki, le parc de Skaftafell, puis Höfn ; d'Egilsstaðir, le Mývatn, Húsavík, Dettifoss et le cratère Víti. Également une ligne toute simple et bien pratique reliant Reykjavík à Þingvellir, Geysir et Gullfoss.
– ***Svaust :*** • *svaust.is* • Cette compagnie publique dessert l'est de l'île à partir d'Egilsstaðir : Seyðisfjörður, Reyðarfjörður, Nordfjörður, Fáskrúðsfjörður, Breiðdalsvík, Djúpivogur et jusqu'à Höfn – mais attention, en hiver, aucun bus ne permet de rallier Höfn depuis Egilsstaðir, même en changeant.
– Vous trouverez tous les horaires des bus en ligne, dans les brochures des compagnies disponibles dans les offices de tourisme ou auprès des compagnies.

Location de véhicule

L'âge minimum pour la location d'un véhicule de tourisme en Islande est de 20 ou 21 ans, voire 23 ou 25 ans pour un 4x4. Certaines compagnies, comme *Thrifty,* autorisent des locations à partir de 19 ans pour un véhicule standard avec paiement d'un supplément. Le permis doit avoir plus de 1 an de validité.
Comme pour l'hébergement, le prix des locations varie généralement selon les saisons. C'est en juillet et août que vous paierez plein pot ! Un supplément vous sera en général demandé pour une prise à l'aéroport international de Keflavík. Cela dit, si vous désirez rester plusieurs jours à Reykjavík, vous pouvez vous épargner quelques jours de location, la voiture n'étant pas indispensable pour visiter la ville.
La ***route circulaire 1,*** celle que vous utiliserez le plus si vous faites le tour de l'île, est presque entièrement asphaltée et globalement bonne. Elle reste accessible toute l'année (sauf tempêtes). Les autres axes peuvent être asphaltés ou non. Même si

le goudron a passablement gagné du terrain dans la dernière décennie, le pays compte encore des milliers de kilomètres de piste, en plus ou moins bon état. Certaines sont parfaitement carrossables en véhicule standard, d'autres beaucoup plus difficiles, jonchées de cailloux qui menacent les bas de caisse, voire entrecoupées de gués. Leur état change beaucoup selon la météo et la fréquentation, d'où l'importance de se renseigner avant de s'engager sur certaines d'entre elles. Beaucoup sont fermées une partie de l'année et ne redeviennent praticables qu'en juin ou juillet, selon l'enneigement – c'est le cas, par exemple, des pistes de l'intérieur, F35 et F26.

Si vous voyagez seul ou à deux, la location d'un véhicule vous donnera une plus grande liberté (et un endroit au sec en cas de pluie... ou même un gîte en cas de location d'un *camper* !), mais vous reviendra généralement plus cher que d'acheter un forfait de bus. Si vous êtes trois, il va falloir commencer à faire des calculs (n'oubliez pas d'inclure l'essence dans votre budget...). Pour une petite voiture prise pour 2 semaines, ça devrait tourner autour d'un bon 1 000 €, essence comprise. Pour un (petit) 4x4, ce sera au moins le double, et près du triple avec un gros !

Pour préparer votre itinéraire, ne raisonnez surtout pas en termes de kilomètres : le temps de parcours n'est pas du tout le même qu'en France, et encore moins si vous roulez sur des pistes ou des petites routes en mauvais état. Vous constaterez très vite que, même si une route est limitée à 90 ou 80 km/h, si vous n'êtes pas trop habitué, vous serez plutôt aux alentours de 70 km/h.

« Les routes de montagnes » ou F-roads

On parle en Islande des *F-roads,* routes dont le numéro est précédé d'un F pour *Fjallvegur,* soit « routes de montagnes ». Ces pistes ne sont ouvertes que tardivement dans l'année, entre début juin et mi-juillet (ça dépend du lieu et de la météo) jusqu'à la fin août ou début septembre. Elles nécessitent un véhicule tout-terrain à cause de leur état et/ou parce qu'il y a des gués à franchir. Quelques routes comme la 35 (piste de Kjölur) sont praticables en véhicule de tourisme (aux risques et périls de celui-ci) ; toutefois, même si la loi ne l'interdit pas, les loueurs de voiture, si ! Vous n'êtes alors pas assuré en cas de pépin sur ces routes et éventuellement passible d'amende (dont le prix peut atteindre... 1 300 € !). Il y a quelque temps, certains loueurs ont même poussé le vice jusqu'à photographier les plaques des véhicules garés au Landmannalaugar pour prouver l'infraction... Et ne vous croyez pas couvert parce que vous avez loué un 4x4. Certaines grandes compagnies internationales interdisent leur usage dans le centre de l'île, précisément là où ils seraient le plus utiles, ou le limitent à leurs plus gros modèles (les plus chers, bien entendu) !

– ***État des routes et dates d'ouverture des F-roads :*** ☎ *1777.* • *vegagerdin.is/english* • Des webcams permettent aussi de voir concrètement l'état de certaines routes à un moment donné. Le site vous donne aussi des conseils de conduite (en anglais).

– ***Pour vous informer de la météo :*** • *en.vedur.is* •

4x4 ou pas 4x4 ?

Le choix du type de véhicule dépend de vos envies, de votre parcours, des dates de votre voyage, de votre habileté à conduire ce genre d'engins et de votre budget !

Les conditions de circulation ne sont pas les mêmes en été et en hiver (et l'hiver commence tôt et finit tard en Islande !). En été, si vous vous contentez de faire le tour de l'île (qui a déjà beaucoup à offrir) sans passer par les sites comme Þórsmörk, le Laki ou le Landmannalaugar, une voiture ordinaire suffit. Les sites précités et l'intérieur du pays (Hveravellir, Kerlingarfjöll, etc.), eux, ne se visitent qu'en 4x4. Rappelons en outre que ces sites ne sont pas

accessibles toute l'année, quel que soit votre véhicule, puisque les pistes classées F n'ouvrent en général que fin juin-début juillet.
N'oubliez pas non plus qu'un 4x4 c'est bien joli et pratique, mais qu'il faut savoir le conduire ! Traverser un gué demande prudence, bon sens et « quelques » connaissances... Si vous optez pour la location d'un 4x4 et que vous n'êtes pas un « pratiquant » régulier, inutile de prendre un gros modèle, car vous n'aurez pas les compétences pour vous attaquer aux pistes les plus ardues. Globalement, préférez les « vrais » 4x4 – avec vitesses courtes – aux SUV, ces 4x4 de ville (cherchez l'erreur...) plutôt courts sur pattes et peu adaptés au passage des gués.
L'aspect financier, enfin : la location d'une voiture, quelle qu'elle soit, est déjà assez onéreuse, mais la location des plus petits 4x4 coûte au moins deux, voire trois fois plus cher que celle d'une petite voiture de catégorie A (sans parler du budget essence, les véhicules tout-terrain consommant plus).
Quoi qu'il en soit, sachez que, 4x4 ou pas, ***le bas de caisse et les crevaisons ne sont jamais couverts,*** quelle que soit l'assurance à laquelle vous souscrirez. Dans le même registre, ***les 4x4 ne sont pas assurés pour les passages de gués,*** donc ne vous lancez pas à l'aveuglette et, dans le doute, faites demi-tour. Les tempêtes de sable ou de cendres font, elles, l'objet d'une assurance spéciale facultative, baptisée SAAP (ou SADW). Attention, certains loueurs abusent en débitant les cartes laissées en garantie après retour du véhicule sous des prétextes plus ou moins fallacieux. Cela ne devrait pas vous arriver avec les entreprises que nous vous conseillons.
Pour traverser un gué, quelques règles s'imposent. La première est la plus simple : attendre qu'un autre véhicule arrive en face pour voir de quoi il retourne et observer sa trajectoire ! Les précautionneux peuvent relever leur pantalon et aller vérifier la profondeur, mais ils auront froid aux orteils ! À savoir : des chaussons en néoprène permettent de supporter le froid et des bâtons de marche sont utiles pour résister au courant.
Une fois lancé en voiture, avancer doucement, en 1re, dans le sens du courant si possible, en diagonale (jamais à angle droit par rapport aux berges), sans jamais s'arrêter ni reculer : il ne faut ni faire de vague devant au risque de noyer le moteur, ni faire entrer d'eau dans le pot d'échappement. Le niveau des rivières glaciaires dépend évidemment des pluies mais est aussi plus bas le matin, après le froid de la nuit, que l'après-midi... En cas de trop forte hésitation, il peut être plus raisonnable de faire demi-tour.
– ***Conseils de sécurité*** en Islande, avec une section dédiée à la conduite : • *safetravel.is/driving/* •
– Une page perso consacrée à la traversée de gués : • *http://saga.gilabert.pagesperso-orange.fr/page_gues.html* •

Camping-cars ou autres camper vans

Vu le coût de l'hébergement en Islande, c'est une formule de plus en plus populaire. Certains lecteurs peuvent choisir de venir avec leur propre camping-car (via le Danemark et une longue traversée en ferry). Mais il est tout à fait possible de louer un véhicule sur place. Si vous redoutez les bons gros camping-cars larges et longs (mais très bien équipés et totalement autonomes côté sanitaires), vous pourrez opter pour toute une gamme qui va du véhicule 4x4 au monospace, en passant par le petit utilitaire, toujours aménagés pour pouvoir dormir à l'arrière dans des conditions assez confortables (tendance camping, tout de même) et dotés d'un espace « salon » qui permet de passer une journée pluvieuse à l'abri, ainsi que d'un coin popote pour faire son frichti quotidien. Évidemment, la maniabilité des *campers* et des camping-cars est inversement proportionnelle à leur taille ! Pour les références de loueurs, voir les compagnies nationales citées en fin de rubrique.

Carburants

Le prix de l'essence ne varie pas selon les régions, mais selon les stations. En 2016, il oscillait autour de 200 ISK le litre pour le sans-plomb 95 et 190 ISK

pour le diesel. Les **stations-service** sont généralement ouvertes de 7h-7h30 à 20h-23h30. Cela dit, on peut fréquemment régler à la pompe 24h/24, par carte de paiement, ou, dans certains automates, avec des billets. Très souvent, il faut indiquer la somme souhaitée. Vous pouvez voir large, car vous ne paierez au final que le nombre de litres versés. Et si vous voulez un reçu, il vous faudra réintroduire votre carte une 2e fois après vous être servi. Sinon, les stations ***N1*** vendent des cartes prépayées qui donnent droit à une petite ristourne de 3 ISK/ litre, mais elles ne fonctionnent pas dans les automates (à utiliser durant les heures d'ouverture de la station, en s'annonçant à la caisse). Enfin, sachez que la plupart des 4x4 consomment énormément d'essence, attendez-vous à de belles factures !
Important : procurez-vous une carte qui mentionne les stations-service. Méfiez-vous, cependant, il peut arriver qu'elles soient en panne ou à court de carburant. ***N'attendez jamais d'être sur la réserve pour faire le plein et soyez toujours prévoyant, surtout dans le centre du pays*** (pas de pompe sur 200 km).

Conduite

– Conduite à droite. Vitesse limitée à 50 km/h en ville, 80 km/h sur les routes non revêtues et 90 km/h sur les routes asphaltées. Feux de croisement obligatoires de nuit comme de jour.
– Les Islandais ont récemment découvert les lois des radars fixes. Méfiance ! On en trouve surtout, pour l'heure, autour de Reykjavík, sur le chemin du Cercle d'Or et sur la route 1. Quelques radars embarqués également, à bord de 4x4 banalisés. Et, en cas d'excès de vitesse, les amendes peuvent être extrêmement salées (35 à 1 000 €).
– La ceinture de sécurité est obligatoire à l'arrière comme à l'avant.
– La conduite en Islande demande prudence et vigilance, surtout si vous n'êtes pas habitué à rouler sur des routes gravillonnées. Il n'est pas rare en effet que des portions de routes asphaltées soient tout à coup gravillonnées. C'est en général signalé par un panneau. Dans ce cas-là, ralentissez avant d'atteindre la partie gravillonnée et non une fois dessus... Ralentissez aussi quand vous croisez un autre véhicule (ou des vélos), pour éviter les projections de petits cailloux.
– Ne prenez pas à la légère une pancarte vous prévenant d'un danger, surtout avant les gués, ponts à voie unique (fréquents) et buttes sans visibilité *(blindhæd),* généralement signalés.
– Outre les gravillons, faites attention aux nids-de-poule et aux accotements mal stabilisés.
– Gare aux moutons, qui ont la fâcheuse manie de traverser la route pile devant votre voiture (même si les enclos tendent à se généraliser) ! Attention également aux chevaux (la méthode islandaise consiste à klaxonner dès qu'ils sont en vue) et aux rennes, dans l'est du pays (mais c'est quand même beaucoup plus rare).
– Les bovi-stops en fer qui sont posés sur la route sont là pour empêcher les moutons, et le bétail en général, de passer. Ralentissez quand vous les franchissez, cela fait un bruit du tonnerre.
– Parfois les tunnels sont à sens unique avec des refuges latéraux. Si ces derniers sont de votre côté, c'est à vous de laisser passer.
– Attention aussi aux vents parfois violents : il n'est pas rare que la portière vous échappe et aille percuter un rocher, un poteau...
– Vous constaterez très vite que les pistes islandaises sont très salissantes (il est généralement nécessaire de laver sa voiture avant de la rendre à l'agence de location !) et que la poussière s'introduit partout, même à l'intérieur.
– Il est strictement interdit par la loi de quitter les pistes avec un véhicule (le vélo étant considéré comme un véhicule). Les autorités vous diront même que

mettre 2 roues dans l'accotement n'est pas très écolo. En l'érosion fait beaucoup de dégâts et la nature est très fragile.

Cartes géographiques

Pour voyager en Islande, il est indispensable de se munir d'u précise l'état des routes, afin de savoir avec quel type de véh culer. On en trouve de très bonnes dans les principaux offices de tourisme, les stations-service et les librairies (à Reykjavík et Akureyri surtout). On conseille la carte au 1/500 000 de *Landmælingar Íslands* (Institut islandais de cartographie ; • *lmi.is* •), régulièrement remise à jour, qui indique les campings, les refuges, les gués, etc. La meilleure, selon nous. Celle, plastifiée, d'*International Travel Maps* au 1/425 000, disponible facilement sur Internet et très lisible, est bien aussi. Sinon, on déniche facilement sur place des atlas routiers et autres cartes plus précis, comme le *Kortabók* au 1/300 000 et le *Ferðaatlas* au 1/200 000. Et, pour les randonnées, les *Atlaskort* au 1/100 000, voire au 1/50 000. Bon à savoir aussi : les offices de tourisme de la partie sud du pays délivrent gratuitement des cartes très précises des zones qu'ils couvrent.

Compagnies nationales

Il est généralement beaucoup plus intéressant de louer un véhicule auprès des compagnies locales, beaucoup moins onéreuses et offrant un service généralement tout aussi bon. Avantage de taille : beaucoup sont moins regardantes sur les pistes empruntées et sur les éventuels petits bobos. Leurs véhicules sont souvent un peu plus anciens que ceux des *majors* (pas toujours), mais ils sont bien entretenus et ce peut être un avantage en cas de griffures, petites bosses et autres détails ! Citons quelques agences qui ont fait leurs preuves :

■ ***Geysir :*** • *geysir.is* •

■ ***Átak Car Rental :*** • *atak.is* •

■ ***Reykjavík Rent A Car :*** • *reykjavikrentacar.is* •

■ ***Blue Car Rental :*** • *bluecarrental.is* • Une compagnie plus récente, mais très fiable et professionnelle. On paie tout avant le départ, mais on peut annuler sans frais jusqu'à 1 semaine avant. À partir de 680 € environ la semaine pour un *Jimny* nouveau modèle, assurances incluses. Franchise limitée à 500 €.

■ ***B & B Car Rental :*** • *bbguesthouse.is* • Cette *guesthouse* de Keflavík (voir « Où dormir ? » dans cette ville) loue une quinzaine de voitures en bon état et à des prix compétitifs.

■ ***JS Camper Rental :*** • *js.is* • Une agence sérieuse si vous souhaitez louer un camper 4x4 (mini camping-car).

■ ***Kúkú Campers :*** • *kukucampers.is* • Aménage des Kangoo, Ford Transit, Defender et Toyota Hiace (4x4) en *campers* pour des séjours « tout en un ». À bord : de quoi dormir et cuisiner. Tous leurs véhicules portent des noms de personnalités et sont peints à leur effigie... pas super discret ! Au final, c'est assez cher, mais ça économise l'hébergement, protège de la pluie et évite de devoir replier la tente humide tous les matins. Évitez juste de vous faire refiler toutes les options (inutiles). Option similaire, sans les graffs (!), avec ***Happy Campers*** (• *happycampers.is* •).

Compagnies internationales

■ ***BSP Auto :*** ☎ *01-43-46-20-74 (tlj).* • *bsp-auto.com* • Les prix proposés sont attractifs et comprennent le kilométrage illimité et les assurances. *BSP Auto* propose exclusivement les grandes compagnies de location sur place, assurant un très bon niveau de services. Les plus : vous ne payez votre location que 5 jours avant le départ. Remise spéciale de 5 % aux lecteurs de ce guide avec le code « ROUTARD17 ».

■ Et aussi :

– ***Avis :*** ☎ *0821-230-760 (0,12 €/mn),* • *avis.fr* •

– ***Europcar :*** ☎ *0825-358-358 (0,15 €/mn),* • *europcar.fr* •

– ***Hertz :*** ☎ *0825-861-861 (0,15 €/mn),* • *hertz.com* •

n

hiver, quand les routes sont fermées ou bloquées par le désenneigement, c'est le moyen le plus sûr et le plus rapide de se déplacer. C'est bien aussi l'été, surtout si le temps est dégagé (pas facile de prévoir la météo quand on réserve son billet, on vous l'accorde !) et que vous avez l'occasion de survoler des régions où se trouvent des glaciers ! Il arrive qu'un vol intérieur en promotion ne coûte que quelques euros de plus que le bus. Pour certains secteurs, c'est même le seul moyen de transport disponible si on n'est pas véhiculé – en particulier pour rejoindre les fjords du Nord-Ouest. Attention, ne pas prévoir un retour par avion sur Reykjavík la veille de quitter l'Islande : à tout moment, la météo peut empêcher les avions de décoller. C'est particulièrement fréquent aux îles Vestmannaeyjar.

■ ***Air Iceland :*** *☎ 570-30-00. • air iceland.is •* La principale compagnie domestique islandaise dessert Reykjavík, Akureyri, Ísafjörður, l'île de Grímsey, Vopnafjörður, Egilsstaðir et Þórshöfn, mais aussi les îles Féroé et le Groenland.

■ ***Eagle Air :*** *☎ 562-42-00. • eagleair.is •* Dessert Húsavík, Bíldudalur et Gjögur dans les fjords du Nord-Ouest, Höfn et les îles Vestmannaeyjar.

Sinon, plusieurs petites compagnies proposent la découverte d'une région par la voie des airs. Au programme : volcans et glaciers, les îles Vestmannaeyjar, le lac Mývatn, les fjords, le Sud-Ouest, etc. Les vols durent entre 20 mn et plusieurs heures. C'est en général très cher, mais le spectacle est grandiose – surtout si un volcan a la bonne idée d'entrer en éruption !

■ ***Atlantsflug :*** *à l'aéroport municipal de Reykjavík. ☎ 899-25-32. • flightseeing.is •* Départs de Reykjavík, de l'aéroport de Bakki (situé face aux îles Vestmann) et de Skaftafell. Tarifs : 90-650 € pour des trajets de 20 mn à la journée entière (sur demande).

■ ***Myflug :*** *à l'aérodrome de Reykjahlíð (lac Mývatn). ☎ 464-44-00. • myflug.is •* Assure, également sur demande, des survols de la région du lac Mývatn, du volcan d'Askja, de Dettifoss et pousse jusqu'aux volcans sous-glaciaires du Vatnajökull au moment des éruptions. Tarifs : 90-250 €.

■ ***Comptoir d'Islande*** peut également se charger des résas (se reporter à la rubrique « Les organismes de voyages », dans le chapitre « Comment y aller ? »).

Bateau ferry

Outre l'extraordinaire ferry permettant de rejoindre l'Islande depuis le Danemark via l'archipel des Féroé (voir « Comment y aller ? »), l'Islande dispose de plusieurs liaisons régulières fonctionnant toute l'année. Les plus utiles pour les voyageurs sont celle d'*Eimskip* *(• eimskip.is •)*, desservant les îles Vestmannaeyjar depuis Landeyjahöfn (ou Þorlakshöfn par mauvais temps), et celle de *Seatours* *(• seatours.is •)*, qui permet de rallier les fjords du Nord-Ouest depuis Stykkishólmur (péninsule de Snæfellsnes) en traversant le grand Breiðafjörður, avec escale possible sur la charmante île de Flatey. Autre destination de choix pour les aventuriers désireux de franchir le cercle polaire : l'île de Grímsey, desservie 3 fois/semaine depuis Dalvík, au nord d'Akureyri, par *Sæfari* *(• landflutningar.is/saefari/english-version •)*. On pourrait aussi citer les rotations estivales permettant de rejoindre la superbe région sauvage du Hornstrandir, paradis de la randonnée, accessible depuis Ísafjörður et Bolungarvík. Infos : *• westtours.is •* ou *• boreaadventures.com •*

Vélo

À ne recommander qu'aux plus courageux, étant donné les conditions climatiques et l'état des pistes. En outre, les automobilistes islandais (et les autres) ne sont pas

habitués à côtoyer les deux-roues sur leurs routes et oublient quelques règles élémentaires de « bonne conduite » pour éviter aux cyclistes de manger la poussière et de se faire « asperger » de gravillons.
Si vous souhaitez confier votre vélo à la soute du bus pour les longues distances, il vous en coûtera un supplément de 3 500 ISK (même si certains chauffeurs sympas omettent de vous le réclamer). Mieux vaut aussi apporter son vélo, on est plus sûr de son état (du moins en arrivant, parce qu'en repartant...) ; il est toutefois possible d'en louer, mais inutile de vous dire que c'est onéreux. Prévoyez large aussi pour le matériel de réparation.

Auto-stop

Ça fonctionne assez bien, en tout cas sur les portions les plus fréquentées de la route 1, c'est-à-dire autour de Reykjavík, du côté du Mývatn et de Jökulsárlón, entre autres. Plus difficile dans les régions des fjords de l'Est et de l'Ouest, le stop devient très hasardeux dès que vous quittez les routes principales. Le problème est que l'on peut parfois attendre 2h sans apercevoir un seul véhicule. Une règle d'or : attendre dans une station-service et aborder les voitures qui s'arrêtent. Le week-end, beaucoup d'Islandais quittent la capitale, c'est l'occasion de découvrir leurs lieux de villégiature préférés : le parc national du Þingvellir, la vallée de la Hvítá, la péninsule de Snæfellsnes... Autre solution, assez efficace : demander aux autres résidents des AJ et *guesthouses* où vous logez. Certains hébergements disposent d'ailleurs de panneaux de « covoiturage ».

URGENCES

Numéros nationaux

– ***Urgences médicales (24h/24) :*** ☎ *112.*
– ***Pompiers :*** ☎ *112.*

Perte/vol de cartes de paiement

– ***Carte Visa :*** *assistance médicale et véhicule incluse ; numéro d'urgence (Europ Assistance) :* ☎ *0-800-891-3680 (24h/24).* • *visa.fr* •
– ***Carte MasterCard :*** *numéro d'urgence au* ☎ *0-800-90-1387.* • *mastercard.com* •
– ***Carte American Express :*** ☎ *(00-33) 1-47-77-72-00.* • *americanexpress.com* •

Besoin urgent d'argent liquide

Vous pouvez être dépanné en quelques minutes grâce au système ***Western Union Money Transfer.*** L'argent vous est transféré en moins d'1h. La commission, assez élevée, est payée par l'expéditeur. Possibilité d'effectuer un transfert auprès d'un des bureaux *Western Union* ou, plus rapide, en ligne, 24h/24 par carte de paiement *(Visa* ou *MasterCard).*
Même principe avec d'autres organismes de transfert d'argent liquide comme ***MoneyGram, PayTop*** ou ***Azimo.*** Transfert en ligne sécurisé, en moins d'1h.
Dans tous les cas, se munir d'une pièce d'identé. Toutefois, en cas de perte/vol de papiers, certains organismes permettent de convenir d'une question/réponse-type pour pouvoir récupérer votre argent. Chacun de ces organismes possède aussi des applications disponibles sur téléphone portable. Consulter les sites internet pour connaître les pays concernés, les conditions tarifaires (frais, commission) et trouver le correspondant local le plus proche :
• *westernunion.com* • *moneygram.fr* • *paytop.com* • *azymo.com/fr* •
– Autre solution, envoyer de l'argent par ***La Poste*** : le bénéficiaire, muni de sa pièce d'identité, peut retirer les fonds dans n'importe quel bureau du réseau local.

Le transfert s'effectue avec un mandat ordinaire international (jusqu'à 3 500 €) et la transaction prend 4-5 jours en Europe (8-10 jours vers l'international). Plus cher, mais plus rapide, le mandat express international permet d'envoyer de l'argent (montant variable selon la destination – 34 au total) sous 2 jours maximum, 24h lorsque la démarche est faite en ligne. *Infos : • labanquepostale.fr •*

Perte/vol de téléphone portable

Suspendre aussitôt sa ligne permet d'éviter de douloureuses surprises au retour du voyage ! Voici les numéros des quatre opérateurs français, accessibles depuis la France et l'étranger :

- ***SFR :*** *depuis la France, ☎ 1023 ; depuis l'étranger : 📱 + 33-6-1000-1023.*
- ***Bouygues Télécom :*** *depuis la France comme depuis l'étranger, ☎ + 33-800-29-1000.*
- ***Orange :*** *depuis la France comme depuis l'étranger, 📱 + 33-6-07-62-64-64.*
- ***Free :*** *depuis la France, ☎ 3244 ; depuis l'étranger, ☎ + 33-1-78-56-95-60.*

Vous pouvez aussi demander la suspension de votre ligne depuis le site internet de votre opérateur.

Avant de partir, notez (ailleurs que dans votre téléphone portable !) votre numéro IMEI utile pour bloquer à distance l'accès à votre téléphone en cas de perte ou de vol. Comment avoir ce numéro ? Il suffit de taper sur votre clavier *#06# puis reportez-vous au site *• mobilevole-mobilebloque.fr •*

REYKJAVÍK ET LA PÉNINSULE DE REYKJANES

• Carte *p. 81*

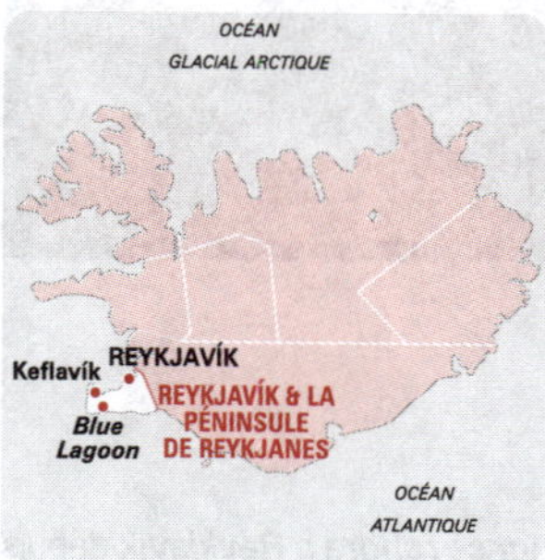

C'est sur cette péninsule qu'on atterrit à l'arrivée en Islande. Le Reykjanes est coupé en deux par le rift où les plaques américaine et eurasiatique se séparent. On pourrait écrire que c'est l'Islande en miniature : champs de lave, falaises tombant dans la mer, nombreux oiseaux, solfatares et sources d'eau chaude sont comme concentrés sur cette bande de terre. La route se faufile comme elle peut sur ce chaos volcanique couvert de mousse, où aucune culture n'est possible, où aucune rivière ne peut y couler tant le sol est poreux.
Au nord de cette péninsule, l'agglomération de Reykjavík (incluant Hafnarfjörður, Kópavogur et Mosfellbær), concentre plus de 60 % de la modeste population islandaise. Une ville très, très loin de l'enfer urbain de bien d'autres capitales du monde !

REYKJAVÍK

122 100 hab. (207 200 pour l'agglomération totale).

• Plan *p. 84-85*

Vous voici dans la capitale la plus septentrionale du monde, un peu au nord du 64ᵉ parallèle. Une ville plutôt décousue : maisons distantes, immeubles

modernes jouxtant de vieux bâtiments multicolores en tôle peinte, dont certains agrémentés de jolies fresques urbaines, entrepôts, grands espaces vides, tracé des rues qui semble attendre quelque plan d'urbanisme en hibernation... En fait, Reykjavík donne l'impression de n'être pas encore finie. Il faut dire qu'avant le XXe s ce n'était guère qu'un village et que l'agglomération est sortie de terre à la vitesse d'un volcan en éruption. Avec ses rues si tranquilles et son lac peuplé de canards, on a du mal à s'imaginer dans une capitale ! Elle recèle pourtant de solides richesses culturelles, surtout dans le domaine de l'art contemporain et la vie nocturne en fin de semaine vaut son pesant de décibels : les amateurs de musique live seront gâtés, au gré d'un mémorable *pub crawl*. Somme toute, c'est une ville attachante qui devient vite familière et où l'on passe 2 ou 3 jours sans s'ennuyer.

UN PEU D'HISTOIRE

Selon le *Landnámabók (Livre de la colonisation)*, Reykjavík, qui signifie « baie des Fumées » en islandais, doit son nom aux vapeurs provenant de sources chaudes qui impressionnèrent les premiers colons au IXe s. D'ailleurs, la capitale est toujours alimentée en eau chaude par une centrale géothermique.

En 1786, l'autorité danoise accorda à Reykjavík le statut de ville et de fait, dans cette minuscule colonie de moins de 200 habitants, devint capitale islandaise.

UN MAIRE ROCK'N'ROLL !

De mai 2010 à juin 2014, Reykjavík a été dirigé par Jón Gnarr, ancien bassiste dans un groupe punk, comédien et comique populaire en Islande. Si ce maire, qui se considère comme anarcho-surréaliste, avait fait une campagne plutôt délirante, son mandat s'est terminé sur un bilan plus que positif. Son explication ? En tant qu'artiste, Jón Gnarr avait l'habitude de jongler avec des budgets serrés...

Arriver – Quitter

En avion

✈ ***Aéroport international de Keflavík :*** à 50 km au sud-ouest de Reykjavík. C'est là qu'arrivent tous les vols internationaux. Les vols nationaux, eux, partent de l'***aéroport de Reykjavík,*** situé à deux pas du centre-ville *(hors plan par D3).*

– Vous trouverez dans la salle d'arrivée de l'aéroport international un ***bureau de change,*** ouvert en fonction des vols, des ***distributeurs de billets*** ainsi que les grandes ***agences de location de voitures.*** Également une agence ***Icelandair*** *(☎ 425-02-20)* et un bureau de ***remboursement de la TVA locale*** pour la fin de voyage (voir la rubrique « Budget » dans « Islande utile » en début de guide).

➢ ***Pour se rendre à Reykjavík*** depuis l'aéroport :

– ***Ligne urbaine n° 55 :*** • straeto.is • 12 bus/j., 7h42-22h55. Trajet : 1h10. 5 de ces bus nécessitent un changement à Fjördur, avec la ligne n° 1. Arrivée/départ au niveau du terminal des bus BSI *(plan B3, **1**).* Plus long qu'en bus privé, mais imbattable côté tarif : 1 680 ISK.

– ***Bus privés :*** 2 compagnies assurent des prestations équivalentes. ***Flybus*** *(☎ 580-54-00 ; • flybus.is •)* et ***Gray Line*** *(☎ 540-13-13 ; • airportexpress.is •). Tarif : 2 200-2 500 ISK, A/R 3 800 ISK ; gratuit moins de 10 ans. Guichets dans le hall des arrivées (résa possible par Internet).* Trajet : 35-45 mn. Départs réguliers selon les arrivées (départ des bus 30-40 mn

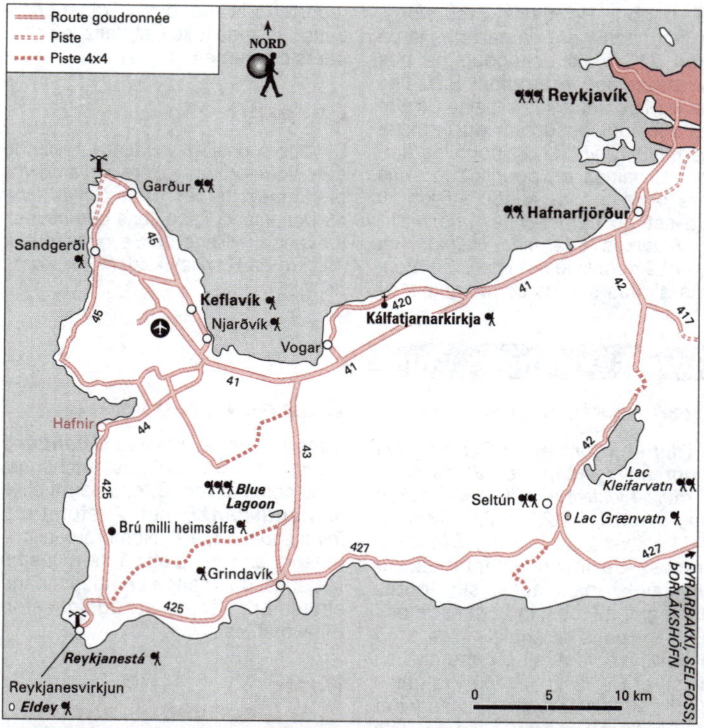

REYKJAVÍK ET LA PÉNINSULE DE REYKJANES

après l'atterrissage). Le terminal *Gray Line* est à Holtagarðar *(hors plan par D2)* d'où l'on peut rejoindre les limites du centre-ville en bus urbains nº 12 ou 13 *(terminal Hlemmur D2, **2**)*. Le terminal *BSÍ* accueille *Flybus (plan B3, **1**)*. Dans les deux cas, pour 600 ISK de plus par trajet, un minibus prend le relais et vous dépose au plus près de votre hébergement en ville (dont l'auberge de jeunesse/camping), ainsi qu'à l'aéroport domestique.

Pour le retour, même topo, départs ttes les heures, 3h-23h (22h pour *Gray Line*) : depuis les terminaux de bus, son hébergement ou l'aéroport domestique (avec supplément et sur résa).

– ***Minibus :*** *avec **Airport Direct** (☎ 497-80-00 ; ● airportdirect.is ●) Tarif : 4 500 ISK ; A/R 8 000 ISK. Tlj 4h15-23h15 (depuis l'aéroport), 3h-22h (depuis Reykjavík).* Transfert direct de l'aéroport à votre hébergement.

– ***Taxi :*** compter 16 000 ISK.

➢ ***Akureyri :*** liaisons avec *Gray Line (☎ 540-13-13 ; ● airportexpress.is ●)*, en été slt, tlj vers 17h (dans l'autre sens, départ d'Akureyri à 23h15). Compter : 11 000 ISK. Trajet : 6h. Dessert Borgarnes, Staðarskáli, Blöduós et Varmahlíð.

➢ ***Blue Lagoon :*** avec *Reykjavík Excursions (☎ 580-54-00 ; ● re.is ●)*, tlj, ttes les heures 8h-18h (23h mai-août) ou *Bustravel Island (☎ 511-26-00 ; ● bustravel.is ●).*

En bus

Les bus qui sillonnent l'île partent et arrivent au terminal *BSÍ (plan*

*B3, **1**)* pour *Reykjavík Excursions.* La compagnie *Sterna* part de Harpa *(plan B1),* mais beaucoup de bus transitent par le terminal *BSÍ*. Les bus de la compagnie urbaine *Strætó* partent pour beaucoup du terminal *Hlemmur (plan D2, **2**)* pour les liaisons urbaines et, pour les liaisons plus lointaines, de Mjódd à 6 km au sud-est du centre-ville (bus n°s 11 et 17 depuis le terminal *Hlemmur* et bus n° 3 depuis le terminal *BSÍ*). Pour plus d'infos sur les compagnies, se reporter à la rubrique « Transports » dans « Islande utile » et dans les chapitres concernés.

En ferry

Si vous souhaitez voyager en Islande avec votre propre voiture, vous devrez prendre les ferries de la *Smyril Line* au Danemark. Rappelons que ceux-ci arrivent au village de Seyðisfjörður, à 700 km de Reykjavík, dans les fjords de l'est.

Adresses et infos utiles

Infos touristiques

ℹ ***Tourist Information Centre*** *(plan zoom B1)* **:** *Aðalstræti 2.* ☎ *590-15-50.* • *visitreykjavik.is* • *De juin à mi-sept, tlj 8h-20h ; de mi-sept à mai, tlj 9h-18h (16h sam, 14h dim).* Propose de la documentation sur Reykjavík, mais aussi sur toutes les régions ! Les indispensables : les magazines en anglais *What's on in Reykjavík* (actualité culturelle du mois), et *Reykjavík Grapevine* (mine d'infos sur les endroits où manger et sortir), le plan gratuit de la ville avec le réseau d'autobus, le livret *Around Iceland* (publié en été seulement, infos utiles sur chaque ville et une carte pour la plupart d'entre elles), les différentes brochures consacrées aux hébergements *(Áning* tous types d'hébergements confondus, *Hostelling in Iceland* pour les AJ, etc.) et les brochures des compagnies de bus.
Vend aussi timbres, cartes postales, cartes routières et bouquins. Accès Internet (payant). L'office de tourisme peut aussi vous réserver une chambre, une voiture de location, ainsi que les tours et excursions proposés par les opérateurs privés. Service payant et appels facturés.
– La ***Welcome Card,*** en vente ici et valide 24h (3 500 ISK), 48h (4 700 ISK) ou 72h (5 500 ISK). Elle permet l'accès illimité aux bus urbains, aux piscines et à certains musées de la capitale. Tarif réduit pour les moins de 18 ans.

Change et retrait

Dans le centre, plusieurs ***banques*** *(ouv lun-ven 9h-16h)* pour le change, sans commission. Citons parmi elles la ***Landsbanki,*** sur Austurstræti *(plan zoom B1, **12**).* Nombreux distributeurs en ville. L'office de tourisme fait aussi du change : en dépannage seulement (taux et commission défavorables).

Poste et télécommunications

✉ ***Poste centrale*** *(plan zoom B1)* **:** *Pósthússtræti 5 (entrée sur Austurstræti). Lun-ven 9h-18h.* Les timbres se vendent souvent avec les cartes postales dans les boutiques.
@ ***Wifi / accès internet :*** accès gratuit au wifi dans la plupart des bars, cafés et autres hébergements (dont certains ont un ordinateur à disposition).
– Sinon, accès possible à l'office de tourisme (payant ou gratuit avec la *Welcome Card*) ; au terminal des bus *BSÍ* ; et à la ***bibliothèque*** *(Tryggvagata 15 ; plan zoom B1 ; lun-jeu 10h-19h, ven 11h-18h, le w-e 13h-17h).*

Représentations diplomatiques

■ ***Ambassade de France*** *(plan A1, **7**)* **:** *Túngata 22.* ☎ *575-96-00 et 575-96-01 (service consulaire).* • *amba france.is* • *Lun-ven 9h-12h30 (l'ap-m sur rdv).*

■ ***Alliance française*** *(plan A1,* ***6****)* **:** *Tryggvagata 8. ☎ 552-38-70. • af.is • Mar-ven 14h-18h, sam 12h-16h. Fermé en juil-août.* Bibliothèque, médiathèque, vidéothèque, conférences, soirées cinéma...

■ ***Consulat honoraire de Belgique :*** *Garri Ehf, Lyngháls 2. ☎ 570-03-00. • magnus@garri.is •*

■ ***Consulat de Suisse :*** *Laugavegi 13. ☎ 551-71-72. • reykjavik@honrep.ch •*

■ ***Ambassade du Canada*** *(plan A1)* **:** *Túngata 14. ☎ 575-65-00. Lun-ven 9h-12h (sur rdv l'ap-m). • rkjvk@international.gc.ca •*

■ Adresses utiles

- Tourist Information Center *(zoom)*
- **1** Terminal des bus interurbains BSÍ et Reykjavík Excursions
- **2** Terminal des bus urbains Strætó
- **3** Terminal des bus Gray Line Iceland
- **4** Agence Gray Line Iceland *(zoom)*
- **5** Agence Sterna
- **6** Alliance française
- **7** Ambassade de France
- **8** Borgarhjól (location de vélos)
- **9** Iceland Camping Equipment
- **10** Centre commercial Kringlan
- **11** Librairie Eymundsson *(zoom)*
- **12** Landsbanki *(zoom)*

Où dormir ?

- **20** Reykjavík Campsite et Reykjavík City Hostel
- **21** Kex Hostel
- **22** Salvation Army Guesthouse *(zoom)*
- **23** Reykjavík Downtown Hostel
- **25** Loft
- **26** Snorri's Guesthouse
- **27** Brattagata Guesthouse
- **28** Chez Monique
- **30** Guesthouse 101 et 4th Floor Hótel
- **31** Guesthouse Sunna
- **32** Hótel Hilda
- **33** Guesthouse Butterfly
- **34** Three Sisters – Þrjár systur
- **35** Hostel Village
- **36** Hotel Frón
- **37** Hótel Reykjavík Centrum *(zoom)*
- **38** 101 Hotel

Où manger ?

- **37** Fisk Markaðurinn - Fish Market *(zoom)*
- **50** Supermarché 10-11 *(zoom)*
- **51** Supermarchés Bónus
- **52** Bæjarins Beztu *(zoom)*
- **53** Hamborgarabúlla Tómasar
- **54** Seabaron Sægreifinn et Höfnin
- **55** Sandholt
- **56** Ostabúðin
- **57** Kryddlegin Hjörtu
- **58** Íslenski Barinn et Dill
- **59** Gló
- **60** Eld's Smiðjan
- **61** Kaffivagninn
- **62** Hornið *(zoom)*
- **63** Tapas Barinn *(zoom)*
- **64** Icelandic Fish & Chips – Organic Bistro
- **65** Café Loki
- **66** Sjávarbarinn
- **67** Shalimar *(zoom)*
- **68** Vegamót
- **69** Þrir Frakkar
- **70** Laundromat Café *(zoom)*
- **71** Restaurant Reykjavík *(zoom)*
- **72** Fiskfélagið – Fish Company *(zoom)*
- **73** Kolabrautin

Où boire un bon café ? Où faire une pause sucrée ?

- **54** Café Haïti
- **74** Stofan *(zoom)*
- **75** Kaffitár
- **76** Café Babalú
- **77** Café Paris *(zoom)*
- **78** Valdís

Où boire un verre ? Où sortir ?

- **58** Íslenski Barinn
- **68** Vegamót
- **71** Microbar *(zoom)*
- **80** Café Boston
- **81** Bar 11
- **82** Café Rosenberg
- **85** Kaffibarinn
- **86** The English Pub *(zoom)*
- **87** Dillon Beergarden
- **88** Forrétta Barinn
- **89** Lebowski Bar
- **90** Húrra *(zoom)*

Achats

- **25** Kraum
- **100** Marché aux puces de Kolaportið *(zoom)*
- **101** Handknitting Association of Iceland et 12 Tónar
- **103** Kron by KronKron
- **104** Kirsuberjatréð *(zoom)*
- **105** Zo-On Iceland

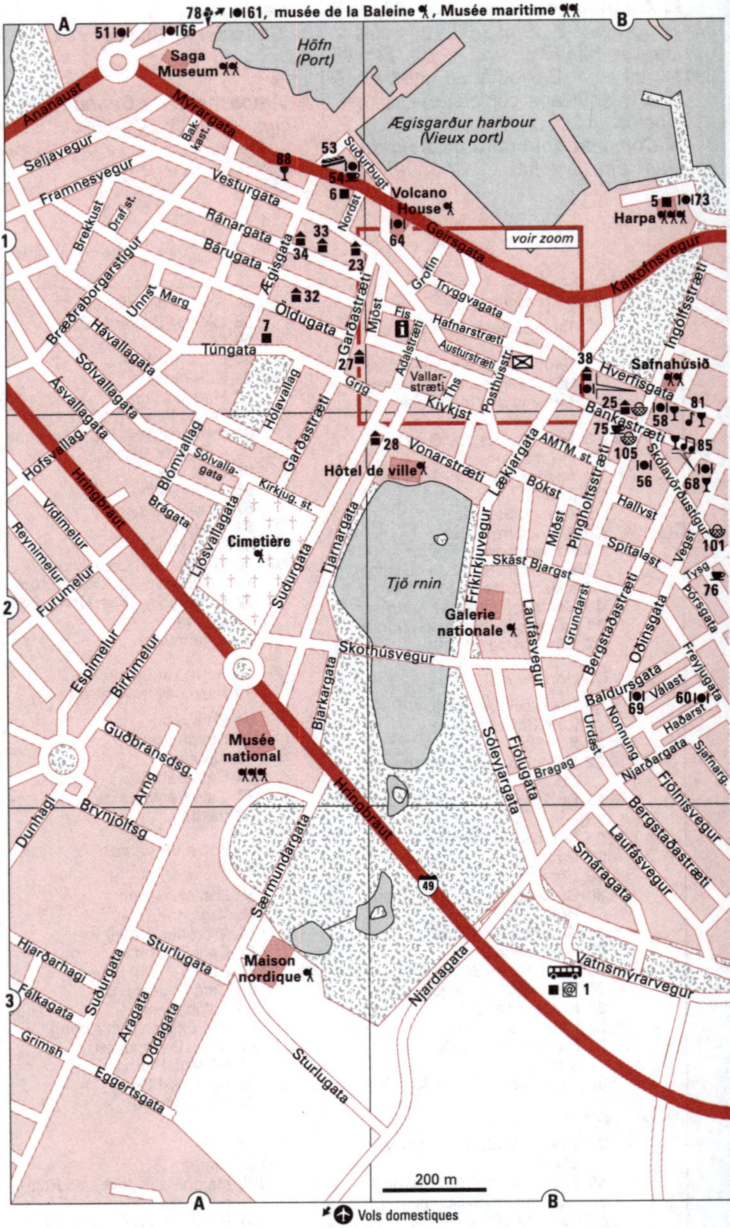
78, 61, musée de la Baleine, Musée maritime
A
B
51
66
Saga Museum
Höfn (Port)
Ægisgarður harbour (Vieux port)
Ananaust
Mýrargata
Bak-kast.
Seljavegur
Framnesvegur
Vesturgata
Ránargata
Bárugata
Brekkust
Draf st.
Bræðraborgarstígur
Unnst
Marg
Ægisgata
Öldugata
Túngata
Hávallagata
Sólvallagata
Ásvallagata
Hofsvallag.
Hringbraut
Blómvallag
Hólavallag
Garðastræti
Sólvalla-gata
Kirkjug. st.
Brágata
Ljósvallagata
Cimetière
Suðurgata
Tjarnargata
Víðimelur
Reynimelur
Furumelur
Espimelur
Birkimelur
Guðbransdsg.
Arng
Brynjólfsg
Dunhagi
Musée national
Sæmundargata
Hjarðarhagi
Fálkagata
Aragata
Oddagata
Grímsh
Eggertsgata
Sturlugata
Maison nordique
Njardagata
Vatnsmýrarvegur
Vols domestiques
200 m
49
Bjarkargata
Skothúsvegur
Tjö rnin
Sóleyjargata
Fjólugata
Bragag
Laufásvegur
Galerie nationale
Fríkirkjuvegur
Lækjargata
Hôtel de ville
Vonarstræti
28
Kirkjust
Ths
Vallar-stræti
Posthusstr.
Aðalstræti
Grjót
Mjóst
Garðastræti
27
7
32
34
33
23
88
53
54
6
Suðurbugt
Norðst
Volcano House
64
Geirsgata
Grófin
Tryggvagata
Hafnarstræti
Austurstræti
Fis
voir zoom
5
73
Harpa
Kalkofnsvegur
Ingólfsstræti
38
Safnahúsið
Hverfisgata
25
81
58
Bankastræti
75
105
85
Skólavörðustígur
AMTM. st.
Bókst
56
68
Hallvst
Þingholtsstræti
Miðst
Spítalast
Vegst
101
Skálst
Bjargst
Týsg
76
Þórsgata
Grundarst
Bergstaðastræti
Óðinsgata
Freyjugata
Baldursgata
Válast
69
60
Haðarst
Urðast
Nönnug
Njarðargata
Sjafnarg.
Fjölnisvegur
Bergstaðastræti
Laufásvegur
Smáragata
1
2
3

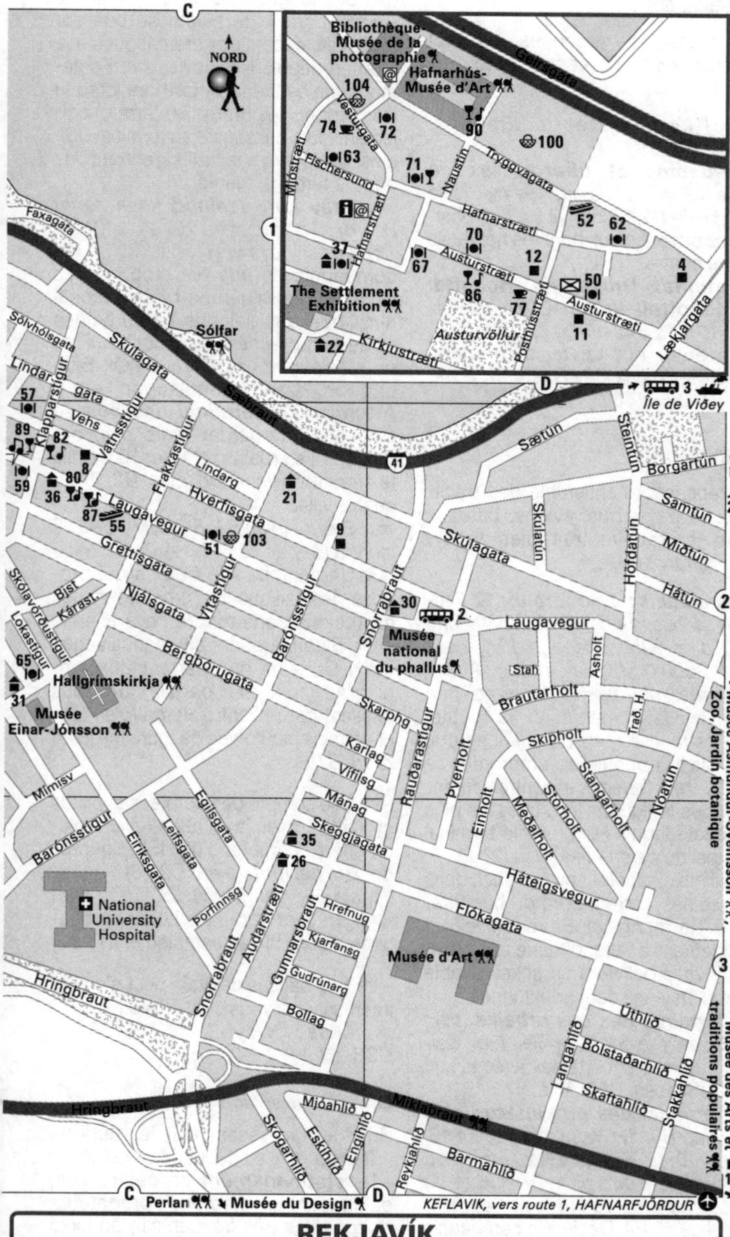
NORD
Bibliothèque-Musée de la photographie
Hafnarhús-Musée d'Art
Geirsgata
Vesturgata
Mjóstræti
Fischersund
Hafnarstræti
Naustin
Tryggvagata
Austurstræti
Pósthússtræti
Lækjargata
Kirkjustræti
Austurvöllur
The Settlement Exhibition
104 74 72 90 100 63 71 52 62 70 37 67 12 4 50 86 77 11 22
Faxagata
Sólfar
Sölvhólsgata
Skúlagata
Sæbraut
Lindargata
Vehs
Klapparstígur
Vatnsstígur
Frakkastígur
Lindarg
Hverfisgata
Laugavegur
Grettisgata
Njálsgata
Vitastígur
Barónsstígur
Snorrabraut
Bergþórugata
Skólavörðustígur
Lokastígur
Bjst
Kárast.
Hallgrímskirkja
Musée Einar-Jónsson
Musée national du phallus
Sætún
Steintún
Borgartún
Samtún
Miðtún
Hátún
Skúlatún
Höfðatún
Laugavegur
Stah
Ásholt
Brautarholt
Traðh.
Skipholt
Stangarholt
Nóatún
Stórholt
Meðalholt
Einholt
Þverholt
Rauðarárstígur
Skarphg
Karlag
Vífilsg
Mánag
Skeggjagata
Háteigsvegur
Flókagata
Mímisv
Barónsstígur
Egilsgata
Leifsgata
Eiríksgata
Þorfinnsg
Auðarstræti
Gunnarsbraut
Hrefnug
Kjartansg
Guðrúnarg
Bollag
National University Hospital
Musée d'Art
Hringbraut
Snorrabraut
Úthlíð
Bólstaðarhlíð
Skaftahlíð
Langahlíð
Stakkahlíð
Mjóahlíð
Miklabraut
Barmahlíð
Skógarhlíð
Eskihlíð
Engihlíð
Reykjahlíð
57 89 82 8 59 80 36 87 55 21 51 103 9 30 2 65 31 35 26 3 20 10
Île de Viðey
Zoo, Jardin botanique
Musée Asmundur-Sveinsson
Musée des Arts et traditions populaires
Perlan
Musée du Design
KEFLAVIK, vers route 1, HAFNARFJÖRDUR

REKJAVÍK

Urgences

Pour toutes les urgences, un seul numéro : le ☎ *112,* et cela partout en Islande.

■ ***Police :*** *Hverfisgata 113.* ☎ *444-10-00.*
■ ***Médecins et pharmacies de garde :*** ☎ *1770 (assistance médicale lun-ven 8h-17h).* Sinon, il y a des pharmacies ouvertes aux horaires habituels dans le centre.
✚ ***National University Hospital - Landspítali*** *(plan C3)* **:** *Hringbraut 101.* ☎ *543-10-00 (24h/24).*
✚ Un autre hôpital au sud-est du centre, ***Reykjavík City Hospital*** : *Fossvogi,* ☎ *525-10-00.*

Transports

Site recensant l'ensemble des transports du pays, bus, avions, bateaux (carte interactive très bien faite) : • *publictransport.is* •

– ***Bus urbains :*** avec ***Strætó.*** ☎ *540-27-00.* • *bus.is* • *Tlj 6h35 (7h30 sam, 9h30 dim)-23h. Billet 420 ISK, pass 1-3 j. 1 500-3 500 ISK, réduc. Accès gratuit et illimité avec la Welcome Card dans Reykjavík même.* Vu la (petite) taille de la ville, peu de chances que vous ayez à beaucoup emprunter ce réseau. Pour les sites excentrés, toutefois, nous indiquons les lignes les plus pratiques depuis *Hlemmur,* le terminal principal du centre-ville *(plan D2,* ***2****).*
Les billets s'achètent au terminal, dans les piscines, voire à bord du bus (prévoir de la monnaie). Si vous avez un changement à faire, dites-le au chauffeur, il vous délivrera un ticket valable environ 1h (sans coût additionnel).
🚌 ***Terminal des bus urbains*** *(plan D2,* ***2****)* **:** *dans le centre, à Hlemmur.* Liaisons urbaines et certaines avec le sud de l'île (Selfoss, Höfn, Vík...).
🚌 ***Terminal des bus interurbains BSÍ*** *(plan B3,* ***1****)* **:** *Vatnsmýrarvegur 10.* ☎ *562-10-11.* • *bsi.is* • *À 20 mn à pied du centre-ville (bus nos 1, 3, 6, 16 et 19) et 15 mn à pied de l'aéroport domestique (bus no 15).* Dédié à la compagnie *Reykjavík Excursions (☎ 580-54-00 ; • re.is •),* c'est le point de départ des *Flybus* pour l'aéroport international et des bus longues distances. Vente de « passeports » de billets de bus sur toute l'île, excursions thématiques à la journée depuis Reykjavík, etc. Également une cafétéria. **Attention,** lorsque les compagnies *Sterna* ou *Strætó)* collectent leurs passagers au terminal *BSÍ,* c'est du côté des taxis (ils n'entrent pas dans le terminal même).
🚌 ***Gray Line Iceland*** *(plan zoom B1,* ***4****)* **:** *Hafnarstræti 20.* ☎ *540-13-13.* • *grayline.is* • *Tlj 7h30-20h.* Une compagnie de bus qui propose des navettes pour l'aéroport international ainsi que des liaisons interurbaines et de nombreuses excursions sur un ou plusieurs jours (Cercle d'Or, Blue Lagoon, Landmannalaugar, etc.). **Attention,** le ***terminal des bus*** se situe à Holtargardar *(hors plan par D1,* ***3****)* : bus urbains nos 12 et 16 depuis le terminal *Hlemmur (plan D2,* ***2****)* au centre-ville.
🚌 ***Sterna*** *(plan B1,* ***5****)* **:** *Austurbakki 2 (centre Harpa).* ☎ *551-11-66.* • *sterna.is* • Une compagnie de bus qui propose des liaisons interurbaines et des excursions dans tout le pays (Cercle d'Or, Blue Lagoon, Landmannalaugar, etc.). Certains bus partent du camping/AJ *(hors plan par D2,* ***20****),* tous passent par le centre Harpa *(plan B1),* et certains par l'office de tourisme *(plan zoom B1).*

– La ville compte de nombreuses pistes cyclables, mais la location revient plutôt chère : compter 5 000 ISK/j. auprès de ***Borgarhjól*** *(plan C2,* ***8****)* : *Hverfisgata 50.* ☎ *551-56-53. Tlj sf dim 8h-18h, sam 10h-14h.* Location également possible au camping et à l'AJ.

– Le ***taxi*** dans la capitale peut s'avérer intéressant si vous êtes plusieurs.
🚕 ***Taxis : Hreyfill,*** ☎ *588-55-22.* ***BSR,*** ☎ *561-00-00.*

Location de véhicules

Pour les adresses, voir la rubrique « Transports » au début de ce guide.
– Le ***stationnement*** en centre-ville, est payant (système d'horodateurs et contrôles très fréquents !), du lundi au vendredi de 9h à 18h et le samedi de 10h à 13h. Comparez les prix sur les grands parkings entre le port et le

centre-ville : il suffit de repérer le plus rempli en journée, c'est le moins cher ! Le centre-ville étant peu étendu, on trouve cependant sans trop de difficulté des places gratuites en s'éloignant un peu.

Divers

■ ***Achat et location de matériel de camping :*** ***Iceland Camping Equipment*** *(plan C2,* ***9****), Barónsstígur 5. ☎ 647-05-69. • iceland-camping-equipment.com • Tlj 9h-17h.* Comme son nom ne l'indique pas, tenu par un couple de Français. Loue tout (ou presque) ce dont vous avez besoin pour camper.
Vente uniquement : ***Ellingsen,*** *Fiskislóð 1 (hors plan par A1). ☎ 580-85-00. Tlj sf dim 10h-18h (16h sam). Et* ***Útilíf,*** *plusieurs boutiques, notamment au centre commercial* Kringlan *(hors plan par D3,* ***10****), à l'est du centre-ville (bus nos 1, 2, 3, 4 et 6). Tlj 10h (13h dim)-18h30 (21h jeu, 18h sam, 17h dim).*

■ ***Librairie*** *(plan zoom B1,* ***11****)* ***:*** ***Eymundsson,*** *Austurstræti 18. Tlj 10h-22h.* La plus grande et la plus ancienne librairie du pays (depuis 1872). Choix très complet de cartes d'Islande. Nombreux livres sur le pays, en français notamment. Sympa, on peut aussi feuilleter un ou deux magazines de la librairie au café du 2e étage. 2 autres adresses en ville (et une quinzaine en Islande).

■ ***Laveries :*** il n'y a en ville que celle du *Laundromat Café* (voir « Où manger ? ») et les pressings sont très chers. Autant recourir à la machine à laver de son hébergement s'il en dispose.

Où dormir ?

Avis à ceux qui pratiquent le camping sauvage, la plupart des campings privés disposent de douches fonctionnant avec des jetons (disponibles à la réception) et accessibles à tous.
– ***Rappel :*** les prix indiqués dans le guide sont ceux de la haute saison (juillet-août).
– ***Deuxième rappel :*** les navettes de bus venant de l'aéroport peuvent desservir (moyennant supplément) la plupart des hébergements. Concernant les chambres doubles de certaines auberges de jeunesse, les tarifs correspondent à la catégorie chic.

De bon marché à prix moyens

⛺ ☗ ***Reykjavík Campsite*** *(hors plan par D2,* ***20****)* ***:*** *Sundlaugarvegur 32. ☎ 568-69-44. • reykjavikcampsite.is • Du centre, suivre Borgartún sur env 2 km ; le camping est sur la droite. Bus no 14 (arrêt : Laugardaslaug). Ouv de mi-mai à mi-sept. Env 1 800-2 100 ISK/pers (selon nombre de nuitées), douche comprise. Cabanes (2-3 pers) 14 000 ISK.* 💻 📶 Camping de ville pelousé sans grand charme mais pratique et bien équipé : vaste cuisine, barbecue, location de vélos, consigne et possibilité d'utiliser le cybercafé et les lave-linge de l'AJ attenante. C'est une vraie usine, mais l'accueil y est agréable et les prestations de qualité. Quelques modestes petits chalets *(cabins)* avec lits superposés, 1 table et 2 chaises. Juste à côté, la belle piscine de Laugardalslaug.

☗ ***Reykjavík City Hostel*** *(hors plan par D2,* ***20****)* ***:*** *Sundlaugarvegur 34. ☎ 553-81-10. • hostel.is • Juste à côté du camping (voir précédemment). Ouv tte l'année. Réception 8h-minuit. Résa conseillée bien à l'avance. Lits en dortoir (4-6 lits) avec ou sans sdb 3 800-6 500 ISK/pers ; doubles 12 800-15 300 ISK. Réduc avec la carte* HI. *Parking gratuit.* 💻 📶 Une AJ moderne et agréable, qui plus est détentrice du *Nordic Ecolabel.* Belles installations, notamment la salle commune avec livres et jeux, et nombreuses activités proposées aux hôtes (films, soirées à thème, etc.). Possibilité de réserver des excursions. Et, bien sûr, tout l'équipement qu'on peut attendre de ce genre d'AJ : 3 cuisines équipées, machines à laver, téléphones, consignes à bagages, location de vélos, etc.

☗ ***Kex Hostel*** *(plan C2,* ***21****)* ***:*** *Skúlagata 28. ☎ 561-60-60. • kexhostel.*

is • Dortoirs 4-16 lits 4 900-8 900 ISK/pers selon capacité et saison. Doubles (quelques-unes avec sdb) 25 500-40 000 ISK. Délicieux petit déj-buffet, en sus. À deux pas du centre. Installé dans une ancienne biscuiterie, avec d'impressionnants volumes intérieurs et une séduisante organisation de l'espace. Excellente literie et chambres assez spacieuses. Mobilier de récup, plein de clins d'œil au voyage dans un décor un poil déjanté, coin salon-bibliothèque, bar sympa et grande terrasse au soleil. Déco des couloirs rigolote (pancartes lumineuses de bingo) et 2 cuisines équipées fort colorées. Immense cafétéria avec vue privilégiée sur la baie. On y sert une bonne petite restauration à prix modérés. Personnel particulièrement bienveillant. Vous nous avez compris, dans sa catégorie, c'est notre adresse préférée !

Salvation Army Guesthouse *(plan zoom B1,* ***22****) : Kirkjustræti 2. ☎ 561-32-03. • guesthouse.is • Ouv juin-août slt. Attention, hébergement limité à 1 nuit. Env 4 500 ISK/pers en dortoirs (non mixtes) avec sac de couchage et double sans sdb 15 500 ISK. Chambres privées 3-6 pers aussi.* Cette grande bâtisse crème de l'Armée du Salut, qui servait autrefois de logement pour les marins, est aujourd'hui une résidence universitaire pendant l'année scolaire. Ce n'est peut-être pas l'adresse la plus chaleureuse qui soit, mais elle a le mérite d'être très centrale, nette, et dispose de chambres convenables avec l'accès à une cuisine équipée. C'est l'adresse la plus économique du centre de Reykjavík. Et messe à 10h30 !

Reykjavík Downtown Hostel *(plan A1,* ***23****) : Vesturgata 17. ☎ 553-81-20. • hostel.is • Fermé 3 j. à Noël. Dortoirs (4 ou 10 pers) 6 450-9 100 ISK/pers ; doubles avec ou sans sdb 23 800-27 800 ISK ; petit déj en sus. Réduc avec la carte HI.* Une AJ confortable, impeccable et plutôt coquette (meubles et parquet en bois clair). Agréable café au rez-de-chaussée et, dans une petite maison à l'arrière, une belle cuisine et des espaces communs de poche sous les toits. Machine à laver à dispo, consigne à bagages, *lockers,* location de vélos. Le seul (gros) bémol : les prix qui, pour les doubles, se rapprochent de ceux d'un hôtel (reconnaissons, cependant, que le confort est à la hauteur).

Loft *(plan B1-2,* ***25****) : Bankastræti 7. ☎ 553-81-40. • lofthostel.is • Réception 24h/24, tte l'année. Dortoirs (6-8 lits, avec sdb) 4 400-8 700 ISK/pers selon saison. Doubles avec sdb env 17 000 ISK. Petit déj en sus. Réduc avec la carte HI.* Une AJ installée au beau milieu de la rue la plus commerçante de la ville (où les cafés font un peu de bruit en fin de semaine...). Jolie déco dans l'air du temps pour le bar, au dernier étage, avec terrasse donnant sur les toits. Chambres doubles et dortoirs simples mais nickel.

De prix moyens à chic

Dans cette catégorie, sauf indication contraire, le petit déj est compris.

Snorri's Guesthouse *(plan C3,* ***26****) : Snorrabraut 61. ☎ 552-05-98. • guesthousereykjavik.com • Doubles sans ou avec sdb 18 600-24 500 ISK.* De l'extérieur, assez banal. Pourtant, l'intérieur est nickel, frais et accueillant, certes au bord d'une avenue passante, mais somme toute assez calme. Les 4 chambres d'une jolie blancheur immaculée, confortables, avec salle de bains et frigo, occupent la maison principale. Celles avec salles de bains communes, plus basiques mais toujours agréables, sont dans la maison voisine. Belle cuisine équipée à disposition, jardin reposant. Excellent accueil.

Brattagata Guesthouse *(plan A1,* ***27****) : Brattagata 3B. ☎ 612-98-00. • brattagata.com • Doubles 15 000-20 000 ISK selon saison. Parking gratuit.* Presque idéalement située dans une petite rue tranquille de la vieille ville et dans une maison pimpante aux murs en tôle rouge, typique du quartier. Chambres vraiment mignonnes avec meubles anciens. Cuisine et buanderie à dispo. Joli petit déj et accueil aux petits soins.

Chez Monique *(plan B2,* ***28****) : Tjarnargata 10B, ☎ 562-33-77.*

692-17-77. • chezmonique.is • *Juste en face de la mairie. Tte l'année. Double (sdb partagée) env 18 500 ISK. Prévenir 30 mn avt votre arrivée.* Une adresse très accueillante et parfaitement tenue par Monique, une Française qui reçoit ses hôtes avec simplicité, sourire et bonne humeur. Les chambres (1 à 4 personnes), vastes, avenantes et impeccables, sont réparties sur 2 étages. Vue sur le lac pour certaines d'entre elles. À chaque étage, une salle de bains commune et une cuisine bien équipée. Un endroit où l'on se sent vite comme chez soi.

Guesthouse 101 (plan D2, **30**) : *Laugavegur 101.* ☎ *562-61-01.* • *iceland101.com* • *Double env 15 500 ISK.* Au 3e étage d'un immeuble moderne, des chambres basiques, bien tenues, qui conservent un rapport qualité-prix intéressant. Petite cafét' au rez-de-chaussée et copieux petit déj-buffet.

Hotel Frón (plan C2, **36**) : *Laugavegur 22a,* ☎ *511-46-65.* • *hotelfron.is* • *Tte l'année. Doubles avec petit déj 22 500-30 200 ISK.* Dans une portion animée du centre-ville, voilà un hôtel labyrinthique qui dispose de chambres claires. Certaines sur rue (attention, un coin animé, on a dit !), d'autres sur cour. Toutes sont dotées d'une salle de bains, revêtues d'un chaleureux parquet de bois blond, et de tons beiges aux murs. Accueil pro. Petit déj au restaurant attenant. Un lieu apaisant jouissant d'une situation centrale idéale.

Guesthouse Sunna (plan C2, **31**) : *Þórsgata 26.* ☎ *511-55-70.* • *sunna.is* • *Service Flybus. Doubles sans ou avec sdb 23 900-29 500 ISK. Loc de studios et apparts (2-6 pers) 35 700-73 700 ISK selon capacité.* Dans un quartier très calme et central, une *guesthouse...* qui compte quand même 50 chambres ! Petites, simples, parquetées et lumineuses, elles sont réparties entre 2 bâtiments et certaines donnent sur le musée de sculpture voisin. Cuisine à dispo à chaque étage. Accueil très courtois.

Hótel Hilda (plan A1, **32**) : *Bárugata 11.* ☎ *552-30-20.* • *hotelhilda.is* • *Doubles 23 000-35 000 ISK selon confort (douche ou baignoire et balcon) et saison.* Dans un quartier résidentiel pas loin du centre, une grosse demeure de 1931, à l'architecture typique de l'époque. 13 chambres lumineuses. Déco sobre et élégante, sur fond de murs cacao avec le grand confort (TV câblée-écran plat, sèche-cheveux, savons artisanaux, etc.). Bon petit déj-buffet bio inclus. Votre hôte est *eco-friendly* et connaît bien les plus belles balades et randonnées du coin.

Guesthouse Butterfly (plan A1, **33**) : *Ránargata 8A.* ☎ *894-18-64.* • *butterfly.is* • *Ouv mai-sept. Doubles sans ou avec sdb 20 000-25 000 ISK selon saison. Studio pour 2 pers 30 000 ISK.* Derrière une façade tatouée d'un gigantesque papillon (évidemment !), dans une rue calme, quelques chambres claires et coquettes, avec couette pour faire de beaux rêves et une bouilloire pour se faire du thé ou du café. Cosy et plein de charme, même si les chambres sont petites (voire très étroites pour certaines). Deux d'entre elles se partagent les sanitaires. Pas vraiment de petit déj mais une cuisine commune avec un gros frigo et deux ou trois trucs dans les armoires. Accueil sympa (et pince sans rire) de Jon et de sa famille, qui louent aussi un charmant studio sous les combles et un bel appartement. Bons tuyaux sur la ville.

Three Sisters – Þrjár systur (plan A1, **34**) : *Ránargata 16.* ☎ *565-21-81.* • *threesisters.is* • *Studios pour 2 pers, sans petit déj, env 25 000 ISK.* Une *guesthouse* proposant des studios avec kitchenette et salle de bains privées, à la déco plutôt classique, mais douillets. Patron ouvert et chaleureux, rénovant régulièrement ses chambres. Également une annexe à deux pâtés de maison, qui abrite 8 autres studios de même qualité (voire un peu plus spacieux, avec fenêtres insonorisées). Pour l'anecdote : c'est ce bâtiment qui reçut les corps des naufragés du célèbre *Pourquoi-Pas ?*

Hostel Village (plan C3, **35**) : *Flókagata 1.* ☎ *552-11-55.* • *hostelvillage.is* • *Dortoir avec sac de couchage 7 800 ISK. Double sans sdb env 24 000 ISK ; également des chambres pour 3-4 pers et 1 appart pour 4-6 pers avec sdb. Petit déj en sus. Parking gratuit.* Une quarantaine de chambres avenantes, bien tenues, au mobilier fonctionnel, réparties dans 5 maisons avec jardin du quartier (d'où le village de l'enseigne). Petit déj-buffet bien garni, servi dans une salle impersonnelle ou sous un petit chapiteau l'été. Accueil sympa. Propose plein d'excursions. Salle de petit déj lumineuse mais qui fait vraiment cantoche.

4th Floor Hótel *(plan D2,* ***30****)* **:** *Laugavegur 101. ☎ 511-30-30. • 4thfloorhotel.is • Doubles sans ou avec sdb 20 000-31 000 ISK selon saison et confort. Loc de studios et apparts.* Cet hôtel vous plaira avec ses prix qui restent raisonnables (à l'échelle de l'Islande du moins...) au regard d'une belle qualité. Chambres dans les tons beige et noir, avec sièges en cuir, dessus-de-lit zébrés, parquet, minibar, pour les chambres les plus chères. Dans les moins chères, en revanche, l'espace est assez restreint. Agréable cafétéria et accueil souriant.

Très chic

Hótel Reykjavík Centrum *(plan zoom B1,* ***37****)* **:** *Aðalstraeti 16. ☎ 514-60-00. • hotelcentrum.is • Doubles 40 000-45 000 ISK.* Plein centre, on ne peut rêver mieux placé. 2 grosses demeures traditionnelles reliées par une galerie de verre, avec une extension derrière quasi invisible. Résultat : charme et modernité fusionnent harmonieusement. Environ 90 chambres à l'élégant cadre contemporain, dotées de tout le confort (minibar, TV satellite, sèche-cheveux, coffre, etc.). Petit déj-buffet correct, mais dans un cadre manquant de caractère.

101 Hotel *(plan B1,* ***38****)* **:** *Hverfisgata 10. ☎ 580-01-01. • 101hotel.is • Selon catégorie, doubles 42 000-66 000 ISK.* Le boutique-hôtel design par excellence. À l'image du bar-resto au plafond de verre et aux lignes pures et audacieuses, considéré comme le lieu le plus *trendy* de la ville. Élégant mobilier contemporain alliant métal et bois brut dans un environnement de douces tonalités grises, noires et blanches... Chambres hyper confortables, salle de *fitness*, spa, etc.

Où manger ?

Fin du service après 22h, été comme hiver. Au-delà, il est quasi impossible de trouver autre chose à manger que des sandwichs et des pizzas dans les fast-foods du centre-ville. Alors, même si le soleil ne se couche pas et que vous ne voyez pas le temps passer, ne ratez pas l'heure du dîner !

Supermarchés

De nombreux hébergements étant dotés d'une cuisine, c'est évidemment l'alternative aux restos. Ceux-ci étant tout de même fort chers, surtout le soir quand on lorgne du côté des bons plats de viande ou de poisson...

On trouve plusieurs supermarchés dans le centre, notamment des ***10-11*** qui, comme leur nom l'indique, ouvrent de 10h à 23h. Celui d'Austurstræti, au nº 17 *(plan zoom B1,* ***50****)*, est même ouvert 24h/24 (il s'appelle donc ? ***0-24,*** pardi !). Pratique ! Et il propose des plats préparés. Les autres sont sur le port *(plan A1)*, au bas de Baronsstígur et Hverfisgata *(plan C2)* et près de l'AJ et du camping. Autre option, le ***Bónus*** situé au ***Fiskislóð*** *(plan A1,* ***51****). Ouv lun-jeu 11h-18h30, ven 10h-19h30, sam 10h-18h, dim 12h-18h.* Un autre plus petit au Laugavegur 59 *(plan C2,* ***51****)*.

Sur le pouce

Bæjarins Beztu *(plan zoom B1,* ***52****)* **:** *Hafnarstræti 17. Tlj 10h-0h30. Env 420 ISK pour un hot-dog.* De son nom complet *Bæjarins Beztu Pylsur*, littéralement « les meilleures saucisses de la ville », c'est LE kiosque à hot-dogs de la capitale ! On s'y presse à toute heure du jour, pour s'offrir un hot-dog à diverses sauces et aux petits oignons frits. Grosse table et bancs dehors. Même Bill Clinton y est passé, et il s'y connaît en gastronomie !

Hamborgarabúlla Tómasar *(plan A1,* ***53****)* **:** *Geirsgata1. Tlj*

11h30-21h. Burgers 1 000-2 600 ISK. Sur le port, dans une toute petite maison un peu Art déco, rigolote avec sa façade arrondie, surmontée d'une horloge. Un repaire de hamburgers *old school,* bien gras et succulents ! Atmosphère très relax, frites croustillantes. Longues tables dehors. On en redemande ! Et on n'est pas les seuls puisque la maison a ouvert quelques annexes sur l'île et jusqu'à Londres ou Berlin. Burgers végétariens, au cas où.

Sandholt *(plan C2,* ***55****)* **:** *Laugavegur 36. ☎ 551-35-24. Tlj 6h30-21h. Petit déj 620-1 700 ISK. Sandwichs 900-1 300 ISK.* Considérée – à juste titre ! – comme la meilleure boulangerie de la ville. Excellent accueil (en français, parfois) et agréable petite salle discrètement design pour de goûteux sandwichs et de roboratifs petits déjeuners.

Bon marché

Seabaron Sægreifinn *(plan A1,* ***54****)* **:** *Verbúð 8. ☎ 553-15-00. Tlj 11h30-22h (23h en été). Brochettes env 1 900-2 000 ISK.* Une bicoque de pêcheur verte sur le port. Après avoir franchi une petite terrasse abritée du vent par des vitres en plexiglas, on entre dans une gargote aussi minuscule que rustique, chargée de dessins et photos évoquant la pêche en Islande. Tables découpées dans des troncs d'arbre et tonnelets à poissons en guise de sièges. Dans cette pittoresque adresse ouverte par un ancien pêcheur, les produits de la mer sont évidemment à l'honneur. De délicieuses brochettes de langouste, de flétan, de truite de mer, de saumon... Très populaire aussi pour sa bisque de homard. On choisit dans le frigo, on commande au comptoir et, quand c'est prêt, on échange son petit ticket jaune contre un plat.

Ostabúðin *(plan B2,* ***56****)* **:** *Skólavörðustigur 8. ☎ 562-27-72. Lun-ven 10h-18h, sam 11h-16h. Poisson du jour (midi) 1 200 ISK. Plats 3 200-3 900 ISK.* C'est le meilleur fromager de la ville, doté d'un riche rayon épicerie fine et de goûteux produits maison comme l'oie ou le guillemot fumés. Mais le vrai secret de cette adresse se cache au sous-sol. Au déjeuner, uniquement, les employés du coin (et pas mal de touristes) se régalent du poisson du jour d'une belle fraîcheur, à un prix fort démocratique ou d'un plat chaud élaboré, assez cher quant à lui.

Kryddlegin Hjörtu *(plan C1-2,* ***57****)* **:** *Hverfisgata 33. ☎ 588-88-18. Lun-sam 11h30-21h (23h ven-sam), dim 17h-22h. Au déj, buffet-salades 1 890 ISK ou plat du jour 2 690 ISK ; sinon, 2 900-3 500 ISK.* La déco évoque un séjour au Maghreb. Et la cuisine se teinte parfois aussi d'exotisme (avec *tacos,* fajitas...) dans cet accueillant restaurant végétarien. Beau buffet de soupes et de salades qui, pour la ville, est un vrai bon plan au déjeuner.

Íslenski Barinn *(plan B1-2,* ***58****)* **:** *Pósthússtræti 9. ☎ 517-67-67. Tlj 11h30-22h (minuit ven-sam). Plats env 2 500-3 000 ISK.* Bonne idée que ce bistrot islandais décoré comme un appartement (papier peint à l'ancienne et meubles en bois ou rétro, dans des tons bleu turquoise) où l'on peut accompagner de petits plats typiquement locaux une bonne sélection de bières tout aussi locales. Pour les petits budgets, hot-dogs et burgers avec un soupçon d'idée. Ambiance de bar plus que de resto, super accueil et service à la fois pro et chaleureux.

Gló *(plan C2,* ***59****)* **:** *Laugavegur 20B. ☎ 553-11-11. À l'angle de Klapparstígur, à l'étage. Tlj 11h-21h. Plats 1 900-2 200 ISK.* Le meilleur resto végétarien de la ville (et du pays, dit-on !). Cadre joliment design (avec mur en rondins de bois pour la couleur locale) et délicieux *veggie burgers,* chili « sans carne », sushis végétariens, soupes parfumées, belles salades composées, pizzas...

Icelandic Fish & Chips – Organic Bistro *(plan B1,* ***64****)* **:** *Tryggvagata 11. ☎ 511-11-18. Tlj 11h30-21h30 (22h ven-dim). Formule (15h-17h) 1 600 ISK. Fish & chips env 2 500 ISK.* On ne vient pas ici pour la déco, assez neutre, mais pour le poisson du jour extrêmement frais qui va illico prendre un coup de chaud dans une friture bio au goût léger et délicat. Il vous revient accompagné de délicieuses petites pommes de terre au four et de sauces originales et parfumées (tartare, coriandre et citron vert, *coconut* curry, miel et moutarde, etc.), en supplément... Les amateurs de verdure se rabattront sur les bonnes petites salades du buffet. L'endroit idéal pour un repas simple, frais et goûteux, où les produits locaux ont la part belle. En prime, un accueil particulièrement affable. Venir de bonne heure, on y est vite comme des sardines en boîte !

|●| ***Eld's Smiðjan*** *(plan B2,* ***60****) : Bragagata 38. ☎ 562-38-38. Tlj 11h-23h. Pizzas env 1 500-3 500 ISK selon taille (3 différentes).* C'est l'une des 3 adresses de cette chaîne locale de pizzerias, un peu à l'écart du centre, dans un quartier résidentiel tranquille. Une pizzeria sur 3 étages (fourneaux à l'entresol et petites salles au-dessus) ayant la particularité de servir des pizzas cuites au feu de bois de bouleau islandais. Une trentaine au choix, à la pâte fine et croustillante, plébiscitées par les Reykjavíkiens.

|●| ***Kaffivagninn*** *(hors plan par A1,* ***61****) : Grandagarði 10. ☎ 551-59-32. Tlj 8h-18h (le w-e à partir de 10h). Plats (avec soupe et café) 2 300-2 900 ISK.* Grande salle vitrée et terrasse largement ouvertes sur le port, fréquentées par des pêcheurs mais aussi par les terriens qui ont eu l'heureuse idée de venir s'égarer par ici ! Des salades, mais aussi beaucoup de poissons (tartines de crevettes, saumon...) d'une éclatante fraîcheur. Du très classique, plutôt bon, et l'accueil est très gentil.

|●| ***Shalimar*** *(plan zoom B1,* ***67****) : Austurstræti 4. ☎ 551-02-92. Tlj 11h30 (16h sam-dim)-23h. Plats env 1 700-2 600 ISK.* Envie d'une petite escapade exotique ? Ce resto de poche sur 2 étages servant une excellente cuisine indo-pakistanaise est pour vous. Box confortables avec banquettes ou tables bien séparées. Si vous avez le palais sensible et tenez à apprécier le repas, demander « *mild* », car c'est relevé ! Service un peu long, mais sympathique.

|●| Voir aussi nos adresses dans la rubrique « Où boire un bon café ? Où faire une pause sucrée ? ».

Prix moyens

|●| ***Hornið*** *(plan zoom B1,* ***62****) : Hafnarstræti 15. ☎ 551-33-40. Tlj 11h-23h30. Résa conseillée. Pâtes et pizzas 2 300-3 000 ISK.* Un classique. Cadre clair et plaisant avec baie vitrée et tables rondes en marbre dans la salle à l'entrée, baie vitrée encore mais des tables carrées en bois à l'arrière. Bonne cuisine d'inspiration italienne, enrichie de quelques touches plus locales (saumon au four, morue risotto sauce yaourt et menthe). Une bonne adresse pour les gros estomacs. Et ça fait une bonne trentaine d'années que ça dure !

|●| ***Tapas Barinn*** *(plan zoom B1,* ***63****) : Vesturgata 3B. ☎ 551-23-44. Tlj 17h30-23h30 (1h30 ven-sam : une rareté à Reykjavík !). Résa conseillée. Tapas 2 000-3 000 ISK. Menus 7 200-9 500 ISK.* Ambiance souvent à la fête, déco à l'andalouse pour réviser le verbe « taper » : des serveuses qui tapent dans leurs mains comme des danseuses de flamenco pour annoncer l'arrivée des tapas. En vérité, de vrais plats, à la fois subtils et généreux et signés par un chef qui tape dans les classiques islandais et les revisite joliment (macareux, homard...). Un *barinn* où l'on se tape la cloche.

|●| ***Café Loki*** *(plan C2,* ***65****) : Lokastígur 28. ☎ 466-28-28. Tlj 9h (11h dim)-21h. Juste en face de l'église Hallgrímskirkja. Tartines 800-2 050 ISK, plats 2 200-3 000 ISK.* Genre cafét' proprette avec vue sur l'église, où l'on peut déguster d'authentiques spécialités islandaises, dont le requin fermenté (!), réalisées à partir de très bons produits. Leur pain maison est absolument unique. Délicieuse soupe de poisson.

|●| ***Laundromat Café*** *(plan zoom B1,* ***70****) : Austurstræti 9. ☎ 587-75-55. Tlj 8h (9h w-e)-23h (minuit jeu-sam). Burgers 2 500-2 700 ISK.* Installée dans un beau bâtiment frappé d'une étoile de David, sympathique cafétéria-laverie particulièrement accueillante pour les familles (avec salle de jeux pour les enfants). Décor de vieilles cartes de géographie, affiches, original « comptoir-bibliothèque » au centre, machines à laver au sous-sol...

Honnêtes burgers et autres plats à manger avec les doigts dans une atmosphère à la fois cool et très animée.

Sjávarbarinn (plan A1, **66**) : *Grandagarði 9. ☎ 517-31-31. Tlj 11h (16h dim)-21h. Buffet 2 000 ISK au déj, puis 3 600-4 800 ISK. Plats 2 500-5 000 ISK.* Sous son aspect modeste à l'extérieur, la ronde colorée des poissons affichés aux murs, le buffet de salades (et autres bonnes choses comme la soupe maison) ruisselant de fraîcheur et l'atmosphère familiale laissent augurer de belles agapes. Bingo, de délicieux poissons dorés, fumés ou accommodés d'originales et goûteuses sauces qui enchantent les papilles ! Quelques élans exotiques conjugués à de petites recettes des familles confèrent à l'ensemble une touche bien particulière. En prime, c'est vraiment abordable et d'un rapport qualité-prix assez rare ! Quelques tables dehors.

Vegamót (plan B2, **68**) : *Vegamótastígur 4. ☎ 511-30-40. Tlj 11h-1h (4h ven-sam) ; cuisine jusqu'à 22h en sem et 23h30 ven-sam. Plats 2 000 ISK (au déj), puis 2 500-3 500 ISK.* Clientèle jeune, atmosphère bourdonnante et lumières tamisées. Un des bons endroits où manger un morceau : pizzas et autres classiques de la *pub-food* (des burgers, quoi !). C'est également un bar avec une excellente sélection de bières. Terrasse appréciable l'été.

Chic

Höfnin (plan A1, **54**) : *Geirsgata 7C. ☎ 511-23-00. Tlj 11h30-22h. Plats 2 500 ISK au déj, puis 3 500-5 000 ISK ; menu complet 8 000 ISK.* Installé dans un des anciens petits entrepôts du vieux port dont il a gardé opportunément des éléments de décor et la patine, plus du bois brut et du papier peint à fleurs, ce qui lui confère un petit côté romantique. Grande baie avec vue sur le port. Accueil pro et gentil pour une cuisine classique, mais finement revisitée à l'aide d'excellents produits d'une bienheureuse fraîcheur... En outre, tout est fait à la commande. Subtile utilisation des herbes, sens des saveurs, cuissons parfaites, un vrai bonheur !

Þrír Frakkar (plan B2, **69**) : *Baldursgata 14. ☎ 552-39-39. Lun-ven 11h30-14h30, 18h-22h (23h le w-e). Résa conseillée le soir. Plats 2 500-4 500 ISK le midi et 5 000-6 000 ISK le soir.* L'un des meilleurs restos de poisson de la ville, bien qu'assez touristique. Plusieurs petites salles intimes et très soignées, où goûter le *plokkfiskur með rúgbrauði*, un hachis de poisson au pain noir, spécialité de la maison. Seul petit bémol, le patron essaye de caser 3 services dans la soirée, du coup on peut quelque peu se sentir bousculé vers la fin du repas...

Fisk Markaðurinn – Fish Market (plan zoom B1, **37**) : *Aðalstræti 12. ☎ 578-88-77. Dim-jeu 18h-22h30 (23h30 ven-sam). Plats env 5 100-6 900 ISK. Menu dégustation 11 900 ISK (servi pour toute la table !).* Cher, mais vraiment excellent. Dans une jolie maison à la façade rouge, déco très agréable sur 2 étages avec des tables en bois bordées de plantes vertes, le tout baignant dans une lumière tamisée. À la carte (qui change régulièrement) : sushis, poissons et crustacés des eaux islandaises ou viandes locales (dont l'agneau), délicatement apprêtés. Une belle illustration de la nouvelle cuisine « tendance » qu'on trouve désormais en Islande. Service efficace.

Restaurant Reykjavík (plan zoom B1, **71**) : *Vesturgata 2. ☎ 552-30-30. Tlj 17h30-22h. Menu déj env 6 000 ISK. Buffet env 6 500 ISK, sans boisson.* Resto farci de groupes de touristes, qu'on indique surtout pour les amateurs de buffet illimité de poisson et fruits de mer *(fish buffet)*. Grande variété de harengs à toutes les sauces, poissons panés ou cuisinés, salades fraîches, gratins et plats chauds, desserts. Voilà, c'est globalement satisfaisant. On n'est pas déçu, mais on s'aperçoit vite qu'on a eu les yeux plus gros que le ventre et qu'on n'a peut-être pas mangé autant qu'on voulait pour le prix !...

Très chic

Dill (plan B1-2, **58**) : *Hverfisgata 12. ☎ 552-15-22. Mer-sam 18h-22h. Résa quasi obligatoire. Menus 6 900-11 900 ISK.* Toute petite salle très intime, à la déco brute de décoffrage :

c'est fait exprès ! Gunnar Karl Gíslason, l'un des plus grands chefs islandais, y concocte une cuisine moderne, inspirée, d'une finesse absolue, élaborée à partir des plus beaux produits qui soient. Il va herboriser dans les toundras les plus sauvages (comme le fait Michel Bras sur le plateau de l'Aubrac, à Laguiole) et travaille avec les meilleurs pêcheurs du pays. C'est cher, bien sûr, mais franchement étonnant et presque inoubliable...

Fiskfélagið – Fish Company *(plan zoom B1, **72**)* **:** *Versturgata 2A. ☎ 552-53-00. Tlj 11h30-14h30, 17h30-23h30. Menus déj 4 900-7 500 ISK, le soir plats 4 500-6 000 ISK. Menus spéciaux 8 400-10 900 ISK.* Outre une terrasse, prise d'assaut aux beaux jours, cette adresse séduit surtout pour sa salle à manger, mélange baroque de grosses pierres noires, bois rustiques, chandeliers kitsch et graffitis cohabitant avec de luxueux canapés et un élégant mobilier contemporain... Cadre détonant pour une superbe cuisine pleine de fraîcheur et d'inventivité. Le chef interprète avec talent des recettes du monde entier, mettant en valeur le meilleur des produits islandais. Remarquable rapport qualité-prix du *lunch menu* ! Très belle carte des vins.

Kolabrautin *(plan B1, **73**)* **:** *Austurbakki 2. Au 4e étage du Harpa. ☎ 519-97-50. Tlj à partir de 17h30. Résa quasi obligatoire. Plats env 3 400-5 900 ISK, menu 8 900 ISK.* Dans un cadre lumineux et sophistiqué, avec vue plongeante sur la baie, sous le superbe jeu de miroirs et de reflets du plafond. Orson Welles aurait été ravi d'y tourner la dernière scène de *La Dame de Shanghaï*... et d'y déguster cette néo-cuisine aux accents clairement italiens (le pays d'origine du chef). Carte assez courte.

Où boire un bon café ? Où faire une pause sucrée ?

Quelques douceurs et pâtisseries pour prendre un goûter digne de ce nom accompagné d'un bon café. Et, surprise, les Islandais sont friands de glaces, même au cœur de l'hiver... Brrrr !

Stofan *(plan zoom B1, **74**)* **:** *Aðalstræti 101. ☎ 567-18-81. Lun-ven 9h-21h, 10h-minuit le w-e.* Un café qui a réparti ses salles cosy entre l'entresol et le 1er étage d'une maison ancienne du centre. Et on s'y sent justement comme dans une maison de famille (il y a même une salle à manger) ! Bons cafés, bagels, sandwichs et gâteaux, et profonds fauteuils, canapés et bergères où on laisserait bien filer la journée.

Café Haïti *(plan A1, **54**)* **:** *Geirsgata 7B. ☎ 588-84-84. Sur le vieux port. Tlj 7h-23h (1h ven-sam).* Comme son nom l'indique, tenu par une équipe de jeunes femmes d'origine haïtienne (pas toujours 100 % pro, mais comme l'accueil est plus que chaleureux, on pardonne). Excellent café torréfié sur place. Cadre de baraque de pêcheurs où l'on peut aussi manger le midi de bons petits plats du jour (poissons du port et propositions plus exotiques) à prix d'amis. Et la maison accueille des concerts (jazz, musiques du monde...), en principe les jeudi, vendredi ou samedi jusqu'à 23h.

Kaffitár *(plan B2, **75**)* **:** *Bankastræti 8. ☎ 511-45-40. Ouv tlj 7h30 (9h dim)-18h.* Rejeton d'une chaîne islandaise de cafés qui sert l'un des meilleurs expressos de l'île. Pas de jaloux : excellents chocolats et pas mal de bons thés (il en faut). Ambiance décontractée dans une déco de bric-à-brac coloré.

Café Babalú *(plan B2, **76**)* **:** *Skólavörðustígur 22A. ☎ 555-88-45. Tlj 11h-23h. Snacks et plats 550-1 000 ISK.* Dans une bicoque à la façade couverte de dessins, avec terrasse à l'arrière. Intérieur bohème et fouillis façon maison de poupée dedans, où s'entassent presque pêle-mêle une foule d'objets assez *kitchouilles*. On vient ici pour l'ambiance, les cafés bien préparés, les crêpes et les bons gâteaux.

Café Paris *(plan zoom B1, **77**)* **:** *Austurstræti 14. ☎ 551-10-20. Tlj 9h-1h. Sandwichs 3 000-3 200 ISK. Desserts 1 200-1 300 ISK.* Si le soleil darde ses rayons sur les rues de Reykjavík, vous serez bien content de vous attabler aux tables bistrot posées sur la terrasse de ce café. Consos pas trop chères et atmosphère chaleureuse. Possibilité de se restaurer également, mais c'est surtout la carte des desserts qui devrait ravir les amateurs de pause sucrée.

Valdís *(hors plan par A1,* ***78****) : Grandagarði 8. ☎ 586-80-88. Tlj 12h-23h.* À deux pas du port, vous repérerez sûrement cet endroit discret à la file d'attente qui, très fréquemment, s'allonge devant. Normal, les glaces sont excellentes et généreusement servies dans de bons cornets maison.

Où boire un verre ? Où sortir ?

Oui, d'accord, vous avez dit à vos proches que vous alliez en Islande pour la nature à l'état brut, la profondeur du ciel étoilé et les paysages extraordinaires. Mais rien ne vous empêche de profiter d'une admirable concentration de bars, doublée d'une scène musicale dynamique. Le moindre établissement se transforme, mine de rien, en fin de soirée en un lieu de sortie où l'on trinque allègrement et on guinche parfois jusqu'à tard. En particulier les fins de semaines, carrément folles en été dans l'hyper-centre. On vous rassure, une fois hors de la capitale, la tournée des bars risque d'être limitée, et votre pieux mensonge sera vite expié !
Et vu les prix en Islande, il n'y a pas de petites économies superflues : nous vous indiquons donc les heures des *happy hours.*
– *Reykjavík Grapevine,* un hebdo gratuit en anglais, disponible un peu partout en ville, détaille la programmation de la semaine.

Café Boston *(plan C2,* ***80****) : Laugavegur 28B. ☎ 517-78-16. Tlj 17h-1h (3h ven-sam).* Happy hours *16h-20h.* Situé à l'étage, dans une salle volontairement sombre à la déco un peu baroque mais chaleureuse, et finalement plutôt classe avec son papier peint « aristocratique ». On profite même d'une terrasse aux beaux jours. La patronne, Sirkús, a autant de personnalité que l'endroit. Musique choisie en fond sonore, DJs le week-end et parfois des concerts. Petits plats sous influence mexicaine pour grignoter. L'un de nos favoris à Reykjavík, c'est dit !

Bar 11 *(plan B1-2,* ***81****) : Hverfisgata 18. 📱 690-60-21. Tlj 22h-1h (5h30 ven-sam).* Un des classiques de la scène nocturne rock. Sur 2 niveaux, avec 3 bars, décor assez destroy noir et alu : on adore la fresque de la Cène et des 12 apôtres fumant de gros joints ! Live music et soirées plusieurs soirs par semaine et chaque week-end. Rock à 100 %, ça déménage vraiment !

Café Rosenberg *(plan C2,* ***82****) : Klapparstígur 25-27. ☎ 551-24-42. Tlj sf dim 16h-1h (2h ven-sam).* Grand bar aux murs lambrissés avec, pour déco, de vieux instruments de musique et quelques étagères de livres. Profonds fauteuils et éclairages tamisés. Petite scène, où se produisent chaque soir vers 20h artistes, groupes et musiciens de tout poil (rock, jazz, etc.). Un classique de la ville, très sympa, cosy, qui joue le mélange des genres et des générations.

Kaffibarinn *(plan B2,* ***85****) : Bergstaðastræti 1. ☎ 551-15-88. Ouv tlj 15h-1h (jusqu'à 4h ven-sam).* On l'aime bien, ce bar aux salles en enfilade, pour sa clientèle de trentenaires pas snob du tout et son atmosphère un peu bohème, tendance pépère sauf en fin de semaine quand tout le monde se lève, pousse les tables et se met à danser sur les sons mixés par un DJ !

The English Pub *(plan zoom B1,* ***86****) : Austurstræti 12. ☎ 578-04-00. Tlj 11h-1h (3h ven-sam). Happy hours 16h-19h.* Ambiance whisky (35 marques) et pinte, pour célébrer des aurores plus « bar et ale » que boréales. La salle ne manque pas d'une certaine élégance, avec ses hauts plafonds et ses murs décorés de photos et de peintures. Autant savoir cependant que toute élégance disparaît le week-end, quand l'ambiance devient folle ! Au-dessus du bar, la roue de la chance peut vous faire gagner jusqu'à 1 m de bière... Aux beaux jours, grande terrasse avec vue sur les pelouses qui bordent la Vallarstræti, et musique *live* en fin de semaine.

Dillon Beergarden *(plan C2,* ***87****) :*

Laugavegur 30. ☎ *568-24-24. Tlj 14h-1h (3h ven-sam).* Happy hours *16h-20h.* On aime bien son côté vieux rade en bois patiné et l'excellente bande-son rock. Concert dans le même esprit de temps à autre et terrasse dans la cour arrière entre des murs graffités.

🍷 ***Forrétta Barinn*** *(plan A1,* ***88****) :* *Nýlendugata 14.* ☎ *517-18-00. Tlj 12h-23h. Plats env 2 600 ISK. Menus 6 000-7 000 ISK.* Joliment aménagé dans un ancien entrepôt. Grande salle haute de plafond, longues tables en bois de récup, niveau sonore acceptable. Ici, on vient avant tout descendre entre amis une bonne cervoise ou un verre de vin, qu'on accompagne de petits plats, genre tapas. Certes goûteux et originaux, mais en quantités si petites qu'on se sent un poil floué ! Et pourtant c'est plein, et les habitués n'ont pas l'air de se plaindre...

🍷 ♫ **Lebowski Bar** *(plan C2,* ***89****) :* *Laugavegur 20 A.* ☎ *552-23-00. Tlj 11h-1h (4h ven-sam).* Happy hours *16h-19h.* Un bar à concept autour du film culte des frères Coen : *The Big Lebowski.* La piste de bowling, les cocktails « Russe Blanc » au comptoir... les clins d'œil au film sont nombreux dans ce décor purement fifties américaines avec un bon vieux juke-box, un resto façon *dinner* dans le fond et une terrasse qui se croit à Miami Beach. Les patrons organisent aussi régulièrement des quizz (en anglais) autour du cinéma, où les vainqueurs se voient offrir des verres. Chaude ambiance les week-ends avec DJs et les soirs de matchs de foot. Et pour maintenir le cap, pas moins de 15 variétés de burgers, très corrects.

🍷 **Microbar** *(plan zoom B1,* ***71****) :* *Versturgata, 2.* 📱 *847-90-84.* Comme son nom l'indique, l'endroit en sous-sol est petit, mais ça ne l'empêche pas de proposer une carte riche d'une bonne centaine de bières (dont toutes celles islandaises). Personnel de bon conseil. Formule-dégustation avec 5 verres (d'environ 15 cl).

🍷 ♩ ***Húrra*** *(plan zoom B1,* ***90****) :* *Tryggvagata 22.* • *hurra.is* • *Tlj 18h (19h dim)-1h (4h ven-sam). Entrée souvent gratuite, sinon env 1 500-2 500 ISK.* Derrière le bar à la déco un peu destroy, un peu arty, se cache une vraie salle de concerts où découvrir toute la nouvelle scène rock (et dérivés) islandaise et, parfois, quelques grands noms internationaux. Et terminer la soirée en dansant sur des sets de DJs.

🍷 Voir aussi ***Íslenski Barinn*** *(plan B1-2,* ***58****)* et ***Vegamót*** *(plan B2,* ***68****)* dans la rubrique « Où manger ? ».

Achats

Dans le centre de Reykjavík, c'est plutôt les petites boutiques de créateurs qui ont pignon sur rue, et si vous cherchez un bonnet ou des gants originaux, vous êtes au bon endroit !

🧺 ***Marché aux puces de Kolaportið*** *(plan zoom B1,* ***100****) :* *Tryggvagata 19. Sam-dim 11h-17h.* Marché couvert. Vous y trouverez livres, disques, vêtements et toutes les spécialités islandaises (dégustation gratuite de requin faisandé pour les amateurs !).

🧺 ***Handknitting Association of Iceland*** *(plan B2,* ***101****) :* *Skólavörðustígur 19.* ☎ *552-18-90.* • *handknit.is* • *Lun-ven 9h-19h (22h juil-août), le w-e 9h (10h dim)-18h.* Magasin d'une association de tricot où vous trouverez de tout pour jouer des aiguilles et confectionner vous-même votre pull islandais ! Vous pouvez bien sûr en acheter des tout faits, ainsi que des gants, chaussettes, bonnets, etc.

🧺 ***Kraum*** *(plan B1,* ***25****) :* *Bankastraeti 7.* ☎ *517-77-97. Tlj 9h-22h.* Une bonne soixantaine de créateurs islandais (mode, design...) proposent ici des pièces dans l'ensemble pas franchement données, mais on arrive à dégotter bibelots ou bijoux relativement à petits prix.

🧺 ***Kron by KronKron*** *(plan C2,* ***103****) :* *Laugavegur 63B.* ☎ *562-83-88.* • *kronkron.com* • *Tlj sf dim 10h-18h (18h30 ven, 17h sam).* L'antre de l'escarpin baroque, le royaume de la chaussure fantaisie... On y trouve la marque maison, *Kron,* dont raffole Björk, mais aussi les créations de *Sonia Rykiel* et autres pointures de la *World-fashion*.

12 Tónar (plan B2, **101**) : *Skólavörðustígur 15. ☎ 511-56-56. • 12tonar.is • Lun-sam 10h (12h dim)-20h.* Repaire des amateurs de musique de tout crin, cette petite boutique sur 2 étages est aussi un label indépendant. L'endroit est convivial, puisque canapés et lecteurs CD sont à votre disposition pour écouter librement tous les albums de votre choix, avec, en plus, un petit expresso ou un thé gratuit. Le lieu idéal pour découvrir la scène musicale islandaise, et ce dans tous les genres (pop, classique, rock et jazz – ou plutôt *Djass* comme on l'écrit ici !). Également une boutique (plus modeste) au rez-de-chaussée de l'Harpa.

Kirsuberjatréð (plan zoom B1, **104**) : *Vesturgata 4. ☎ 562-89-90. • kirs.is • Lun-ven 10h-18h (17h le w-e).* Boutique tenue par des femmes qui vendent leurs créations originales : sacs en peau de poisson, textiles, bijoux, articles de déco, etc.

Zo-On Iceland (plan B2, **105**) : *Bankastræti 10. ☎ 527-10-50. • zo-on.is • Tlj 9h-21h.* Marque islandaise de vêtements parfaitement adaptés au climat local (ni des plus clément ni des plus prévisible) : coupe-vent, laine polaire, pantalon de ski, surpantalon, blouson. La gamme n'est pas immense, mais les coupes sont belles, pratiques et les produits de qualité. Dans cette même portion de rue sont réunies les marques islandaises du genre comme *66° North* ou *Icewear.*

Álafoss : *Álafossvegur 23, à **Mosfellsbær.** ☎ 566-63-03. • alafoss.is • Lun-ven 9h-18h (16h sam). À env 15 km du centre de Reykjavík, sur la route 1 vers le nord (accès par la route 49) ; au rond-point à la sortie de Mosfellsbær, prendre la petite route sur la droite (Álafoss est indiqué).* Grande boutique établie là où l'industrie de la laine islandaise a démarré. Vous y trouverez une assez large sélection de pulls, gants, mitaines et bonnets. Idéal si vous avez un coup de froid.

À voir

– La **Welcome Card** en vente à l'office de tourisme (voir plus haut) permet l'accès gratuit à certains musées. Vérifier néanmoins ceux qui vous intéressent et faites votre calcul : certains sont en effet gratuits et d'autres appliquent juste une réduction sur présentation de la carte.

– Pour connaître les expos temporaires en cours, consultez le magazine ***What's on in Reykjavík*** ou le journal **Reykjavík Grapevine,** tous deux gratuits et disponibles à l'office de tourisme.

➢ Un ***bus touristique*** à impériale *(• city-sightseeing.com •)* fait le tour de la cité sur le principe du *hop on, hop off* : on descend où on veut et on reprend le circuit en montant dans l'un des bus suivants (15 arrêts en tout). Commentaires en français. *Juin-août (et quelques jours en sept), tlj, durée 60 mn, départs ttes les 30 mn 10h-16h30. Départ devant Harpa (plan B1).*

Dans le centre

Harpa (plan B1) : *Austurbakki 2. ☎ 528-50-00 et 50 (billetterie). • harpa.is • Ouv tlj 8h-minuit. GRATUIT. Tours guidés en anglais, juin-août, tlj à 11h, 13h30, 15h30 et 17h30 ; hors saison à 15h30 en sem (et 11h le w-e) ; durée 45 mn : 2 000 ISK. Billetterie, tlj 9h (10h le w-e)-18h (minuit les soirs de concert).*

Posée sur la mer, c'est l'impressionnante salle de concerts-centre de conférences de Reykjavík. Inauguré en août 2011, ce prestigieux monument revient de loin : les travaux qui avaient démarré avant la crise de 2008 devaient aboutir à la création d'un ensemble pharaonique type *World Trade Center,* commandé par les banques précisément responsables de la crise. Quand la bise fut venue, la ville se demanda vraiment s'il fallait achever les travaux (pourtant bien entamés). Sursaut d'orgueil et de fierté, il fut décidé de continuer, mais de laisser tomber l'hôtel de

400 chambres et autres luxueux projets... Cela dit, œuvre du cabinet d'architectes *Henning Larsen* et du célèbre designer *Olafur Eliasson,* il faut reconnaître que la « Harpe » a de la gueule, même si ses détracteurs disent que le bâtiment est totalement disproportionné par rapport aux besoins des 320 000 habitants de l'île, comparant l'édifice à une TV écran plat de 2 mètres sur 1 mètre de haut... dans une caravane ! La façade sud, véritable kaléidoscope, est composée de plus de 10 000 vitres en nid-d'abeilles, de formes souvent différentes et prenant au crépuscule des teintes fantastiques (elles évoquent également les orgues basaltiques des coulées de lave). Sublimes volumes intérieurs, livrant des perspectives et des angles incroyables, reflétés à l'infini par le jeu de miroirs du plafond. Quatre salles de concert dont l'une de 1 800 sièges à l'acoustique parfaite.

Le *resto* (voir « Où manger ? »), tout en dénivelée au 4e étage, présente probablement l'un des cadres les plus fascinants qui soient !

Sólfar *(plan C1)* **:** ce « Voyageur du soleil », est une sculpture moderne posée sur la rive du golfe de Reykjavík. En acier inoxydable, elle évoque un drakkar regardant le couchant. Une œuvre créée par Jón Gunnar Árnason en 1990, à la fois solide et pleine de finesse. Préparez la carte mémoire : c'est le monument le plus photographié de la capitale.

***Les peintures murales* :** inutile de rester des mois à Reykjavík pour appréhender les secrets de ses murs. Partout fleurissent de superbes fresques murales à découvrir le nez au vent, au gré de ses treks urbains. Le thème est très souvent empreint de fantastique, à la limite de la bande dessinée de science fiction : l'expression de l'imaginaire islandais, fait d'elfes et autres petits personnages cachés. Et on ne compte pas les œuvres qui font fusion avec les bâtiments qu'elles habillent (utilisation de tel détail d'architecture, poursuite d'une fresque dans la vitrine d'une boutique...). À l'origine de cette mode, un interdit et la crise ! Une mairie un peu tatillonne en 2006 avait décidé de faire recouvrir systématiquement et très rapidement le moindre tag, en appliquant des amendes démesurées (jusqu'à 2 000 € !) aux « graffistes ». Les artistes ont alors décidé de se « fédérer » et ont investi en plein centre-ville un chantier suspendu (pour cause de crise), qui ne relevait pas du domaine public... Ils ont fait de ce *Heart park* leur terrain de jeu, pour exprimer leur art sans risque. Il s'est depuis répandu dans toute la ville.

Safnahúsið *(plan B1)* **:** *Hverfisgata 15. ☎ 545-14-00. • culturehouse.is • Tlj (sf lun de mi-sept à avr) 10h-17h. Entrée : env 1 200 ISK ; réduc ; gratuit moins de 18 ans ou avec la* Welcome Card. Installée dans une ancienne bibliothèque, d'où le *Landsbókasafn (« bibliothèque nationale »)* inscrit sur le fronton, cet espace muséographique veut rendre compte de l'histoire de l'art en Islande, avec notamment une collection de parchemins islandais anciens, qu'un certain Árni Magnússon (1663-1730) rassembla pour le roi du Danemark, désireux de préserver les éditions originales des *sagas.* Expédiés au Danemark, donc, un certain nombre d'ouvrages partirent en fumée lors de l'incendie de Copenhague de 1728. En 1961, le Parlement danois accepta de restituer la collection à l'Islande. Les manuscrits des *sagas* et *eddas* sont ici présentés au milieu de deux salles à l'éclairage tamisé, dans une ambiance quasi mystique. De vrais chefs-d'œuvre ! Les plus vieux d'entre eux datent du XIIIe s. Une autre salle relate l'importance des *sagas* dans les pays nordiques, tandis qu'une section se consacre à la fabrication des manuscrits.

Hafnarhús – Listasafn Reykjavíkur *(musée d'Art de Reykjavík ; plan zoom B1)* **:** *Tryggvagata 17. ☎ 411-64-00. • artmuseum.is • Tlj 10h-17h (22h jeu). Entrée : 1 500 ISK ; réduc ; gratuit avec la* Welcome Card.

Les collections d'art de la ville sont exposées dans trois musées distincts : le *Kjarvalsstaðir,* le *Ásmundursafn* (lire plus loin) et la *Hafnarhús* (« maison du port »). Cette dernière, transformée en musée depuis 2000, servait à l'origine d'entrepôt et abritait l'administration du port de Reykjavík.

Le bâtiment en béton brut et métal de style moderniste, construit entre 1933 et 1939, mérite à lui seul un petit coup d'œil. Il accueille au rez-de-chaussée des expos temporaires d'art contemporain et, à l'étage, le fonds permanent d'Erró, alias Guðmundur Guðmundsson, célèbre peintre né en 1932. Grand voyageur qui partage son temps entre Paris, l'Espagne et la Thaïlande, il a légué à la ville plus de 3 000 de ses œuvres ! Ce maître de l'art du collage, influencé par le pop art et la B.D., s'amuse à détourner les œuvres emblématiques de l'art moderne comme les affiches de propagande de régimes dictatoriaux. Idéologiquement décapant !
Sympathique *café* au 1er étage, avec vue sur le port.

Ljósmyndasafn *(musée de la Photographie ; plan zoom B1)* **:** *Tryggvagata 15. ☎ 411-63-90. • ljosmyndasafnreykjavikur.is • Au 6e étage de la Grófarhús, qui abrite aussi la bibliothèque municipale. Lun-jeu 12h-19h (18h ven), le w-e 13h-17h. GRATUIT.* Petit musée qui propose plusieurs expos intéressantes par an.

Vikin Sjóminjasafn *(Musée maritime ; hors plan par A1)* **:** *Grandagarði 8. ☎ 411-63-00. • sjominjasafn.is • Sur le port, dans un ancien entrepôt de poisson (bien indiqué). Tlj 10h-17h. Entrée : 1 500 ISK ; gratuit moins de 18 ans ou avec la Welcome Card.*
Un beau musée avec à quai, juste devant, un de ces chalutiers qui ont fait la renommée des pêcheurs islandais. On y est accueilli par le gigantesque moteur du *Sigridus,* navire lancé en 1919. Au rez-de-chaussée, la reconstitution d'un quai d'antan évoque les grandes compagnies maritimes du pays.
– *1er étage :* modèle d'un ancien séchoir à poisson, grève à galets, bateau de pêche, insolites photos de pêcheurs de la fin du XIXe s. Matériel de pêche, vêtements, reconstitution d'un marché aux poissons d'hier et photos d'un bateau-usine d'aujourd'hui, maquettes de bateaux. Cabines de marins qui paraissent minuscules mais où pouvaient coucher jusqu'à 24 hommes. Et objets de diverses époques, comme cette blague à tabac, ces jambières de cuir enduites d'huile ou bien encore ces premiers filets de pêche rudimentaires et ces impressionnants hameçons à requins. Cabine de radio qui commença à être mise en place en 1920 sur les chalutiers, maison du pêcheur... Émouvant et intéressant.
– *Visite guidée du Ódinn :* en supplément *(1 200 ISK/pers ; billet combiné avec le musée : 2 200 ISK),* à réserver dès votre arrivée au musée. Cette visite guidée *(en anglais, tlj à 13h, 14h et 15h)* permet d'explorer le doyen des navires des garde-côtes islandais, armé au Danemark en 1959. Sa silhouette longue de 63 m (910 tonnes) a fait une apparition dans le film *Lettres d'Iwo Jima* de Clint Eastwood, principalement tourné en Islande. Passionnant (la visite, pas seulement le film, par Odin !).
Agréable *café* sur place, avec terrasse en plein air sur le quai.

Whales of Iceland *(musée de la Baleine ; hors plan par A1)* **:** *Fiskilóð 23-25. ☎ 571-00-77. • whalesoficeland.is • Au port, à un pâté de maisons du musée Maritime. Tlj 10h-18h (17h en hiver). Entrée : 2 900 ISK ; enfants 1 500 ISK ; gratuit moins de 7 ans.* Un musée qui vous plonge dans l'univers des cétacés grâce à des reproductions (à l'échelle 1 pour la plupart) de ces mammifères marins. On apprend tout sur tout concernant le béluga, les orques et autres baleines grises, à bosse ou bleues. Que les un(e)s parcourent 20 000 km sous les mers par an, que les autres possèdent un cerveau de 8 kg, que monsieur baleine bleue éjacule jusqu'à 20 l de sperme (en un coup, pas en un

LA GUERRE DES ÉTOILES... DE MER

La baleine de Minke, l'une des plus petites dans le jeu des sept familles des rorquals, émet un cri très particulier. Il est surnommé « l'appel de la guerre des étoiles » par les scientifiques tant il ressemble au son des canons lasers des vaisseaux spatiaux de ces films cultes !

an !)... Une muséographie à plusieurs niveaux de lecture qui ravira toute la famille. Certes, il ne faut pas avoir d'oursins dans le porte-monnaie, car c'est assez cher !

Söguloðir á Islandi (*Saga Museum ; plan A1*) **:** *Grandagarður 2 ; dans la zone portuaire. ☎ 511-15-17. • sagamuseum.is • Ouv tlj 10h-18h en avr-sept ; tlj 12h-17h oct-mars. Entrée : 2 100 ISK ; réduc. Audioguide en français inclus dans le prix.* Le *Saga Museum,* une sorte de petit musée Grévin, illustre les moments clés de l'histoire islandaise, depuis la colonisation jusqu'à la réforme luthérienne. Les statues de silicone, réparties à travers 17 scènes, sont d'un réalisme effarant, à tel point qu'il est déconseillé d'y emmener les plus jeunes enfants... La bande-son (pleine de petites anecdotes), le décor étudié jusque dans les moindres détails et certains secrets de fabrication surprenants vous plongent dans l'atmosphère (plutôt macabre) de l'époque.

Volcano House (*plan B1*) **:** *Tryggvagata 11. ☎ 555-19-00. • volcanohouse.is • Juin-août, projections tlj 10h-21h, ttes les heures en anglais (possible en français à 9h, sur résa la veille). Tarif : 2 000 ISK ; gratuit avec la* Welcome Card. À l'entrée, quelques roches volcaniques (minéraux et pierres semi-précieuses) et projetant deux petits documentaires sur les volcans. À notre avis, c'est cher payé pour une projection n'apportant rien de très original ! Même remarque d'ailleurs pour ***Aurora Reykjavík,*** l'autre « musée » installé dans le quartier (Grandagarður 2) et consacré aux aurores boréales.

Reykjavík 871+/-2 – The Settlement Exhibition (*exposition de la Colonisation ; plan zoom B1*) **:** *Aðalstræti 16. ☎ 411-63-70. • reykjavik871.is • Tlj 9h-20h. Entrée : env 1 500 ISK ; réduc ; audioguide en français compris dans le prix ; gratuit moins de 18 ans ou avec la* Welcome Card. À cet endroit précis furent mises au jour, en 2001, les fondations d'une ferme datant de 930 et, même, d'un mur de... 871, pense-t-on (les archéologues se réservent une marge d'erreur de 1 ou 2 ans, d'où le nom du musée). L'exposition a pour objet la bâtisse en question et l'histoire du site de Reykjavík, son peuplement, etc. Muséographie particulièrement soignée. Panneaux explicatifs clairs, accompagnés de brillants effets sonores et visuels (en particulier les hologrammes). On a peine à croire qu'avant d'être colonisé le site de Reykjavík était couvert de forêts de bouleaux, qu'un siècle de présence humaine aura suffit à faire disparaître. Un intelligent petit musée à ne pas manquer ! En parallèle, une exposition sur l'histoire des sagas, « Settlement Sagas », tout aussi réussie *(tarif pour les 2 expos : 2 000 ISK ; réduc).* De très vieux manuscrits des fameuses Sagas ont été exhumés des archives pour être montrés ici. Des textes remontant pour certains au XIIe s et relatant des événements datant de la colonisation de l'île (IXe s).

UNE CROIX DIFFICILE À PORTER

Eimskip, *la principale compagnie maritime islandaise, avait, jusqu'en 1989, une... croix gammée comme logo. Bleu sur fond blanc, cet emblème, adopté en 1919, n'avait évidemment rien à voir avec celui du régime nazi. Mais, avec le développement du tourisme,* Eimskip *a dû changer de logo : les visiteurs tiquaient à la vue de ce symbole...*

➢ ***Balade dans la vieille ville*** (*plan A1-B1*) **:** entre le port et le lac s'étend un quartier semi-piéton avec des boutiques, des restos et de l'animation. Nombreuses maisons en bois, en pierre volcanique ou en tôle ondulée. Si ça ne saute pas vraiment aux yeux, *Aðalstræti* est la plus vieille rue de Reykjavík. Elle abrite en tout cas au no 10 la plus ancienne maison de la capitale reconnaissable à sa façade sombre. À l'angle avec *Hafnarstræti,* face à l'office de tourisme, se dresse une autre maison historique, celle du faucon *(fálkahusíð),* où ces oiseaux de proie attendaient autrefois de partir pour l'Europe où certaines cours royales les utilisaient pour la chasse. Sur la *place Austurvöllur,* la cathédrale *(Dómkirkjan)* et, à côté, sur Vonarstræti, le parlement (l'*Alþing*) font de ce lieu le centre historique de la ville.

Au nord et au bord du lac, allez jeter un coup d'œil à l'immense carte d'Islande en relief, située au sous-sol de l'***hôtel de ville (Ráðhús ;*** *plan B2),* un bâtiment contemporain de béton et de verre entouré d'eau. La maquette se trouve dans un hall vitré au ras des eaux de l'étang, avec vue directe sur les canards et oies qui barbotent. Dans la salle voisine, des expos temporaires d'art contemporain sont aussi ouvertes au public.

Cimetière *(plan A2)* **:** *Suðurgata, sur la rive ouest du lac.* Balade apaisante dans ce cimetière de la fin du XIXe-début XXe s qui, planté de nombreux arbres, ressemble presque à un jardin botanique. Tombes d'une grande sobriété (souvent une simple pierre) totalement intégrées dans la nature. Carré consacré aux pêcheurs d'Islande.

Þjóðminjasafn Íslands *(Musée national d'Islande ; plan A2)* **:** *Suðurgata 41. ☎ 530-22-00. • thjodminjasafn.is • Bus nos 1, 3, 6, 11, 12 et 14.Tlj (sf lun de mi-sept à fin avr) 10h-17h. Entrée : 1 500 ISK ; réduc ; gratuit moins de 18 ans ou avec la* Welcome Card *; audioguide en français : 300 ISK. De mai à mi-sept, visite guidée gratuite en anglais mer et w-e à 11h (env 45 mn).*
S'il n'y avait qu'un musée à voir en Islande, ce serait sûrement celui-ci, où l'histoire entière du pays est relatée sur 2 étages.
– *800-1000 :* années des premiers établissements avec l'âge de la colonisation (874-930). En une remarquable muséographie sont présentés objets domestiques, instruments agraires, matériel de pêche, etc. Sur les Vikings en Islande : fers de hache, embouts d'épées en bronze finement travaillés et superbes bijoux.
– *1000-1200 :* excellente section sur les prémices du christianisme sur l'île. Vestiges d'églises, surtout des décors de portes en bronze, heurtoirs, panneaux de bois gravés, très ancienne crosse d'évêque, *Madona de Gardar* (1450) au style très primitif... Au milieu de cette section, Vierge à l'Enfant et sainte Anne, retable en albâtre du XVe s d'une grande finesse d'exécution.
– *1200-1600 :* en 1397, l'union de Kalmar réunit sous un même monarque les trois royaumes scandinaves (la Suède, le Danemark et la Norvège – et, par conséquent, l'Islande).
Importante et intéressante section ethnographique : vestiges de métiers à tisser avec les « pierres » servant de contrepoids. Bijoux et ornements de chefs de guerre, superbes cornes de libation ciselées... Tout sur la pêche qui devient l'industrie principale du pays. Objets usuels dans les fermes, pièces d'échecs sculptées dans des dents de cétacés...
Les *runes* présentées ici comme des amulettes visaient à chasser le Mal. Joli triptyque en albâtre, mobilier de bois sculpté, orfèvrerie religieuse. Exceptionnelle bible de *Guðbrandur* (1584), l'une des 500 qui furent traduites en islandais peu après l'arrivée de l'imprimerie dans le pays, en 1530. Tiens, sympa, un coin où les enfants peuvent se déguiser en Vikings ! Et, pour les plus grands, reconstitution d'un petit appartement des années 1950 avec jeux d'échecs dans le salon.
– *1600-1800 :* c'est l'heure de la stricte orthodoxie luthérienne. Petit chef-d'œuvre : une drôle de « corne à boire » de 1598 *(Drykkjarhorn),* avec des scènes sculptées de l'Ancien et du Nouveau Testament (en haut, les *Noces de Cana,* puis *la mort d'Holopherne par Judith* et en bas *Joab tue Absalon, fils de David*). Section vêtements, mobilier, argenterie... Rares panneaux sculptés dans des os de baleine (scènes de la Bible). Évocation des croyances populaires avec un terrifiant masque de cérémonie, des pierres magiques et de mystérieux parchemins comme le *Charlemagne Ring* (1773), censé protéger des esprits. Bibles anciennes, bancs de temple peints, baptistère, objets de culte, coffres et coffrets en bois ciselé, jolies parures et bijoux... C'est aussi l'époque

du développement du commerce et de l'imprimerie. Un Siècle des lumières à l'islandaise, en quelque sorte. Insolite calendrier perpétuel (1810).
– *1800-1900 :* entre 1870 et 1914, émigration massive des Islandais en Amérique du Nord pour fuir des conditions de vie difficiles. La pêche occupe une place prépondérante dans la société. Étonnante machine en bois pour dérouler les lignes de pêche *(spinner)*. Maison de paysan que l'on pouvait encore voir en 1950. Section consacrée au gens de la route : vagabonds, facteurs, commerçants-colporteurs avec raquettes et skis pour se déplacer... Puis l'éducation et le développement urbain.
– *1900-2000 :* en 1918, l'Islande devient autonome, puis indépendante en 1944. Panorama du XXe s avec une insolite collection d'objets, rassemblés sur un tapis de livraison de bagages d'aéroport, qui nous apprend que les femmes ont obtenu le droit de vote en 1915 ou encore la signification du drapeau islandais : la croix blanche rappelle la neige des glaciers, le bleu, le ciel et la mer, et le rouge, la fureur des volcans.
Très agréable et lumineuse *cafétéria* au rez-de-chaussée servant, entre autres, de bons cafés dans un environnement de bassins et de verdure.

Norræna húsið *(Maison nordique ; plan A3)* **:** *Sturlugata 5. ☎ 551-70-30. • nordichouse.is • Bus n°s 3, 6 et 15. Tlj 11h30-17h (21h30 jeu-sam). GRATUIT.* Conçu par l'architecte finlandais Alvar Aalto et inauguré en 1968, ce bâtiment blanc et gris métallisé au toit incliné met en valeur les liens étroits existant entre les pays nordiques (Islande, Suède, Norvège, Danemark et Finlande). Il abrite une bibliothèque, une petite boutique où vous trouverez les grands classiques de chaque pays et des petites expos temporaires ayant pour thèmes l'art ou l'artisanat nordique. En prime, un bistrot agréable et des petits concerts (souvent gratuits) organisés régulièrement durant l'été.

Aalto Bistro : *tlj 11h-17h (21h30 jeu-sam). Plats 2 700 ISK, formule 3 600 ISK, menu 4 200 ISK.* Au sein de la Maison nordique, un bistrot chic à l'ambiance agréable. Il propose une cuisine qui se veut novatrice, à l'échelle de la gastronomie islandaise : quiche aux brocolis ou au bleu, burger au potiron...

Listasafn Íslands *(Galerie nationale d'Islande ; plan B2)* **:** *Fríkirkjuvegur 7. ☎ 515-96-00. • listasafn.is • Tlj (sf lun mi-sept à mi-mai) 10h-17h ; hors été, 11h-17h. Entrée : 1 500 ISK ; réduc ; gratuit avec la Welcome Card.* C'est d'abord sur le plan architectural un très intéressant bâtiment. Et quel destin ! D'abord monumental frigo pour conserver le poisson, puis l'une des boîtes les plus populaires de la ville... Enfin, à la suite d'un incendie en 1970, il fut reconstruit et reconverti en musée. Quatre grandes salles lumineuses, dont deux consacrées aux expos temporaires et deux autres où les œuvres des artistes de la collection permanente (art moderne et contemporain islandais) sont présentées par roulement.
Coquet *café* à l'étage servant tartes salées et sucrées (mêmes horaires que le musée).

Hallgrímskirkja *(église ; plan C2)* **:** *Skólavörðuholti. Tlj 9h-21h (17h en hiver). GRATUIT, mais accès au clocher payant (tlj 9h-20h ; env 900 ISK ; réduc enfants moins de 15 ans).* Devenue le symbole de la ville, cette église en forme de fusée est visible de loin. Sa silhouette s'inspire des paysages islandais, notamment des orgues basaltiques. C'est de son clocher que vous aurez le meilleur point de vue sur la ville et ses maisons multicolores. La Hallgrímskirkja (« église de Hallgrímur », en hommage au pasteur et grand poète islandais Hallgrímur Pétursson – 1624-1674) est l'œuvre de Guðjón Samúelsson, qui n'a jamais vu le résultat de son travail : financée en majeure partie par l'argent des paroissiens et commencée en 1945, l'église ne fut en effet inaugurée qu'en 1986 !
Intérieur d'une extrême sobriété, dont on apprécie la pureté des lignes ainsi que la luminosité étonnante, sans parler des orgues colossales, composées de plus de 5 200 tuyaux ! D'ailleurs, de mi-juin à mi-août, concerts (payants) plusieurs fois par semaine le midi.

– Devant l'église, la fière statue de Leifur Eiríksson, fils d'Éric le Rouge, qui a découvert le Groenland vers 980. Leifur, lui, a découvert le *Vínland,* c'est-à-dire l'Amérique du Nord, en l'an 1000.

Listasafn Einars Jónssonar *(musée Einar-Jónsson ; plan C2)* **:** *Eiriksgata. ☎ 551-37-97. ● lej.is ● En été, tlj sf lun 10h-17h ; le reste de l'année, le w-e slt. Entrée : env 1 000 ISK ; réduc ; gratuit moins de 18 ans.* Einar Jónsson (1874-1954) est le plus important des sculpteurs islandais et a lui-même dessiné le bâtiment. Vaste ensemble contenant plus de 300 pièces (dont 200 environ sont exposées). Des œuvres massives et impressionnantes semblant émaner d'un Rodin nourri à la mythologie nordique et dopé au fantastique. Au sous-sol, beaucoup de plâtres et de moulages. On notera l'évidente influence du réalisme socialiste en vogue à l'époque : ouvriers musculeux taillés à la serpe, regards hiératiques... Œuvre remarquablement construite, gros travail sur les attitudes comme avec « Délivrance ». De même, superbe position des corps dans « l'Enchantement ». Délicat « Historic », avec la frêle jeune fille soufflant sur sa main, et imposant « Dragon vaincu ». Dehors, quelque 26 bronzes disséminés dans le jardin. En haut, accès par un escalier extrêmement étroit à l'appartement où l'artiste vécut avec sa femme dans les années 1930-1940. Vénérable et rare mobilier, bois verni dominant, beaux objets. Petit bureau éclairé par de délicats petits vitraux.

Hið Íslenzka Reðasafn – Phallological Museum *(musée national du Phallus ; plan D2)* **:** *Laugavegur 116. ☎ 561-66-63. ● phallus.is ● Ouv tte l'année 10h (11h oct-avr)-18h. Entrée : 1 500 ISK ; réduc avec la* Welcome Card. *Livret en français.* Probablement le seul du genre au monde, ce tout petit musée, dont la visite semblera raide à certain(e)s, ambitionne de présenter tous les organes génitaux mâles d'Islande (17 cétacés, ours, phoques, morses, etc.), enrichis de nombreux autres spécimens de la planète, conservés dans du formol pour que ça dure. Quelques curiosités (le cachalot, le verrat et bien d'autres), ainsi que des tableaux, statuettes phalliques, déclinaisons humoristiques, légumes en forme de sexe, gadgets de toutes sortes, et même le moulage intime de l'équipe d'Islande 2008 de handball... Malgré une (rigolote) section consacrée au sexe des elfes et des trolls, ce musée se veut très sérieux et scientifique, et n'attend plus que les appendices que quelques *Homo sapiens* ont promis de léguer à leur mort (certificats exposés à l'appui) !

Kjarvalsstaðir – Listasafn Reykjavíkur *(musée d'Art de Reykjavík ; plan D3)* **:** *Flókagata, quartier Klambra Tún. ☎ 411-64-20. ● artmuseum.is ● ♿ À 10 mn à pied du centre. Tlj 10h-17h. Entrée : 1 500 ISK ; réduc ; gratuit moins de 18 ans ou avec la* Welcome Card.
Situé dans un grand parc. Une partie du musée est consacrée à Johannes Kjarval (1885-1972), un des plus grands peintres islandais, pour qui il fut originellement construit, et une autre à des expos temporaires.
Kjarval révélait dans ses portraits un grand nombre de styles et une inventivité sans pareil ! Quelques œuvres maîtresses du musée : *The Sisters from Stapi,* avec un jeu très « vangoghien » dans la chevelure... Sublime *Mountain Milk,* mais notre préféré est le *Mountain Skjaldbreidur* (de loin, la figure centrale évoque le *Penseur* de Rodin. Message subliminal ?). Sans oublier *Warrior Maiden* et *Above Clouds...* D'autres magnifiques paysages comme *From Galgahraun,* une composition minérale géniale ! Quelques Errö également, dont *Odelscape,* tourbillon de personnages rabelaisiens... Un rythme, un souffle inouï !
Très agréable cafétéria face au parc.

Un peu plus loin du centre

Perlan *(hors plan par C3)* **:** sur la colline Öskjuhlið, au sud-est du centre-ville. Le *Perlan* (« la perle ») est le grand réservoir géothermique qui alimentait jadis

la ville. En 1991, les six réservoirs furent réunis au centre par une structure de verre surmontée d'un dôme, et l'endroit fut ouvert au public. Les citernes pouvaient contenir chacune jusqu'à 4 millions de litres d'eau à 85 °C. En haut de la tour, une *cafétéria* agréable et une plate-forme circulaire, pour une vue à 365° sur la ville et la baie. Encore au-dessus, on trouve un *resto panoramique* (ouvert seulement le soir) tournant toutes les 2h. Très cher !
– À proximité, vous découvrirez *Strókur,* un petit geyser artificiel qui crache régulièrement son jet d'eau. Les sentiers qui sillonnent la colline du *Perlan* offrent aussi l'occasion de faire de belles balades, notamment jusqu'à la surprenante plage de *Nauthólsvík* (lire plus loin « À faire »).

Asmundursafn *(musée Ásmundur-Sveinsson ; hors plan par D2)* **:** *Sigtún. ☎ 411-64-30. • artmuseum.is • À l'est de la ville, mais accessible à pied : prendre Laugavegur vers l'est ; c'est à gauche, un peu après l'hôtel* Nordica. *Bus nos 2, 4, 14, 17. Mai-sept, tlj 10h-17h ; oct-avr, 13h-17h. Entrée 1 500 ISK ; réduc ; gratuit moins de 18 ans et avec la* Welcome Card. Un musée consacré au travail de l'artiste Ásmundur Sveinsson (1893-1982) : des sculptures massives et puissantes, inspirées par la nature et la littérature islandaises. Du très beau travail dans un lieu architecturalement étonnant (un dôme d'une blancheur immaculée, flanqué de deux pyramides tronquées), construit par l'artiste lui-même de 1942 à 1950 et où il habita jusqu'à sa mort. Merveilleux espaces intérieurs, pleins d'harmonieuses perspectives, de jeux d'angles insolites et de lumière. À l'extérieur, quelques œuvres monumentales dans un environnement délicieux. Un de nos grands coups de cœur !

Fjölskyldu-og Húsdýragarðurinn *(zoo de Reykjavík et parc familial ; hors plan par D2)* **:** *Laugardalur, Engjavegur. ☎ 411-59-00. • mu.is • À l'est de la ville, pas loin de l'AJ. Bus nos 2, 15, 17 et 19. Tlj 10h-18h (17h de mi-août à mai). Entrée : env 840 ISK ; 5-12 ans 620 ISK ; réduc ; gratuit moins de 5 ans ou avec la* Welcome Card. *Horaires de repas des animaux affichés à l'entrée. Animations (surtout l'été) pour les enfants (avec supplément).* La première partie du parc est consacrée aux animaux vivant en Islande (visons, renards blancs et gris, rennes, phoques et animaux de ferme). Passez le pont pour arriver dans le royaume des enfants : circuits automobiles miniatures, drakkar et bateau pirate sur un plan d'eau, tractopelles taille enfant, bateaux et voitures télécommandés, trampolines, etc. Prévoyez le pique-nique, car vos gamins ne voudront pas partir de sitôt ! Cadre très agréable.

Grasagarður *(jardin botanique ; hors plan par D2)* **:** *Laugardalur, juste en face du zoo (voir ci-dessus). ☎ 411-8650. • grasagardur.is • Mai-sept, tlj 10h-22h (jusqu'à 15h oct-avr). GRATUIT.* Jardin d'inspiration japonaise : rocailles, plans d'eau, petits ponts. Très élégant et reposant.

Flóran Café-Bístró : *553-88-72. Ouv mai-sept, 8h-22h, oct-avr 10h-18h.* Pour faire une pause dans une très belle serre où les jeunes mariés viennent se faire photographier.

Árbærjarsafn *(musée en plein air d'Arts et Traditions populaires d'Árbær ; hors plan par D3)* **:** *☎ 411-63-20. • reykjavikcitymuseum.is • Situé à Kistuhyl, à 9 km du centre, dans la banlieue est de Reykjavík. Bus nos 5, 6, 12 et 24. Juin-août, tlj 10h-17h. Le reste de l'année, visite guidée tlj 13h. Entrée : env 1 500 ISK ; réduc ; gratuit moins de 18 ans et avec la* Welcome Card. Regroupement de diverses habitations islandaises du XIXe au début du XXe s, dont la plupart proviennent du centre de Reykjavík. On suit l'évolution de la ville au travers des différents métiers et de leur développement au cours des deux derniers siècles. On y voit la boutique d'un horloger, d'un imprimeur, la maison d'un pêcheur, un garage, etc. Très jolie église du nord de l'Islande. Chaque maison est animée par des gardiens en costume d'époque : l'un sale son poisson, un autre trait ses vaches pendant que sa voisine fait du crochet ou passe le balai. Véritable voyage à travers le temps, très divertissant.

Hönnunarsafn Islands *(musée du Design islandais et des Arts appliqués ; hors plan par C3) :* *Gardatorg 1, à* ***Gardabaer.*** *☎ 512-15-25. • honnunarsafn.is • Situé à 8 km du centre, dans la banlieue sud de Reykjavík. Bus nº 1, arrêt Ásgaður. Tlj sf lun 12h-17h. Entrée : env 500 ISK ; réduc ; gratuit moins de 16 ans et pour ts le mer.* Héritage du sang danois qui coule dans les veines de ce pays, le Design a aussi son importance en Islande. On trouve ici un résumé des créateurs de tous bords dont le nom vous parlera moins que les objets dont vos yeux se régaleront. Les sièges, formes, couleurs et matières jouent entre l'innovant et le classique. Objets de décoration (bougeoirs, vases...) et design de mode (robes, chaussures) sont également dignement représentés. Au final, la visite mérite le déplacement si on aime cette discipline.

Sur le vieux port, en direction de l'ouest, on peut partir à la découverte de ***l'île Grotta*** *(hors plan par A1),* accessible par un isthme à marée basse. Bien se renseigner sur les horaires des marées. S'y trouve un phare construit au XIXe s, en haut duquel on peut monter pour contempler le coucher du soleil en été (sauf de mai à mi-juillet, quand l'astre du jour a des nuits blanches !). Près du phare, une petite source chaude où tremper ses pieds.

À faire

Piscines-sources chaudes : parmi les cinq piscines alimentées par des sources chaudes à Reykjavík, on vous indique les plus centrales. Les bassins sont généralement entourés de *hot tubs* dont la température atteint parfois 45 °C. Nager en plein air dans la vapeur est encore plus grisant sous la pluie ou la neige... N'oubliez pas, avant d'accéder aux bassins : il faut passer tout nu à la douche.
*– **Tarifs :** env 900 ISK ; 150 ISK (6-17 ans) ; réduc ; gratuit moins de 6 ans ou avec la* Welcome Card.

■ **Laugardalslaug** *(hors plan par D2) : Sundlaugarvegur 104. ☎ 411-51-00. Bus nº 12 ou 14. À côté de l'AJ, à l'est de la ville. Tlj 6h30 (8h le w-e)-22h.* Notre préférée : elle dispose d'un grand bassin (50 m), d'un bassin couvert et chauffé (25 m) pour les nageurs et d'un tas d'installations pour les « bulleurs ». 4 *hot tubs,* dont certains à remous (et un à l'eau de mer !), sauna, solarium, hammam, grand toboggan, jets d'eau. Parcours ludique pour enfants. Très fréquentée.

■ ***Sundhöll Reykjavíkur*** *(plan C2) : Barónstígur 101 (à l'angle de Bergþórugata). ☎ 411-53-50. Bus nos 5, 14 et 15. Lun-ven 6h30-22h (20h ven), sam 8h-16h, dim 10h-18h.* À deux pas du centre, grande bâtisse blanche sans enseigne. L'un des seuls bassins couverts de Reykjavík. 2 *hot tubs* et un hammam sur le balcon. Solarium. Piscine agréable et peu fréquentée.

■ ***Vesturbæjarlaug*** *(hors plan par A2) : Hofsvallagata 101. ☎ 411-51-50. À 1,5 km au sud-ouest du centre-ville. Bus nos 13 et 15. Lun-ven 6h30-22h (20h ven), le w-e 9h-18h.* 4 *hot tubs,* sauna, solarium. Fréquentée par les locaux.

– ***Ylströndin Nauthólsvík*** *(plage thermale de Nauthólsvík ; hors plan par C3) : au sud de l'aéroport. ☎ 511-66-30. Bus nos 16 et 19. En voiture, suivre le fléchage depuis l'aéroport des vols domestiques. Ouv de mi-mai à fin août 10h-19h. GRATUIT (consigne et serviette payantes).* Plage de sable surgie de nulle part et lagon chauffé à 18-20 °C par l'eau de la centrale thermique. Il y a même des *hot tubs* à 30-35 °C, une piscine ronde, un terrain de volley, et tout ça avec les hangars et les avions de l'aéroport voisin... Un endroit extra, les enfants trouveront là plein d'autres têtes blondes avec qui échanger seaux, pelles et râteaux.

– ***Observation des baleines :*** la saison court d'avril à septembre, mais des sorties sont organisées toute l'année, avec un pic de juin à août. Sur le port, deux compagnies se partagent l'offre :

■ ***Elding Reykjavík Whale :*** *Ægisgarður 7 ; (plan A-B1). ☎ 519-50-00. • elding.is • Résa conseillée. Env 5-6 départs/j. juin-août ; 3/j. en mai et sept ; 2/j. fév-mars et oct-nov ; 1/j. déc-jan. Tarif : 10 000 ISK ; réduc ; gratuit moins de 6 ans.* En saison, également des sorties de pêche en mer *(14 000 ISK)* et d'observation des macareux *(6 000 ISK).*

■ ***Special Tours :*** *sur le vieux port (plan B1). ☎ 560-88-00. • specialtour.is • Sorties 1 fois/j. nov-fév ; 2 fois/j. mars-avr et sept-oct ; 5-6 fois/j. mai-août. Tarif : 10 000 ISK ; réduc, gratuit moins de 6 ans.* ***Observation des aurores boréales*** *sept-avr, 1 fois/j. à 21h (avr et sept) ou 22h (oct-mars) ; tarif : 10 000 ISK, gratuit moins de 6 ans.*

➢ ***Balades à cheval :*** *avec* ***Laxnes Horse Farm,*** *près de Gljufrasteinn. ☎ 566-61-79. • laxnes.is • Transfert, loc équipement et balade 2h ou 4h : 11 900-22 900 ISK/pers ; réduc.* On passera vous prendre à Reykjavík le matin ou en début d'après-midi pour chevaucher quelques heures à la découverte de l'île de Viðey (voir « Dans les environs de Reykjavík) ». Propose aussi des excursions à Þingvellir, Geysir, Gullfoss et au Blue Lagoon.

DANS LES ENVIRONS DE REYKJAVÍK

L'île de Viðey : habitée pour la première fois au Xe s. Cette petite île – à peine 1,6 km² – est à quelques encablures de la côte, à l'est du centre. On peut y faire une bien jolie promenade et voir la deuxième plus ancienne ***église*** d'Islande (1774), ainsi que la plus vieille ferme en pierre du pays (milieu XVIIIe s), dans laquelle se trouve dorénavant un resto. L'extérieur de l'église a été rénové et l'intérieur, charmant, présente quelques objets décoratifs et liturgiques. L'île abrite également deux sculptures contemporaines : une œuvre minimaliste de l'Américain Richard Serra et un hommage à John Lennon signé Yoko Ono, the *Imagine Peace Tower,* une « tour » de lumière allumée du 9 octobre au 8 décembre (dates de naissance et de décès du regretté Beatles), ainsi qu'à deux autres occasions, entre le solstice d'hiver et le 1er janvier au soir, et la 1re semaine du printemps.

➢ Traversée de 5 mn en ferry depuis Skarfabakki, sur le port de Sundahöfn (*hors plan par D1* ; bus nº 5), au nord-est du centre. Du camping ou de l'AJ (à 1,5 km), descendre la rue *(Dalbraut)* qui va jusqu'à la mer. Ensuite, c'est à droite. De mi-mai à sept, ferry ttes les heures, 10h15-17h15 au départ de Sundahöfn, 11h30-18h30 au départ de Viðey. Hors saison, départs slt sam-dim. Également 1 liaison/j. en saison avec le vieux port au centre-ville *(Ægisgarður harbour ; plan B1).* Départs l'été à 13h15 depuis Harpa *(plan B1)*, retour à 16h30 de Viðey. *Billet : env 1 200 ISK A/R ; réduc. Gratuit moins de 6 ans ou avec la* Welcome Card. *Infos : ☎ 411-63-60 ou • videy.com •*

Le mont Esja : *bus nº 15 depuis Hlemmur (plan D2,* ***2****), arrêt à Háholt, puis bus nº 57.* Le bus vous dépose au pied de cette montagne haute de 914 m qu'on aperçoit de l'autre côté de la baie depuis Reykjavík. Une grimpette de 2h récompensée par une magnifique vue sur la presqu'île de Reykjanes.

LA PÉNINSULE DE REYKJANES

Vous verrez souvent le nom de Reykjanesbær pour désigner cette communauté de communes regroupant Keflavík, Njarðvík, Ytri Yumri et Hafnir. C'est pratiquement le seul coin habité de la péninsule : plus au sud, c'est le désert, mis à part la petite ville de Grindavík. Une journée suffit pour faire le tour de la

péninsule. Si vous êtes en Islande pour un court séjour, cette excursion vous donnera un très bel aperçu des trésors naturels que recèle l'île.
– Plein d'infos pratiques sur le site : ● *reykjanes.is* ●

HAFNARFJÖRÐUR

27 400 hab. (sans compter les elfes !)

À une dizaine de kilomètres au sud de Reykjavík, cette cité a été construite sur des champs de lave, d'où son surnom : la « ville dans la lave ». Elle abrite le plus vieux port commercial d'Islande en activité, convoité, dès le XIVe s, par les puissances étrangères qui souhaitaient y implanter leurs comptoirs. Les Anglais, les premiers à y parvenir, furent bientôt fortement concurrencés et chassés par les Allemands. En 1602, la création de la Compagnie danoise d'Islande institua le monopole du Danemark sur le commerce extérieur de l'Islande, ce qui signa le début du déclin de Hafnarfjörður.
La ville est dorénavant une banlieue de la capitale, dont elle n'est qu'à 15-20 mn en voiture. Elle est aussi la troisième ville du pays en terme de population (re)connue pour son festival viking qui se déroule chaque année durant 6 jours, mi-juin : artisanat viking, reconstitution de mariages, combats, festins, etc.

UNE VILLE PLEINE DE « CACHÉS »

En plus de ses habitants officiels, Hafnarfjörður abriterait la plus importante communauté de petits êtres surnaturels du pays. En effet, la ville se trouverait à la croisée de plusieurs « lignes d'énergie » particulièrement appréciées du Huldufólk *(« le peuple caché ») que constituent les elfes, gnomes et lutins, dont la « famille royale » !*

Arriver – Quitter

➢ ***En bus :*** le bus de ville n° 1 relie Reykjavík à Hafnarfjörður ttes les 10 mn, 6h-21h. Arrêt au niveau du centre commercial *Fjörður,* sur le port. Trajet : 50 mn-1h.

Adresses utiles

ℹ ***Office de tourisme :*** *dans la mairie (Raðhús), Strandgata 6. ☎ 585-55-00. ● visithafnarfjordur.is ● Lun-ven 8h-16h. En été, point info aussi au musée (Vesturgata 8 ; tlj 11h-17h).* Vend la carte référençant les lieux où rencontrer des elfes (si, si !). Cela dit, certains lecteurs la trouvent un poil compliquée ! Excellent matériel touristique et bons conseils.
✉ ***Poste :*** *dans le centre commercial Fjörður.*
■ Plusieurs ***pharmacies, banques*** et ***supermarchés*** autour du port.

Où dormir ? Où manger ?

⛺ 🏠 ***Lava Hostel :*** *Hjallabraut 51. ☎ 565-09-00. ● lavahostel.is ● À 1 km de l'office de tourisme (fléché). Bus n° 1 depuis Reykjavík. Ouv de juin à mi-sept. Camping env 1 700 ISK/pers ; double 14 200 ISK/pers ; dortoirs 4-8 lits 5 400-5 700 ISK/pers. Loc de draps.* 📶 Cette AJ privée est une agréable petite structure en bois en bordure d'un parc (où se trouve le camping, calme et verdoyant). Façade plutôt anonyme côté route mais agréables baies vitrées à l'arrière qui éclairent 2 grandes salles communes. Intérieur simple, nickel et lumineux. Sanitaires communs. Cuisine à disposition, lave-linge et sèche-linge. Pas de petit déj, mais thé et café gratuits. Pensez à réserver quand même...

Kaffihús Súfistinn : *Strandgata 9. ☎ 565-37-40. Juste en face de l'office de tourisme. Tlj 8h (10h sam, 11h dim)-23h30. Plats 1 500-2 100 ISK.* Sert des soupes du jour, paninis et salades à prix tout à fait raisonnables. Rien de renversant pour les papilles, mais ambiance sympa. Bons cafés aussi, pour accompagner la sélection de gâteaux. Pas mal de jeunes viennent y passer un moment avec leur ordinateur portable.

Tilveran : *Linnetsstig 1. ☎ 565-52-50. À 100 m de l'office de tourisme. Tlj 11h30-14h, 18h-21h (22h ven-sam). Plats env 3 400-4 200 ISK ; menus 2 490 ISK le midi, 5 500-6 500 ISK le soir.* Cette façade jaune et sa salle très classique ne laissent pas présumer qu'on va y découvrir une cuisine de fort bon niveau. Produits frais, petits légumes à la cuisson juste, sauces maison élaborées... Viandes très tendres, on vous souhaite d'arriver un jour de steak de cheval (du vrai beurre et bien servi !). En prime, accueil et service pro et discrets.

À voir. À faire

Pakkhúsið – musée de Hafnarfjörður : *Vesturgata 6. ☎ 585-57-80. • museum.hafnarfjordur.is • Juin-août, tlj 11h-17h ; sept-mai, le w-e 11h-17h.* Sur trois étages, évocation du passé de la région et de la ville. Un petit musée, certes, mais où il est plaisant de déambuler avec le bon livret en anglais. On rentre dans le social tout de suite avec la reconstitution de l'hôpital local (qui ferma en 2011 pour raison d'économies). Puis balade du village viking au port de 1900 : matériel de pêcheur, vêtements, séchage du poisson... Un p'tit côté nostalgique et charmant avec la vidéo d'une sortie en mer à l'ancienne. Il y eut, dans le port, jusqu'à 300 bateaux et barques.

À l'étage, cabine de l'opérateur radio, histoire des naufrages, maquettes. Évocation de l'occupation du pays par les Anglais lors de la dernière guerre, campement de soldats. Cuisine des années 1950. Au dernier étage, une riche section de jouets. Tout cela possède un charme désuet.

– Attenante au musée, la ***Sívertsens Húsið,*** plus ancienne maison de la ville dont la construction date de 1803-1805, se visite. Elle offre une idée d'un intérieur bourgeois au XIXe s. Vénérable parquet en bois, élégant mobilier. La salle à manger eut l'honneur de recevoir le roi Frederick IV à dîner en 1834. Noter le ravissant poêle ciselé. Cuisine rustique avec son âtre, et bureau intact du marchand. À l'étage, les chambres mansardées possèdent toujours leurs cloisons en bois peint et les lits bateaux. Objets domestiques traditionnels et rouets.

– À 200 m du musée *(Vesturgata 32),* la ***Bookkless Bungalow 1918*** est une ancienne pêcherie écossaise présentant une petite exposition sur la pêche.

Siggubær : *Kirkjuvegur 10. Juin-août, le w-e slt 11h-17h.* Le plus agréable pour y accéder est de prendre le passage entre la Pakkhúsið et la Sívertsens Húsið, et de jeter un œil à la *Beggubúð* et son expo (reconstitution d'un petit commerce), avant de remonter sur 100 m la toute la petite rue, à droite des escaliers. La *Siggubær* est une maisonnette blanc et rouge de 1901, restée en l'état. Bel exemple de cadre et mode de vie du début du XXe s, qui ont traversé le temps intacts !

➢ Si vous n'avez jamais vu d'elfes ou de gnomes, rendez-vous au ***parc Hellisgerði,*** tout près du centre-ville. Des promenades guidées (en anglais) sont organisées pour vous aider à repérer le *Huldufólk* ou, à défaut, le sentir (dans le pire des cas, à l'imaginer !). *En été, mar et ven à 14h30. Prix du tour : 4 500 ISK (avec* *une carte des « mondes cachés » comprise...). Durée : 1h30. Rens : ☎ 694-27-85. • alfar.is •*

– **Suðurbæjarlaug :** *Hringbraut 77. Lun-ven 6h30-21h, sam 8h-18h, dim 9h-17h. Entrée : env 500 ISK.* En plus de cette piscine en plein air, la ville possède aussi deux piscines couvertes avec *hot tubs* à l'extérieur. L'une d'entre elles, l'*Ásvallaug,* est située Ásvellir 2 *(mêmes horaires et même prix que la précédente).*

➢ **Balades à cheval :** *avec* ***Íshestar,*** *Sörlaskeið 26. ☎ 555-70-00. • ishestar.is • Plusieurs balades (1h-5h) à ts les prix : 6 600-19 500 ISK.* On vient vous chercher à votre hébergement à Reykjavík. Balades qui permettent de découvrir de façon originale la péninsule et ses champs de lave.

LA FOI TRANSPORTE LES MONTAGNES

En 2010, Arni Johnsen, député au Parlement, échappa à un grave accident d'auto. Il attribua sa chance à la présence d'elfes dans un gros rocher sur place. Pour les remercier, il décida de faire transporter le bloc de 30 t dans son jardin, et la famille d'elfes dans un petit panier, leur garantissant sur place de la bonne herbe et des moutons ! Malgré ces égards, les protestations fusèrent sur Internet pour avoir ainsi bouleversé le mode de vie des elfes...

DANS LES ENVIRONS DE HAFNARFJÖRÐUR

Le lac Kleifarvatn : *à 20 mn en voiture au sud de Hafnarfjörður, en direction de Krísuvík, par la route 42.* Le détour vaut autant pour les paysages traversés que pour ce grand lac et ses plages de sable noir, en plein désert de lave. Un des petits frères de Nessie, le monstre du Loch Ness, y aurait été aperçu... N'oubliez pas vos jumelles !

Le champ géothermique de Seltún : *sur la route 42 toujours, 3 km après le lac de Kleifarvatn, sur votre droite, en direction du sud.* Bassins de boue en ébullition et évents de vapeur sont le résultat de la température de la terre qui atteint les 200 °C à 1 000 m de profondeur. Seltún fait partie de l'un des quatre appareils volcaniques alignés tout au long de la fissure éruptive de la péninsule de Reykjanes. Les évents de vapeur sont entourés de dépôts de soufre importants, lequel était exploité autrefois pour la fabrication de poudre à canon. Restez bien sur les parties aménagées, les températures atteignent les 80, voire 100 °C. Ce site, même s'il n'est pas très étendu, est étonnant car l'on passe au beau milieu de la vapeur, dans une forte odeur d'œuf pourri dont le nez sou(f)fre un peu, les *sblurp* de la boue en ébullition en musique de fond.

Le lac Grænvatn : *à gauche de la route 42, 1 km après Seltún.* Abrité dans un ancien cratère, il tire son nom de sa couleur verte due à la présence d'algues. Un conseil : n'essayez pas de descendre au bord de l'eau, ça glisse ! 5 km plus loin, la route 42 rejoint la route 427. Sur la droite, direction Grindavík, pas une seule habitation, mais, tout du long des champs de lave recouverts de lichen à perte de vue. On a l'impression par endroits que la terre vient de se craqueler. À gauche, en direction de Selfon (voir plus loin), on rejoint Hveragerði ou Selfoss.

LE BLUE LAGOON (BLÁA LÓNIÐ)

L'un des hauts lieux touristiques du pays. Une baignade comme vous n'en avez jamais connu, dans une eau laiteuse à 36-39 °C, au pied d'une centrale

géothermique plantée au milieu d'un désert de lave. Prévoyez plusieurs heures pour bien profiter de ce moment extraordinaire et rentabiliser l'investissement que constitue le tarif. D'ailleurs, on ne peut vous cacher que les voyageurs sont divisés sur la question : pour les uns, c'est trop cher pour ce que c'est. Pour d'autres, c'est cher, certes, mais quand même assez unique ! À vous de voir si le jeu en vaut la vapeur...

– Ceux qui ne désirent pas payer l'entrée ou se baigner pourront emprunter un réseau de chemins (à gauche de l'entrée du centre balnéaire) qui traversent les champs de lave et les multiples ramifications bleu laiteux du lagon.

Arriver – Quitter

➢ ***En voiture :*** le lagon se trouve à 40 mn de la capitale. Prendre la direction de Keflavík, puis, peu après le village de Vogar, la route 43 en direction de Grindavík.

➢ ***En bus :*** avec la compagnie ***Bustravel Island.*** *☎ 511-26-00. • bustravel.is • 1 départ/h de Reykjavík, 7h-18h (retours 11h15-22h15 plus à 10h15 et 23h15 en saison). 6 départs/j. de l'aéroport de Keflavik, 8h30-17h30 plus 1 départ à 7h30 en saison (retours ttes les heures 13h-15h). Trajet : 4 200 ISK.* Ils peuvent passer vous prendre à votre hébergement, sur résa (sinon, départ du terminal *BSÍ* ; *plan B3,* ***1***). Le Blue Lagoon est également relié à l'aéroport (une jolie façon de commencer ou de clore votre voyage). ***Reykjavík Excursions*** *(☎ 580-54-00 ; • re.is •)* offre les mêmes services, fréquences et prix depuis Reykjavík. Liaisons fréquentes aussi et bons services avec ***Gray Line Iceland*** *(☎ 540-13-13 ; • grayline.is •),* mais plus cher car incluant le billet d'entrée au Blue Lagoon.

Infos utiles

– Infos : ☎ 420-88-00. Résa impérative. • bluelagoon.is • Ouv juin-août, tlj 8h-minuit ; le reste de l'année, tlj 9h-20h ; dernière entrée : 45 mn avt la fermeture. Entrée seule : 50 € l'été (40 € l'hiver) ; réduc 14-15 ans ; gratuit moins de 14 ans. Plusieurs autres formules de 65 à... 195 €. Résa en ligne conseillée ; compter 5 € de plus sur place.

– Bon à savoir : le soir, il y a moins de monde (les groupes se sont évaporés). Serviettes et maillots de bain sont à louer (5 € chacun). Distributeur d'argent, boutique de produits thermaux (crèmes, boues et autres soins), cafétéria (un peu chère) donnant sur le lagon et, à l'entrée du site, une petite expo comprise dans le prix sur la géothermie et les origines géologiques de l'Islande.

Où dormir ? Où manger ?

🏠 🍽 ***Nothern Light Inn :*** *Norðurljósavegur 1. ☎ 426-86-50. • nli.is • À 2 km du Blue Lagoon, sur la route d'accès. Double env 38 000 ISK. Resto tlj 12h-21h30. Plats 2 200-3 500 ISK.* Les longs bâtiments en U se tapissent dans la coulée de lave qui caractérise ce paysage. Une coulée qui s'invite à la fois dans la très belle salle à manger panoramique (petit déj mémorable !), l'agréable salon de détente avec sa cheminée en pierre... de lave, et les vastes chambres parfaitement équipées dont les fenêtres regardent cette étonnante masse noire et figée. Le papier peint à fleurs donne un peu de romantisme à ce sombre décor minéral. Une adresse qui justifie pleinement ses prix chic par une prestation à la hauteur.

🍽 🍷 Pour les amateurs, possibilité de manger au chic ***LAVA Restaurant*** *(plats env 6 000 ISK et menu 10 000 ISK)* du Blue lagoon, et un bar à l'étage pour entamer/finir la soirée.

À voir. À faire

La couleur singulière du lagon est due à la présence de silice, de calcaire et d'algues bleu-vert. L'eau chaude et très légèrement salée provient de sources à plus de 1 800 m sous terre ; après avoir alimenté la centrale et perdu de sa chaleur, elle est rejetée dans le lagon. La persistante odeur d'œuf pourri qui règne aux abords de la centrale est due à la présence de soufre dans cette eau. Excellent pour certaines maladies de peau, très mauvais en revanche pour les bijoux en argent qui s'oxydent et prennent une couleur rouille. Ôtez vos lentilles de contact, qui font mauvais ménage avec la silice.
Une fois dans le bassin, lorsque les vapeurs d'eau masquent l'usine et qu'il y a peu de monde, l'ambiance est magique ! Vous pouvez vous tartiner de la boue naturelle, riche en minéraux. On peut également profiter d'un sauna humide, d'un sauna sec, ainsi que d'une chute d'eau très puissante, idéale pour les massages. À moins que vous ne préfériez un véritable massage effectué par des mains expertes (mais là, c'est en supplément !).

DANS LES ENVIRONS DU BLUE LAGOON

GRINDAVÍK

Forte de ses 3 000 habitants, c'est une ville assez importante et, surtout, l'un des rares ports de pêche actifs du coin. Pour autant, l'ambiance n'y est pas délirante : une grue par-ci, un entrepôt par-là, il y flotte par endroits un parfum de déliquescence.

Office de tourisme : *Hafnargata 12A. ☎ 420-1190. Mai-août, tlj 10h-17h.*

Camping Grindavík : *Austurvegur 26. ☎ 660-73-23 (pas de résa). Dans un parc, non loin du port. Ouv juin-sept. Env 1 300 ISK/pers.* Une vingtaine d'emplacements pour ce camping remarquablement bien équipé pour l'Islande. Avec grande salle commune (chauffée !), plusieurs sanitaires, douches, une cuisine à disposition où rien ne manque (ou presque !) et même des jeux pour enfants.

Brúin : *Hafnagata 26. ☎ 426-70-80. À l'est du port. Tlj 12h-15h, 18h-22h. Plats 1 700-3 200 ISK.* Grande salle sans façons dont les baies s'ouvrent largement sur le port. La carte aussi regarde la mer avec sa bisque de homard ou son saumon au four accompagné d'une purée de patate douce. Mais la terre n'est pas oubliée avec, par exemple, des côtelettes de mouton panées. Et pour finir le repas, pas d'hésitation, le *styr cake* : excellent. Service sympathique, prix correct, une belle adresse qu'il fasse grand beau ou qu'il *brúin*...

Bryggjan : *Miðgarður 2. ☎ 426-71-00. Sur le port, au bout des quais. Soupes 1 500-2 000 ISK.* Plaisante déco d'inspiration marine (avec moult filets de pêche) pour ce bar offrant un (petit) choix de soupes pour ne pas tomber d'inanition. S'il y en a au homard, n'hésitez pas ! Propose également un intéressant choix de gâteaux pour accompagner cafés et cappuccinos.

Kvikan Saltfiskstrid *(musée du Salage de la morue)* **:** *Hafnargata 12A. ☎ 420-11-90. • grindavik.is/kvikan • Sur le port. Tlj 10h-17h ; en hiver, slt sur rdv le w-e 11h-17h. Entrée : env 1 200 ISK.* Petit musée installé dans un hangar qui résonne du bruit des mouettes (en stéréo). Il relate l'histoire de l'industrie du salage de la morue et, plus généralement, de la pêche en Islande. Photos et mannequins de cire mis en scène en train de nettoyer le poisson, lever les filets, saler, etc. Pas le seul musée du genre que vous trouverez dans le pays, mais bien fait et intéressant.

Les falaises de Reykjanestá : *depuis la route 425, prendre à gauche la 443 direction Reykjanesviti.* C'est ici que fut érigé le premier phare d'Islande, en 1878, au sommet de la plus haute falaise. Or, détruit par un tremblement de terre 9 ans plus tard, ce phare a été déplacé là où il se dresse aujourd'hui (ne se visite pas), entouré de fumées, d'effluves de soufre et des installations d'une importante centrale géothermique... Au large, l'***île Eldey,*** apparue à la suite d'une éruption volcanique sous-marine, en 1783. Ce gros rocher qui émerge de l'eau (à 77 m d'altitude) abrite une colonie de plusieurs dizaines de milliers de fous de Bassan.

En remontant la route 425, le long de la côte en direction de l'aéroport, une route sur la droite mène au symbolique ***Brú milli heimsálfa*** (pont entre les deux continents), censé séparer, d'un point de vue géologique, l'Europe et l'Amérique. Bon, on craint que les choses ne soient pas si simples que ça. Tout ce qu'on voit ici, c'est un fossé rempli de sable noir grisâtre qui coupe cet immense champ de lave, telle une cicatrice. Sur le petit pont métallique, un panneau marque la « frontière » entre les plaques eurasienne et nord-américaine.

KEFLAVÍK

14 800 hab.

Ville sans intérêt autre que d'être posée à 2 km de l'aéroport international. Y logeront donc ceux qui ont un avion à prendre tôt le matin... ou qui arrivent tard le soir en Islande. Jusqu'en septembre 2006, elle hébergeait une base militaire américaine transformée aujourd'hui en campus universitaire privé pour former les pilotes et personnels de bord. Début juillet, l'ancienne base accueille l'intéressant festival de musiques actuelles « All Tomorrow's Parties » *(● atpfestival.com ●).*

Arriver – Quitter

➢ ***Reykjavík et l'aéroport international en bus :*** *● straeto.is ●* Ligne urbaine n° 55 : depuis l'aéroport, dessert Keflavik au passage (parcourt la rue Hringbraut). 12 bus/j. 7h42-22h55. Trajet : 10 mn de l'aéroport à Keflavik, 1h10 de Keflavik à Reykjavík. 5 de ces bus nécessitent un changement avec la ligne n° 1 à Fjördur (banlieue sud de Reykjavík).

➢ ***Reykjavík, en voiture :*** facile, par la route 41.

– Le ***taxi*** de l'aéroport au centre de Keflavík coûte env 3 500 ISK. *☎ 421-15-15, 422-22-22 ou 561-00-00.*

Adresses utiles

ℹ @ ***Office de tourisme :*** *Duusgata 2. ☎ 430-32-72. Au bout de la rue principale, au niveau du port. Tlj 9h (10h le w-e ou en hiver)-17h.* Propose une carte gratuite très détaillée des sentiers de randonnée dans la péninsule ainsi qu'une carte des villages alentour.

✉ ***Poste :*** *Hafnargata 89.*

✚ ***Hôpital :*** *Skólavegur 8. ☎ 422-05-00.*

Où dormir ?

Tous les hébergements de Keflavik proposent un transfert gratuit de/vers l'aéroport sur résa préalable.

De bon marché à prix moyens

Alex Guesthouse : *Aðalgata 60. ☎ 421-28-00. • alex.is • À env 1,5 km au sud du centre, par la route 41. Ouv mai-oct. En saison, doubles 15 900-18 900 ISK sans sdb et chalets 18 500-21 500 ISK.* Petit complexe sur un bout de gazon en bordure de Keflavík fonctionnel et pratique. Doubles simples et, sinon, d'agréables chalets en bois posés sur un terrain en gravillons. Pour 2 personnes, avec salle de bains, coin cuisine, TV satellite et petit déj compris.

B & B Guesthouse : *Hringbraut 92. ☎ 421-89-89. 867-44-34. • bbguesthouse.is • Facile à trouver : c'est sur un axe assez passant, en plein centre et proche de l'arrêt du bus n° 55. Doubles 10 500-14 200 ISK selon saison. Petit déj, qu'on prépare soi-même en se servant dans le frigo.* Un établissement pas très séduisant de l'extérieur, mais fort bien tenu. Une dizaine de chambres plaisantes et bien finies, partageant 3 salles de bains nickel. Couloirs couverts de belles photos d'Islande. Machines à laver, salon TV avec canapé. Location de véhicules. Une bonne adresse à l'ambiance un poil commerciale.

Chic

Nupan Guesthouse : *Aðalgata 10. ☎ 456-33-33. • nupan.is • Entre Vallargata et Kirkjuvegur, à 200 m de la rue principale. Doubles 20 000-28 000 ISK avec ou sans sdb, petit déj compris. Parking privé gratuit.* Dans un petit bâtiment horizontal tout blanc, une quinzaine de chambres pimpantes et agréables. Déco personnalisée, très soignée. Tout le confort, dans un quartier tranquille et central à la fois. Accueil souriant.

Guesthouse 1X6 : *Vesturbraut 3. ☎ 857-15-89. • 1X6.is • Sur la gauche au bout de la rue principale, juste avt d'arriver au port. Double env 20 800 ISK, petit déj en sus.* Une adresse pleine de personnalité dans cette ville qui en manque. Il faut dire que l'ancien proprio était sculpteur sur bois et s'est fait plaisir en décorant l'ensemble de la maison avec du bois à profusion. L'adresse est dorénavant aux bons soins d'un couple helvético-japonais, polyglotte, dynamique et chaleureux. 6 chambres plaisantes qui se partagent 2 salles de bains, très propres et confortables. *Hot tub* de grosses pierres dans le petit jardin.

Où manger ?

Ces 2 adresses sont situées dans la rue principale.

Kaffi Duus : *Duusgata 10. ☎ 421-70-80. Sur le port de plaisance, à côté de la Duushús. Tlj 11h-23h. Formules déj en sem 2 400-2 800 ISK (avec soupe, plat et café) ; buffet de salades env 1 300 ISK. Plats 3 000-4 000 ISK.* On y mange du bon poisson, mais les budgets serrés préféreront se rabattre sur les sandwichs, salades et burgers. Les formules en semaine sont aussi imbattables et les plats plutôt savoureux pour le pays ! Très bons gâteaux maison. Patronne adorable. Bonne ambiance, joli cadre en bois rouge-brun et vue plongeante sur le port. L'endroit où manger le plus sympa de la ville.

Olsen Olsen : *Hafnargata 62. ☎ 420-44-57. Tlj 11h-22h. 1 000-3 000 ISK selon taille et ingrédients.* Un fast-food à l'américaine avec banquettes et tabourets face à un comptoir. Au menu : des *Olsen*, un pain qu'on fourre de ce qu'on veut : saucisse, agneau, poisson... La devise de la maison : « Ici, on ne compte pas les calories et on vous conseille de faire pareil » ! Les jeunes, nombreux à s'y presser, semblent l'avoir adoptée sans problème... C'est pas gastro, mais ça cale.

À voir

Duushús : *Duusgata 2. ☎ 420-32-45. • duusmuseum.is • Sur le port, au bout de la rue principale. Tlj 12h-17h. Entrée : 1 500 ISK ; gratuit moins de 18 ans.* Dans un vaste hangar qui abritait jadis une usine de salage de la morue, maquettes de bateaux réalisées par Grímur Karlsson, un ancien capitaine de bateau de pêche féru de modélisme. 80 ans au compteur et toujours bon pied (marin) bon œil. En une quarantaine d'années, il en a construit près de 500 ! Une centaine est exposée ici, le reste navigue entre Canada, Norvège, Grande-Bretagne... À côté, salle d'expo d'œuvres contemporaines qui changent régulièrement dans l'année. Et, au fond du hangar, tout un bric-à-brac, avec notamment un camion de pompiers de 1947.

Rokksafn Íslands *(musée islandais du Rock'n'roll)* **:** *Hjallavegur 2. ☎ 420-10-30. • rokksafn.is • Suivre la rue principale sur 1,5 km vers le sud (fléché). Tlj 11h-18h. Entrée : 1 500 ISK ; gratuit moins de 16 ans (accompagnés). Tablette et écouteurs (pièce d'identité en caution) inclus.* Vaste espace où se raconte (surtout avec de grands panneaux en anglais mais aussi quelques reliques : pochettes de disques, tenues de scène, tickets de concerts...) toute l'histoire du rock islandais en général et de la musique populaire en particulier, dès l'apparition du jazz sur l'île. Si la star locale, Björk, s'y voit évidemment consacrer une large place, ce musée offre également l'occasion de découvrir une scène très vivante dès les années 1960 avec un groupe comme Hljómar – aujourd'hui disparu mais toujours très populaire en Islande. On peut y jouer de la guitare, de la batterie ou remixer un morceau. Intéressant (même s'il faut déjà quand même un peu se passionner pour le sujet...).

DANS LES ENVIRONS DE KEFLAVÍK

Víkingaheimar **:** *Víkingabraut 1, à* ***Njarðvík.*** *☎ 422-20-00. • vikingworld.is • À la sortie de Keflavík, sur la route 41, prendre à gauche après le supermarché* Bónus *; dans un bâtiment contemporain face à la mer. Tlj 7h-18h (17h en hiver). Fermé 3 sem en janv. Entrée : 1 500 ISK ; réduc ; gratuit moins de 14 ans. Brochure en français. Audioguide (anglais slt).* Musée consacré au monde viking et, surtout, à l'importance des bateaux qui permirent à ces derniers de traverser mers et océans jusqu'en Orient et en Amérique. Si vous ne connaissez rien au monde viking, pourquoi pas, mais c'est quand même cher ! D'autant que depuis le hall on peut admirer la vedette des lieux : une copie grandeur nature du *Gokstad,* bateau viking découvert en Norvège en 1880.

Agréable *cafétéria* jouissant d'un panorama imprenable sur le large *(tlj aux heures du musée ; formule petit déj + entrée au musée 1 800 ISK, tlj 7h-10h).*

➢ Entre Keflavík et Hafnarfjörður, sur la route 420, insolite ***église Kálfatjarnarkirkja*** au beau milieu d'un terrain de golf.

➢ Un peu plus loin, panneau indiquant le début d'une balade de 1h environ à travers un champ de lave, qui mène à ***Staðarborg,*** au milieu de nulle part. Il s'agit d'une ruine circulaire en pierre avec des murs hauts de 2 m et larges de 1,50 m. L'origine en est floue, il pourrait s'agir d'un enclos à moutons.

GARÐUR

Où dormir ? Où manger ?

Camping **:** *juste à côté du Byggðasafnið Garðskagi, au pied du phare. GRATUIT.* Ça souffle furieusement sur ce petit bout de pelouse, mais l'environnement est resté très nature (on est réveillé par les mouettes et il n'est pas rare de voir des baleines dans les eaux de la baie) ! Pour les douches, piscine à 2 km, en direction de Keflavík.

Guesthouse Garður **:** *Skagabraut 62a. ☎ 660-78-94. • guesthousegardur.is • Studios (4 pers max) env 18 000 ISK, apparts (4-8 pers) env 21 000-26 000 ISK selon capacité.*

Transfert gratuit depuis/vers l'aéroport. 2 formules : un joli bungalow en bois offrant 3 studios tout confort, avec kitchenette et petite terrasse, et 2 grands appartements dans une maison neuve à côté. Également une annexe avec 2 autres appartements. Grande cuisine à disposition. Accueil sympa. Le bon plan pour ceux qui aiment les ambiances encore un peu sauvages.

Tveir Vitar : *dans le musée Byggðasafnið Garðskagi. Ouv tte l'année ; avr-déc 9h-minuit (sf pdt les vac scol), janv-mars slt ven-dim jusqu'à 22h, et sur résa au : ☎ 422-72-14. Plats env 2 000 ISK.* C'est la très agréable cafétéria du musée. En mezzanine, avec vue panoramique. Salades, truite locale, burger, buffet de gâteaux islandais... Bon et frais comme tout ! Et pour boire un coup, direction le phare qui abrite à son pied une salle aveugle grande comme une boîte de sardines et une terrasse ouverte sur le large.

À voir à Garđur et dans les environs

Byggðasafnið Garðskagi *(Musée maritime)* **:** *à* ***Garður,*** *à la pointe nord-ouest de la péninsule, au pied du phare. ☎ 422-72-20. Ouv avr-oct, tlj 13h-17h ; le reste du temps, sur rdv. Entrée : 1 000 ISK ; gratuit moins de 16 ans.*
Un vrai capharnaüm que nous propose là Asgeir Hjalmarsson, un homme haut en couleur frappé de collectionnite aiguë. Les milliers d'objets accumulés pendant des décennies sont visibles ici : outils agricoles et matériel de pêche, objets domestiques jusqu'à cet annuaire islandais de 1917 (pas épais, vous vous en doutez) !
La visite débute par une fameuse collection de moteurs et d'appareils d'opérateurs radio. Suivi de belles barques de pêche (surtout celle de 1913). Puis, les filets dans toutes leurs variétés, outils et instruments de bord, sextants, balances, hameçons, crochets, hélices, vêtements traditionnels... L'ensemble est ponctué de photos de bateaux affrontant les tempêtes. Grosse section d'objets domestiques de toutes sortes, cuisine traditionnelle, radios, machines à coudre, bouteilles, instruments agraires, tracteurs, etc. Au 1er étage, l'atelier du menuisier, du cordonnier, le magasin, l'école... Tout au fond, pêle-mêle, tous les souvenirs du village. Et, si vous en voulez encore, vous trouverez à l'extérieur quelques vieux bateaux de pêche et, non loin, les drôles de sculptures que bricolait également Asgeir Hjalmarsson.
Un des lieux les plus insolites du pays. Collections d'une richesse exceptionnelle sur la pêche et même plus exhaustif que le Musée maritime de la capitale. À ne pas rater, donc.

Heimskautin Heilla – L'attraction des pôles : *Garđskagavegur 245, à* ***Sandgerdi.*** *À l'ouest de la péninsule. ☎ 423-75-51. • thekkingarsetur.is • Ouv mai-sept, lun-ven 10h-16h, sam-dim 13h-17h ; oct-avr 10h-14h. Entrée : 600 ISK.* Au sein d'un centre de recherche (le *þekkingarstetur Suđurnesja*), très intéressante reconstitution autour du naufrage du *Pourquoi pas ?*, le bateau scientifique de Charcot qui sombra le 16 septembre 1936 (à 5h pour ceux qui voulaient savoir) à quelques encablures de Reykjavík. 23 morts, 17 disparus et un seul survivant. *L'attraction des pôles* est une présentation très bien réfléchie, documentée (panneaux en français), agrémentée d'objets d'époque et d'un bon film explicatif. Et,

UN GAMIN EN MARINIÈRE

Enfant, l'entourage de Charcot doutait que ce fils de neurologue très bourgeois accomplisse un jour son rêve d'être marin. Ce à quoi Jean-Baptiste répondait inlassablement « Pourquoi pas ? ». 40 ans plus tard, en 1907, il baptisera ainsi son bateau d'explorations polaires. Charcot savait tenir le cap !

pour couronner le tout, l'espace scénarisé ce qu'il faut, reproduit la salle de vie et suggère la passerelle du bateau. Une (re)découverte émouvante de ce pionnier de la recherche en milieu (ant)arctique. Un personnage un peu oublié par l'Histoire, peu d'expéditions ayant été effectuées sur cette épave. La dernière en date menée en 2013 par les archéologues Anne et Jean-Pierre Joncheray a permis de dresser un relevé très précis des vestiges du bateau (seules restent les pièces métalliques, une grande partie du bateau, en bois, ayant été rongée par les eaux. Pour en savoir plus : ● *corsairedango.fr* ●, rubrique « Navires et naufrages ».

LE SUD

• Carte *p. 118-119*

Le Sud héberge environ 21 000 habitants. C'est la partie la plus touristique du pays. Premier moment fort : la région dite du Cercle d'Or, avec Geysir, Gullfoss et Þingvellir. Plus à l'est s'étirent les plaines inhabitées au pied de l'immense glacier Vatnajökull. Visions surréalistes, instants magiques... Depuis le Sud, les amoureux de la randonnée accéderont aux routes intérieures et aux parcs envoûtants et reculés du Landmannalaugar, Þórsmörk et Skaftafell. Si vous restez peu de temps en Islande, nous vous conseillons de le consacrer à cette dernière région.

LE « CERCLE D'OR » *(GOLDEN CIRCLE)*

Ce nom désigne les sites très prisés de Þingvellir, Geysir, Gullfoss et Laugarvatn. Ce sont les sites les plus visités du pays, ce qui rend leur visite parfois fastidieuse. Quoi qu'il en soit, prenez une journée pour partir à leur découverte : c'est un circuit facile et agréable. Une bonne entrée en matière pour qui vient de débarquer en Islande.

Comment visiter le Cercle d'Or ?

En voiture

On visite les sites souhaités à son rythme. Depuis Reykjavík, la route naturelle pour rejoindre le Þingvellir est la 36 qui prend à droite de la

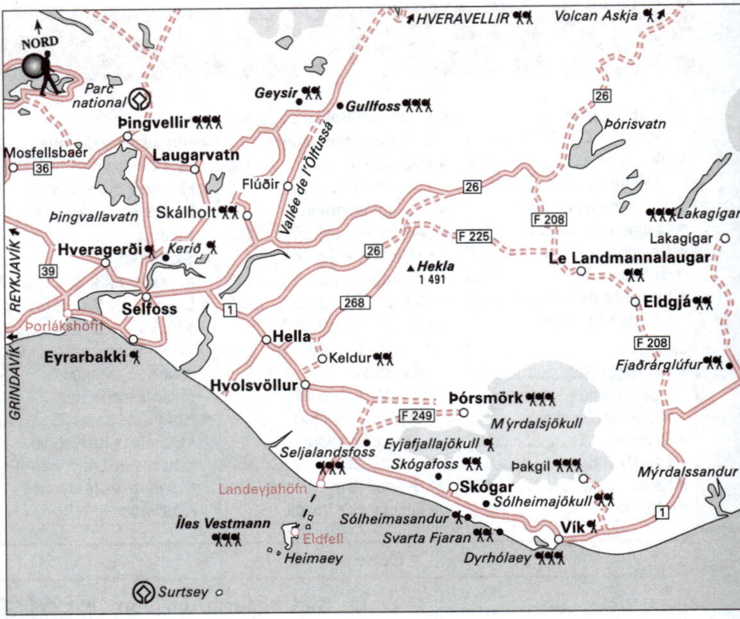

route 1. Mais si vous voulez vous offrir un détour, on vous conseille la 435, un peu plus au sud, qui traverse les laves désertiques du *Mosfellsheiði* avant de louvoyer entre de verdoyantes collines (où se blottit la centrale géothermique de *Nesjavallavirkjun*) pour rejoindre et remonter ensuite plein nord la 360 sur la rive ouest du lac Þingvallavatn.

En bus

• *publictransport.is* • Site recensant l'ensemble des transports du pays, bus, avions, bateaux (carte interactive très bien faite).

🚌 ***Lignes de bus régulières :*** la compagnie *Reykjavík Excursions* (*• re.is •*) opère 2 lignes desservant les sites principaux du Cercle d'Or au départ du terminal *BSÍ* de Reykjavík :

➢ ***Reykjavík-Selfoss-Laugarvatn-Geysir-Gullfoss :*** de mi-juin à mi-sept, la ligne 610 (1 bus/j. à 8h) en direction d'Akureyri. Dessert Laugarvatn (à 9h30), Geysir (10h30), Gullfoss (11h10). Pour le retour, le bus passe à Gulfoss (15h50), Geysir (16h35) et Laugarvatn (17h). Dans les 2 sens, arrêt de 30 mn à Gullfoss et Geysir : le temps d'une visite sans trop traîner.

➢ ***Reykjavík-þinkvellir-Laugarvatn-Geysir-Gullfoss :*** de mi-juin à fin août, la ligne 6 (1 bus/j. tlj à 7h) dessert þingvellir (à 11h10), Laugarvatn (12h20), Geysir (13h05) et Gullfoss (15h). Retour de Gullfoss (à 16h), Geysir (16h15), Lauvargatn (17h), þingvellir (17h40) et Reykjavík (18h45). À l'aller, arrêts de 30 mn à þingvellir et Geysir ; au retour, 10 mn slt.

En tour organisé

■ ***Reykjavík Excursions :*** *bureau au terminal* BSÍ*, à Reykjavík.* ☎ *580-54-00.* *• re.is •* La compagnie propose le *Golden Circle*, un tour à la journée avec guide. Départ du terminal *BSÍ* tlj en saison vers 7h (9h nov-avr), retour à Reykjavík vers 16h (18h nov-avr). Guide en français jeu et dim, sinon en anglais.

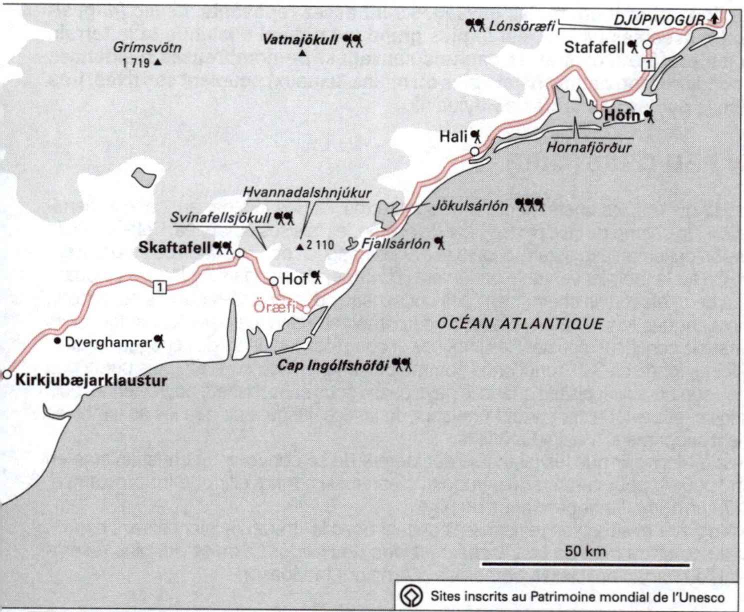

LE SUD

Excursion : 10 500 ISK (13 500 ISK avec arrêt au spa *Fontana* ; 9 500 ISK pour la version « express » – guide en anglais slt – avec 2 départs/j. à 10h30 et 12h30, plus 2 autres tours mai-oct, à 14h30 et 16h30).

■ ***Sterna :*** *bureau au Harpa, à Reykjavík.* ☎ *551-11-66.* • *sterna.is* • Propose plusieurs tours incluant une visite du Cercle d'Or : excursion d'un après-midi (9 200 ISK), Cercle d'Or et bain au *Secret Lagoon* de Fluđir (12 900 ISK), Cercle d'Or et centrale géothermique (9 900 ISK), observation des baleines le matin et Cercle d'Or l'après-midi (17 900 ISK).

■ ***Gray Line Island :*** *Hafnarstræti 20, à Reykjavík.* ☎ *540-13-13.* • *grayline.is* • Pas moins d'une dizaine d'excursions autour du *Golden Circle.* Celle à la journée comprenant juste le Cercle d'Or coûte env 11 000 ISK. Les autres chiffrent entre 17 000 et 59 000 ISK, combinant au choix l'observation des baleines, *Blue lagoon,* des excursions en quad, etc. Faites votre choix !

ÞINGVELLIR

Le Þingvellir (plaine du parlement en français) est un parc national depuis 1930 et le site de « l'hémicycle » est classé au Patrimoine mondial de l'Unesco depuis 2004. Un lieu qui vaut autant pour sa beauté que pour son importance historique. Géographiquement, vous êtes ici à cheval entre le Nouveau Monde et l'Ancien, dans un fossé d'effondrement causé par la dérive des continents. D'un côté, la plaque nord-américaine, de l'autre la plaque eurasienne, qui s'écartent de 5 mm par an ! Mais, contrairement à ce

que l'on pourrait croire, les paysages sont assez reposants. Le *lac Þingvallavatn,* avec ses 84 km², est le plus grand lac naturel d'Islande et le terrain de jeu préféré d'oies et de canards sauvages. De nombreuses résidences secondaires (de petits chalets plus ou moins luxueux) peuplent ses rives, très prisées par les habitants de Reykjavík.

UN PEU D'HISTOIRE

À partir du Xe s, les chefs de clans se sont retrouvés une fois par an, dans « l'hémicycle », un champ de lave protégé par deux grandes falaises parallèles. Cette sorte de session parlementaire durait 15 jours et s'accompagnait de fêtes et de concours sportifs. Ce fut le premier véritable parlement d'Europe, en islandais *Alþing.* La cinquantaine de chefs réunis cherchaient des consensus pour régler les conflits et, surtout, édictaient des lois. Une grande leçon de démocratie donnée par ces Vikings, alors que sur le continent régnaient les intrigues et complots sanglants de l'époque féodale. L'Alþing, fondé en 930, fonctionna comme parlement jusqu'en 1262, puis perdit peu à peu son pouvoir législatif quand le pays passa sous souveraineté norvégienne, puis danoise, et devint alors surtout une cour de justice, jusqu'à ce que les assemblées soient supprimées à la fin du XVIIIe s.
C'est à Þingvellir que les Islandais décidèrent de se convertir au christianisme en l'an 1000 et, pour la force du symbole, c'est aussi à Þingvellir que fut proclamée, le 17 juin 1944, l'indépendance du pays.
Le Þingvellir et sa région reviennent souvent dans la littérature islandaise. L'endroit est au cœur du récit de *La Cloche d'Islande* de Halldór Laxness ou, plus récemment, du roman policier *Hypothermie* d'Arnaldur Indriðason.

LE SUD

Adresse et infos utiles

En venant du sud-ouest par la route 36, tout d'abord sur la droite, un parking permet d'accéder au centre d'interprétation et au site par le haut. En continuant la route 36 sur 4 km, au croisement avec la route 361 se trouve le centre d'information. De là, en prenant la route 361 à droite, on aborde le site par le bas, depuis l'église et la rivière (parking là aussi).

🛈 ***Centre d'interprétation :*** *à 500 m de la route 36, sur la falaise. ☎ 482-36-13. Tlj 9h-18h30 (17h, sept-mai). GRATUIT. Parking payant : 500 ISK.* Petit espace multimédia au contenu assez riche, avec écrans tactiles (sous-titrage en français) qui permettent d'en apprendre un peu plus sur le site : sa géologie, sa faune, sa flore, son histoire.

🛈 ***Þjónustumidstöð*** *(Centre d'information)* ***:*** *à la jonction des routes 36 et 361. ☎ 482-26-60. • thingvellir.is • Mai-début sept, 8h-17h (20h juin-août).* Bonnes informations, petite cafétéria – pas donnée – et coin librairie (livres sur l'Islande en plusieurs langues).

➢ Seule la ligne 6 de *Reykjavík Excursions* passe par þingvellir. Voir plus haut « Comment visiter le Cercle d'Or ? »

Où dormir ? Où manger à proximité de þingvellir ?

Voir également les hébergements cités un peu plus bas « Dans les environs du lac þinvallavatn ».

Camping

⛺ ***Camping :*** *ouv de juin à mi-sept. Réception au centre d'information (Þjónustumidstöð), à côté. Env 1 300 ISK/pers (plus 100 ISK/tente).* Douches gratuites, mais pas toujours chaudes (!) quand il y a du monde. Site plaisant, quoique dénudé, donnant sur une montagne.

⛺ Possibilité aussi de camper au bord du lac, à ***Vatnskot*** *(rive nord, à 6 km du centre d'information par la route 361, panneau très discret à droite ; env*

1 350 ISK/pers). Seulement pour les tentes. Sanitaires réduits à de petites cabanes préfabriquées avec toilettes et robinets d'eau froide. Départ d'intéressantes randonnées.

Cottages Lake Thingvellir : *à 6 km du centre d'information, sur la route 36 vers le sud-ouest. 892-71-10. • lakethingvellir.is • (1 seul cottage). Ouv mai-sept. Cottages pour 2 pers 19 500-24 000 ISK selon saison.* Posés au-dessus du lac, 4 beaux cottages modernes, spacieux (env 40 m² pour 5 pers max), dont 3 disposent de 2 chambres (le 4ᵉ, accessible en fauteuil roulant, a une grande chambre). Salle de bains, kitchenette et coin salle à manger dans chaque cottage (avec café et thé à dispo) et petite terrasse avec vue magnifique sur le lac. La propriétaire habite à proximité ; elle peut, sur demande, vous préparer un panier-petit déjeuner (payant).

À voir. À faire

La faille d'Almannagjá : *compter 1h de balade en tout.* Au sommet de la falaise, à proximité du parking et du centre d'interprétation, un réseau de plateformes et de chemins aménagés permet d'observer le lac depuis le bord de la falaise. Un sentier ponctué de panneaux explicatifs descend ensuite le long de faille, jusqu'à la rivière. L'hémicycle est repérable au grand drapeau islandais. La balade peut s'envisager aussi dans l'autre sens, en se stationnant près de la rivière et en montant jusqu'au sommet de la falaise.

➢ **Randonnées :** le Þingvellir est un parc national sillonné de sentiers où il est bien agréable de se promener. Cartes des balades disponibles aux centres d'information du parc.

Plongée : *avec* ***The sport diving school of Iceland.*** *Hólmaslóð 2,* ***Reykjavík.*** *☎ 578-62-00 (résa obligatoire). • dive.is •* Vous avez bien lu le titre ! On peut explorer la faille de Silfra soit en apnée, soit avec bouteille. Une eau particulièrement limpide... et glaciale, mais les équipements sont en conséquence. On a ainsi le privilège de plonger une palme en Europe, une autre en Amérique. Compter 44 000 ISK pour la journée complète (4-6h sur place) incluant 2 plongées avec bouteille ou 17 000 ISK pour la ½ journée de snorkelling (3h sur place). Pick-up possible (compter 5 000 ISK en sus), mais pas obligatoire, depuis Reykjavík : on peut directement retrouver l'équipe sur place. Entrée du parc en supplément.

DANS LES ENVIRONS DU LAC ÞINGVALLAVATN

Plutôt que de rejoindre Laugarvatn au plus court (route 365 directe depuis le lac de þingvallavatn), on vous propose de prendre le chemin des écoliers en suivant la route 36 plein sud, puis les routes 35 et 37 vers le nord-est jusqu'à Laugarvatn.

Ljósafoss Landsvirkjun *(centrale hydroélectrique de Ljósafoss)* **:** *sur la route 36, à 22 km au sud-est de Þingvellir (mais à 6 km slt de l'extrémité sud du lac). ☎ 515-90-00. • landsvirkjun.com • Juin-sept, tlj 10h-17h ; le w-e slt en hiver. GRATUIT.* À l'instar de plusieurs autres centrales hydroélectriques du pays, celle-ci accueille les visiteurs pour une visite axée sur l'électricité (assez moderne et didactique) et les différents types d'énergie : naturelle, géothermique, éolienne, etc.

Hótel Borealis : *Bruhalot 2,* ***Grimsnesi.*** *☎ 561-36-61. • hotelborealis.is • À 2 km au nord de la centrale ; en léger retrait de la route 36 (fléché). Doubles avec sdb commune 15 000-21 000 ISK, doubles et bungalows avec sdb 23 000-35 000 ISK selon saison. Dîner env 5 500 ISK.* Posé en pleine nature, un peu sur les hauteurs, non loin du lac Þingvallavatn. Et, comme son nom l'indique, dans un coin propice à l'observation (en saison) des aurores boréales. Le patron gère de façon joviale cet ancien centre pour jeunes en marge. Passé une réception classique et pleine de charme, les chambres, confortables, ont une tonalité plus moderne. Pour les familles, d'agréables chalets et une petite maison dans le jardin. Et, à table, de bons produits du coin pour une cuisine bien tournée.

Hótel Grímsborgir : *Ásborgir 30,* ***Grímsnes.*** *☎ 555-78-78. • grimsborgir.is • À 5 km au sud de la centrale (route 36). Doubles env 54 500-63 500 ISK ; apparts (3-9 pers) 77 000-89 000 ISK, petit déj inclus. Plats au déj 3 000-5 000 ISK, buffet dînatoire 5 900 ISK.* Ensemble hôtelier composé de petits bâtiments contemporains offrant des chambres doubles mais aussi et surtout des apparts agréables et tout confort : 2 à 4 chambres, cuisine équipée, salle à manger avec cheminée au feu de bois (et *hot tub* à l'extérieur pour le plus grand). Intéressant pour les familles avec enfants et petits groupes d'amis. Généreux petit déj et resto qui se tient dans une belle salle à manger.

Le cratère du Kerið : *à 4,5 km au nord-est du croisement des routes 36 et 35. Entrée : 400 ISK.* Petit cratère ovale de 270 m par 170 m, vieux de 6 500 ans, qui renferme un petit lac en son fond (dont le niveau peut varier de 7 m). Plutôt mignon avec ses parois rouges parsemées de végétation bien verte. À voir au passage.

LE SUD

LAUGARVATN

300 hab.

Petit village s'étalant le long d'un grand lac, à 25 km à l'est de Þingvellir par les routes 36 puis 365. Pas d'attrait notable, mais cela peut être une étape dans votre périple. Quelques sentiers de rando autour du lac, notamment vers l'ancien cimetière. Sur la berge, des fumerolles signalent les sources d'eau chaude, à proximité desquelles le spa *Fontana* a été construit.

Infos utiles

➢ Les bus nos 6 et 610 reliant ***Reykjavík à Gullfoss*** s'arrêtent à Laugarvatn. Voir plus haut « Comment visiter le Cercle d'Or ? ».

■ La ***station-service*** rassemble ***poste, distributeur de billets*** et ***supermarché*** *(ouv jusqu'à 20h).*

■ ***Piscine :*** *près du lac. Tlj 10h-22h (18h le w-e). Entrée : env 500 ISK ; réduc.* 3 *hot tubs* et 1 hammam.

– Possibilité aussi de louer des barques et des kayaks (s'adresser à l'AJ ou au camping) près d'un ponton sur le lac.

Où dormir ? Où manger ?

Camping

Camping : *à la sortie de la ville, à gauche, direction Geysir. 771-68-69. Env 1 100 ISK/pers, douche comprise.* Grand terrain assez sommaire où, même s'il accueille beaucoup de caravanes à l'année, il n'est pas difficile de trouver un coin bien à soi. Attention, les bords du lac, à deux pas, sont propices à la prolifération des moucherons.

De bon marché à prix moyens

Laugarvatn Hostel : *Dalbraut 10. Au centre du village, sur la droite direction Geysir. ☎ 486-12-15. 899-54-09. • laugarvatnhostel.is • Lit en dortoir env 4 100 ISK. Doubles 11 000-13 500 ISK sans ou avec sdb ; réduc avec la carte HI. Petit déj 1 500 ISK.* Une AJ répartie en 3 maisons dans le village. La réception et une grande partie des chambres occupent une maison située en bord de route avec des chambres pour 1 à 6 personnes, sobres mais agréables. Celles du 1er étage, plus chères, sont équipées de salle de bains. Cuisine commune aux 2 étages, *hot tub,* possibilité de laver son linge. Loue aussi des studios sympas et fonctionnels au sous-sol *(4 pers ; env 18 000-21 000 ISK),* idéal pour les familles, ainsi qu'une maison à prix intéressant pour 9 personnes. Accueil jeune et sympa.

Héraðsskólinn Hostel : *Laugarbraut. ☎ 537-80-60. • heradsskolinn.is • Lit en dortoir (6-16 pers) env 3 000-5 000 ISK/pers. Doubles 11 000-18 000 ISK. Petit déj en sus. Plats (le soir slt) 1 500-3 500 ISK. Pour les clients, réduc de 10 % au spa Fontana.* Construit à la fin des années 1920 par l'architecte de l'Hallgrímskirkja de Reykjavík (excusez du peu !), cet élégant bâtiment dresse une forêt de toits verts au-dessus du lac. Il lui reste quelque chose de son passé d'école, avec des meubles anciens ici ou là, notamment dans la bibliothèque. Et on dîne évidemment dans l'ancien réfectoire. Un certain charme désuet, donc, qui explique peut-être des prix un peu élevés pour un confort – basique – d'AJ (même si certaines doubles offrent une jolie vue sur le lac). On enfile ses pantoufles pour entrer, s'il vous plaît !

Galleri Laugarvatn : *Háholti 1. 847-08-05. • gallerilaugarvatn.is • À la sortie du bourg, sur la droite direction Geysir. Double env 16 000 ISK, petit déj inclus.* Genre de grand chalet avec une plaisante véranda, se doublant d'un petit café-boutique d'artisanat et de produits régionaux. Juste 3 chambres cosy, bien tenues et joliment décorées. Sanitaires partagés. Jardin à l'arrière. Et un très bon petit déjeuner.

De prix moyens à chic

Hótel Edda – IKI Laugarvatn : *au bord du lac. ☎ 444-48-20. • hoteledda.is • Ouv de début juin à mi-août. Doubles avec sdb 25 000-30 000 ISK. Petit déj-buffet en sus. Repas env 4 500 ISK.* Un *Hótel Edda,* situé dans des locaux de l'*University of Iceland,* qui a le mérite de donner sur le lac. Chambres anonymes mais assez grandes, avec vue sur le lac pour la moitié d'entre elles. Resto sur place.

Lindin : *Lindarbraut 2. ☎ 444-48-20. Au bord du lac (bien fléché). Ouv de juin à mi-sept, tlj 11h30-21h30 (22h le w-e). Résa conseillée le w-e. Plats 2 500-4 000 ISK ; menus 6 500-9 000 ISK.* Dans une jolie maison ancienne entourée d'un jardin, la bonne surprise gastronomique et chic du coin. On y sert, dans une salle lumineuse aux tons blancs, un peu style Belle Époque, des plats goûteux, fins et inventifs. Grosse spécialité : la mousse au chocolat noir ! Le chef et propriétaire a passé quelques années à Lucerne, où il a appris les secrets du chocolat. Jolie terrasse en bois donnant sur le lac.

Où se requinquer ?

Laugarvatn Fontana : *au bord du lac. ☎ 486-14-00. • fontana.is • Juin à mi-sept, tlj 10h-23h ; le reste de l'année tlj 11h-21h. Entrée : 3 800 ISK ; réduc enfants et seniors. Loc de serviettes et maillots.* Spa contemporain s'intégrant harmonieusement dans l'environnement (alliance horizontale du bois et de la pierre, avec un toit en herbe). Implanté juste au-dessus de la source d'eau chaude. Plusieurs bassins sur la terrasse, 3 bains de vapeur à 40-50 °C, un sauna à partir de 90 °C... et accès à la plage. Belle architecture intérieure. Cafétéria *(12h-14h30 buffet 2 950 ISK, et 18h-21h 4 500 ISK).*

LE SUD

GEYSIR

Eh oui ! C'est d'ici que vient le mot « geyser », l'une des manifestations volcaniques les plus spectaculaires qui soient. Un geyser n'est rien de

plus qu'un conduit souterrain terminé, à la surface, par un petit cratère. Ce conduit est en partie rempli d'eau qui, chauffée (et sous pression), jaillit à la surface par intermittence. Puis le cratère se remplit à nouveau d'eau et le phénomène se reproduit. Attention, ça brûle !
Le « Grand Geysir », le plus célèbre, situé à l'extrémité du chemin, jaillit très irrégulièrement à des hauteurs de 10 à 25 m, quand il est en forme. C'est peu, comparé aux 30 à 60 m dont il était capable avant 1950 ! Heureusement, le « Strokkur », juste à côté, crée le spectacle en propulsant toutes les 5 à 10 mn une colonne d'eau et de vapeur à des hauteurs de 10 à 15 m, et parfois même jusqu'à 30 m. À voir au passage, plein d'autres geysers ; le « Litli Geysir », le « Litli Strokkur », le « Smiður », le « Sóði »...
Dans le reste des 3 km² de cette zone géothermique, on trouve également des mares de boue bouillonnante et des sources d'eau chaude.
– Passé le champ géothermique, le reste du site est un nid à tourisme de masse sans intérêt aucun, avec son hôtel qui grandit, grandit, sa cafétéria qui grossit, grossit, sa boutique qui renchérit, renchérit et le porte-monnaie qui gémit, gémit.
– Pour les liaisons par bus, voir plus haut « Comment visiter le Cercle d'Or ? ».

Où dormir à Geysir et dans les environs ?

Campings

⛺ ***Camping :*** *en face du Geysir Center.* ☎ *480-68-00. Réception fermée entre 12h et 15h, s'adresser à l'hôtel. Env 1 700 ISK/pers.* On paie un peu pour le site, puisque le terrain est juste à côté des geysers ! Sanitaires et douches impeccables (mais payantes... un paradoxe ici). Et accès possible à la piscine de l'hôtel voisin.
⛺ ***Camping Vid Faxa :*** *à 11 km au sud de Geysir par la route 35 (fléché sur la gauche).* ☎ *774-74-40. Ouv juin-sept. Env 1 200 ISK/pers.* Confort sommaire (toilettes, mais pas de douche), mais site franchement superbe : les quelques emplacements sont posés juste au-dessus d'une très belle chute d'eau. Petit bar-snack. Accueil qui ne demande qu'à se dérider.

Chic

🏠 ***Geysir B & B Guesthouse :*** *Haukadalur 801.* ☎ *554-54-54* 📱 *698-00-22.* • *geysirbb.is* • *1 km avt le site, juste à l'écart de la route. Doubles sans ou avec sdb env 20 000-26 000 ISK selon saison.* Wi-fi Tranquilles, éloignée des foules touristiques, une douzaine de chambres très récemment rénovées, mais qui prévoient encore des aménagements et des extensions. Simples et nettes avec une bonne literie et salles de bains rutilantes. Cuisine à dispo, salon TV. Accueil très sympathique.

À faire

➢ ***Balades à cheval :*** *avec* ***Geysirhestar****.* • *geysirhestar.com* • *Résa fortement conseillée en été.* Randonnée de quelques heures à plusieurs jours autour du Cercle d'Or : le site géothermal et forêt Haukadalur de Geysir, mais aussi la chute et le canyon de Gulfoss...

GULLFOSS

Cataracte de 32 m au débit particulièrement puissant (en moyenne 109 m³ par seconde, et jusqu'à 2 000 m³ en période de crue, on dit ça pour les

connaisseurs !), plongeant dans une fissure très étroite qui fait l'effet d'un grand canyon : les gorges de Gullfoss, longues de 2,5 km. Sincèrement impressionnantes avec ces paliers successifs dont le dernier est littéralement siphonné dans le goulot des gorges. Dante aurait certainement situé ici un épisode de son *Enfer* s'il y avait fait un séjour... Elles doivent leur nom (« chutes d'Or ») à l'arc-en-ciel qui les enjambe les jours de beau temps. L'accès est fort bien aménagé, ce dont on ne se plaindrait pas si, inévitable corollaire, le site n'était pas devenu une forme d'usine hydro-touristique. Sigríður Tómasdóttir, la sauveuse de Gullfoss (voir encadré) doit trépigner dans sa tombe... la stèle sur le chemin lui rend hommage.

– Pour joindre le site en bus, voir plus haut « Comment visiter le Cercle d'Or ? ».

LA CHUTE EST HEUREUSE !

Au début du XXe s, des investisseurs étrangers avaient acquis le droit d'exploiter les chutes pour y construire une centrale hydroélectrique. Sigríður Tómasdóttir, qui avait toujours vécu là, fit farouchement barrage au projet. Elle se rendit plusieurs fois à pied à Reykjavík pour défendre sa cause et menaça même, à la fin, de se jeter dans les chutes si le projet voyait le jour. Finalement, le contrat d'acquisition fut annulé et le site, protégé pour de bon, faisant échouer cette opération sur la cataracte...

LE SUD

Où dormir ? Où manger ?

Hótel Gullfoss : *Brattholt, un peu avt d'arriver aux chutes, par une petite route fléchée sur la droite. ☎ 486-89-79. 897-59-91. • hotelgullfoss.is • Double env 35 000 ISK, petit déj inclus. Resto le soir slt. Plats 3 800-5 000 ISK.* Il est clair que l'architecte n'a guère fait d'efforts pour intégrer l'hôtel dans le paysage... Une quinzaine de petites chambres classiques de bon confort, bien qu'on paye quand même cher le droit de profiter de la nature sauvage autour. 2 *hot tubs.* Fait aussi resto le soir.

Gullfoss Kaffi : *sur le parking des chutes. Tlj 9h-21h30 en été.* Goûtez la *kjötsupa,* leur soupe d'agneau *(env 2 000 ISK),* elle est du tonnerre ! Sinon, haddock frit, paninis, sandwichs... Inévitable boutique de souvenirs. Un peu moins l'usine que la cafétéria de Geysir, mais quand même...

LA VALLÉE DE L'ÖLFUSÁ

L'Ölfusá, qui a régalé vos sens à Gullfoss, est la plus grosse rivière d'Islande (on pourrait même, à l'échelle du pays, l'appeler fleuve !). On va suivre son cours jusqu'à l'océan, au gré d'un agréable paysage de rondes collines et de larges plaines où paissent chevaux, vaches et moutons.

FLÚÐIR

À 32 km au sud de Gulfoss par les routes 35 puis 30, (bonne piste damée sur 5 km). C'est un calme petit village sans histoire où il fait bon établir le camp entre le Cercle d'Or et la côte sud.

– 1-2 bus/j. depuis Selfoss et Skálholt avec *Strætó* (ligne 72).

Où dormir ?
Où manger à Flúđir et dans les environs ?

Camping : *à* ***Syđra Langholt.*** *861-66-52. À 14 km au sud de Flúđir, en retrait de la route 30 par la 340. À droite en entrant dans le hameau, suivre une piste sur 1 km. Pas de réception, s'adresser à la guesthouse du hameau. Compter 1 500 ISK/pers.* Terrain très pauvre en équipements (ni douche ni eau chaude) mais riche d'une superbe situation sur le sommet herbeux d'une colline : vue incroyable.

Flúđir Guesthouse : *Grund Flúđum à* ***Flúđir.*** *☎ 565-91-96. • gistingfludir.is • Tte l'année. Au centre du bourg. Doubles sans ou avec sdb 15 000-25 000 ISK selon saison. Bar-resto lun-jeu 11h30-14h, 18h-21h, ven-dim 8h-22h (18h dim). Burgers 1 800-2 600 ISK, plats 2 600-4 000 ISK.* Bon accueil de Helga et Sverrir, que vous veniez pour simplement boire un coup ou manger dans leur maison aux allures de chalet, qui vous réserve une grande et belle salle lumineuse. Les burgers devraient faire l'affaire car les plats cotent un peu haut. On peut se réfugier aussi sous la couette d'une des chambres mignonnes et plutôt douillettes.

Minilik : *Hrunamannavegur à* ***Flúđir.*** *☎ 486-66-60. À l'entrée du bourg, au sud. Plats env 2 000 ISK.* Un rayon de soleil africain sur ces terres boréales. Accueil gentil, dans une salle richement décorée d'objets *made in Ethiopia* et sur fond de musique bien de là-bas. La carte pioche avec bonheur dans des saveurs qui vous changeront des burgers : agneau au gingembre, pois chiches à l'ail. Mon tout est d'un très bon rapport qualité-goût-prix.

À faire

– ***Gamla Laugin :*** *Hveraholmi à* ***Flúðir.*** *☎ 555-33-51. • secretlagoon.is • Bien fléchée depuis le centre. Tlj en été 10h-22h. Hors saison, 12h-20h (22h ven-sam). Entrée : 2 800 ISK ; gratuit moins de 16 ans.* Ce grand bassin en bord de rivière, ouvert à la baignade depuis 1891, se fait appeler le ***Secret Lagoon*** (inclus dans certains tours de visite organisée du Cercle d'Or). Moins commercial et touristique que le célèbre ***Blue Lagoon,*** il est très islandais dans l'âme avec ses grosses pierres volcaniques, les fumerolles tout autour, et même un petit geyser !

SKÁLHOLT

Paysages amples et ondoyants, nature sauvage. Un hameau plus qu'un village, rassemblant quelques maisons éparses autour d'une cathédrale toute blanche. Riche d'un passé glorieux, Skálholt est redevenu un important centre religieux, culturel et de conférences (concerts la plupart des week-ends d'été).

Un peu d'histoire

Dès 1056, ce site fut le siège du premier évêché et du premier collège du pays. En 1075, c'était la plus grande ville islandaise... En 1550, victoire du luthérianisme. On y exécute le dernier évêque catholique, ainsi que ses deux fils ! La ville devient alors le centre de la vie politique et culturelle du pays. Grand incendie en 1630. Mais ce qui provoqua la fin de Skálholt, ce fut le séisme de 1785, suivi d'une éruption volcanique qui détruisit totalement la ville. L'évêché fut alors transféré à Reykjavík.

Adresse et info utiles

Bureau touristique : *un peu avt la cathédrale.* ● *skalholt.is* ●

➢ **Accès :** à 28 km à l'ouest de Flúðir (routes 359 puis 35) et 25 km au sud de Geysir (routes 35, puis 31). 1-2 bus/j. depuis Selfoss et Flúðir avec *Straetó* (ligne 72).

Où dormir ? Où manger ?

Guesthouse et restaurant du centre culturel : *à côté de l'église.* ☎ *486-88-70 et 72. Résa conseillée en hte saison. Double env 27 800 ISK. Plats env 2 500 ISK au déj, 3 500 ISK le soir.* Discret bâtiment contemporain. Chambres claires, aux murs de béton peints de blanc, avec salles de bains impeccables. Plaisante et reposante salle commune. Salle à manger lumineuse sous une vigne-treille et une bougainvillée, pour une cuisine familiale mijotée avec des produits frais. Superbe *lunch :* potage succulent, 2 parts de viandes différentes, frites maison, servis généreusement... Gâteaux à se damner.

À voir. À faire

Cathédrale : *tlj 9h-19h sf pdt les offices et concerts. Entrée : 500 ISK.* Très grande, elle se voit de loin. Érigée en 1963, à l'occasion du millénaire de l'évêché, elle rappelle opportunément l'architecture du passé. À l'intérieur, superbes vitraux modernes. Intéressante visite de la crypte où l'on peut admirer de belles pierres tombales, notamment celle de l'évêque *Jón Vidalin* de la fin du XVIIe s. Noter la finesse des évangélistes ciselés aux quatre coins. En 1954, on découvrit le sarcophage de *Páls Jónsson* (1155-1211), évêque de Skálholt. Il apparaît dans l'une des anciennes sagas, ce qui atteste que ces dernières s'appuyaient bien sur des faits et personnages réels. D'autres vestiges et objets se trouvent au musée national à Reykjavík.

– Un *tunnel* reliait jadis la crypte au collège. Il permettait par mauvais temps d'éviter d'arriver tout crotté à la messe (au moins deux fois par jour), voire de se réfugier dans l'église en cas d'attaque ennemie.

Vestiges de plusieurs demeures médiévales également (la ferme, le collège, le logement de l'évêque, des « bâtiments administratifs », des maisons d'habitation)...

➢ Si vous avez un peu de temps, intéressante ***promenade balisée*** pour découvrir d'autres sites (dépliant descriptif au bureau touristique, un peu avant la cathédrale) : le *Þorlák's Lodge,* le fort, l'*Old Milking Plain,* le monument à *Jón Arason,* le *Þorlák's Seat,* le *School Cairn,* l'*Irish Pagan Grave Mound...* Pas spectaculaire en soi, mais bonnes explications qui recréent bien l'atmosphère. Et puis la nature autour est si séduisante et paisible.

LA CÔTE SUD

Comment circuler sur la côte sud ?

En bus

● *publictransport.is* ● Site recensant l'ensemble des transports du pays, bus, avions, bateaux (carte interactive très bien faite).

Depuis Reykjavík, les bus suivent la N1 vers l'est jusqu'à Selfoss. Là, les lignes desservant le Cercle d'Or ou Akureyri bifurquent plein nord. Les autres bus suivent la N1 sur la côte sud jusqu'à Hella où les lignes pour Le

Landmannalaugar et l'intérieur du pays prennent plein nord. Les autres lignes continuent de suivre la côte jusqu'à Höfn. Les compagnies de bus suivantes opèrent sur cette partie du pays :
– ***Reykjavík Excursions :*** • *re.is* • Depuis le terminal *BSÍ*. Les *passports Hiking* (14 000 ISK), *Beautifull south* (27 400 ISK), *Beautifull south circle* (24 600 ISK) concernent spécifiquement cette région. Voir les autres possibilités sur leur site.
– ***Sterna :*** • *sterna.is* • Depuis Harpa (certains bus passent par l'office de tourisme et au terminal *BSÍ*, côté taxis). Les *passports Highland Hikers* (12 500 ISK) et *East Circle* (45 900 ISK) concernent spécifiquement cette zone : lignes 12, 13 et 14 (Reykjavik-Landmannnalaugar-þórsmörk-Skógar). Voir également les autres possibilités sur leur site.
– ***Strætó :*** • *strӕto.is* • Depuis le terminal de Mjódd, à 6 km au sud-est du centre-ville (bus urbains nos 11 et 17) ou le terminal de *BSÍ* (côté taxis).
– ***Trex :*** • *trex.is* • Départ à Reykjavik devant l'office de tourisme pour Landmannnalaugar (ligne T21) et þórsmörk (ligne 11).

HVERAGERÐI

2 320 hab.

Première étape sur la N1, en venant de Reykjavík, après la traversée d'un plateau volcanique saisissant. Cette petite ville est dressée le long de la rivière Varmá et surtout autour d'une aire géothermique, qui a pris ses cliques et ses claques pour se déplacer en périphérie suite au tremblement de terre du 29 mai 2008. Effet induit de cette activité géothermique, les serres (même si leur nombre tend à diminuer), fleurissent à la chaleur du sol. On a d'ailleurs surnommé Hveragerði « la ville des fleurs » et on y cultive... les bananes !

RAMÈNE TA BANANE !

Incroyable mais vrai, l'Islande est le premier producteur de bananes du continent européen. La « faute » à la géothermie qui a permis, dès 1950, de cultiver des espèces tropicales sur ces terres boréales. Sous serre, malgré les frimas, elles ont sacrément la banane !

Adresses et infos utiles

i @ *Office de tourisme :* *Sunnumörk 2-4, dans le centre commercial, à côté du rond-point situé sur la N1.* ☎ *483-46-01.* • *south.is* • *Lun-ven 8h30-18h (17h en hiver), sam 9h-16h (13h en hiver), dim 9h-15h (fermé en hiver).* *(gratuit)* *(payant).* Infos et doc complète sur la région. Vend une carte détaillant les ***randonnées*** à faire dans la région. Service postal.
– L'arrêt de ***bus** Strætó* se trouve à la station dans le village *(Austurmörk 22).* Les bus des compagnies *Sterna* et *Reykjavík Excursions* s'arrêtent au rond-point sur la N1, au niveau de la station-service *N1* sans entrer dans le village. Pour les fréquences et villes desservies, voir ci-après « Arriver – Quitter » à Selfoss.

■ ***Banque et pharmacie :*** *au bout de Breiðarmörk, la rue principale (perpendiculaire à la N1).*

■ ***Supermarché Bónus et distributeur de billets :*** *dans le centre commercial à l'entrée de la ville (où se trouve aussi l'office de tourisme).*

■ ***Piscine :*** *Laugaskarð. Un peu au-delà du camping.* ☎ *483-41-13. Lun-ven 6h45-20h30 (17h30 ven, en hiver), le w-e 10h-18h45 (17h15 en hiver). Entrée : env 700 ISK.* Un bassin, un sauna et 2 *hot tubs*.

Où dormir ? Où manger ?

Camping

Camping : *Reykjamörk. 660-92-80. • reykjamork-camping@simnet.is • À peine à l'écart du centre (c'est fléché). Ouv de mi-mai à sept. Env 1 400 ISK/pers, douche comprise.* Dans l'unique bâtiment de ce petit camping, entre espace gravillonné et pelouse, on trouve quelques douches et w-c, un lave-linge et un espace cuisine à l'abri de la pluie, mais pas du froid. Beaucoup de camping-cars en saison (qui, semble-t-il, ont un peu la priorité sur les meilleurs emplacements). Piscine à 2 mn.

De bon marché à prix moyens

Kjöt & Kúnst : *Breiðarmörk 21. ☎ 483-50-10. Lun-sam 11h30-21h. Plats 2 300-3 200 ISK.* On aime bien cet endroit. Moins pour le cadre que pour sa cuisine typiquement islandaise, qu'on rencontre de moins en moins ailleurs : tête de mouton, parfois, et même, mais en hiver seulement, testicules, *plokkfish stew* (délicieux gratin de poisson) ou encore crêpes de seigle ou une pléiade de pains maison. Le chaleureux patron fait tout ça lui-même et se targue même de posséder la seule cuisine au monde à fonctionner à l'énergie géothermique ! Pour une simple pause salée ou (très) sucrée, de bons sandwichs ou un remarquable choix de gros gâteaux crémeux vous attendent au comptoir. Buffet également. Une gentille petite adresse !

De chic à très chic

Guesthouse Frost og Funi – Restaurant Varmá : *Hverhamar. ☎ 483-49-59. • frostandfire.is • Au bout de Breiðarmörk (la rue principale), prendre à droite au petit panneau discret, un chemin descend vers la rivière Varmá. Tte l'année. Doubles 28 000-38 000 ISK, avec petit déj. Plats 4 000-6 000 ISK. Menus 8 500-10 500 ISK.* Une *guesthouse* dans un ensemble de petites maisons en béton située en pleine zone géothermique. Le proprio est amateur d'art, et ça se voit ! Les chambres, pas immenses et classiquement confortables accueillent des toiles d'artistes islandais sous leurs plafonds bleu nuit. *Hot tubs* au bord de la rivière, piscine à 35 °C, sauna. Resto surplombant la rivière. Cuisine à base de produits strictement locaux dans l'esprit *slow food.*

Eldhestar : *à 1 km de Hveragerði, sur la route de Selfoss. ☎ 480-48-00. • hoteleldhestar.is • Double avec sdb env 28 300 ISK, petit déj compris.* Ce grand haras (plus de 200 chevaux) à la démarche écolo propose des chambres d'hôtel douillettes, confortables et bien arrangées. Buffet le soir pour qui ne veut pas ressortir en ville, dans une grande salle avec un coin salon pourvu d'une cheminée. Organise des excursions à cheval. Accueil souriant.

LE SUD

À voir. À faire à Hveragerði et dans les environs

Expo « Quake 2008 » : *juste à côté de l'office de tourisme. Mêmes horaires que le centre commercial. GRATUIT. Env 300 ISK pour le simulateur.* Intéressante mini-expo sur le tremblement de terre du 29 mai 2008, à 15h45 (6,7 sur l'échelle de Richter) qui frappa la région. L'épicentre n'était qu'à 2 km de Hveragerði... Les images des caméras

C'EST DU PROPRE !

Le Ruslahver, littéralement la « source d'eau chaude poubelle », situé dans le centre-ville, était un trou asséché servant de dépotoir jusqu'à ce qu'en 1947 un tremblement de terre ne réveille ce petit geyser. Les habitants se sont alors vu restituer leurs déchets !

de surveillance de l'époque livrent un impressionnant témoignage des effets d'un séisme. Au sol, des dalles transparentes et éclairées montrent l'une des failles résultant de celui de 2003. De sa cuisine totalement chamboulée, une habitante a eu l'idée d'en faire des collages, etc. En prime, un simulateur de séisme de magnitude équivalente à celui de 2008 vous mettra sens dessus dessous !

Le parc géothermique : *dans le centre (fléché). ☎ 483-46-01 et 660-39-05. Avr-sept, tlj (sf dim avr-mai et sept) 9h-18h (16h dim et 17h avr-mai et sept). Entrée : 300 ISK. Et, pour 100 ISK de plus, on peut acheter un œuf à faire cuire à la vapeur qui sort d'un tuyau (!). Bain de boue des pieds : 750 ISK.* C'est la zone géothermique historique : quelques trous où l'eau bouillonne gentiment, agrémentés de panneaux explicatifs en anglais. Pas grand-chose à voir, donc, parce que depuis le séisme du 29 mai 2008 la zone d'activité s'est déplacée ! Elle s'étend désormais de l'autre côté de la rivière Varmá. Sur le site, il est possible, si l'on demande gentiment, de jeter un œil aux serres où poussent des fleurs et des légumes. On y cultive, entre autres, des tomates, des vignes et même des bananes !

LE SUD

➢ ***Balade sur les hauteurs de la ville :*** remonter toute la Breiðmörk et continuer sur la piste qui passe à côté du stade de foot et mène à un parking (si vous êtes à pied, c'est à 3,5 km du centre-ville, fléchage « Reykjadalur »). De là, un sentier facile de 3,4 km (balisé) monte jusqu'à une rivière chaude où les gens se baignent. Retour par le même chemin (mieux vaut éviter le « hors-piste » dans ce coin, car on ne sait jamais où on met les pieds !).

➢ ***Balades à cheval :*** *avec* ***Eldhestar*** *(voir « Où dormir ? Où manger ? » plus haut). • eldhestar.is • Résa à l'avance fortement conseillée en été.* Une équipe compétente et enthousiaste. Randonnée à la journée ou sur plusieurs jours autour des volcans, des sources d'eau chaude ou à la rencontre des elfes ! Pour tous niveaux.

La centrale géothermique de Hellisheiði : *sur les pentes du mont Hengill, à 14 km de Hveragerði en direction de Reykjavík sur la droite de la N1 (pas de signalétique). ☎ 412-58-00. Tlj 9h-17h. Entrée : 1 450 ISK ; gratuit moins de 16 ans. Explications et vidéo en français. Visite guidée en anglais sur résa.* C'est la plus grande centrale du genre en Islande. Véritable vitrine de cette technologie, exemple typique d'utilisation de la géothermie dans le cadre du développement durable. Intéressante collection de minéraux.

SELFOSS

6 500 hab.

Située au débouché de l'Ölfusá qui se jette en un vaste delta, dans l'océan, Selfoss n'a pas un charme fou, mais c'est une bonne base pour explorer les environs, notamment le Cercle d'Or. À 57 km de Reykjavík par la N1, la ville, bien desservie par les bus, est dotée de quelques bonnes adresses. Et si vous continuez votre voyage vers l'est, c'est aussi le lieu où faire le plein de victuailles.

Arriver – Quitter

Selon les compagnies, l'***arrêt de bus*** se trouve à la station-service *N1*, ou à l'hôtel *Selfoss*, à droite après le pont.

➢ ***Reykjavík (via Hveragerði) :*** Selfoss est sur le passage de toutes les lignes venant de la capitale et desservant le Cercle d'Or ou la côte sud. Compter 20-25 bus/j. avec *Stræto*, tte l'année, et en saison avec *Sterna* et *Reykjavík Excursions*. Trajet : env 15 mn pour Hveragerði et 1h10 pour Reykjavík.

➢ ***Le port de Landeyjahöfn (bateau***

pour les îles Vestmann) via Hella : avec *Stræto* (ligne 52), tte l'année, 2 bus/j. (mat et fin d'ap-m). Trajet : 1h30-1h40.

➢ ***Landmannalaugar (via Hella et Leirubakki) :*** en saison slt. Avec *Sterna* (ligne 13), 1 bus/j. et *Reykjavík Excursions* (ligne 11), 3-4 bus/j. Trajet : env 3h10.

➢ ***Mývatn (via Hella et Leirubakki) :*** en saison slt. Avec *Reykjavík Excursions* (ligne 17), 1 bus/j. Trajet : env 10h40.

➢ ***Þorsmörk (via Hella, Hvolsvöllur et Seljalandsfoss) :*** en saison slt. Avec *Sterna* (ligne 14), 1 bus/j., *Reykjavík Excursions* (ligne 9), 1-3 bus/j. et Trex (ligne 11) 1 bus/j. Trajet : 3h10.

➢ ***Höfn :*** tte l'année avec *Stræto* (ligne 51), 1 bus/j. En saison avec *Sterna* (ligne 12), 1 bus/j. et avec *Reykjavík Excursions,* 1 bus/j. jusqu'à Vik (ligne 21) et 1 bus/j. jusqu'à Skaftafell (ligne 20). Trajet : env 2h40 pour Vik, 5h40 pour Skaftafell et 8h10 pour Höfn. Villes desservies : ***Hella, Hvolsvöllur, Seljalandsfoss, Skógar, Kirkjubæjarklaustur, Vik, Skaftafell et Jökulsárlón.***

➢ ***Le Cercle d'Or et Akureyri :*** en saison, la ligne 610 de *Reykjavík Excursions* relie quotidiennement Laugarvatn, Geysir et Gullfoss (voir « Comment visiter le Cercle d'Or ? ») avant de poursuivre jusqu'à Akureyri.

➢ ***Eyrarbakki et Stokkseyri :*** env 8 bus/j. avec *Stræto* (ligne 75).

Adresses utiles

i @ *Office de tourisme :* *Eyravegi 2. ☎ 899-86-63. • tourinfo.arborg.is • À droite après le pont, face à l'hôtel Selfoss. De mi-mai à fin août, lun-ven 8h-17h.*

✉ ***Poste :*** *Austurvegur 26. Lun-ven 9h-16h30.*

■ ***Supermarché Krónan :*** *juste à gauche après le pont. Tlj 10h-20h (19h le w-e).* Si vous continuez votre voyage vers l'est ou le centre, vous ne trouverez plus par la suite de supermarchés aussi bien achalandés et à prix « raisonnables », surtout au rayon des produits frais.

■ ***Banques :*** *dans la rue principale, entre le supermarché et la poste.*

■ ***Piscine :*** *Bankavegur 60 (2ᵉ rue à droite après le rond-point en venant de Reykjavík). ☎ 480-19-60. Horaires : lun-ven 6h30-21h30, le w-e 9h-19h. Entrée : env 900 ISK.* Plusieurs bassins, *hot tubs* et toboggans.

■ ***Pharmacie :*** *dans le centre commercial du supermarché Krónan. Tlj sf dim 9h-18h, sam 10h-16h.*

Où dormir ?

⛺ ⌂ ***Camping et bungalows Gesthús :*** *Engjavegur 56. ☎ 482-35-85. 📱 663-24-49. • gesthus.is • Camping ouv mai-sept, bungalows tte l'année. En venant de Reykjavík, après le pont, suivre Austurvegur (rue principale), puis prendre à droite juste après la station-service dans Reynivellir ; au bout de la rue, tourner à gauche. Camping env 1 400 ISK/pers, réduc ; chalet pour 2 pers avec kitchenette et sdb env 19 500 ISK.* Vaste terrain entouré d'arbustes, bien équipé avec une vraie cuisine (un peu exiguë lorsque tous les campeurs y font leur popote) et une salle dotée de grosses tables en bois. La réception abrite aussi la salle à manger pour le petit déj (en sus). Enfin, location de bungalows avec, dans chacun, 2 chambres (une double et une simple), et un accès gratuit à 2 *hot tubs* en été (payant pour les campeurs). Bon accueil.

⌂ ***Auberge de jeunesse – Bed and Breakfast Selfoss :*** *Austurvegur 28. ☎ 482-16-00 et 660-69-99. Dans une maison rouge de la rue principale. Lits en dortoir env 5 000 ISK/pers, double sans sdb env 12 000 ISK.* Une AJ accueillante et soigneusement tenue. Chambres doubles confortables, mais aussi quelques dortoirs pour 3 ou 5 personnes. Salles de bains communes, en nombre suffisant et nickel. Plusieurs chambres à l'entresol, pas glauques pour autant. Beaux espaces communs : cuisine bien équipée, un salon-bar tout vitré avec canapés confortables, une cour intérieure avec *hot tub* et aussi un jardin avec hamacs ! Machine à laver, sèche-linge, location de voitures d'occasion et de vélos... Et puis, on allait oublier : au petit déj (en sus), vous aurez droit en saison à du bon pain frais fait maison ! Bref, une adresse et un accueil de qualité.

Hótel Fosstún : *Eyravegur 26. 615-46-99. • fosstun.is • Après le pont, prendre à droite la direction d'Eyrarbakki ; c'est un peu plus loin, à droite. Doubles 15 000-26 000 ISK, petit déj en sus.* Hôtel assez banal de l'extérieur mais qui vaut le coup pour la taille de sa trentaine de chambres, en fait de véritables studios, au cadre aseptisé mais bien équipés avec mobilier dans l'esprit scandinave, canapé-lit, coin TV, salle de bains et petite cuisine. Propreté impeccable. Le petit déj, en option et plutôt réservé aux groupes, est servi dans une salle de l'autre côté de la route.

Où manger ? Où boire un verre ?

Kaffi Krús : *Austurvegur 7. ☎ 482-12-66. Tlj 10h-23h (minuit ven-sam). Plats et pizzas 2 000-3 500 ISK.* Dans une maison coquettement décorée, atmosphère intime et chaleureuse pour de délicieux gâteaux (un maximum de cheese-cakes), sandwichs, burgers et pizzas. 2 plats du jour au tableau noir. Si le temps le permet, profitez de la terrasse entourée d'arbres qui donne sur Austurvegur. Le soir, c'est l'un des seuls endroits où boire un verre. Parfois un petit concert le week-end.

Menam : *Eyravegur 8. ☎ 482-40-99. Au rond-point, prendre la direction d'Eyrarbakki, c'est juste après l'hôtel Selfoss. Tlj 11h30-14h, 17h-21h (22h ven-sam). Le w-e en continu. Plats 2 600-4 200 ISK.* Si vous voulez changer un peu de saveurs, c'est l'occasion ou jamais ! Accueil absolument charmant. Plusieurs petites salles intimes. Excellente cuisine thaïe, pas trop chère. Grosses portions dans les assiettes, service bien aimable, musique douce. Goûter à l'agneau gingembre-ail ou au curry d'une grande tendreté ! Loue également 4 chambres à prix modérés *(8 000-14 000 ISK selon saison ; sanitaires communs).*

Tryggvaskáli : *Austurvegur 1. ☎ 482-13-90. Juste après le pont à gauche. Tlj midi et soir. Plats 2 600-5 200 ISK.* Dans la plus vieille maison de la ville (1890), une salle à atmosphère pour une bonne cuisine à base de produits locaux et travaillée avec des idées d'aujourd'hui. Pas donné, certes, mais très bon.

EYRARBAKKI

570 hab.

Ancien port de pêche, à 15 km au sud-ouest de Selfoss, qui a gardé un certain caractère. Il possède un riche patrimoine de demeures traditionnelles que les habitants contribuent à mettre en valeur, notamment du côté du musée.

➢ ***Selfoss :*** env 8 liaisons/j. 7h-22h avec *Strætó* (ligne 75).

Où dormir ?
Où manger à Eyrarbakki et dans les environs ?

Bakki Hostel : *Eyrarsgata 51-53 à Eyrarbakki sur la partie Est de la rue côtière). 788-82-00. • bakki hostel.is • Lits en dortoir 6-12 pers*

14 000-15 000 ISK. Appartement et studio (2-4 pers) 19 000-26 000 ISK selon saison. Une ancienne conserverie où l'on ne se sent pas traité comme une sardine en boîte ! Dortoirs plutôt grands, tout blancs, pourvus de lits superposés équipés de casiers intégrés. Salles de bains et w-c en quantité suffisante pour éviter les attentes. Cuisine et agréable salle à manger. Juste à quelques pas, sur un retour du bâtiment, des studios et un appartement sont joliment aménagés et décorés. Et l'ensemble est hyper clean.

Rauða Húsið : *Búðarstigur, à Eyrarbakki (à côté de l'église). ☎ 483-33-30. Tlj 11h30 (17h en hiver)-21h (22h le w-e). Plats 3 000-6 000 ISK ; menus 9 000-10 000 ISK.* Dans une grande maison rouge typique de 1919. Au 1er étage, salle d'une élégante sobriété, ponctuée de quelques objets « vintage », pour découvrir une bonne cuisine de poisson. Le chef est un grand de la *nephrops norvegicus* (la grosse langoustine, quoi !). Sans oublier l'onctueuse *lobster soup* (hmm !), la morue au four, voire le filet d'agneau aux... langoustines.

Fjöruborðið : *Eyrarbraut 3, à* ***Stokkseyri.*** *☎ 483-15-50. À 7 km au nord-est d'Eyrarbakki par la route 33 ; dans une longue maison noire à droite, juste avt d'arriver au port. Tlj 12h-21h en été, slt le soir en hiver. Compter 5 100-5 700 ISK les 250 g de grosses langoustines servies dans une poêle ; soupe env 3 200 ISK.* Bienvenue dans le temple national de la langoustine. Pas la peine de venir manger autre chose ! La soupe, avec son cortège de sauces et de pain, est aussi un bon investissement... d'autant que si on la prend comme plat principal, on vous apporte carrément votre petite soupière ! Côté cadre, on a le choix entre la terrasse presque en bord de mer, abritée du vent, ou la salle garnie de tables noires et de bougies. Le service est agréable, la cuisine extra, bref, une adresse pour laquelle on en pince !

LE SUD

À voir

Húsið – Musée d'art et traditions populaires de la province d'Arnessysla : *rue principale sur le front de mer, juste derrière l'église. ☎ 483-15-04 et 483-10-82. Mai-fin sept, tlj 11h-18h (groupes slt hors saison). Entrée : 1 000 ISK.*
Abrité dans la vénérable demeure toute noire d'un négociant (de 1765), reflet de la prospérité du village, jadis la place marchande la plus importante de la côte sud. En vrac, quelques points forts du musée : le bureau du négociant, l'épicerie, la quincaillerie, les beaux meubles peints. Reconstitution d'une petite chapelle (vieux tableaux, orfèvrerie). Quelques exemples de l'artisanat local (boîtes à aiguilles, étuis à lunettes en bois ciselé, couverts en os de baleine).
Le premier étage semble encore « habité » avec ses mansardes, ses petites pièces brutes de forme et son atmosphère pleine d'intimité. Un escalier mène à la chambre à coucher des enfants, ornée de portraits et de témoignages de la vie des familles au XIXe s. Les ouvriers dormaient dans le grenier (on peut imaginer leurs conditions d'existence). Retour au rez-de-chaussée avec la chaleureuse salle à manger traditionnelle (noter le piano original arrivé en 1871). Dans le salon, d'émouvantes photos de la vie rurale d'antan et la cuisine rustique (âtre et antique vaisselier) où persiste une bonne odeur de café (et vous pouvez vous en servir une tasse !).
– Ne pas manquer, dans la petite maison rouge à côté, la charmante présentation de volatiles régionaux.

Sjöminjasafnið (le Musée maritime) : *50 m derrière le précédent. Mêmes horaires et ticket commun.* Un petit musée chargé d'humanité et plein de souvenirs. Petits objets familiers, vieilles photos, les outils du tonnelier, un antique tour à bois, des maquettes de bateaux... Surtout, on admire un superbe bateau de pêche de 1915. Puis vous saurez tout sur les techniques de pêche. Coffres de bord, instruments de navigation. Pendant ces quelques instants d'évasion, on remonte le temps, on est en mer à partager la rude, mais exaltante, vie des pêcheurs...

HELLA

780 hab.

Ce gros bourg situé entre Selfoss et Hvolsvöllur ne présente pas un intérêt débordant. Si vous avez un véhicule, il peut néanmoins être une base pour entreprendre une expédition au volcan Hekla – que l'on aperçoit pas loin – ou au Landmannalaugar.

Arriver – Quitter

Arrêt de bus : à l'entrée du camping.

➢ ***Reykjavík (via Selfoss) :*** Hella est sur le passage de nombreuses lignes venant de la capitale. Tte l'année, compter 12-15 bus/j. avec *Stræto*. En saison, avec *Sterna* et *Reykjavík Excursions.* Trajet : env 2h.

➢ ***Le port de Landeyjahöfn (bateau pour les îles Vestmann) via Hvolsvöllur :*** avec *Stræto* (ligne 52), tte l'année, 2 bus/j. (mat et fin d'ap-m). Trajet : 45 mn à 1h.

➢ ***Landmannalaugar (via Leirubakki) :*** en saison slt. Avec *Sterna* (ligne 13), 1 bus/j. et *Reykjavík Excursions* (ligne 11), 3-4 bus/j. Trajet : env 2h30.

➢ ***Mývatn (via Leirubakki) :*** en saison slt. Avec *Reykjavík Excursions* (ligne 17), 1 bus/j. Trajet : env 10h.

➢ ***Þorsmörk (via Hvolsvöllur et Seljalandsfoss) :*** en saison slt. Avec **Sterna** (ligne 14), 1 bus/j., *Reykjavík Excursions* (ligne 9), 1-3 bus/j. et Trex (ligne 11) 1 bus/j. Trajet : 2h30.

➢ ***Höfn :*** tte l'année avec *Stræto* (ligne 51), 1 bus/j. En saison, avec *Sterna* (ligne 12), 1 bus/j. et avec *Reykjavík Excursions,* 1 bus/j. jusqu'à Vik (ligne 21) et 1 bus/j. jusqu'à Skaftafell (ligne 20). Trajet : env 2h pour Vik, 5h pour Skaftafell et 7h30 pour Höfn. Étapes à ***Hvolsvöllur, Seljalandsfoss, Skógar, Kirkjubæjarklaustur, Vik, Skaftafell et Jökulsárlón.***

Adresses et infos utiles

■ ***Distributeur de billets et supermarché :*** *de part et d'autre de la station Olis. Supermarché ouv lun-ven 9h-20h, sam 10h-20h, dim 11h-18h.*

■ ***Piscine :*** *Útskálar 4 (à 500 m derrière la station). Lun-ven 6h30-21h, le w-e 12h-18h (10h-19h en été). Entrée : 700 ISK.* Sauna, *hot tub...*

Où dormir ?

Où manger à Hella et dans les environs ?

De bon marché à prix moyens

Camping Árhús : *au bout de la route qui part face à la station-service Olis, à Hella.* ☎ *487-55-77.* • *arhus.is* • *Réception au café Árhús. Emplacement env 3 000 ISK au camping. Cottages avec sdb pour 2 pers 12 600-19 000 ISK. Cottages avec sdb pour 4-6 pers env 17 500-26 500 ISK. Burgers et pizzas 1 800-2 800 ISK, plats 4 000-5 000 ISK.* Camping remarquablement situé, très agréable et bien équipé (grande cuisine collective, sanitaires propres, etc.). Propose des petits et grands chalets, certains pouvant accueillir jusqu'à 6 personnes. Au resto, dans une salle aux allures de buvette (mais il y a aussi une terrasse en bord de rivière), on trouve des pizzas, burgers, *fish and chips* et salades, bons et bien servis.

Hestheimar : *à **Ásahreppur.** Sur la route Selfoss-Hella (fléché sur la* *gauche). ☎ 487-66-66. 📱 861-37-38. • hestheimar.is • Doubles avec sdb 15 000-25 000 ISK selon saison, sans sdb (été slt) 21 000 ISK. Petit déj en sus. Également 1 appart et 1 cottage pour 2-6 pers, tt confort 18 000-29 000 ISK selon saison. Au dîner (slt) formule 5 000 ISK ou menu 6 000 ISK.* Un centre équestre offrant gîte confortable, délicieuse cuisine et accueil hors pair. Toutes les formes de logement, disséminées dans une nature agréable : chambres avec ou sans salle de bains, cottages ou appartements (avec cuisine équipée, salon, etc.), coin laverie. Déco soignée et confort impeccable. Cuisine familiale à base de bons produits locaux ou régionaux, pain et gâteaux maison, généreux buffets servis dans une lumineuse salle à manger. Vue privilégiée sur le fameux volcan Eyjafjallajökull. Patronne adorable qui veille à tout. Pour les amateurs, toutes sortes d'activités équestres et excursions dans la région, sur simple demande le jour même. Une belle adresse.

DANS LES ENVIRONS DE HELLA

Keldur : *à env 15 km au nord-est de Hella (bien indiqué depuis la N1), par la 264 qui se transforme en piste sur les 8 derniers km (praticable avec un véhicule standard). Juin-août, tlj 10h-18h. Entrée : 1 000 ISK si l'on veut visiter les maisons. En dehors de cette période, hameau librement accessible à tte heure...* Keldur, c'est un hameau déjà mentionné dans les sagas du Moyen Âge, notamment dans celles de *Njáll le Brûlé*, *Sturlumgar* et *Thorlakur...* Aux XIIe et XIIIe s, ce fut la propriété du puissant clan Oddi. Au XIXe, la ferme fut exploitée par Guðmundur Brynjólfsson (1794-1883), qui eut... 25 enfants. Quel dur, c't'homme-là ! Le dernier quitta la ferme en 1946. Aujourd'hui, soigneusement restauré, c'est, dit-on, le plus ancien et le plus remarquable ensemble de bâtiments à toits en tourbe herbeuse d'Islande. Une des poutres de la grande salle est gravée « 1641 ». Un passage souterrain datant des XIe-XIIIe s la reliait à la rivière, probablement une voie d'évasion en cas d'attaque. Une adorable église et son intime cimetière donnent sur une boucle de la rivière et le paysage enchanteur. Tout est en harmonie ici, créant une sensation de bien-être total... Sur un plan purement pratique, les lecteurs continuant plus à l'est sur la côte peuvent rejoindre la N1 puis Hvolsvöllur sans repasser par Hella : depuis Keldur, suivre la partie orientale de la route 264 (11 km dont 3 km de piste).

LE VOLCAN HEKLA

Culminant à 1 491 m, c'est le volcan le plus connu d'Islande. Il reste très actif : la première éruption enregistrée date de 1104, la dernière de 2000 (elle a duré 11 jours). Au total, il y a eu une bonne vingtaine d'éruptions importantes, causant à chaque fois de grands dégâts. Au Moyen Âge, c'est bien simple, on croyait ferme que c'était la porte de l'Enfer ! Avant d'entreprendre la grimpette de 3h, pas excessivement

GROS BOULOT

Selon les sagas, le mont Hekla était autrefois entouré de forêts de bouleaux. Aujourd'hui, un des projets de reboisement les plus importants en Europe prévoit de replanter ces mêmes arbres, sur une superficie de 90 000 ha, afin de limiter l'érosion des sols et, à terme, de rétablir un écosystème. Le bouleau, en effet, contrairement à la végétation rase, survit sous les couches de cendres, même épaisses.

dure, renseignez-vous sur les conditions météo (il peut y avoir encore de la neige en été) et sur les risques d'éruption toujours envisageables. Paysages chaotiques, champs de lave à perte de vue. C'est un site admirable ! Un livre d'or, dans une boîte sur une table au milieu de nulle part, vous attend au sommet.

Arriver – Quitter

➢ ***En voiture :*** de la route 1, prendre la route 26 et la suivre sur environ 50 km, jusqu'à la piste F225. Là, un 4x4 est nécessaire (véhicule de location non assuré sur les pistes F et risque d'amende !) sur la vingtaine de kilomètres qui mènent jusqu'au parking, non loin du pied du volcan. Ensuite, hardi petit !

➢ ***En bus :*** aucun bus ne dessert directement le volcan Hekla. Certains des bus reliant le Landmannalaugar passent à proximité, mais vous aurez toujours le problème du retour (les horaires des bus dans l'autre sens ne vous laissant pas le temps de faire l'ascension et la descente).

Où dormir ? Où manger dans les environs ?

À 30 km de la route 1 et à 36 km du parking d'où commence l'ascension vers le volcan Hekla, cet hôtel est desservi par les bus reliant Reykjavík au Landmannalaugar et à Mývatn (voir plus haut « Arriver – Quitter » à Hella).

Hótel Leirubakki : *sur la route 26. ☎ 487-87-00. 893-50-46. • leirubakki.is • Au choix : camping à env 1 400 ISK/pers, douche et accès à la piscine inclus ; nuitée avec sac de couchage à 6 500 ISK, accès à la piscine, aux* hot tubs *et au sauna inclus. Doubles sans ou avec sdb 24 000-32 000 ISK, petit déj et accès à ts les équipements compris. Au resto, plats 2 000-3 000 ISK le midi, 3 500-5 000 ISK le soir.* Oui, ici, il y en a vraiment pour toutes les bourses ! Les chambres de l'hôtel sont impeccables, mais les petits budgets peuvent dormir dans un autre bâtiment avec leur duvet dans 4 petites chambres nickel, avec lits superposés. Fait aussi resto (l'été) dans une belle salle de style contemporain (cuisine correcte). Environnement de rêve pour les balades. Outre le site, très plaisant, superbe petite piscine naturelle bien chaude, et noyée dans la nature, ainsi que des *hot tubs.* Location de chevaux et un très bon accueil. Si vous avez du temps à tuer, le ***Hekla Center Leirubakki*** *(juin-août, tlj 9h-21h, sinon 10h-18h et 19h-21h ; entrée : env 900 ISK ; réduc),* présente une expo multimédia sur le volcan, avec effets sonores et visuels, ainsi que des conseils à suivre en cas d'éruption. Cher payé toutefois.

LE LANDMANNALAUGAR

N'ayons pas peur des mots, le Landmannalaugar, avec son relief qui passe par tous les dégradés de gris, de vert et d'orangé, est l'un des sites volcaniques les plus grandioses d'Islande. On peut se contenter d'y passer 2h, entre deux bus, mais ce serait dommage car vous ne profiterez pas réellement de la beauté des lieux et l'excursion revient vraiment cher. Mieux vaut rester une ou deux nuits pour faire de magnifiques randonnées dans les environs (nous n'évoquons dans ce guide que la plus connue, mais il en existe plein d'autres, moins dures et balisées). Quoi qu'il en soit, c'est un must, une étape à inscrire dans son programme de voyage.

Arriver – Quitter

En b.us

➢ ***Reykjavík (via Hveragerði, Selfoss, Hella, Leirubakki) :*** avec *Sterna* (ligne 13), 1 bus/j. de fin juin à début sept. Départ de Reykjavík (camping, puis Harpa) à 7h et retour de Landmannalaugar à 18h30. Avec *Reykjavík Excursions* (ligne 11), 3-4 bus/j. (4-5 bus retour), de mi-juin à mi-sept. Départs de Reykjavík (camping ou terminal *BSÍ*, se renseigner avt) : à 6h40, 7h15, 12h30, 16h. Retour de Landmannalaugar à 7h20, 13h30, 15h30, 17h30 et 20h. Avec *Trex* (☎ 587-60-00 ; • trex.is •), 2 bus/j. de mi-juin à mi-sept. Les moins chers en général. Départ de Reykjavík (office de tourisme, puis camping) à 7h30 et 12h30. Retours de Landmannalaugar à 14h30 et 18h. Trajet : env 4h30.

➢ ***Eldgjá, Kirkjubæjarklaustur, Skaftafell :*** avec *Reykjavík Excursions* (ligne 10), début juin-fin sept, 1 bus/j. Départ de Skaftafell vers 8h et vers 15h30 de Landmannalaugar. Trajet (pour Skaftafell) : env 4h.

– ***Important :*** les bus Reykjavík-Landmannalaugar et Landmannalaugar-Skaftafell sont coordonnés, ce qui permet de partir le matin de Reykjavík, de s'arrêter 2h le midi à Landmannalaugar, puis de repartir vers 15h et d'arriver vers 19h à Skaftafell (idem dans l'autre sens). Mais, si vous avez le temps, faites une étape !

➢ ***Reykjahlíð (lac Mývatn), via Goðafoss, Nýidalur, Hrauneyjar :*** avec *Reykjavík Excursions* (ligne 14) de fin juin à début sept, 1 bus/j. De Landmannalaugar vers 9h30 et de Reykjahlíð vers 8h. Trajet : env 10h. Le bus traverse le pays par le centre et permet de voir le désert du *Sprengisandur* par une route caillouteuse à travers de superbes paysages. Pauses régulières des chauffeurs (parfois pour resserrer les boulons). Penser à mettre le sac à dos dans un sac poubelle (traversée éventuelle de gués !).

➢ ***Excursions en bus à la journée, avec guide :*** au départ de Reykjavík, elles sont, entre autres, proposées par *Reykjavík Excursions* (• re.is •) et *Iceland Excursions* (• grayline.is •) Cette dernière assure de mi-juin à début sept une visite quotidienne en anglais Reykjavík-Landmannalaugar. *Infos : ☎ 540-13-13. Départ à 8h, retour vers 20h. Prix : env 27 000 ISK (réduc).*

En voiture

L'accès à ce site n'est possible que par des pistes classées F (les *F-roads,* comme on les appelle), réservées EXCLUSIVEMENT aux véhicules 4x4. Avec une voiture de tourisme, non seulement vous n'êtes couvert par aucune assurance, mais vous êtes passible d'une lourde amende. On insiste sur ce point, car il semblerait que le site du Landmannalaugar soit particulièrement surveillé !
Par ailleurs, avant de vous lancer sur des pistes, ne pas oublier de faire le plein, et même de prendre un jerrican au cas où, car on ne trouve aucune station-service dans le coin.
Ces précisions étant faites, plusieurs options.

➢ Si vous ne voulez prendre aucun risque ou ne vous sentez pas le courage d'affronter la piste qui mène au site, vous pouvez laisser votre voiture et attraper un des bus détaillés plus haut. Pour limiter les frais, autant le prendre à partir de l'hôtel *Leirubakki* (voir plus haut dans « Arriver – Quitter » à Hella) : compter alors env 8 800 ISK A/R jusqu'à Landmannalaugar. C'est la solution conseillée par toutes les agences.

➢ Depuis le nord, le site est accessible par la F208 (que l'on rejoint depuis la route 26), puis un petit bout de F224. Cette F208 commence par une jolie route goudronnée sur 5 km (jusqu'à la centrale hydroélectrique), puis se transforme en une piste très caillouteuse et cahoteuse sur les 30 km suivants (les 15 premiers sont les pires !). Prudence et vigilance n'excluront pas que vous ayez ensuite le dos en bouillie et les cervicales en compote ! Compter minimum 1h pour parcourir les 30 km.

➢ Depuis le sud-ouest (Hella), la F225 part de la route 26 et depuis le sud-est (Vik ou Kirkjubæjarklaustur), la F208 part de la route 1 (là, il faut vraiment un 4x4 du fait des nombreux gués à traverser).

Où dormir ? Où manger ?

Le camping sauvage est interdit.

Refuge du Landmannalaugar : *géré par l'association de randonneurs* Ferðafélag Íslands (FÍ). *☎ 568-25-33. 860-33-35. Résa impérative avt. • fi.is • Ouv tte l'année. Compter 7 500 ISK/pers pour le refuge ; env 1 800 ISK/pers pour camper. Réduc pour les membres de la* FÍ. Sympa, mais cher (comme tous les autres sites plus ou moins difficiles d'accès) pour les 75 privilégiés qui peuvent y loger. Chauffé toute l'année. Cuisine équipée accessible uniquement aux résidents du refuge. Douches payantes. Camping à côté, au confort sommaire (w-c, eau). Attention, terrain très caillouteux, prévoir de solides sardines (et un marteau – piqueur – bien sûr !). En été, vous trouverez également, à côté du refuge, deux vieux bus verts convertis en ***snack-épicerie et café.*** On y vend des cartouches de gaz. À 50 m du refuge, superbes sources naturelles d'eau chaude à 40 °C (mais l'endroit est souvent bondé). Magnifiques balades à faire dans les environs : champs de lave, lacs, fumerolles, montagnes aux cent couleurs, etc. En été, excursions possibles à cheval dans la réserve, absolument superbes.

Autres refuges sur les parcours de rando. Ils sont indiqués sur les plans.

LE SUD

À faire

Le trek Landmannalaugar-Þórsmörk

Parmi les nombreuses randonnées (courtes ou longues) que compte cette magnifique région, en voici une de toute beauté. Prévoir 3 ou 4 jours de marche, selon votre rythme, à travers les paysages volcaniques du Landmannalaugar, les glaciers et leurs névés, les déserts de cendres, les champs de lave, les arbres difformes de Þórsmörk... Les couleurs jaunes, vertes, marron, les reliefs volcaniques, les renards, les saumons et les moutons seront vos compagnons de randonnée ! Un concentré d'Islande sur 55 km ! Magnifique !

Bien sûr, ça se mérite : beau temps aléatoire et terrain très accidenté. **BIEN S'ASSURER DES CONDITIONS CLIMATIQUES AVANT LE TREK.** C'est écrit assez gros ? Par ailleurs, il peut y avoir encore beaucoup de neige en juin sur une partie du parcours (entre Landmannalaugar et Alfavatn notamment), ce qui rend la marche beaucoup plus pénible. Ensuite, lecteurs randonneurs, si vous avez déjà effectué les dernières étapes du chemin de Saint-Jacques-de-Compostelle ou le tour du mont Blanc, vous n'allez pas être dépaysés. Autrement dit, ces sentiers volcaniques sont noirs... de monde en été ! Mais les paysages sont tellement sublimes que l'expérience reste, malgré tout, à tenter... En démarrant chaque étape tôt le matin (avant 8h), par exemple.

On effectue plus souvent le trajet dans le sens Landmannalaugar-Þórsmörk, car ça descend vaguement (400 m à peine de dénivelée). Compter en moyenne 5h de marche par jour. Le chemin est bien balisé (et en saison il suffit de suivre les autres randonneurs...), mais munissez-vous quand même de la carte au 1/100 000 *Þórsmörk-Landmannalaugar.* Vous pouvez l'acheter à Reykjavík ou, plus simplement, dans les offices de tourisme et les stations-service de la région. En complément, vous pouvez vous procurer les petites cartes de la région (plus précises) auprès des gardiens. Ce n'est pas superflu en cas de brouillard, car les marqueurs en bois sont parfois éloignés de plus de 100 m les uns des autres, voire recouverts par la neige.

Infos utiles et équipement

– Les ***guides de montagne*** organisent des treks accompagnés en 5 jours. Boutique à Reykjavík : *Bankastraeti 2.* ☎ *587-99-99.* ● *mountainguide.is* ● Assez cher.
– On peut acheter quelques victuailles et des cartouches de gaz au bus-épicerie du refuge du Landmannalaugar mais c'est assez cher et le choix est limité.
– Emportez toujours de l'eau (car celle des rivières est boueuse) et un surplus de provisions, en cas de halte obligée pour cause de mauvais temps (ne vous aventurez pas trop loin des refuges dans ces cas-là).
– N'oubliez pas d'emporter de bons vêtements imperméables type Gore-Tex ; plusieurs couches (tee-shirts, polaire, etc.) sont nécessaires.
– De bonnes chaussures de marche, ça va de soi, un bonnet et des gants. Ça souffle fort, parfois !
– Des bâtons et des sandales en plastique (pas des tongs) pour le passage des gués.
– Les boules Quies sont utiles en refuge... pour cause de voisinage ronflant !
– Si vous optez pour le camping, un sac de couchage très résistant au froid (les températures descendent souvent en dessous de 0 °C) et de quoi faire la popote puisque les cuisines des refuges ne sont pas accessibles aux campeurs.
– Une paire de jumelles peut aussi être la bienvenue.

LE SUD

Où dormir ?

Sur le trajet, il y a plusieurs refuges, propres et bien équipés. Les douches sont payantes et, le plus souvent, les toilettes à l'extérieur. On peut y dormir avec un duvet (environ 7 500 ISK), mais il vaut mieux emporter sa tente à partir de la mi-juillet du fait de l'affluence (on peut camper devant les refuges, pour environ 1 800 ISK/pers). **Attention,** les cuisines ne sont pas accessibles aux campeurs. Dans les refuges, les résas sont à effectuer (et à régler) au minimum 1 mois à l'avance.
– Infos et résas : ***Ferðafélag Íslands.*** ☎ *568-25-33.* ● *fi.is* ●

Suggestion de parcours

On peut découper ce parcours en quatre tronçons (purement indicatifs) avec, à chaque étape, un refuge et quelques sentiers surprenants : de Landmannalaugar à Hrafntinnusker (refuge *FÍ*), de Hrafntinnusker à Reykjafjöll (refuge *FÍ*) ou Álftavötn (refuge *Útivist,* ● *utivist.is* ●). Après Álftavatn, bien faire attention de passer à gauche du mont Hattfell pour ne pas avoir à couper n'importe où, au petit bonheur la chance. D'ailleurs, il est déconseillé de sortir des sentiers : c'est parfois périlleux et cela fragilise la végétation déjà si pauvre. Puis Emstrur (refuge *FÍ*). Balade géniale dans les gorges de Markatflojogur. Le Grand Canyon en vert ! Enfin, arrivée à Þórsmörk (refuge *FÍ*).

Et pour les plus courageux...

Certains poussent le plaisir jusqu'à Skógar, à pied toujours. On arrive derrière les chutes d'eau... Si ça reste magique, c'est quand même pas de la tarte. S'adresse donc aux randonneurs confirmés et bien équipés. Voir plus loin « Þórsmörk ».

HVOLSVÖLLUR

860 hab.

Petite ville sans grand intérêt, simple étape possible sur la route 1.

Arriver – Quitter

Les bus partent de la station-service *N1,* sur Austurvegur (route 1).

➢ ***Reykjavík (via Hella et Selfoss) :*** Hvolsvöllur est sur le passage des lignes desservant la côte sud depuis la capitale. Tte l'année, compter 7-10 bus/j. avec *Strætó*. En saison, avec *Sterna* et *Reykjavík Excursions*. Trajet : env 2h.

➢ ***Le port de Landeyjahöfn (bateau pour les îles Vestmann) :*** avec *Strætó* (ligne 52), tte l'année, 2 bus/j. (mat et fin d'ap-m). Trajet : 30-50 mn.

➢ ***Þorsmörk (via Seljalandsfoss) :*** en saison slt. Avec *Sterna* (ligne 14), 1 bus/j., *Reykjavík Excursions* (ligne 9), 1-3 bus/j. et Trex (ligne 11) 1bus/j. Trajet : 2h.

➢ ***Vik, Skaftafell et Höfn :*** tte l'année avec *Strætó* (ligne 51), 1 bus/j. En saison, avec *Sterna* (ligne 12), 1 bus/j. et avec *Reykjavík Excursions*, 1 bus/j. jusqu'à Vik (ligne 21) et 1 bus/j. jusqu'à Skaftafell (ligne 20). Trajet : env 1h pour Vik, 3h pour Skaftafell et 5h30 pour Höfn. Étapes à : ***Seljalandsfoss, Skógar, Kirkjubæjarklaustur*** et ***Jökulsárlón.***

Adresses et infos utiles

🛈 @ ***Office de tourisme :*** *Hlídarvegur 14. Dans le musée des Sagas.* ☎ *487-80-43.* • *hvolsvollur.is* • *Tlj 9h-18h, mai-sept ; le reste de l'année slt le w-e 11h-17h.* 💻 *(payant.)* Brochures et cartes (de randonnée entre autres) sur la région.

✉ ***Poste et banque :*** *sur Austurvegur (route 1), face à la station* N1. *Lun-ven 10h-16h.*

■ ***Supermarché Kjarval :*** *sur Austurvegur (route 1). Tlj 9h-20h.*

■ ***Piscine :*** *un peu à l'écart du centre (fléché). Lun-ven 6h-20h45, le w-e 10h-18h45. Entrée : env 700 ISK.* Hot tub.

Où dormir ? Où manger ?

De bon marché à prix moyens

⛺ ***Camping :*** *Austurvegur 4.* ☎ *487-87-85. Quand on vient de Selfoss, 1re à droite, juste avt la station* N1. *Ouv juin-sept. Env 1 300 ISK/pers ; réduc.* Sanitaires avec douches (payantes), mais pas de cuisine. Cependant, coin vraiment tranquille, joli gazon et délimité par 2 rangées de hauts arbres. Également quelques chambres en *guesthouse*.

🏠 ***Guesthouse Ásgarður :*** ☎ *487-14-40.* • *asgardurinn.is* • *Continuer tt droit sur 500 m après le musée sur la route 261. Env 5 500 ISK/pers avec sac de couchage ; cottage 20 000 ISK.* Joli coin que cet agréable petit parc dont les arbres abritent une dizaine de mignons cottages, avec chacun sa petite terrasse, douche, w-c et kitchenette (2 seulement sont pour 2 personnes, les autres comptent 2 chambres). 3 chambres claires et spacieuses dans la maison (avec sanitaire commun). Organise aussi des balades à cheval. L'ensemble est très bien tenu. Bon accueil et agréable jardin.

|●| ***Gallery Pizza :*** *Hvolsvegur 29.* ☎ *487-84-40. Tlj 11h30-21h30. Pizzas et burgers 1 600-4 000 ISK.* Cadre ordinaire, mais c'est l'endroit idéal pour se reconstituer après 4 jours de rando ! Au menu, burgers, salades et, surtout, une vingtaine de pizzas au choix. Dire que les portions sont copieuses est une litote (notamment les salades !) et, en plus, c'est bon !

De prix moyens à chic

🏠 |●| ***Eldstó Art Café :*** *Austurvegur, presque en face de la station-service* N1. ☎ *482-10-11. En été, tlj 8h (11h en hiver)-22h. Doubles env 22 000 ISK avec petit déj, 18 000 ISK sans). Plats 2 000-3 000 ISK.* 5 petites chambres, mignonettes, qui se partagent 2 salles de bains. La N1 passe juste devant, c'est donc plutôt bruyant. Kitchenette à dispo. Au rez-de-chaussée, sympathique petit café pour une pause casse-croûte : soupe d'agneau, sandwichs, gâteaux maison. L'endroit est aussi une boutique vendant le travail des proprios : madame fabrique des bijoux et monsieur est potier (au resto, la vaisselle sort de ses mains). Quelques tables dehors au soleil.

Hótel Hvolsvöllur : *Hliðarvegi 7. ☎ 487-80-50. ● hotelhvolsvollur.is ● Chambres à partir de 5 000 ISK/pers avec sac de couchage. Doubles 14 000-25 000 ISK, selon saison.* Dans un bâtiment banal tout en longueur, une cinquantaine de chambres plutôt spacieuses. Décoration assez standard, mais on n'est pas ici pour prendre des cours de bon goût, non plus ! *Hot tub.* Accueil agréable. Lieu un rien impersonnel, mais confortable.

Où dormir ? Où manger dans les environs ?

Camping et guesthouse Smáratún – Hótel Fljótshlí : *Hvolsvelli 861. ☎ 487-14-16. ● smaratun.is ● À 13 km à l'est, par la route 261, fléché (Smáratún) sur la droite. Env 1 400 ISK/pers pour camper ; 5 500 ISK/pers avec duvet (7 800 ISK avec lit fait) en chambres de 4 lits. Doubles 18 500-25 800 ISK selon saison. Cottages 24 000-25 500 ISK selon taille. Au dîner, plats 4 200 ISK, menu 6 000 ISK.* Au milieu des champs où paissent moutons et chevaux, cette ferme est presque un hameau à elle toute seule. À l'hôtel, chambres plaisantes et de bonne taille (évitez toutefois, pour la vue, celles côté parking). Côté *guesthouse,* elles se partagent les salles de bains mais sont sympas quand même. Et, à l'écart, quelques verdoyants emplacements de camping, des petits chalets pour 4 et des cottages vraiment bien équipés (avec même chacun son *hot tub*) qui peuvent accueillir jusqu'à 10 personnes. Produits de la ferme au resto. Accueil relax.

À voir

Söguseturið (*musée des Sagas*) **:** *Hlídarvegur 14. ☎ 487-87-81. 895-91-60. Près de l'*Hótel Hvolsvöllur. *De mi-mai à mi-sept, tlj 9h-18h ; le reste de l'année, le w-e slt 10h-17h. Entrée : env 900 ISK.* Deux musées en un : l'un, uniquement en islandais, est consacré aux coopératives avec matériel d'époque, vieilles machines et reconstitution d'intérieurs ; l'autre, traduit en anglais, s'attache aux *sagas* qui racontent l'histoire des gens des temps jadis, et plus précisément à la *Saga de Njáll*. Cette dernière, une des plus célèbres, écrite vers 1280 par un inconnu, se déroule dans la région de Hvolsvöllur. Elle comprend cinq parties, les deux plus importantes étant l'histoire de Gunnar de Hliðarendi, preux chevalier, et celle de son ami Njáll de Bergthorshvoll, sage renommé. Le tout se termine plutôt mal puisque Gunnar est assassiné et que Njáll périt dans l'incendie de sa ferme. Pour ceux que les *sagas* intéressent, ce musée, bavard mais didactique, est une bonne façon de pénétrer le monde de ce genre littéraire typiquement islandais.

DANS LES ENVIRONS DE HVOLSVÖLLUR

Seljalandsfoss : *à env 20 km de Hvolsvöllur par la route 1, direction Skógar, puis route 249, sur la gauche.* Tout d'abord, un conseil : venez-y plutôt l'après-midi si vous pouvez, sinon on a le soleil dans les mirettes. Belle chute (encore !) tombant d'une haute falaise (40 m) et derrière laquelle une passerelle a été aménagée (prévoyez le poncho, ça mouille !). On longe la falaise herbeuse par le bas sur 500 m pour observer une multitude d'autres cascades, dont la jolie **chute Gljúfrafoss** jusqu'au pied de laquelle on se faufile par un étroit défilé. Attention, là aussi, on se prend une belle saucée. Un site assez magique !

Camping Hamragardar : *500 m après la chute principale. ☎ 487-89-20. 785-17-67. Env 1 300 ISK/pers (douches payantes).*

Un joli site avec de la pelouse, au pied de la falaise, plutôt bien équipé, avec douche, machine à laver et petite cuisine avec 2 plaques. Cafétéria.

Ferðdaþjónusta Baenda Stóru-Mörk 3 : *Stóra-Mörk. ☎ 487-89-03. 866-75-87. • storamork.com • 4 km au-delà de la chute, piste à droite sur 3 km. Doubles avec sdb et petit déj 12 000-17 900 ISK ; avec duvet 4 500 ISK/pers, petit déj 1 900 ISK.* Accrochée à la colline, dans un coin isolé, une ferme (b)ovine classique, offrant 5 chambres avec ou sans salle de bains, avec ou sans duvet. Simples, sans charme particulier, presque modestes mais bien tenues. Ce qui retient ici avant tout, c'est le côté familial, la qualité de l'accueil et le superbe environnement. Copieux petit déj-buffet (compris) servi dans une véranda avec une belle vue.

LES ÎLES VESTMANN (VESTMANNAEYJAR)

LE SUD

Cet archipel réputé pour sa beauté est situé à une dizaine de kilomètres de la côte. Il est composé d'une quinzaine d'îles et d'une trentaine d'îlots, formés à la suite d'une succession d'éruptions sous-marines le long d'une faille de 30 km. Les deux plus grandes sont *Heimaey* (13,4 km²), la seule habitée, et *Surtsey* (1,4 km² aujourd'hui).

Les îles Vestmann ont un riche passé. Leur nom vient d'un événement survenu au moment de la création de l'Islande. Après avoir assassiné le demi-frère d'Ingólfur Arnarson au IXe s, ses esclaves, d'origine irlandaise, se sont réfugiés dans ces îles. *Vestmenn* signifie « les hommes de l'Ouest », nom que l'on donnait aux Irlandais. De cet archipel, *Heimaey* est la seule île habitée et Surtsey la toute dernière sortie des eaux suite à une éruption volcanique sous-marine.

QUAND LE VOLCAN RENAÎT DE SES CENDRES

En 1973, sur Heimaey, un volcan éteint depuis plus de 6 000 ans explose en une gigantesque éruption. Un seul mort, mais la population de l'île est rapidement évacuée. Six mois durant, le cratère prend de l'altitude tandis que cendres et scories sont le quotidien de l'île. Au final, la ville est partiellement ensevelie (360 maisons détruites). Quant aux coulées de lave côté mer, elles entraînent une augmentation de près de 20 % de la superficie de l'île !

Arriver – Quitter

➢ ***Reykjavík :*** *Strætó* (ligne 52) dessert tte l'année le port de Landeyjahöfn d'où partent les ferries, 2 bus/j. (mat et fin d'ap-m). De Reykjavík, le 1er bus part de *BSÍ*, le 2e de *Mjódd.* Villes desservies : ***Selfoss, Hella, Hvolsvöllur.*** Trajet : 45 mn (Hella) et 2h20 (Reykjavík).

➢ Depuis le port de ***Landeyjahöfn,*** au sud-est de Hvolsvöllur, on rejoint l'archipel en 40 mn (par beau temps).

■ ***Compagnie Herjólfur :*** *☎ 481-28-00 (îles Vestmann), ☎ 525-77-38 (Reykjavík). • herjolfur.is • De mi-mai à mi-sept, 4-5 départs/j. ; sept-mai 3-4 départs/j. Aller simple : env 1 320 ISK/pers ; réduc ; gratuit moins de 12 ans ; compter 2 120 ISK/voiture.* Départs l'été à 8h30, 11h, 13h30, 18h30, 21h ; retours à 9h45, 12h30, 14h45, 19h45, 22h. Arriver 30 mn avant. Résa conseillée en haute saison (surtout le w-e), mais possibilité de changer l'heure d'un trajet (au retour, par exemple, se faire inscrire au guichet sur la *waiting list,* 1h avant au port de Heimaey).

HEIMAEY

• Plan *p. 145*

C'est la seule île de l'archipel qui soit habitée. Les 4 000 habitants vivent principalement de la pêche. Port protégé au fond d'une baie étroite, bordée de hautes falaises. Le site est charmant, ne seraient-ce les inélégantes installations portuaires.

Adresses utiles

Office de tourisme (plan zoom A1) : *angle Strandvegur et Bárustigur. ☎ 488-25-55. • vestmannaeyjar.is • Lun-ven 9h-18h, sam 10h-16h, dim 13h-16h.* Vous y trouverez un plan détaillé de l'île indiquant les balades possibles. Petite cafétéria.

@ **Internet** (plan zoom A1) : *à la bibliothèque, Ráðhúströð, qui abrite aussi le Musée folklorique. Lun-jeu 11h-19h (17h ven).*

■ Le village renferme tous les ***commerces*** dont vous aurez besoin : poste, banque, supermarché *(ouv tlj 8h-19h, 18h le w-e)*, stations-services.

LE SUD

Où dormir ?

De bon marché à prix moyens

Camping & Glamping *(plan A1,* ***10****) : Herjólfsdalur. ☎ 481-20-75. 846-91-11. • glampingandcamping.is • À env 1 km de l'arrivée du ferry, à l'ouest de l'île, en face du golf. Env 1 300 ISK/pers (douche comprise). Tonneaux et maisonnettes 7 900-9 900 ISK (draps en sus 1 600 ISK).* La gardienne passe matin et soir. Bien équipé. Sanitaires très corrects (w-c chauffés, excusez du peu !), lave-linge et sèche-linge à disposition. Salle commune avec plaques chauffantes. Terrain au cœur du cratère, dans un cadre idyllique, avec deux belles maisons en pierre, au pied de falaises verdoyantes. De petits mais douillets tonneaux et maisonnettes aménagés pour 2 personnes donnent le côté « glamping » au lieu (glamour + camping = glamping...). L'autre aile du camping, près du terrain de sport, présente nettement moins d'intérêt.

Auberge de jeunesse Sunnuhóll *(plan zoom B1,* ***13****) : Vestmannabraut 28. ☎ 481-29-00. • hostel.is/hostels/vestmannaeyjar • Tte l'année. Env 6 000 ISK/pers, petit déj en sus 1 800 ISK.* 7 chambres de 2 à 4 lits intégrées dans l'hôtel *Vestmanneyjar* (même direction et réception). Bien tenues. 2 salles de bains communes. Petite cuisine. Petit déj au resto de l'hôtel.

Hreiðrið Guesthouse *(Eyjamyndir ; plan zoom A1,* ***14****) : Faxastíg 33. 699-89-45. • tourist.eyjar.is • Doubles 7 600-12 500 ISK selon saison, petit déj en sus.* Dans 2 maisons voisines qui se partagent un jardin, une dizaine de chambres un poil vieillottes, mais propres, avec sanitaires communs. Petit déj en option, ou bien une petite cuisine est à disposition.

Hamar Guesthouse & Capsules *(plan zoom A1,* ***15****) : Herjólsgata 4. ☎ 481-34-00. 659-34-00. • guesthousehamar.com • Doubles avec sdb 13 500-24 000 ISK selon saison (petit déj inclus en saison slt) ; capsules 8 700 ISK, petit déj en sus.* Une adresse à deux entrées, au propre comme au figuré. Côté Herjólgötu, le rez-de-chaussée accueille la grande salle de petit déjeuner et les étages des chambres vastes, aux murs blancs, ponctuées de quelques efforts de déco au confort d'une *guesthouse* somme toute classique. Côté Heiðarvegur, changement de décor avec un savant appareillage de chambres capsules qui rappelle quelque film de science fiction, voire des aventures plus terriennes du côté de l'Empire du soleil levant. TV, réveil, liseuse dans ces boîtes à harengs très spatiale. Plutôt rigolo, mais claustrophobes s'abstenir !

De prix moyens à chic

Hótel Eyjar *(plan zoom A1, **16**) : Bárustigúr 2. ☎ 481-36-36. 895-83-50. • hoteleyjar.is • Doubles 16 000-24 000 ISK selon taille et saison, petit déj inclus.* Une adresse agréable et moderne, ornée de tableaux contemporains aux murs et comportant une dizaine de studios d'un excellent rapport qualité-prix. Tous avec coin cuisine équipé, frigo, etc. Agréable salle de petit déj au dernier étage avec vue sur les sommets acérés et les pentes volcaniques. Accueil sympathique en prime.

Hótel Vestmannaeyjar *(plan zoom B1, **13**) : Vestmannabraut 28. ☎ 481-29-00. • hotelvestmannaeyjar.is • En saison, doubles 24 900-30 000 ISK selon confort, petit déj inclus.* Hôtel traditionnel proposant des chambres fonctionnelles et de bon confort (mobilier cossu, coin salon pour les plus chères). Un sol en parquet stratifié, de jolis luminaires un peu design, un tableau d'art abstrait au-dessus du lit pour bercer vos rêves tout aussi abstraits, spa, billard, et le tour est joué pour donner une belle adresse. Accueil à la fois pro et avenant.

LE SUD

Où manger ?

Arnór Bakari *(plan zoom A-B1, **20**) : Vesturvegi 5. ☎ 481-24-24. Tlj 8h-19h (17h dim).* Grande boulangerie moderne proposant un beau choix de sandwichs et bagels à base de pain aux céréales. Le côté sucré n'est pas en reste, avec de bonnes grosses parts de gâteaux, des muffins, des sablés. Gaffe à la balance après ! On grignote ces merveilles de simplicité dans une grande salle à la déco néobaroque, largement ouverte sur la rue.

Vöruhúsid *(plan zoom A1, **22**) : Skólavegur 1. ☎ 481-31-60. Pizzas et burgers 1 500-2 400 ISK. Plats 2 600-4 000 ISK.* Oubliez viandes et poissons décidément trop chers, pour vous rabattre sur de bien plus raisonnables burgers, pâtes, crêpes et pizzas. Propose également des sandwichs. Clientèle populaire et cadre moderne pas déplaisant.

Fiskibarinn *(plan zoom A-B1, **21**) : Bárustigur 11. ☎ 414-39-99. Fish & chips env 1 500 ISK, plats 1 900-2 900 ISK. Mai-août, tlj sf dim 11h-19h (16h sam) ; sept-avr, lun-ven 11h-14h, 16h-19h.* Avouez qu'en débarquant du bateau, le port et les effluves iodés vous avaient donné une sacrée envie de poisson... Rêve accompli dans cette salle aux façons de poissonnerie, qui affiche de classiques *fish & chips* et bisque de homard, mais aussi d'originaux burritos (caramba !) et même des langues de poisson. À savourer sur des mange-debout ou encore au coude à coude sur une longue et étroite tablette qui fait le tour des murs de la salle.

Slippurinn *(plan zoom A1, **23**) : Strandvegur 76 (et Garðavegur). ☎ 481-15-15. Ouv slt mai-sept. Tlj midi et soir de juin à mi-août ; soir slt hors saison. Compter 1 500-2 500 ISK pour un plat le midi ; menu 3 000 ISK ; le soir, plats 3 500-4 000 ISK et menus 7 500-9 500 ISK.* Installé dans le plus grand entrepôt de réparation navale de l'île (qui fonctionna jusqu'à la fin des années 1980) et dont il a gardé espaces et volumes, ainsi que quelques vestiges de machines. Découvrez-y une très belle et simple cuisine nordique aux effluves méditerranéens, avec une touche bien personnelle et concoctée à partir de produits locaux d'une belle fraîcheur. Et toujours le poisson du jour, le tendre agneau bien mitonné et le plébiscité *rhubarb cake dessert.* Accueil jeune et charmant.

À voir

– Billet groupé des 3 musées qui suivent : 3 200 ISK.

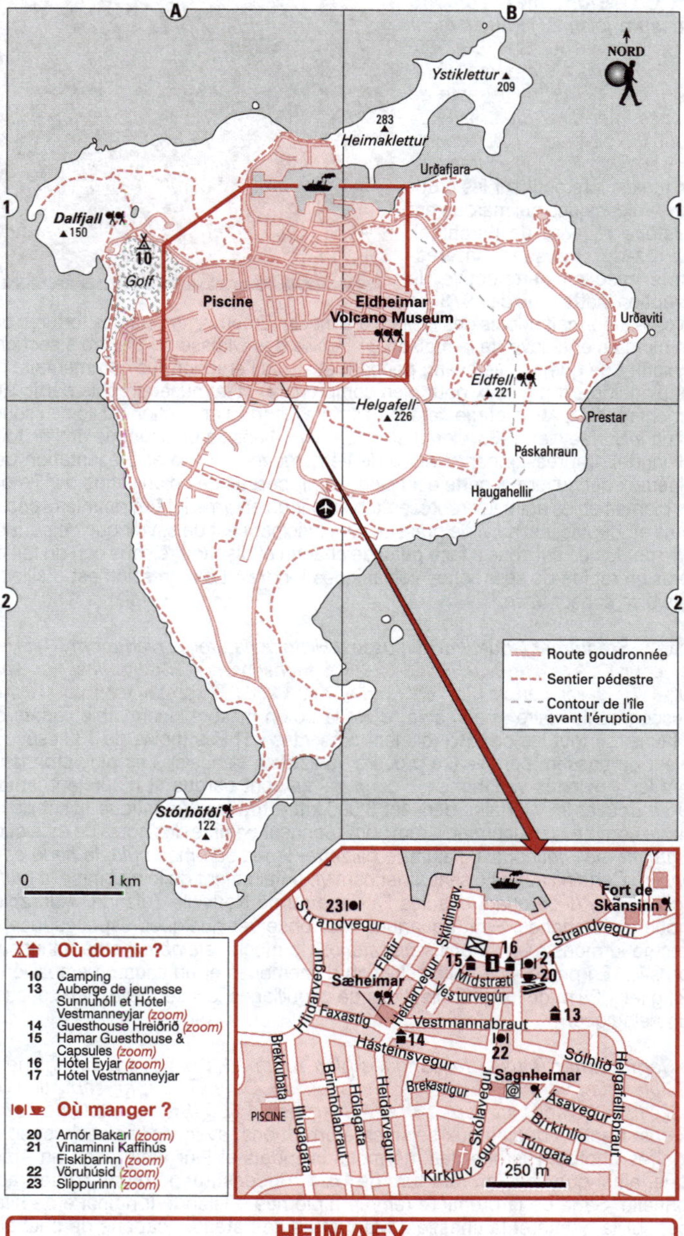

Où dormir ?

- **10** Camping
- **13** Auberge de jeunesse Sunnuhóll et Hótel Vestmanneyjar *(zoom)*
- **14** Guesthouse Hreiðrið *(zoom)*
- **15** Hamar Guesthouse & Capsules *(zoom)*
- **16** Hótel Eyjar *(zoom)*
- **17** Hótel Vestmanneyjar

Où manger ?

- **20** Arnór Bakari *(zoom)*
- **21** Vinaminni Kaffihús Fiskibarinn *(zoom)*
- **22** Vöruhúsid *(zoom)*
- **23** Slippurinn *(zoom)*

HEIMAEY

Eldheimar Volcano Museum (plan B1) **:** *Suðurvegur et Gerðisbraut 10. ☎ 488-27-00. • eldheimar.is • De début mai à mi-oct, tlj 11h-18h ; le reste de l'année, mer-dim 13h-17h. Tarif : 2 300 ISK ; réduc ; gratuit moins de 9 ans. Audioguide en français.* Un musée interactif sur les éruptions volcaniques qui marquèrent l'histoire récente de l'archipel. Au rez-de-chaussée, intéressante mise en perspective de l'éruption inattendue de 1973 (ce volcan-là dormait depuis des milliers d'années). Émouvants vestiges torturés par les cendres et la lave de la maison de famille des Ólafsson. Puis, trois sections explorent ce que fut l'île avant, pendant et après l'éruption. Le commentaire de l'audioguide est précieux pour bien comprendre, et la muséographie particulièrement réussie. Au 1er étage, retour en arrière jusqu'à l'apparition du volcan sous-marin à Surtsey, en 1963, dont l'éruption dura 4 ans (la plus longue de l'histoire d'Islande). Impressionnante vidéo de l'émergence de l'île et présentation des minéraux découverts à cette occasion. Le processus de colonisation de l'île par les plantes et les animaux représenta bien sûr un énorme intérêt pour les spécialistes et, depuis, est suivi de près. Le plus fascinant est de savoir que ce bout de terre né de rien est voué à faire peau de chagrin et disparaître sous peu du fait de l'érosion rapide de ses roches volcaniques tendres. La régression est d'ailleurs déjà bien consommée.

COCARDIER !

L'éruption du volcan Eldfell en 1973 fut un événement médiatique de premier ordre, et ce fut à qui foulerait cette nouvelle terre le premier. Eh bien, ce sont les journalistes d'un grand hebdomadaire français qui y parvinrent avant les autres. L'un d'eux y planta même sans réfléchir un drapeau tricolore. Tollé général dans le pays où le geste ne fut pas, mais pas du tout apprécié !

Sæheimar (aquarium et musée d'Histoire naturelle ; plan zoom A1) **:** *Heiðarvegur 12. ☎ 481-19-97. 863-82-28. • saeheimar.is • Tlj de mi-mai à mi-sept 10h-17h ; l'hiver sam slt 13h-16h. Entrée : env 1 200 ISK ; gratuit moins de 10 ans.* Muséographie claire et agréable. C'est là qu'on mesure l'incroyable variété de la faune, surtout les oiseaux joliment présentés ici ! Pas moins de 132 espèces vivent ou passent par l'île (se procurer la liste en français). Les plus étonnants sont les « oiseaux vagabonds », ceux qui se sont perdus et n'auraient jamais dû se trouver ici. Certains dérivent 3 000 km à travers l'Atlantique avant de se rendre compte de leur erreur. Leurs noms sonnent comme des notes de musique : le *bruant mélanocéphale, l'aigrette garzette,* le *foulque macroule,* le *harle couronné...* Certains autres oiseaux viennent volontairement de loin comme le *puffin fugilligineux,* débarquant des îles Falkland ou de Nouvelle-Zélande ! Adorables chouettes blanches. Petit aquarium pour observer quelques espèces locales comme le monstrueux *lophius piscatorius,* le moche *steinbítur* et le minuscule *hornsíli...* En prime, une belle sélection d'anémones et un saumon empaillé de 22 kg (et 1,29 m de long). Collections de coquillages, d'insectes et riche section minéralogique.

Sagnheimar (Musée folklorique ; plan zoom A1) **:** *dans le bâtiment de la bibliothèque. ☎ 488-20-45. • sagnheimar.is • De mi-mai à mi-sept, tlj 11h-17h ; hors saison, slt sam 13h-16h. Entrée : 1 000 ISK ; gratuit moins de 18 ans.* Section dédiée aux séismes et irruptions, avec vidéos et de spectaculaires photos. Histoire des mormons islandais et leur émigration en Amérique, ainsi que celle du raid turc de 1627. Reconstitution d'une pièce traditionnelle. Saga de la première femme diplômée d'Islande (originaire de l'île). Tout sur la pêche et la chasse... Maquettes de bateaux, cabane de pêcheur, etc. Ne pas manquer la saisissante vidéo d'un navire de pêche travaillant dans la tempête. Dommage toutefois que très peu d'explications soient traduites en anglais.

À faire

➢ ***Volcan Eldfell :*** *départ du chemin depuis la route en contrehaut du Eldheimar Volcano Museum ; compter 1h A/R.* On grimpe au sommet et on se contente de faire le tour du cratère. Ne pas descendre à l'intérieur, où les éboulements sont fréquents. De là-haut, vue imprenable sur l'île, l'archipel complet et les côtes islandaises avec l'imposant Eyjafjallajökull. En contrebas, entre le cratère et l'entrée du port, vous pourrez crapahuter dans la partie « neuve » de l'île (à la suite de l'éruption de 1973, l'île s'est agrandie de 20 %). Terrain instable, soyez prudent et suivez les balisages. En direction de l'entrée du port, vos pas vous mèneront peut-être au ***fort de Skansinn*** *(plan zoom B1),* tout juste épargné par la coulée de lave (il a eu chaud !). À côté du fort se trouvent les ruines de la piscine d'avant l'éruption.

L'ARMÉE ISLANDAISE FAIT LONG FEU

En 1630, des pirates venus de Méditerranée kidnappent 250 habitants de Heimaey pour les revendre comme esclaves. Seuls 13 d'entre eux reviendront. En réaction, on bâtit sur l'île un fort, le seul de l'histoire du pays, gardé par une garnison qui sera... la seule armée qu'ait jamais connue l'Islande.

➢ ***Colonies de macareux :*** de fin mai à la mi-août, on peut observer de près ces sympathiques petits oiseaux. Depuis le camping, emprunter le sentier qui gravit la pente herbeuse jusqu'à la crête acérée du ***Dalfjall*** *(plan A1).* La falaise est un lieu où ils nidifient, on les voit donc de près vaquer à leurs occupations. Jadis, d'autres drôles d'oiseaux nichaient ici : des chasseurs armés de grands *haveneaux* (des épuisettes) et perchés dans des endroits où il vaut mieux ne pas avoir le vertige. Cependant, à cause de la diminution du poisson, la population des macareux est en danger, et la chasse est momentanément interdite (ce qui n'est pas le cas de la côte nord du pays). Il est parfois possible aussi de voir des ***phoques*** dans ces parages.

➢ ***Balades à pied :*** *carte de l'île avec les sentiers de randonnée disponible à l'office de tourisme.* Intéressant itinéraire autour de l'île, passant par les lieux historiques du fameux raid pirate du 17 juillet 1627, avec explications en chemin. Et même si vous ne vous intéressez pas aux méfaits de la barbaresque, montez sur le ***Stórhöfði*** *(plan A3),* tout au sud. On raconte que c'est le coin le plus venteux d'Islande (voire d'Europe) avec 4 jours sans vent au maximum par an. Inutile de vous décrire les paysages, paradis des moutons à longs manteaux de laine (de vrais moutons « hippies »)...

➢ ***Balades en bateau :*** *avec la compagnie* ***Viking*** *; quai sur Ægisgata (plan zoom A1). ☎ 488-48-84. • vikingtours.is • De mai à mi-sept slt. Tour de Heimaey en bateau (1h30) : 6 900 ISK/pers, tlj à 11h et 15h30. Surtsey en bateau (3h30) : env 13 900 ISK, sur résa. Heimaey en bus (2h) : 5 900 ISK, tlj à 13h30.* Le circuit varie selon l'état de la mer, mais normalement il fait le tour de l'île. Commentaires en anglais très intéressants. Vous verrez les cordes que l'on utilise pour monter sur les îles des alentours, aux parois trop escarpées pour accoster. Sur certaines d'entre elles vivent des moutons ! Exploration de grottes au pied des falaises. Ornithologues, vous n'aurez sans doute jamais vu autant d'oiseaux au mètre carré ! Une excursion que nous vous recommandons chaudement, à moins que vous ne soyez tenté par une approche de l'île de Surtsey, depuis la mer (on n'y débarque pas, entendons-nous bien). Quant à ceux qui n'ont pas le pied marin, ils se rabattront sur une découverte de Heimaey en bus.

– ***Piscine*** *(plan A1)* **:** *en sem 6h15-21h, le w-e 9h-18h (17h sept-mai). Entrée : 700 ISK ; réduc.* Très agréable piscine couverte abritant une pataugeoire, un bassin ludique avec 4 toboggans, un sauna, 4 *hot tubs* et un petit mur d'escalade. L'eau du bassin est salée artificiellement, les habitants de Heimaey étant coutumiers de la vieille piscine à l'eau de mer, détruite en 1973.

Festival

– ***Þjóðhátið :*** *chaque 1er w-e d'août, du ven au lun mat. Infos :* • *dalurinn.is/en* • Un temps forts de l'année sur Heimaey. Ce festival est en grande partie un festival de musique, mais pas seulement (il y a des feux de joie, un gros feu d'artifice, etc.). Entrée payante plutôt élevée et hébergements pris d'assaut (camping réservé aux festivaliers). Attendez-vous à de véritables bacchanales. Les transports sont prévus en conséquence.

SI HEIMAEY NE VIENT PAS À TOI... TU IRAS À HEIMAEY

En 1874, alors que sur le continent on s'apprêtait à fêter les 1 000 ans de la colonisation, les habitants de l'île se trouvèrent bloqués chez eux par le mauvais temps. Ils décidèrent de fêter quand même dignement l'événement ! La tradition s'est perpétuée, et désormais, chaque année, c'est le continent qui fait le déplacement jusque chez eux.

LE SUD

SURTSEY

L'île est classée au Patrimoine mondial par l'Unesco depuis 2008. Son accès est cependant réservé à une poignée de scientifiques qui, depuis sa création, y étudient l'implantation et le développement de la faune et de la flore. Née en 1963 à la suite d'une éruption sous-marine qui dura 4 ans... Au deuxième jour de l'éruption, l'île mesurait déjà 2 m de haut et à la fin de celle-ci, en 1967, elle atteignait une hauteur de 170 m ! Or, cette roche volcanique est jeune et friable : l'érosion des flots en a vite raison. Elle a déjà gommé de la carte une partie de la surface de l'île et créé des falaises abruptes, comme on en voit sur toutes les îles de l'archipel. Elle ne se visite pas. Voir « Excursions en bateau » plus haut.

ÞÓRSMÖRK

Þórsmörk, « le bois de Thor », est un site superbe, l'une des vallées préférées des Islandais, à 140 km à vol d'oiseau au sud-est de la capitale. Situé au pied du glacier *Mýrdalsjökull,* quatrième du pays en superficie, et de son petit voisin, l'*Eyjafjallajökull,* dont le volcan (l'Eyjafjöll) fit parler de lui en Europe au printemps 2010. Souvenez-vous, celui dont les cendres bloquèrent l'espace aérien pendant un certain temps... Si l'activité de l'*Eyjafjöll* ne représentait pas un énorme danger en soi, elle fait cependant craindre une éruption prochaine du volcan voisin, le *Katla* (situé sous le Mýrdalsjökull), un des plus actifs et des plus dévastateurs d'Islande (même s'il ne s'est pas réveillé depuis 1918). En effet, les deux volcans sont considérés comme liés l'un à l'autre et, par le passé, les éruptions de l'Eyjafjöll ont souvent été suivies par celles du Katla, qui entraînent des crues brutales, très puissantes et ravageuses (les *Jökulhlaup*). Or, depuis 2010, on attend une éruption de Katla qui se fait attendre.

Arriver - Quitter

En bus

➢ ***Reykjavík :*** 2-4 bus/j. avec Sterna (ligne 14) de fin juin à début sept, *Reykjavík Excursions* (ligne 9) de mai à mi-oct et avec *Trex* (ligne 11) de mi-juin à mi-sept. Ces derniers sont généralement les moins chers. Villes desservies : ***Hveragerði, Selfoss, Hella, Hvolsvöllur*** et ***Seljalandsfoss***. Trajet : env 1h30 (Hella) ; 4h (Reykjavík).

➢ Sinon, des excursions d'une journée sont aussi proposées l'été par les compagnies *Gray Line (● grayline.is ●)* et *Reykjavík Excursions (● re.is ●),* mais c'est plus cher.

En voiture

Depuis la N1, au niveau des chutes de Seljalandsfoss, l'accès se fait par la route 249 puis la piste F249. Cette dernière est exclusivement réservée aux véhicules tout-terrain conduits par des chauffeurs expérimentés et habitués à traverser les gués. Elle est réputée pour être l'une des plus difficiles du pays. Vérifier l'état de la route (et des rivières) et la météo avant de partir : *● vegagerdin.is ●* (accès et état des routes) ; *● vedur.is ●* (météo).

Où dormir ? Où manger ?

⛺ ☗ ***Camping :*** le site dispose d'un ***refuge*** au départ – ou à l'arrivée – du trek (là où s'arrête le bus). Il est géré par ***Ferðafélag Íslands.*** *📱 893-11-91 (de mi-mai à fin sept). ☎ 568-25-33. ● fi.is ● Résa fortement conseillée. Env 1 800 ISK/pers pour camper et 7 500 ISK/pers pour y dormir ; douche payante.* Cuisine équipée (mais pas de micro-ondes) uniquement réservée aux 75 privilégiés qui logent au refuge (et non au camping).

⛺ ☗ |●| ***Camping The Volcano Huts :*** *à **Húsadalur.** ☎ 552-83-00. ● volcanohuts.com ● Ouv mai-sept. Camping 2 000 ISK, dortoir env 7 500 ISK/pers, cottage env 27 000 ISK (jusqu'à 5 pers). Buffet le midi env 2 700 ISK, dîner 4 500 ISK et panier-repas 2 500 ISK.* Plusieurs formules : minicottages pour familles, grands bungalows avec plusieurs chambres individuelles (*single* et doubles), minidortoirs dans un grand chalet... Sanitaires et douches communs, sauna, minuscule piscine naturelle d'eau chaude, cuisine collective. Camping offrant de larges espaces (on s'en doutait un peu), herbe tendre et arbres (si, si !). Au resto *The Lava Grill,* salle agréable et prix raisonnables.

À faire

➢ Superbe ***balade à pied*** jusqu'au glacier. De l'arrêt de bus, partir sur la gauche du petit magasin et traverser le cours d'eau (il y a un pont qu'on atteint par un petit chemin qui part sur la droite, à flanc de montagne). En tout, à peu près 1h de marche.

➢ ***Randonnée :*** une autre idée de balade, mais nettement plus longue (environ 20 km ; compter 10 h de marche avec deux ou trois passages un peu délicats). Le sentier balisé relie Þórsmörk à Skógar en passant entre les glaciers Mýrdalsjökull et Eyjafjallajökull. Nuit possible dans l'un des deux refuges qui se trouvent à mi-chemin, dont l'un est géré par *Útivist (☎ 562-10-00 ; ● utivist.is ●).* Cette balade peut être un bon prolongement de la randonnée Landmannalaugar-Þórsmörk, indiquée plus haut, mais elle comporte des difficultés un cran au-dessus. Bien se renseigner avant le départ sur les conditions météo et, surtout, se munir d'une carte détaillée. En revanche, elle permet, en une journée, de retrouver la route 1 et le service de bus autour de l'île. Les paysages sont vraiment splendides.

SKÓGAR

25 hab.

Le hameau se trouve à plusieurs kilomètres du rivage, bordé d'une immense plage de sable noir battue par les vents. À côté, la Skógafoss, majestueuse chute d'eau de 60 m de haut alimentée par le glacier.

Arriver – Quitter

– Attention pour l'essence, en venant de Reykjavík, la toute dernière station se trouve 10 km avant Skógar : après, il faudra attendre Vik pour abreuver le réservoir de son véhicule !

➢ ***Depuis Reykjavík vers Höfn :*** tte l'année, 1 bus/j. avec *Stræto* (ligne 51) et en saison 3 bus/j. supplémentaires avec *Sterna* (ligne 12) et *Reykjavík Excursions* (lignes 20 et 21). Villes desservies : ***Selfoss, Hella, Hvolsvöllur, Seljalandsfoss, Vík*** et ***Skaltafell.*** Trajet : env 3h10 (Reykjavík) ; 1h20 (Vik) et 6h15 (Höfn).

Où dormir ? Où manger ?

De bon marché à prix moyens

⛺ ***Camping :*** *quasi en face de la chute. 📱 863-80-64. Env 1 200 ISK/pers (pas de réception : paiement sur place tlj 19h-21h).* Un terrain plat et herbeux coincé entre le parking et la cascade. Équipement réduit – douches (payantes), quelques tables sous un petit auvent. Le site est superbe lorsque la foule est partie.

🏠 ***Hostel Skógar :*** *à deux pas de la chute. ☎ 487-87-80. • skogar@hostel.is • Ouv fév-déc. Lit en dortoir (4-6 pers) env 4 750 ISK. Double env 12 900 ISK ; pas de petit déj. Réduc avec la carte* HI. 📶 Pas l'AJ la plus gaie du pays. Sans fantaisie, mais bien située et pratique, avec sanitaires communs corrects (quoique en sous-nombre), cuisine à dispo et, normalement, lave-linge et sèche-linge. Mais pas de petit déj (et pas de supermarché à Skógar...).

🏠 🍽 ***Hótel Edda :*** *un peu avt le musée Skógasafn. ☎ 444-48-30. • hoteledda.is • Ouv fin mai-fin août. Doubles sans sdb 19 500-23 000 ISK selon saison. Petit déj en sus. Possibilité aussi de dormir en sac de couchage dans un grand gymnase pour env 4 500 ISK/pers. Resto le soir slt. Plats 2 000-5 000 ISK, formule 5 000 ISK. 📶 (payant.)* 2 grandes bâtisses grises des années 1950. Un peu triste, mais les chambres sont convenables pour le prix. Dîner et petit déj copieux.

🍽 ***Fossbúd Café :*** *à 300 m de la chute. ☎ 487-88-43. Formule déj 2 500 ISK, formule dîner 3 100 ISK, fish & chips et burgers 1 200-2 100 ISK.* Cette cafét' est un point de chute honorable pour manger pas cher (midi et soir), à portée du regard de la cascade. Pour le cadre intérieur et l'ambiance, il ne faut pas être regardant : c'est une manière de cantoche. Point. Mais les soupes et burgers sont bons et vous permettront de réviser le nom des volcans du coin, dont on les a baptisés.

Très chic

🏠 🍽 ***Hótel Skógar :*** *sur la droite de la route qui mène à la chute. ☎ 487-48-80. • hotelskogar.is • Doubles 29 000-42 000 ISK selon confort et période, petit déj inclus. Formule déj 3 400 ISK. Au dîner, plats 3 400-5 400 ISK.* Architecture extérieure plutôt ratée, un poil bunker, mais heureusement horizontale. En revanche, agréable cadre intérieur. Chambres spacieuses, style contemporain de bon goût et tout confort. *Hot tub* et sauna dans le jardin. Bon resto dans une plaisante salle à manger. Jeune patron dynamique et très accueillant.

Où dormir ? Où manger dans les environs ?

Sólheimahjáleiga Guesthouse : *à env 10 km à l'est, sur la route 1 vers Vík, puis à gauche par la route 222. ☎ 487-13-05. 📱 864-29-19. • booking@solheimahjaleiga.is • En été, doubles sans ou avec sdb 23 400-27 500 ISK, petit déj inclus. Dîner env 6 000 ISK.* Une ferme accueillante avec des chambres réparties dans 3 bâtisses : la maison familiale, « la vieille maison » (construite en 1939) et une construction plus récente. La vieille maison accueille les 7 chambres avec salle de bains commune, qui se partagent aussi une cuisine et un salon. L'annexe récente, plus fonctionnelle, abrite celles avec salle de bains privatives. On y trouve aussi un joli salon commun, une petite terrasse abritée et une kitchenette. Le petit déj se prend dans la maison des gentils proprios, dans une véranda donnant sur le jardin.

Country Hótel Anna : *à* ***Moldnúpur,*** *à 1 km de la N1 par la route 246, entre Skógar et Hvolsvöllur. ☎ 487-89-50. 📱 899-59-55. • hotelanna.is • Ouv tte l'année. Résa conseillée. Doubles 18 500-29 000 ISK avec petit déj. Resto ouv à tous à partir de 18h30. Dîner 3 900-5 100 ISK.* Enfin une adresse qui a un peu de caractère ! Avec, un peu partout, du mobilier de style glané dans des ventes aux enchères sur Internet ! Cette ferme est tenue par la même famille depuis 5 générations : plus d'un siècle. Une des membres de la famille, écrivain, a donné son nom à l'hôtel. 7 chambres seulement, tout confort, avec salle de bains nickel. On a une préférence pour les nos 6 et 7, pour leur vue sur le cirque naturel. C'est aussi une bonne table, où le patron vous servira avec fierté le tendre agneau de son élevage. Excellent accueil.

Gamla fjósi : *Hvassafell, à* ***Hvolsvöllur.*** *☎ 487-77-88. À 10,5 km à l'ouest, sur la gauche de la route 1, 800 m après le Eyjafjallajökull Visitor Center. Tlj 11h-21h. Burgers 1 900-2 500 ISK, plats 2 700-3 500 ISK.* La (vieille) vache – c'est le nom de cette adresse – taillée dans le métal de l'enseigne, donne le ton. Ce resto appartient à une famille d'agriculteurs et, sous sa charpente de bois, la grande salle est une ancienne étable. Accueil très nature, toute petite carte et produits fermiers de qualité dès les premiers prix : les burgers sont, par exemple, aussi bons que généreux.

LE SUD

À voir

Skógafoss : *à l'orée du village.* La chute de Skógar en v.f. vaut vraiment le coup d'œil. On peut l'observer d'en bas (à hauteur du village) ou d'en haut, en empruntant un escalier assez raide (environ 380 marches, hardi petit !). Au-delà, un chemin suit la rivière (qui s'offre une bonne vingtaine d'autres chutes au passage) jusqu'au Fimmvörðuháls, col qui sépare les glaciers Mýrdalsjökull et Eyjafjallajökull (compter 5h aller). Sinon, avis aux âmes courageuses, le trésor du colon viking Þrasi Þórólfsson est toujours derrière le rideau d'eau !

Skógasafn *(musée ethnographique de Skógar)* **:** *à l'est du village, à 100 m de l'Hótel Edda. ☎ 487-88-45. • skogasafn.is • Ouv tlj ; juin-août, 9h-18h, sept-mai 10h-17h. Entrée : 2 000 ISK ; réduc ; gratuit moins de 11 ans. Petite notice en français.* Ensemble remarquable abritant une bibliothèque, des archives (consultation sur rendez-vous), une foultitude d'objets et une importante section dédiée aux transports et aux communications.

DEUX PAIRES POUR LE PRIX D'UNE !

Le musée de Skógar renferme des moufles à deux pouces. Pourquoi deux pouces ? Cela permettait aux pêcheurs, quand ils partaient en mer pour une longue période, de retourner leur mitaine usée et de l'utiliser de l'autre côté !

– *Salle maritime :* emplie de vestiges de naufrages, où trône un bateau de pêche de 1855, en chêne. À voir encore, la première page d'un numéro du *Petit Journal* de 1894 consacrée aux pêcheurs français en Islande, et la photo d'un bateau-hôpital : le *Saint-Paul,* échoué en 1899 et dont le bois des mâts fut utilisé pour la construction des maisons du coin. On remarquera que, dans une baleine, tout était utile : estomac employé comme flotteur, vertèbres comme marmite, bac à charbon, billot ou tabouret de cuisine... Émouvants mémoriaux des marins morts en mer. Nombreux souvenirs intimes, lettres, coffres de marin ciselés. Et, dans une vitrine, l'anneau légendaire du coffre au trésor que le colon Þrasi Þórólfsson est censé avoir caché derrière la chute de Skógafoss.
– *Salles ethnographiques :* nombre d'objets présentés illustrent la capacité (et la nécessité) des habitants de ces terres hostiles à s'adapter à la pénurie de matériaux. Comme ce rabot réalisé avec du cuivre provenant d'une épave de bateau. Ou cette turbine ayant permis l'électrification du village. On pourra s'attarder sur cet outil en bois destiné à mouler les cuillères en corne de vache. Les fines broderies sur les costumes témoignent quant à elles de longues soirées d'hiver !
– *À l'extérieur :* d'authentiques maisons ont été démontées de leurs lieux originels et remontées ici. Une ferme aux toits de tourbe est composée de plusieurs bâtiments dont une cuisine, une étable et une forge. Une école datant de 1903. Un ensemble de 3 maisons de 1920, ancienne ferme avec sa buanderie. Au-dessus, la maison d'un riche fermier construite au milieu du XIXe s en partie avec du bois d'épaves. Les lambris du salon proviennent d'un navire-hôpital, le *Saint-Paul*. Finalement, seule l'église a été construite ici de toutes pièces par le créateur du musée Thordur Tómasson sur le modèle des églises de la région.
– Le ***musée des Transports et des Télécommunications*** évoque, lui, tous les moyens de locomotion, du cheval à l'auto. Belles voitures des années 1920. Pompe à essence de 1931, véhicule de pompiers tout-terrain de 1938, etc. Importante section sur la construction des routes et des ponts (machines, véhicules de montagne et une Jeep russe de 1964). Toute l'histoire des télécommunications aussi, du télégraphe aux premiers téléphones, en passant par le coursier à cheval qui sonnait du clairon... Beau camion Ford écarlate de 1931, antique bureau de poste. Et la plus impressionnante collection de téléphones portables qu'on ait jamais vue !

LE SUD

DANS LES ENVIRONS DE SKÓGAR

Eyjafjallajökull (Visitor Center) **:** *à* **Þorvaldseyri,** *env 10 km à l'ouest de Skógar, sur la route 1. ☎ 487-57-57. • icelanderupts.is • Ouv tte l'année. Juin-août, tlj 9h-18h ; sept-avr, 10h (11h et fermé les w-e, oct-avr)-16h. Entrée : 800 ISK ; gratuit moins de 12 ans.* Photos surprenantes et intéressant film de 20 mn sur ce célèbre volcan dont le sommet se dévoile joliment depuis la route 1.

➢ ***Balades sur le Mýrdalsjökull :*** c'est le quatrième plus grand glacier d'Islande. On peut le découvrir à pied, avec *Icelandic Mountainguides (☎ 587-99-99 ; • mountainguides.is •).* On vous fournira bottes et combinaison chaudes, et vous serez acheminé sur le glacier. Autre possibilité : le traîneau à chiens (863-67-33 ; ● *dogsledding.is* ●). Les départs de ces deux derniers types de tours se font du bout de la route 222.

Le Sólheimajökull : *appendice du Mýrdalsjökull, situé à une dizaine de km à l'est de Skógar. Accès par la route 1 puis la route 221, goudronnée, jusqu'au parking.* En chemin, une légère odeur de soufre vient par moments chatouiller les narines. Au bout de la route, un sentier conduit en 10 petites minutes face à cette masse blanche striée de noir qui se désagrège lentement dans la rivière *Jökulsá*. Au gré des saisons, on y entend soit le clapotis de l'eau produit par la fonte des neiges, soit les craquements de la glace...

Sólheimasandur : *env 2 km après le pont du Sólheimajökull, « parking » le long de la route 1, à droite. Suivre le sentier sur 4 km en direction de la mer.* Pas de fléchage, pas de publicité pour cette carcasse d'avion tout simplement posée sur la plage noire. Ce Douglas DC3 de l'US Navy a dû se poser en urgence ici, faute de carburant : on vous disait qu'il fallait prendre vos précautions sur cette côte ! Pas de victime, on vous rassure, mais le grand oiseau est resté là : une image un peu surréaliste.

VÍK

370 hab.

Très belle arrivée sur ce petit village où les falaises, d'un vert profond, plongent dans la mer. On aperçoit bien vite une petite église, perchée sur sa colline, qui semble veiller sur le hameau. Si vous avez beau temps, montez y brûler un cierge, car c'est l'endroit le plus pluvieux d'Islande !

Arriver – Quitter

➢ ***Reykjavík :*** tte l'année, 1 bus/j. avec *Strætó* (ligne 51) et en saison 3 bus/j. supplémentaires avec *Sterna* (ligne 12) ou *Reykjavík Excursions* (lignes 20 et 21). Villes desservies : ***Selfoss, Hella, Hvolsvöllur, Seljalandsfoss*** et ***Skógar.*** Trajet : env 4h30 pour Reykjavík.

➢ ***Höfn (via Kirkjubæjarklaustur, Skaftafell et Jökulsárlón) :*** 1 bus/j. jusqu'à Skaftafell avec *Reykjavík Excursions* (ligne 20) ; 1 bus/j. avec Strætó (ligne 51, tte l'année) et 1 bus/j. avec *Sterna* (ligne 12) qui poussent jusqu'à Höfn. Trajet : env 2h30 (Skaftafell) et 5h (Höfn). ***Attention,*** les bus *Sterna* marquent 1h d'arrêt au lac glaciaire de Jökulsárlón : parfait pour le visiter, mais à intégrer dans le temps de trajet.

Adresses utiles

i @ *Office de tourisme :* *Víkurbraut 28.* ☎ *487-13-95.* ● *visitvik.is* ● *Tourner à droite en venant de Skógar, au niveau du pont. En saison, lun-ven 10h-20h, w-e et j. fériés 11h-17h.* *(payant.)* Distribue gratuitement plusieurs cartes sur les balades à faire dans les environs. Cette vénérable et belle maison de 1831 rassemble l'office de tourisme, un café-restaurant et un petit ***musée local*** *(GRATUIT)* qui vous occupera le temps d'une averse : animaux empaillés, maquette de bateau...

■ ***Banque*** et ***supermarché :*** *dans Víkurbraut, la rue de l'office de tourisme. Supermarché tlj 9h-19h. Banque lun-ven 12h30-16h.*

■ ***Piscine :*** *Mánabraut.* ☎ *487-11-74. En été, tlj 10h-17h. En hiver, lun-ven 13h-19h, sam 10h-16h, fermé dim. Entrée : 450 ISK.*

Où dormir ? Où manger ?

De bon marché à prix moyens

Camping Vík í Mýrdal : *sur Klettsvegur, côté est de la ville, en face de la station-service. ☎ 487-13-45. 899-24-06. Accueil 10h-12h, 18h-22h. Env 1 500 ISK/pers.* Site assez venté, mais de jolis emplacements abrités par quelques arbres au pied de falaises verdoyantes. Douches gratuites (mais il n'est pas rare, l'été, que l'eau chaude vienne à manquer). Salle commune. Laverie.

Norður-Vík Youth Hostel : *Suðurvegur 5. ☎ 487-11-06. • hostel.is/Hostels/Vik • 1re à gauche après la rivière quand vous entrez dans Vík, en venant de l'ouest ; monter la rue jusqu'au bout. Ouv tte l'année. Une grosse trentaine de lits en dortoir env 5 100 ISK/pers ; double env 13 500 ISK. Petit déj 1 500 ISK. Réduc avec la carte* HI. C'est une maison blanche à toit bleu, adossée à la colline... 4 chambres doubles et 5 dortoirs 4-6 personnes. À l'entrée, une petite véranda avec canapé et TV fait office d'accueil et de petit salon. Cuisine bien équipée, salle à manger vitrée. Location de vélos. Convivial, accueil cordial. En prime, le calme, l'environnement sympa et un panorama privilégié. En saison, résa vivement conseillée, l'AJ est vite remplie.

Halldórskaffi : *dans le bâtiment de l'office de tourisme. ☎ 487-12-02. Tlj de mi-avr à mi-sept 11h-22h (2h sam), en hiver ven-sam slt à partir de 18h. Pizzas, sandwichs, burgers et salades 2 200-3 500 ISK. Également 2 ou 3 plats plus chers.* L'endroit est réputé pour ses pizzas, mais les soupes du jour sont bonnes et les burgers maison bien juteux. Vík ne regorge pas d'endroits sympas où dîner. Résultat : en saison, l'endroit est littéralement pris d'assaut (surtout quand il pleut... ce qui arrive un peu, beaucoup, à la folie !) et il n'est pas rare de devoir patienter pour avoir une table. Joli cadre. À l'origine, cette belle bâtisse, tout en bois, une des plus vieilles d'Islande (construite en 1831), était un commerce sur les îles Vestmann. C'est en 1895 qu'elle fut transférée à Vík.

Suður Vík : *Suðurvikurvegur 1. ☎ 487-15-15. Tlj 12h-22h. Pizzas 1 700-2 800 ISK, plats 2 000-2 500 ISK.* Coquette maison traditionnelle sur la colline, qui domine tout le village. 2 salles façon intérieur traditionnel, pleines de charme et pas snobs pour un sou. Pourtant, le lieu a du chic et propose de bons petits plats et bien apprêtés. Les inamovibles de la table islandaise, burgers et pizzas, mais également des viandes et poissons (certes plus onéreux). Service efficace et sympa tout à la fois.

Chic

Hótel Edda : *sur la route principale, juste en dessous de l'église, à deux pas du camping. ☎ 444-48-40. • hoteledda.is • Ouv tte l'année sf déc. Double env 26 000 ISK, cottage env 29 000 ISK. Petit déj 2 600 ISK.* Contrairement à l'*Hótel Edda* classique, celui-ci n'est pas une école, mais bien un hôtel, et un bel hôtel, ouvert à l'année. En plus des chambres (les plus chères) avec salles de bains du bâtiment attenant au *Icelandair Hótel,* 5 chalets. Dans chacun d'eux, 2 chambres pour 2 personnes avec parquet, dessus-de-lit en laine, plafond mansardé et salle de bains. Rien à redire, c'est agréable et tout confort !

Achats

Víkurprjón : *à côté de la station-service* N1. *☎ 487-12-50. Tlj 8h-21h.* C'est, mine de rien, un des derniers ateliers de tricotage d'Islande. Visite sur demande, sinon on peut voir les machines à tricoter au travail depuis l'étage du magasin. Une boutique essentiellement (hormis quelques « souvenirs » de très bon goût bien sûr !) dévolue à la marque *Icewear,* dont les pièces en laine sont fabriquées ici. Pas de « prix d'usine », mais toujours quelques promotions.

À voir. À faire

➢ ***Observation des macareux :*** sur la falaise qui surplombe la rue de l'office de tourisme. Ils sont plus présents le matin avant 10h et en soirée : en journée, ils sont en mer à la recherche de nourriture. On peut les observer d'en bas (à la jumelle de préférence) depuis la plage. Pour augmenter ses chances, on poussera vers l'ouest, au-delà du mémorial des pêcheurs disparus en mer. Sinon, rejoindre en 1h le sommet de la falaise par un chemin piéton (également accessible aux 4x4) qui part du haut du village, sur la gauche en quittant Vík vers l'ouest. Là haut, soyez très prudent, car ça souffle parfois fort et les bords de la falaise peuvent s'effondrer aussi : c'est arrivé en 2012 à deux touristes qui s'en sont sortis par miracle ! Les fameux oiseaux nichent en haut de la falaise, dans des petits terriers sur fond de panorama grandiose : Dyrhólaey à votre droite, Vík et le Mýrdalssandur à votre gauche.

DANS LES ENVIRONS DE VÍK

Svarta Fjara : *à 5 km de Vík, vers l'ouest par la route 1, bifurquer sur la route 215.* Paysage très vert, quelques maisons et une jolie église entourée de son cimetière attendent que vous les preniez en photo. Site romantique au soleil couchant. Au bout de la route, vaste plage de sable noir, « svarta fjara » en islandais. Sur la gauche, grande grotte entourée d'orgues basaltiques. Les falaises noires abritent des nids de macareux. Et une poignée d'aiguilles rocheuses noires ajoutent à la beauté sauvage de ce lieu !

Garðar Cottages : *à deux pas de la plage (juste avt l'extrémité de la route). ☎ 487-12-60. 771-16-57. • reynisfjara-guesthouse.com • Tte l'année. Cottages pour 2 pers 12 000-22 000 ISK selon confort et saison.* 4 chalets de bois et un de pierre idéalement situés, avec une terrasse offrant une vue époustouflante sur la plage de sable noir et, à l'horizon, les falaises de Dyrhólaey. Côté confort, salon avec cuisine et coin nuit en alcôve. Et si vous êtes en famille, un lit gigogne permettra de caser le reste de la tribu.

Svarta Fjara : *sur la plage de Reynisfjara (à l'extrémité de la route). ☎ 571-27-18. Tlj 12h-22h. Sandwichs 1 000-1 300 ISK, burgers et fish & chips 2 200-2 600 ISK.* Une cafétéria qui, dans l'absolu, dénature ce magnifique coin. Mais, depuis sa baie vitrée, on admire le plus beau paysage qui soit en croquant dans son sandwich à pleines dents.

Dyrhólaey : *une douzaine de km à l'ouest de Vík, sur la route 1 toujours, prendre la route 218 et continuer sur 6 km. Site entièrement fermé mai-fin juin, pdt la période de ponte. Sinon, tlj 9h-19h.* Bien respecter les horaires (sinon un garde se chargera de vous rappeler à l'ordre) et le balisage pour ne pas déranger les oiseaux. C'est le point le plus méridional de l'Islande. Presqu'île grandiose dont les imposantes falaises sont une réserve naturelle pour les oiseaux marins. Et, attention, si vous vous baladez le long de la plage de sable noir, les vagues sont parfois violentes et traîtresses. Les falaises rappellent étrangement celles d'Étretat, avec leurs aiguilles, leur roche percée, mais dans une version noire. Les macareux y passent pour pêcher et, avec un peu de chance, vous en apercevrez qui tiennent un ou plusieurs petits poissons dans leur bec ! Le coin le plus tranquille pour les observer est la partie ouest (au niveau du phare), remarquable aussi pour sa vue sur la roche percée. On y accède par une piste de 2 km environ qui grimpe au sommet de la falaise.

Guesthouse Steig : *sur la route 1. ☎ 487-13-24. • guesthousesteig.is • À droite à 14 km de Vík, en direction de Skógar ;*

à 10 km slt de Dyrhólaey. Tte l'année (sf déc-janv) ; résa obligatoire de mi-sept à mai. Doubles sans ou avec sdb 23 000-32 000 ISK, petit déj inclus. Resto le soir slt sur résa. Plats env 3 000 ISK. Dans une annexe de ferme, tout en longueur et un peu en pagaille, des chambres d'un confort inattendu, mêlant le style récent de la bâtisse (murs blancs, parquet clair) et un ameublement plus ancien. Les moins chères sont dans la partie ancienne de la maison. Cuisine à disposition. On peut aussi y dîner, autour de petits plats d'une bonne cuisine familiale à base de produits de la ferme – dont l'agneau. Accueil vraiment gentil.

Volcano Hotel : *sur la route 1, à Ketilsstaðaskóli.* ☎ *486-12-00.* • *volcanohotel.is* • *À 10 km à l'ouest de Vík, en direction de Skógar ; à 7 km slt de Dyrhólaey. Fermé de fin nov à début fév. Doubles 21 000-37 000 ISK, selon saison et vue, petit déj inclus. Dîner (sur résa slt) env 3 000 ISK.* Juste en surplomb de la route 1, mais un peu au milieu de nulle part quand même, surgit un tout petit hôtel (une poignée de chambres seulement). Des parties communes aux chambres (plutôt spacieuses, et avec une jolie vue sur l'océan pour certaines), le lieu est discrètement mais joliment design. Avec des idées déco qu'on pourrait piquer, comme les troncs d'arbres-tables de nuit ou les galets basaltiques des salles de bains. Accueil discret.

LE SUD

Þakgil : *à 20 km au nord de Vík. Prendre la direction de Höfn puis, à 5 km de Vík, la route 214 (piste accessible aux véhicules de tourisme).* Trajet d'une douzaine de kilomètres de pur plaisir dans un paysage jubilatoire. On commence par une montée plutôt tranquille dans de verts ballons herbeux à moutons, mignons, mais bon (on se dit : il exagère ce *Routard* !). Après 7 km, on atteint un point de vue en surplomb d'une large et superbe baie glaciaire : la rivière Múlakvísl ramifie ses eaux d'argent dans un lit de graviers noirs. C'est à couper le souffle (d'ailleurs, la voiture s'est arrêtée d'elle-même !). Puis la piste cabotine, se faufile, se joue des dos d'âne, livrant des points de vue toujours plus surprenants... La dernière partie est la plus spectaculaire, dans un environnement de hautes collines couvertes d'herbe de la tête aux pieds, mais laissant apparaître des bouts de roche noire torturée (un des lieux de tournage de la fameuse série TV ***Game of Thrones***). La piste finit en impasse, au camping, d'où partent quelques chemins qui n'attendent que vous les empruntiez à pied (évidemment, vous aurez pris soin de vous renseigner avant à l'office de tourisme de Vík)... Ça se voit qu'on a adoré ce coin, non ? !

Camping : *893-48-89.* • *thakgil.is* • *Ouv de juin à mi-sept. Résa conseillée en hte saison. Tarif : 1 500 ISK/pers, douche incluse. Chalet 4 pers 25 000 ISK.* Pincez-moi, je rêve ! Dans ce bout du bout, une douche et des toilettes, un évier, et puis une « grotte » équipée de tables pour manger en cas de pluie ! Également une dizaine de jolis chalets (bien séparés) avec kitchenette, toilettes (mais pas de douche), 2 feux pour la cuisine et 2 grands lits superposés. Accueil adorable, au diapason de l'environnement...

➢ Vers l'est, après Vík, la route traverse le ***Mýrdalssandur,*** un impressionnant désert de sable et de blocs de lave, tantôt nu, tantôt recouvert de mousse. Sur la route, nombreux points d'arrêt offrant des panoramas saisissants.

KIRKJUBÆJARKLAUSTUR

120 hab.

Si ça peut vous faciliter la vie, on dit aussi *Klaustur,* plus simplement ! Étape au milieu d'un désert de lave et de plages de cendre noire. Avant l'arrivée des Vikings, le village aurait été habité par des moines irlandais. Un couvent

bénédictin y fut installé en 1186. De ce passé, le village, un ensemble de maisons un peu décousu, n'a conservé aucune trace.

Arriver – Quitter

En bus

Arrêt de bus : à la station-service *N1*.

➢ **Depuis Reykjavík et vers Höfn :** tte l'année, 1 bus/j. avec *Strætó* (ligne 51) et 2 bus/j. supplémentaires en saison, avec *Sterna* (ligne 12) et *Reykjavík Excursions* (ligne 20) qui s'arrête à Skaltafell. Villes desservies : **Reykjavík** (6h), **Selfoss, Hella, Hvolsvöllur, Seljalandsfoss, Skógar** et **Vík** (en 1h10). De l'autre côté, **Skaftafell** (en 1h20), **Jökulsárlón** et **Höfn** (en 4h).

En voiture

La N1 entre Kirkjubæjarklaustur et Skaftafell est superbe. Sur cette immense plaine de sable noir totalement déserte appelée Skeiðarársandur, où se dispersent les eaux du glacier, on passe à côté d'un piton rocheux digne de l'Ouest américain et, en venant de l'ouest, on distingue parfaitement (du moins, par beau temps !) le Hvannadalshnjúkur, point culminant d'Islande (2 110 m). Ces merveilles ne doivent pas vous faire oublier la jauge d'essence : les stations se raréfient dans le coin, alors prenez vos précautions.

Adresses utiles

Office de tourisme : *dans la rue principale, près de l'Iceland Hótel.* ☎ *487-46-20.* • *vjp.is* • *Tlj. De juin à mi-sept, 9h-18h ; avr-mai et de mi-sept à mi-oct, 10h-17h.* Donne une carte détaillée de la région. Accueille également un centre d'interprétation sur le volcan Vatnajökull, proposant un film de 20 mn.

■ **Supermarché :** *dans la rue principale, près de la banque et de la poste. Tlj sf dim 10h-18h (14h sam).*

■ **Banque et poste :** *dans la rue principale.*

■ **Piscine :** *après l'Iceland Hótel (à l'entrée du village, sur la gauche en venant de Vík). Tlj 10h-20h. Entrée : 600 ISK ; réduc. Hot tub.* Jolie vue sur la chute de Klaustur depuis les bassins.

Où dormir ? Où manger ?

Campings

Camping Kirkjubær II : *adossé à la falaise, à droite en entrant dans le hameau.* ☎ *487-46-17.* • *kirkjubaer.com* • *Camping (juin-sept) 1 300 ISK/pers, douches non comprises. Cottages (avr-oct) avec sdb 12 000-14 000 ISK.* Vaste terrain, dans un cadre verdoyant, avec un beau gazon et de bons équipements : sanitaires nickel, machine à laver, salle commune avec fourneaux. Ceux qui préfèrent le dur s'installeront dans de mignonnes cabines réparties sur l'arrière. Jeux pour enfants.

Camping Kleifar : *prendre la route 208 au rond-point sur env 800 m (portail discret à gauche, juste après le pont).* ☎ *487-46-75.* *861-75-46. Env 750 ISK/pers.* Situé dans un magnifique cadre, très verdoyant, au pied d'un torrent et d'une belle cascade. Équipements sommaires, 2 w-c et un abri pour faire la vaisselle. Pas de douche.

De bon marché à prix moyens

Systrakaffi : *à côté de la poste et du supermarché.* ☎ *487-48-48. Tlj 12h-22h. Pizzas et burgers 1 200-2 800 ISK, plats 2 700-4 600 ISK.* Dans ce *Café des Sœurs,* quelques nourritures bien terrestres : sandwichs, burgers, une dizaine de sortes de pizzas dont « l'exorciste » (2 tailles), poisson. Accueil jeune et chaleureux. On s'installe dans une salle boisée ou à une terrasse agréable pour profiter du soleil, lorsqu'il est là, mais donnant sur un parking. Le seul endroit sympa où manger un bout (il y a même des petits plats pour petits appétits).

Où dormir ? Où manger dans les environs ?

De bon marché à prix moyens

🏠 ***Road 201-Hvoll Guesthouse :*** *à* ***Skaftárhreppur.*** *☎ 487-47-85. 📱 861-55-53. • road201.is • Suivre la route 1 sur 22 km, direction Skaftafell, puis prendre la piste 201 à droite (panneau) ; la guesthouse est 2,5 km plus loin. Tte l'année. Doubles 17 000-20 000 ISK.* Grand bâtiment sans charme, mais bien équipé avec lave-linge et sèche-linge. En outre, très belle situation, en pleine nature. Environ 60 lits répartis dans des chambres de 1 à 5 lits (lavabo dans chacune, mais salle de bains partagée), sanitaires impeccables, grande salle à manger au rez-de-chaussée, 3 cuisines et petits espaces communs avec bibliothèque. Prévoir les provisions (le premier supermarché est à 25 km...).

⛺ 🏠 🍽 **Hörgsland :** *à 5 km de Klaustur en allant vers Skaftafell. ☎ 487-66-55. 📱 861-22-44. • horgsland.is • Camping 1 200 ISK/pers. Chalets (2 pers) 22 500 ISK avec petit déj ; doubles sans ou avec sdb 18 000-21 500 ISK. Le soir (slt) plats env 3 000 ISK.* Ferme de 300 moutons. Sur un terrain vallonné au pied d'une falaise, une quinzaine de jolis chalets pouvant accueillir jusqu'à 6 personnes, avec vue sur les champs. Tout équipés : cuisine, petit salon, salle de bains. *Hot tub.* Quelques chambres également. Pas de cuisine, en revanche, pour les campeurs. Sinon, il y a aussi un petit resto avec épicerie, à côté de la réception.

🏠 🍽 **Hunkubakkar :** *☎ 487-46-81. • hunkubakkar.is • À 6 km à l'ouest de Klaustur par la N1, puis à droite sur 1 km par la route 206. Double 17 700 ISK, cottage 21 400 ISK. Au resto (soir slt) plats 3 200-4 800 ISK.* Dans un environnement préservé, une poignée de chalets de bois (2 à 4 personnes) essaimée sur un large lopin de terre herbeuse. Petite véranda privative pour chacun, et les intérieurs sont coquettement aménagés : certains lambrissés du sol au plafond, les autres d'un blanc aseptique. Salles de bains avec cabine de douche. Fait aussi resto dans la maison principale.

De chic à très chic

🏠 🍽 ***Hotel & Cottages Laki :*** *à* ***Efri-Vík.*** *☎ 412-46-00. • hotellaki.is • À 5 km au sud de Klaustur, par la route 204. Doubles avec sdb 30 000-42 000 ISK (55 000 ISK avec vue), petit déj inclus ; en cottages, env 21 000 ISK pour 2 pers. Plats 3 800-6 200 ISK. Menu (5 services) le soir 7 900 ISK.* Un bâtiment contemporain en U accolé à une maison, dont l'architecture fait un peu tache dans le paysage. L'hôtel abrite cependant de belles grandes chambres aux lignes épurées, dans les tons crème, avec baie vitrée ouvrant, pour les plus chères, sur la jolie campagne environnante et le glacier. Pour les moins en fonds, il y a aussi des chalets plus rustiques, équipés d'une kitchenette et d'une salle de bains. Fait également resto, avec des plats souvent islandais dans une très grande salle à manger de style contemporain offrant, à nouveau, une belle vue sur les environs. Excellent accueil. Golf. Pêche dans le lac voisin. Vraiment un bel endroit !

À voir. À faire

🔭 ***Kirkjugólf :*** *prendre la route 208 au rond-point sur env 500 m, parking discret à gauche.* Ce pré recèle un drôle de pavement formé par une coulée de basalte arasée par les glaciers. On se croirait vraiment sur le dallage d'une ancienne église, d'où le nom du site.

➢ Belle **randonnée** de 1h30 autour du village. Facile (demander à l'office de tourisme la carte des randos à faire dans le coin). On passe par les chutes de Systrafoss (parfois un peu minces en été), un lac plutôt inattendu et quelques autres sites très jolis, pour revenir au niveau du terrain de football, au bord de la route 203.

DANS LES ENVIRONS DE KIRKJUBÆJARKLAUSTUR

Le canyon de Fjaðrárgljúfur : *à 6 km à l'ouest de Kirkjubæjarklaustur par la N1, puis à droite sur 3 km par la route 206.* Cet étroit canyon, long de 2 km, est bordé par des parois hautes de 100 m, comme fendues par l'immense coup de hache d'un Viking. Mais ces roches-là existaient bien avant que les Vikings n'aient des moustaches : elles remontent à environ 2 millions d'années. C'est donc plutôt la mignonne rivière Fjaðrá qui a doucement mais sûrement frayé son chemin dans ces roches blondes de palagonite.

Dverghamrar : *à 12 km à l'est de Kirkjubæjarklaustur, à droite de la N1.* La « falaise des nains » est un joli site de colonnes (ou orgues) basaltiques. D'une petite hauteur (une dizaine de mètres), elles remonteraient bon an mal an à 2 millions d'années. Ce type de formation géologique très géométrique résulte du refroidissement rapide d'une coulée de lave.

LE LAKAGÍGAR

À environ 40 km au nord de Kirkjubæjarklaustur, ce chapelet de cratères, répartis sur 25 km, explosa et provoqua, en 1783, le plus grand déversement de lave de l'histoire du pays. Imaginez un peu, il dura près d'un an. On dénombra 9 000 morts, c'est-à-dire 20 % de la population islandaise. Un livre écrit par Jón Steingrímsson *(Fire of the Earth)*, le prêtre d'alors de Kirkjubæjarklaustur, relate l'événement par le menu.
Le site n'est accessible qu'en 4x4. Après environ 20 km, un minuscule détour permet d'admirer les somptueuses **chutes de Fagrifoss,** sur la droite. Progressivement on découvre une route de cendre, jalonnée de 130 cratères et sillonnée par des cours d'eau. Arrivée à un parking, d'où partent plusieurs superbes sentiers de randonnée. Vous tomberez aussi sur une véritable oasis au cœur des 600 km² de coulée de lave. Puis des pistes de sable noir sinuent dans des paysages tour à tour doux et écorchés. Un cratère par-ci, un lac par-là... Surgit enfin un désert d'une noirceur sans fin où poussent malgré tout quelques courageuses fleurettes. Sauvage, fascinant, inexploré. On a du mal à croire que l'on est encore sur terre !

Arriver – Quitter

➢ **En bus :** de fin juin à début sept, 1 bus tlj de *Reykjavík Excursions* (ligne 16) relie dans les 2 sens Skaftafell, Kirkjubæjarklaustur et Laki (endroit où s'arrête le bus à Lakagígar). Départ de Skaftafell vers 8h, arrivée à Laki vers 12h30 ; pour le retour, départ de Laki vers 16h. Cela vous laisse 4h sur place pour explorer l'endroit.
➢ **En voiture :** de Kirkjubæjarklaustur, prendre la direction de Vík par la route 1 puis la F206. La piste est réservée aux 4x4, et vous comprendrez pourquoi en voyant arriver les premiers gués... Demandez conseil à l'office de tourisme avant de vous lancer sur cette piste cahoteuse et prévoyez du temps, car il en faut pour parcourir les 50 km ! Faire impérativement le plein avant de partir. À la 1re bifurcation, sur la F206, un panneau du Conseil islandais pour la protection de la nature indique le site ;

on découvre alors un vaste cercle orné de sculptures de lave. En continuant la piste, un point de vue offre un superbe panorama sur le Vatnajökull.

ELDGJÁ

Dans le prolongement sud-ouest du Lakagígar, Eldgjá, le « ravin à Feu », est une fissure volcanique longue de 30 km. Sa largeur atteint 600 m par endroits et sa profondeur 270 m. On peut y admirer une double cascade superbe, répondant au doux nom d'***Ófærufoss.***

Arriver – Quitter

➢ ***Skaftafell, Kirkjubæjarklaustur, Eldgjá :*** avec *Reykjavík Excursions* (ligne 10), début juin-fin sept, 1 bus/j. Départ de Skaftafell vers 8h et vers 15h30 de Landmannalaugar. Trajet (pour Skaftafell) : env 4h.
– ***Important :*** les bus Reykjavík-Landmannalaugar et Landmannalaugar-Skaftafell sont coordonnés, ce qui permet de partir le matin de Reykjavík, de s'arrêter 2h le midi à Landmannalaugar, puis de repartir vers 15h et d'arriver vers 19h à Skaftafell (idem dans l'autre sens). Mais, si vous avez le temps, faites une étape !

➢ ***En voiture :*** à 47 km de Vík et 24 km de Kirkjubæjarklaustur, prendre la route 208, direction Landmannalaugar. Très vite la route devient piste et, au bout d'une quinzaine de kilomètres, elle se transforme en F208 (interdite, on le redit, aux voitures de tourisme). Comme d'habitude, même en 4x4, renseignez-vous dans les offices de tourisme voisins avant de vous y engager. Quoi qu'il en soit, vous êtes parti pour environ 40 km de route difficile mais magnifique.

SKAFTAFELL ET LE VATNAJÖKULL

Magnifique parc national situé au pied du plus grand glacier islandais, le Vatnajökull. Quasiment de la taille de la Corse, c'est le plus grand glacier européen : 8 400 km² et, par endroits, 1 km d'épaisseur de glace ! Autant dire que l'endroit est assez grandiose. Peut-être assisterez-vous à un phénomène étonnant et rare : des éruptions volcaniques ont lieu régulièrement sous le glacier. Les cratères percent des cheminées à travers l'épaisse calotte glaciaire, un nuage de vapeur et de cendres s'en échappe et jaillit à plusieurs kilomètres d'altitude. Mazette ! quel spectacle ! Du moins en temps normal. Début octobre 1996 s'est produite l'éruption la plus dévastatrice depuis 1938. D'autres ont eu lieu depuis,

QUAND LE VATNAJÖKULL S'ÉCOULE

Le Vatnajökull se situe juste à la verticale d'une montée de magma (ce qu'on appelle un « point chaud »). Lors d'éruptions, au contact de la lave en fusion la glace qui fond s'écoule comme elle peut vers la côte en creusant un long tunnel d'eau tiède. Ces flots de boue redoutables sont appelés « jökulhlaup ». En 1996, le phénomène fut si puissant qu'il occasionna un flux 20 fois plus puissant que le Rhône à son maximum. Résultat : les ponts ont été emportés et la route 1 partiellement coupée.

provoquant des panaches parfois visibles depuis la capitale ou plongeant les environs dans une obscurité totale !
Le volcan principalement responsable de ces éruptions est le Grímsvötn, le plus actif d'Islande. Mais, depuis 2014, c'est un de ses voisins, le Bárðarbunga, qui s'est réveillé après 100 ans de sommeil, accumulant séismes, coulées de lave et faisant craindre aux spécialistes un nouveau *jökulhlaup*...

Arriver – Quitter

En bus

➢ ***Depuis Reykjavík et vers Höfn :*** tte l'année, 1 bus/j. avec *Strætó* (ligne 51) et 2 bus/j. supplémentaires en saison avec *Sterna* (ligne 12) et *Reykjavík Excursions* (ligne 20). Villes desservies : ***Reykjavík*** (à 6h), ***Selfoss, Hella, Hvolsvöllur, Seljalandsfoss, Skógar, Vík*** et ***Kirkjubæjarklaustur*** (à 1h20). En direction de ***Höfn*** (trajet 2h40), 2 bus/j. slt. *Rekjavík Excursion* s'arrête à Skaftafell et, *Sterna* marque 1h d'arrêt pour visiter le lac glaciaire de ***Jökulsárlón.***

➢ ***Eldgjá et Landmannalaugar :*** voir plus haut les chapitres concernés.

LE SUD

Adresses utiles

ℹ @ ***Centre d'information :*** *on y accède depuis la route 1.* ☎ *470-83-00.* • *vjp.is* • *Tlj. Mai-sept, 8h (9h mai et sept)-19h ; hors saison, 10h (11h déc)-17h (16h janv).* Infos complètes sur le parc, dont l'accès est gratuit. Carte des randonnées en vente. Petite épicerie, à des prix qui prennent autant d'altitude que les sommets voisins... ***Petite expo*** (gratuite) sur le parc national et le fonctionnement du glacier, film à l'appui. Consignes à prix raisonnables *(compter 350 ISK).*

■ ***Icelandic Mountain Guides :*** *bungalow sur le parking du centre d'information.* ☎ *587-99-99.* • *mountainguides.is* • *Fourchette de prix : 10 900-42 900 ISK.* Association de guides spécialisés sur la région. De la simple balade de 2-3h, crampons aux pieds, à la rando costaude de 10-16h avec marche sur les névés, jusqu'au Hvannadalshnúkur, le point culminant du pays (2 110 m). Matériel fourni.

■ ***Glacier Guides :*** *bungalow sur le parking du centre d'information.* 📱 *659-70-00.* • *glacierguides.is* • Une agence sérieuse qui propose des randonnées sur le glacier, des sorties de 2-3h aux expéditions de 14h pour gravir le plus haut sommet du pays.

Où dormir ? Où manger dans le coin ?

En été, tout est archi-complet (et cher), il est vivement conseillé de réserver longtemps avant !

⛺ ***Camping Skaftafell :*** *à gauche du centre d'info.* 📱 *842-43-71. Ouv mai-sept (réception 14h-22h). Env 1 600 ISK/pers ; douches payantes.* 📶 *(au centre d'info.)* Vaste, propre et très fréquenté. Privilégier les emplacements au milieu des arbres, au bas de la montagne et à l'abri du vent, car ça souffle fort. Pas de salle commune ni de cuisine, mais un barbecue et un espace avec tables, protégé de la pluie.

⛺ ***Camping Flosi :*** *à* ***Svínafell,*** *à env 7 km du centre d'info en allant vers Höfn.* ☎ *478-17-60.* 📱 *868-81-93.* • *svinafell.com* • *Ouv de mi-mai à sept. Camping 1 500 ISK/pers. Lit en cabane de 4-6 pers ou en chambre, avec sac de couchage 4 300-5 000 ISK/pers. Douche incluse.* Au pied d'une colline, face à la plaine, on plante sa tente ou l'on opte pour la cabane-dortoir. Également quelques chambres à partager (avec son propre sac de couchage). Très grande salle commune avec cuisine. Laverie.

|●| ***Veitingasala (station Orkan) :*** *tlj*

9h-20h. Petits plats 1 500-2 000 ISK. On peut s'y restaurer (se remplir l'estomac, pour être plus juste !). La boutique propose aussi produits laitiers, pain, soupes, quelques fruits et une bonne glace produite localement.

À faire

➢ On vient avant tout ici pour les ***balades et randonnées*** à faire dans le parc de Skaftafell (accès gratuit), le plus grand d'Europe avec ses 15 000 km² (plan des pistes et sentiers vendu au centre d'info). À 1,5 km de celui-ci, balade facile en 30 mn aller-retour jusqu'à la ***Hundafoss*** (chute des chiens) : elle doit son nom aux nombreux chiens qu'elle entraîna jadis lorsqu'ils traversaient la rivière. La rando menant à la jolie *cascade de **Svartifoss*** et ses étonnantes orgues basaltiques très géométriques dure, elle, environ 40 mn depuis Hundafoss. En 6-8h aller-retour, on peut aussi pousser l'effort vers le sommet du ***Kristinatindar,*** qui culmine à 1 126 m. On est alors récompensé par une fantastique vue plongeante sur les glaciers de chaque côté. Un raccourci permet de s'arrêter à ***Nyðrihnaukur,*** réduisant ainsi la rando à 5-6h. Et le chemin passe par ***Sjonarnipa,*** offrant un point de vue sur le glacier ***Skaftafellsjökull,*** qu'on peut également directement approcher en 1h depuis le centre d'info.
Plus près du centre, par un sentier qui part à droite du bâtiment, il y a aussi la balade facile (boucle de 1h) vers le ***Skaftafellsjökull.*** Au milieu des campanules, des champignons et des zoziaux qui chantent, on observe en route le recul progressif du glacier de 1904 à nos jours. Une illustration du réchauffement de la planète.

➢ Pour les plus sportifs, possibilité aussi de faire l'***ascension du glacier,*** voire de s'initier à l'***escalade sur glace*** (avec crampons, piolets et harnais ; mieux vaut ne pas être trop sujet au vertige !). Se renseigner au centre d'info ou directement auprès des agences spécialisées (voir plus haut « Adresses utiles »).

🚶🚶 ***Le Svínafellsjökull :*** *à 2 km au sud-est du centre d'info, prendre à gauche une piste longue de 2 km et accessible aux voitures standard, qui aboutit presque au pied du glacier.* Un petit chemin vous y mène ensuite en 5 grosses minutes. Vraiment impressionnant. On se contentera de la vue, bien sûr ! En contrebas, les touristes qui s'équipent sérieusement pour la balade sur le glacier vous feront peut-être regretter de n'avoir pas planifié l'excursion !

🚶 ***Sel*** *(« bergerie ») **:** à 2 km du camping, monter sur la droite et prendre le chemin vers la gauche. C'est indiqué par un petit panneau.* Bergerie de 1912, abandonnée depuis 1946. Elle se visite gratuitement et reste ouverte en permanence. Noter que la bergerie se trouve juste en dessous de la chambre à coucher : c'est l'ancêtre du chauffage par le sol !

LA ROUTE DE SKAFTAFELL À HÖFN

HOF

Hameau avec une jolie église de 1884 au toit herbeux, entourée par un cimetière pittoresque parsemé d'arbres et piqueté de croix blanches. Pas de pierres tombales, seulement des tertres gazonnés. L'ensemble avec l'église possède beaucoup de charme.
– Les bus desservant Höfn et Skaftafell vous déposent sur la N1, à 500 m du hameau (demander au chauffeur).

Où dormir ? Où manger ?

Hof 1 Hotel : *à* ***Hof.*** *☎ 478-22-60. • hof1.is • Tte l'année. Doubles sans ou avec sdb env 20 000-30 500 ISK, selon saison, petit déj inclus. Cottages d'été 4-8 pers. Menus le soir 4 100-5 400 ISK.* Au pied des falaises, un hôtel à la déco contemporaine. Agréable et vaste salon. Un petit air aseptisé dans les chambres, néanmoins confortables. Les points forts de l'adresse : le beau sauna et les *hot tubs* inclus dans le prix... et le panorama sur la plaine littorale et l'océan dans le lointain, depuis certaines chambres. Accueil pro et avenant.

Ferme de Litla Hof : *à* ***Hof.*** *☎ 478-16-70. Double env 22 000 ISK (sanitaires communs), 6 000 ISK/pers avec sac de couchage.* Les chambres réservées aux sacs de couchage sont situées dans une maisonnette (6 personnes) en contrebas, avec cuisine et salles de bains communes. Ensemble très propre, mais petit « détail » qui en effrayera peut-être certains : la proprio ne parle quasiment pas l'anglais.

Le cap Ingólfshöfði : *à une dizaine de km au sud-est de Hof.* Le cap Ingólfshöfði (qu'on ne peut atteindre ni en voiture ni à pied) doit son nom au navigateur norvégien Ingólfur Arnarson qui, y débarquant, décida de vivre en Islande. On raconte qu'il lança à la mer deux « totems » à l'effigie des dieux nordiques qui, en dérivant, auraient atteint l'endroit même où Reykjavík naquit un peu plus tard, en l'an 874. Bref, cette belle péninsule, désormais classée en réserve naturelle, abrite le grand labbe (*skumur* en islandais) qui défend son nid bec et ongles lorsqu'on s'en approche un peu trop. Et puis plein, plein de macareux (du moins jusqu'à mi-août, après quoi ils quittent le pays).

➢ **Excursion vers le cap en tracteur :** *à 6 km au sud de Hof, à droite de la N1 (fléché). 894-08-94. • localguideofvatnajokull.com • Départs de mi-mai à mi-août, tlj sf dim à 10h15 (plus 13h30 de juin à mi-août). Durée : 2h30. Env 7 300 ISK/pers ; gratuit moins de 5 ans.* La réserve étant interdite à la circulation (et très limitée même pour les piétons), c'est le seul moyen de transport qui permette de s'en approcher.

Le lac de Fjallsárlón : *à 20 km à l'est du cap, 10 km avt Jökulsárlón.* Plus petit, sans conteste moins impressionnant que le Jökulsárlón, mais bien charmant, il s'agit également d'un lac formé par la fonte d'une coulée de glace. Son lot d'icebergs placides résulte des deux langues glaciaires qui dévalent de la montagne déchiquetée. Site très agréable.

JÖKULSÁRLÓN

Attention, arrêt obligatoire ! Ce lac glaciaire au pied d'une langue du glacier Vatnajökull est l'une des merveilles de l'Islande ! On doit ce paysage polaire piqué d'icebergs à la régression du glacier (depuis les années 1930). Superbe, et peut-être davantage en fin de journée, quand la lumière rasante enflamme le paysage (le 15 août, un feu d'artifice, très justement nommé « De feu et de glace », magnifie encore plus les lieux). Une rivière charrie certains icebergs en partance vers la mer toute proche.

UNE STAR DU GRAND ÉCRAN

*Le Jökulsárlón est un endroit polaire qui magnétise les caméras : il a été à maintes reprises utilisé comme décor naturel de publicités et de films, notamment deux James Bond (*Dangereusement vôtre *et* Meurs un autre jour*) ou encore* Batman Begins.

Pour fuir la foule et s'imprégner de l'atmosphère envoûtante du lieu, il faut se balader le long de la rive du lagon, à l'est, jusqu'au pied du glacier ou s'arrêter sur

LE SUD

les parkings qui bordent la N1. Il suffit alors de grimper au-dessus des talus. Le lac est juste derrière, à portée de regard.
– Pour dormir et manger dans le coin, se reporter également à Hof (plus haut) et à Hali (plus loin).

➢ ***Bus :*** les bus *Sterna* (de juin à début sept) et *Strætó* (tte l'année) passent ici entre Höfn (à 1h) et Reykjavík (à 6h). Les bus Sterna marquent un arrêt de 1h pour découvrir le lac. *Reykjavík Excursions* (ligne 15) assure également 3 bus/j. en saison depuis Skaftafell en A/R.

Où grignoter ?

Jökulsárlón Café : *au bord du lac glaciaire. ☎ 478-22-22. Tlj 9h-19h. Soupe env 1 500 ISK ; sandwichs env 800 ISK.* Café-boutique de souvenirs pour boire « à la chaîne » un café ou un chocolat chaud, accompagné d'un snack ou d'une part de gâteau, posé comme on peut sur des mange-debout.

À faire

➢ ***Navigation sur le lac :*** *avec* ***Glacier Lagoon.*** *☎ 478-22-22. • icelagoon.is • Mai-oct, tlj 9h (10h mai et oct)-19h (17h mai et sept-oct). Durée : env 40 mn. Prix : 4 000 € (bateau amphibie) à 8 500 ISK (zodiac).* On slalome entre les icebergs en bateau amphibie ou en zodiac (combinaison isotherme fournie). Certes, on les voit de plus près, mais c'est très cher, et le paysage est tout aussi magique depuis la berge.

HALI

Hameau, situé à 13 km à l'est de Jökulsárlón, le long de la N1, surtout marqué par la mémoire d'un écrivain islandais célèbre. Les bus desservant Höfn et Skaftafell vous déposent sur la route.

DUR, DUR D'ÊTRE DÉMOCRATE DANS LES ANNÉES 1930 !

Humaniste, propagateur de l'esperanto (langue universelle) et antifasciste, Þórbergur Þórðarson fut condamné à 200 Kr d'amende par la Cour suprême pour avoir diffamé un chef d'État étranger... Adolf Hitler !

Où dormir ?

Où manger à Hali et dans les environs ?

AJ de Vagnsstaðir : *Suðursveit, A-Skaftafellssýsla, Þjóðvegur. 854-31-33. • hostel.is/Hostels/Vagnsstadir • À 17 km à l'est de Hali ; fléché à droite de la N1. Tte l'année. Env 5 000 ISK/pers en dortoir, double env 13 500 ISK. Loc de chalets 4-6 pers. Réduc avec la carte* HI. Petite maison au-dessus de la lande, la mer au loin. Très belle situation, AJ impeccable abritant des chambres de 2 à 6 places avec *lockers,* une cuisine équipée, un petit salon TV et une salle à manger avec véranda donnant sur la campagne. Balade sympa vers la mer... Nombreux oiseaux et peut-être des phoques. Organise également des excursions vers le Vatnajökull.

Hali Country Hotel : *à Hali. ☎ 478-10-73. 867-29-00. • hali.is •*

Cafétéria tlj 8h-21h. Doubles avec sdb 20 500-36 500 ISK, petit déj inclus. Plats env 2 000-3 000 ISK à midi, env 3 500-5 500 ISK le soir. Hôtel moderne qui n'en finit pas de s'agrandir, proposant des chambres tout confort et sans histoire. Assez grandes, parquetées de bois clair, avec un petit coin bureau. Au lobby, fauteuils et boissons chaudes en libre service. Pour le petit déj, on affronte les 100 m qui séparent le bâtiment de l'agréable cafétéria du musée où l'on sert aussi une bonne cuisine à base de produits on ne peut plus frais (l'endroit abrite également un élevage de truites). Collation légère le midi (sandwich à la truite, soupe à la viande) et vrai repas le soir. En prime, accueil pro et chaleureux : à ce prix, on n'en attendait pas moins ! Si vous cherchez moins cher, tentez votre chance auprès de la ***Skyrhúsid Guesthouse,*** juste à côté : chambres simples et pas immenses *(☎ 478-89-89 ; double sans sdb ni petit déj env 21 000 ISK).*

À voir

Þórbergssetur *(Centre culturel Þórbergur)* **:** *à Hali. ☎ 478-10-78. • thorbergur.is • Tlj 8h-21h. Entrée : env 1 000 ISK ; audioguide en français inclus.* L'occasion de découvrir Þórbergur Þórðarson (1888-1974), un écrivain majeur du XXe s en Islande (traduit seulement en allemand et en anglais). Le musée présente sa bourgade natale de Hali, telle qu'elle était à la fin du XIXe s, avant de s'attacher davantage à sa vie, avec notamment la reconstitution de quelques intérieurs. Muséographie particulièrement séduisante, agrémentée d'un audioguidage bien fait.

HÖFN

1 650 hab.

Prononcer « Heup'n ». Port de pêche avec, au fond, une vue sur le glacier Vatnajökull quand le temps le permet. Après tous les villages précédents, on a l'impression d'arriver dans une ville, une vraie... Visite toutefois pas indispensable, sauf pour ceux qui voyagent en bus et poursuivent vers les fjords de l'Est, qui devront obligatoirement changer de bus ici.

Höfn est le principal port du pays pour la pêche à la langoust(in)e. Le festival Humárhatið la célèbre chaque année le premier week-end de juillet, avec musique, danse et dégustation de crustacés. Attention, les hébergements sont complets à ce moment-là.

Arriver – Quitter

En bus

Arrêt des bus à la station-service *N1,* à l'entrée de la ville.

➢ ***Reykjavík :*** tte l'année, 1 bus/j. avec Strætó (ligne 51). De mi-juin à mi-sept, également 1 bus/j. avec *Sterna* (ligne 12). Trajet (jusqu'à Reykjavík) : env 7h (9h avec Sterna qui marque 2 arrêts touristiques). Lieux desservis : ***Selfoss, Hella, Hvolsvöllur, Seljalandsfoss, Skógar, Vík, Kirkjubæjarklaustur, Skaftafell*** et ***Jökulsárlón.***

➢ ***Egilsstaðir (et Akureyri) :*** de juin à début sept, 1 bus/j. avec *Sterna* (ligne 78). Départ de Höfn vers 17h45 et d'Egilsstaðir vers 16h. Également 1 bus/j. avec *Reykjavík Excursions* (ligne 62) qui poursuit jusqu'à Mývatn et Akureyri. Départ de Höfn vers 8h et d'Egilsstadir vers 13h. Arrêts à ***Djúpivogur, Berunes*** et ***Breiðdalsvík.*** Trajet total : env 4h30.

Adresses utiles

Office de tourisme : *sur le port (Höfnin). ☎ 470-83-30. • vjp.is • Tlj mai-sept, 9h-17h ; juin-août, tlj 8h-20h ; oct-avr, tlj 9h-13h.* Installé dans une maison ancienne très joliment rénovée. Bonnes infos sur les randonnées du parc. Centre d'interprétation (gratuit) sur la région du Vatnajökull.

Tous les ***services*** et ***commerces*** (poste, pharmacie, banques, supermarché *Netto*) sont rassemblés dans la Hafnarbraut, la rue principale de Höfn.

Piscine : *Víkurbraut 9. ☎ 470-84-77. Derrière le* Kaffi Hornið. *Juin-sept, lun-ven 6h45-21h, le w-e 10h-19h. Entrée : env 800 ISK.* Sauna et 3 *hot tubs* (dont 1 dédié aux enfants).

Où dormir ?

De bon marché à prix moyens

Camping SKG : *Hafnarbraut 52. ☎ 478-16-06. • campsite.is • À l'entrée de la ville, en face de la station-service* N1. *Ouv juin-oct. Env 1 500 ISK/pers ; douches payantes. Petits cottages, basiques et sans cuisine, env 12 000 ISK (jusqu'à 6 pers).* Très bien tenu. Planter sa tente légèrement sur la colline car, en contrebas, le terrain est assez spongieux (c'est un euphémisme !). Machine à laver, sèche-linge et un espace avec tables et plaques chauffantes dans le bâtiment de la réception.

Auberge de jeunesse : *Hvannabraut 3. ☎ 478-17-36. • hostel.is/Hostels/Hofn/ • À l'entrée de la ville, prendre la rue à droite qui longe la station-service* N1, *fléché ensuite. Selon saison, lit en dortoir 4 500-5 900 ISK. Double env 13 500 SK ; réduc avec la carte* HI. Un peu excentré, dans un quartier résidentiel sans charme mais tranquille, une AJ basique avec chambres de plain-pied (de 2 à 8 lits) et cuisine à disposition.

Guesthouse Dyngja : *Hafnarbraut 1. 846-01-61. • dyngja.com • Presque au bout de la rue principale, à deux pas du port. Doubles 16 200-19 400 ISK sans ou avec sdb.* Petite adresse tenue par un jeune couple très, très cool. Les 5 chambres (qui se partagent 2 salles de bains) ne sont pas immenses, mais plutôt mignonnes. Certaines offrent une gentille vue sur le port. Également une grande chambre avec ses sanitaires et une terrasse, dans une annexe. Cuisine, salle à manger et un sympathique petit salon avec une sélection de bons vieux vinyles à écouter.

De chic à très chic

Hótel Höfn : *Víkurbraut 20. ☎ 478-12-40. • hotelhofn.is • À droite après le camping en arrivant en ville. Doubles 24 600-46 800 ISK selon catégorie et saison.* Architecture contemporaine peu originale (mais heureusement plutôt horizontale). Chambres fonctionnelles, confortables, bon resto (voir « Où manger ? ») et, surtout, l'hôtel bénéficie d'un panorama exceptionnel sur la baie et les trois glaciers.

Où manger ?

Humarhöfnin : *Hafnarbraut 4. ☎ 478-12-00. Dans la rue principale, à deux pas du port. Ouv juin-sept, tlj 12h-22h, mars et mai tlj 17h-21h. Arriver tôt ! Plats 3 000-5 300 ISK. Menus 7 900-8 900 ISK.* D'abord, c'est un cadre fort agréable, un accueil familial et le repaire d'un vrai chef. L'occasion de goûter au « Humar », entendez de la grosse langoustine plutôt que du homard. Accommodé « à toutes les sauces » : en soupe (bisque), en sandwich, en pizza ou en...tière, tout simplement. Délicieux. Si vous n'avez pas trop faim (ou pas trop de sous !), prenez la *langoustine baguette,* des queues de langoustines servies avec du pain à l'ail et une salade, un régal ! Les crustacés arrivent tout droit du quai, c'est dire leur fraîcheur. Certes, ce n'est pas donné, mais au vu de la qualité... La meilleure adresse de la ville.

🍴 ***Pakkhús :*** *Krosseyjavergi 3. ☎ 478-22-80. 📱 692-56-24. Tlj mai-début sept 12h-22h. Plats 2 500-3 000 ISK au déj, 5 000-6 000 ISK au dîner.* Au 1er étage d'un ancien entrepôt, grand espace agréable avec son plancher en bois patiné. Cuisine traditionnelle bien exécutée faite de poisson du jour, de *flatbaud* (une galette enduite d'une crème relevée de jambon cru), et bien sûr de langoustines dans tous leurs états. On en pince aussi pour l'excellent *skyrkaker* (gâteau de skyr). Service aussi gentil qu'approximatif.

🍴 ***Osinn :*** *resto de l'Hótel Höfn, voir plus haut. ☎ 478-12-40. Plats 4 000-6 500 ISK ; pizzas 1 800-3 000 ISK.* Une salle moderne, pas désagréable. Au menu, des plats de viande ou de poisson, mais on conseille davantage les sandwichs, salades, lasagnes et pizzas (dont une à la langoustine) à prix beaucoup plus raisonnables.

Où dormir ?
Où manger dans les environs proches et lointains ?

🏠 🍴 ***Arnanes Country Hotel :*** *à 6 km à l'ouest de Höfn, sur la route 1 direction Vík. ☎ 478-15-50. 📱 896-64-12. • arnanes.is • Doubles sans ou avec sdb 20 000-30 000 ISK, selon saison, petit déj-buffet inclus. Le soir, au resto, plats 3 000-6 000 ISK.* 📶 La propriétaire et son mari sont adorables. 18 chambres avec salle de bains dans un bâtiment en bois façon motel et 4 jolies chambres dans la maison principale, dont 2 avec balcon. Le petit resto, décoré par les œuvres de la maîtresse de maison Helga Erlendsdóttir, propose une cuisine délicieuse. Malgré des prix élevés, c'est une bonne adresse, mais à réserver longtemps à l'avance ! Attention, quand c'est complet, il arrive qu'on dorme dans l'ancienne maison du proprio, à 2 km, qui n'a pas du tout le même charme.

🏠 ***Glacier World :*** *à 19 km au nord-ouest de Höfn, par la route 1, direction Vík, puis prendre la route 984 (c'est fléché sur 3,5 km). ☎ 478-15-14. 📱 898-56-14. • glacierworld.is • Tte l'année. En saison, doubles 21 000-31 000 ISK sans ou avec sdb, petit déj inclus.* 📶 Cette ancienne ferme sérieusement liftée a laissé tomber ses troupeaux de moutons pour accueillir des *bipidus touristicus* dans des chambres simples mais confortables. On retrouve aux murs la blancheur du glacier voisin. Belle vue depuis une grosse moitié des chambres et depuis la salle du petit déjeuner. Cerise sur le gâteau, la maison possède, un peu à l'écart, joliment installés dans la plaine, des *hot tubs* pour se relaxer au soleil déclinant...

🏠 🍴 ***Brunnhóll :*** *à **Mýrum.** ☎ 478-10-29. • brunnholl.is • À env 30 km à l'ouest de Höfn, sur la route 1. Double sans ou avec sdb env 30 000 ISK, petit déj inclus. Plats 2 000 ISK au déj, 5 500 ISK au dîner. Menu le soir (buffet) 6 400 ISK.* 📶 Paisible, à peine à l'écart de la route 1. Une ferme en activité (l'un des canaux de la TV retransmet la télésurveillance... des vaches dans leur étable !) qui ressemble quand même beaucoup à un hôtel. Une vingtaine de chambres spacieuses, nettes, lumineuses et confortables (malgré de drôles de sols en enrobé de graviers basaltiques !). Salle de bains pour la plupart assez sommaires. Jolie vue sur le glacier. Grande salle de resto pour une bonne cuisine familiale (viandes de la ferme et poissons frais). Et d'excellentes glaces maison qui font parfois, dans la journée, s'arrêter les cars de touristes.

🏠 🍴 ***Ferðaþjónustan i Holmi :*** *à **Hólmur.** ☎ 478-20-63 et 10-37. • holmurinn.is • À env 33 km à l'ouest de Höfn,* *sur la route 1. Ouv tte l'année. Doubles 14 000-15 500 ISK, env 6 000 ISK/pers avec sac de couchage (mai-avr slt). Pizzas 2 400 ISK, plats 3 500 ISK.* Une ferme en activité, avec un petit « *farm-zoo* » *(mai-sept, tlj 10h-17h ; 800 ISK/pers ; 600 ISK pour les enfants)* où s'ébattent lapins, oies, moutons, canards, chèvres, cochons... Si vous avez droit à une petite visite guidée du proprio, c'est passionnant (certaines races sont islandaises, d'autres des mélanges). Mais revenons à nos moutons : l'hébergement ! Les 9 chambres sont dans une petite maison non loin de celle des proprios, avec salles de bains et cuisine communes. C'est frais et plutôt coquet. Bonne cuisine (ah, l'agneau de la ferme !) dans l'agréable restaurant attenant. Et puis l'accueil est vraiment charmant : vos hôtes sont là pour vous faire découvrir le coin et seront heureux de vous aider à préparer vos randos, par exemple. Un lieu simple et convivial, où l'on s'attarde volontiers.

Guesthouse Skalafell : *à 43 km à l'ouest de Höfn, par la route 1. ☎ 478-10-41. • skalafell.net • Doubles 14 000-28 000 ISK selon confort, petit déj compris. Sur résa, dîner (buffet le plus souvent) env 5 000 ISK.* Jolie situation, au pied de la falaise. Tenue par une accueillante famille. Au choix : des chambres doubles avec ou sans salle de bains privée dans la maison, ou des cottages coquets de 2 chambres avec sanitaires privés et entrée indépendante. L'ensemble est propre et net. Avis aux marcheurs, plusieurs ***randos*** (2h30-4h) depuis l'auberge jusqu'à l'une des langues du glacier (les proprios ont dessiné une petite carte). Avis aux pagayeurs, possibilité également de faire du ***kayak sur le lac glaciaire*** *(• iceguide.is •).*

À voir. À faire à Höfn et sur la route vers les fjords de l'Est

➢ Belle petite ***balade*** balisée au départ du grand monument aux trois mâts blancs que l'on aperçoit près de la mer de l'autre côté du port (l'office de tourisme fournit un plan de la ville). De mai à août, les sternes arctiques y sont plutôt agressives car elles protègent leurs nids. Pour vous défendre, revoyez *Les Oiseaux* d'Hitchcock ! Le sentier côtier reproduit à l'échelle le système solaire, avec le Soleil au point de départ et Pluton à l'arrivée, environ 2 km plus loin. Parfait pour réviser sa cartographie céleste, bien utile la nuit quand on traque l'aurore boréale !
– Également d'autres ***sentiers*** à parcourir, notamment du côté ouest de la ville.

➢ On peut aussi faire, par soi-même, des ***balades en bordure du glacier*** (cartes de randonnées en vente à l'office de tourisme).

Stafafell : *à 30 km à l'est de Höfn par la N1 (desservi par les bus de la ligne Höfn-Egilsstadir, voir plus haut « Arriver – Quitter »).* Ce hameau abrite l'une des plus vieilles églises d'Islande (1866). Construite en bois, elle est entourée d'un petit cimetière fermé par un enclos, dans lequel les pierres tombales s'efforcent de rester droites dans l'herbe. La quiétude du lieu contraste avec les paysages alentour.

La réserve naturelle de Lónsöræfi : un coin d'une beauté à couper le souffle, qui fera le bonheur des randonneurs très expérimentés. On déconseille de s'y aventurer seul : le balisage des sentiers est très aléatoire, et certains gués sont vraiment difficiles à franchir (à pied comme en 4x4). Le trek qui relie Stafafell à Bjalafell en 4 jours est d'ailleurs un des plus ardus d'Islande. Et même une courte rando comme celle qui mène en 3h aux gorges de Hvannagil peut s'avérer délicate, en cas de brouillard par exemple. Quelques agences proposent des balades en 4x4 sur les rares pistes de la réserve. Renseignements à l'office de tourisme de Höfn. Guide, pour partir accompagné : ***Sigurður Guðmundsson,*** *866-23-18 ; • southeasticeland.is •*

La route vers la lagune Álftafjörður : au sortir du tunnel du cap *Stokknes* la route 1 change de physionomie. Elle passe au plus près des montagnes, avec des portions sauvages ponctuées de multiples cascades. Au-delà de *Stafafell*, coincée entre la roche et l'océan, elle se fait corniche, laissant derrière elle une Islande battue par le tourisme pour parcourir une Islande battue par les vents du large et fréquentée par quelques familles de cygnes. Au passage de la rivière *Hvaldasà,* l'asphalte s'interpose entre la plage et les pierriers dégoulinant des falaises. Sur la droite, le rocher de *Stapavík* se dresse fièrement, les pieds dans l'eau et coiffé d'un chapeau d'herbe verte. Puis arrive la *Þvottá* : la « rivière qui purifie », nommée ainsi parce qu'on y baptisa les premiers chrétiens islandais (voir l'encadré). Retour à la civilisation marquée par la large baie repliée sur la lagune *Álftafjörður* où fermes, vaches et moutons précèdent l'arrivée à Djúpivogur.

LENTE CONVERSION

Le prêtre Þangbrandur fut envoyé par le roi Olav Ier de Norvège pour convertir les Islandais en 900. Il mit un hiver à convaincre les occupants de la ferme où il logeait et les baptisa dans la rivière Þvottá. Cent ans après, le parlement opta pour le christianisme.

LE CENTRE

• Carte *p. 171*

LA RÉGION DE KJÖLUR

C'est de Gullfoss que part la F35, l'une des deux pistes qui coupent l'île de part en part et traversent les hauts plateaux. Cette piste, moins difficile que ne le laisse penser sa réputation, est l'une des plus belles d'Islande et permet d'admirer glaciers, lacs et autres champs de lave qu'elle traverse. Elle est accessible en bus grâce au forfait bus *Highland passport* ou simplement en prenant le bus Reykjavík-Akureyri passant par les hauts plateaux. Le *lac Hvítárvatn* et le *glacier de Langjökull* offrent au regard un panorama magnifique et, plus au nord, la région du *lac Blöndulón* est impressionnante. Si vous ne faites que passer, arrêtez-vous à *Hveravellir,* un site remarquable, ou à *Kerlingarfjöll,* pas mal non plus.
Si vous êtes venu pour randonner, plusieurs refuges et campings, bien répartis le long de la piste ou à proximité, constituent des étapes bienvenues dans un univers tout de même plutôt hostile. Attention aussi aux conditions météo, même en été : quand il pleut, le magnifique panorama n'est plus là et l'on risque alors de traverser toute la région sans en voir les beautés ou presque...

HVERAVELLIR

Hveravellir se trouve à un peu plus de 200 km de Reykjavík et à 110 km de Blönduós, au beau milieu de la F35. Ce n'est pas à proprement parler un village, juste quelques maisons dispersées, mais le lieu a une histoire : il a en effet été habité au XVIIIe s par un célèbre hors-la-loi, Fjalla-Eyvindur...

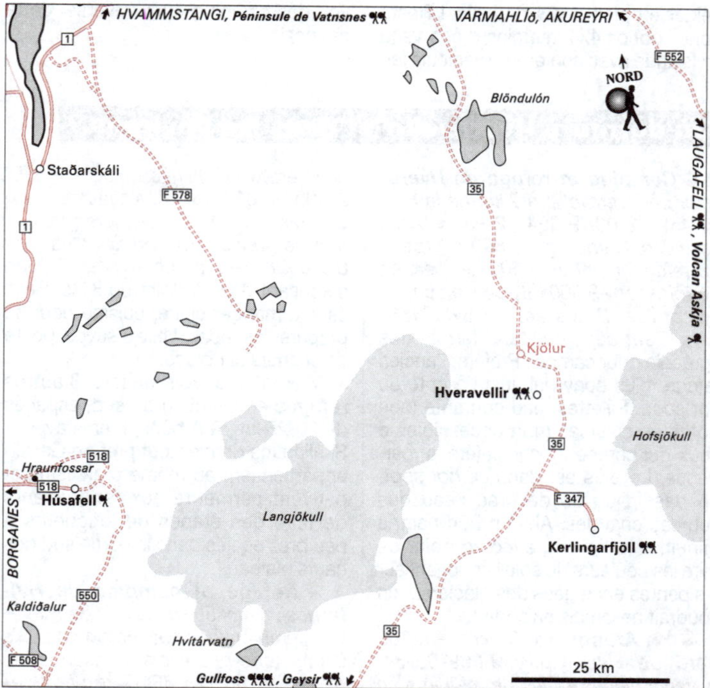

LE CENTRE

Arriver – Quitter

➢ ***En bus :*** c'est la compagnie *SBA-Norðurleið* qui assure, avec la compagnie *Sterna,* la liaison entre Akureyri et Reykjavík. Ce bus nº 610 dessert ***Selfoss, Geysir, Gullfoss*** (avec 2 haltes de 30 mn histoire de profiter un peu de ces deux curiosités naturelles), ***Kerlingarfjöll*** et ***Hveravellir*** (1h d'arrêt). Départ chaque jour de mi-juin à début septembre depuis le *BSÍ* de Reykjavík à 8h, idem depuis Akureyri. Prévoir 10h30 de trajet entre Reykjavík et Akureyri. Attention, le ticket est payant quel que soit le *pass* que vous avez. Compter 17 000 ISK pour l'ensemble du trajet, ce qui n'est vraiment pas donné. Reykjavík-Hveravellir seul coûte env 9 400 ISK.

On peut évidemment passer la nuit dans un refuge et reprendre le bus le lendemain. Si vous n'avez pas l'intention de vous rendre dans les fjords du Nord-Ouest ou dans la péninsule de Snæfellsnes, il est plus astucieux de couper par la F35, car la portion de la route 1 entre Reykjavík et Akureyri n'offre pas grand intérêt.

➢ ***En voiture :*** en principe la F35 est praticable avec un véhicule normal (mais uniquement en été). Toutefois il faut savoir qu'un véhicule de location à deux roues motrices n'est pas assuré sur les pistes de ce type (commençant par un « F »). Cependant, dans des conditions normales, la piste n'est pas plus difficile qu'une autre : pas de dénivelées importantes, pas ou peu de passage de gués, mais reste l'imprévu : on n'est qu'à 650 m d'altitude sur ces plateaux, il peut pourtant neiger en plein mois de juillet ! Reste donc l'option 4x4, à moins d'être venu en Islande avec son propre véhicule (on voit des camping-cars traverser cette région).

Où dormir à Hveravellir et dans les environs ?

Camping et refuge de Hveravellir : *à Hveravellir, à 2 km de la F35. ☎ 452-42-00. 894-12-93. • hveravellir.is • Camping : 1 800 ISK/pers. Au refuge, compter 7 500 ISK/pers en dortoir et env 9 500 ISK/pers en chambre privée. Draps en sus 2 000 ISK/pers. Petit déj 1 800 ISK.* Terrain très agréable pour camper. Préférer l'ancien refuge, plus convivial, juste à côté du *hot spot.* Toilettes, eau courante (non potable), cuisines (non accessibles à ceux qui campent), minicafétéria, barbecue. Le plus est dans ce *hot spot,* un bassin où se déverse l'eau des sources chaudes. Ah ! un bon bain, à minuit, à la fin juin, avec en point de mire les couleurs du soleil couchant sur les pentes enneigées des glaciers... on voudrait ne jamais en sortir !

Afangi : *à 35 km env au nord de Hveravellir. 869-03-34. • afangi.blog.is • Ouv de mi-juin à fin août. Mêmes tarifs que le précédent.* 8 chambres dans la maison principale où se situe également le restaurant. Douche et *hot tub.* Sans doute le meilleur des refuges sur cette piste, avec des hôtes attentionnés, malheureusement un peu loin des endroits plus intéressants de la région, sauf si l'on a décidé de s'intéresser au lac Blöndulón.

Gíslaskáli Cabin : *à 23 km au sud de Hveravellir, à 1 km de la piste. 895-95-00 ou 867-35-71. • gljasteinn.is • Camping env 1 200 ISK/pers (douche non comprise). En dortoir (8 lits) env 6 000 ISK/pers, réduc enfants.* Refuge disposant de 6 dortoirs de 8 lits. Belle salle à manger claire, cuisine pour se préparer les repas. Utile à savoir, poste de secours sur place.

Bon à savoir aussi : 3 autres ***refuges*** en direction du sud, espacés de 20-25 km, à Árbúðir, Fremstaver et Skálinn (ce dernier tout prêt de Geysir) appartiennent au même organisme et peuvent permettre aux randonneurs de faire des étapes de longueurs à peu près égales dans la partie sud des hauts plateaux.

Refuge et camping de Hvítárnes : *à env 50 km au sud de Hveravellir, embranchement sur la droite puis 9 km d'une petite piste en direction du lac. ☎ 568-25-33. Géré par l'***Icelandic Touring Association.** *• fi.is • Compter 6 000 ISK/pers au refuge et 2 000 ISK/pers au camping. Douche 500 ISK.* Magnifiquement situé, face au lac et au glacier, le refuge occupe une maison traditionnelle ancienne, genre *turf house :* 25 places, une trentaine en se serrant. Convivial, à défaut d'être confortable ! Camping avec vue sur le lac.

À voir. À faire dans le coin

À 620 m d'altitude, Hveravellir réunit tout ce qui fait l'attrait de l'Islande : la solitude désertique des champs de lave et des plaines de sable, la majesté des glaciers, l'activité surchauffée des solfatares, fumerolles, bains de boue et sources d'eau chaude.

➢ Tout autour du site, de ***nombreuses randonnées*** à faire, présentées dans un dépliant que vous offre le gardien si vous y restez au moins une nuit. Notre préférée, la balade allant à Þjófafell, sur la F735. Compter 3h à 4h de marche à travers les déserts de lave. À l'arrivée, une vue panoramique sur le glacier avec, au premier plan, de superbes plaines verdoyantes. Extraordinaire ! Possibilité de dormir sur place dans la cabane de Þjófdalir (se renseigner à Hveravellir). Sur place également, *hot spot,* aire de pique-nique (prévoir ses sacs poubelle) et toilettes (payantes).

LE CENTRE

Au sud de Hveravellir (mais à 7 km à l'écart de la piste) se trouve ***Beinahóll,*** nom qui signifie « la colline aux os ». En 1780, quatre hommes et leur troupeau de 200 moutons ont été pris dans une tempête et ont tous péri. Ce drame a durablement marqué la mémoire collective islandaise, à tel point que pendant longtemps on n'a plus emprunté cette piste des hauts plateaux.

➢ Également une randonnée belle et variée, qui longe les glaciers et vous conduira au refuge de ***Hvítárnes,*** en face du ***lac Hvítárvatn*** (compter 4h de marche en moyenne durant 3 jours). Départ derrière le site géothermique. Sentier balisé par des piquets jaunes, puis suivre le chemin cavalier en bord de piste (4x4). On découvre une vallée avec 1er refuge et une vue sur les glaciers. Suivre ensuite la rivière jusqu'au lac Hvítárvatn. Dans tous les cas, prévoir une bonne carte 1/100 000, des provisions et de l'eau en quantité, des coupe-vent et pourquoi pas une couverture de survie (qui fait gagner plusieurs degrés la nuit). Pour le retour à Hveravellir, vous pourrez toujours prendre le bus qui fait la liaison Reykjavík-Akureyri, ou faire du stop, si vous avez une très grande patience, sur la piste (prévoir tout de même 9 km depuis le refuge pour rejoindre cette dernière). Pour les spécialistes du tout-terrain par tous les temps.

➢ Autre activité possible à proximité de Hvítárnes : la visite du glacier de ***Langjökull*** *(Glacier Lake Tour).* À 4 km au sud du refuge, un bateau largue les amarres à 14h (si le temps l'autorise, évidemment), et permet d'accéder au glacier. Prévoir 3h dont 1h de marche sur le glacier (crampons fournis) et environ 18 000 ISK/pers. La formule sans marche sur glacier, bien moins chère, est aussi possible : on se contente alors de s'approcher du site. *Infos et résas : 822-10-05. • glacierlake.is • Excursion possible depuis Reykjavík (env 29 900 ISK pour la journée ; réduc).*

KERLINGARFJÖLL

À une trentaine de kilomètres au sud de Hveravellir, par la F35 puis la F347. Le site est magnifique, très montagneux et vraiment différent de celui de Hveravellir. Deux gués, profonds de 10 à 35 cm, ont longtemps causé bien des problèmes pour accéder à Kerlingarfjöll, mais les nouveaux ponts qui les franchissent, du moins dans des conditions estivales normales, ont réglé la situation. Plus de prétexte donc pour ne pas visiter Kerlingarfjöll !
En quittant le site, la route continue sur 500 m, avec, au bout, un point de vue imprenable sur le glacier de Hofsjökull.

Arriver – Quitter

➢ ***En bus :*** le bus de la ligne Reykjavík-Akureyri (Cie Sterna) dessert Kerlingarfjöll. Il fait une pause de 15 mn, qui permet de s'imprégner un peu du paysage.

Où dormir ? Où manger ?

Camping, refuge et chalets : *à Kerlingarfjöll. 664-78-78. • kerlingarfjoll.is • Ouv de juin à mi-sept. Compter 1 800 ISK/pers en camping ; accès aux douches, w-c et cuisine inclus env 2 000 ISK/pers. Chalet de 20 places pour env 5 500 ISK/pers en sac de couchage. Sinon, loc de chalets équipés (6-12 places) env 6 000 ISK/pers. Également des doubles (30 000 ISK, petit déj inclus) et même un grand chalet très agréable pour*

5 pers. Salle commune avec cuisine (accès payant). Sinon, au resto plats env 3 500-4 000 ISK (slt au dîner). Soupe du jour le midi 1 200 ISK ; petit déj 2 000 ISK. Le camping est très bien situé, juste au-dessus de la rivière. Différents niveaux de confort dans des chalets de taille variable, les plus chers étant très confortables. Belle et grande terrasse face à la rivière. Petite source d'eau chaude bien sympa, à seulement 20 mn à pied en longeant la rivière. Incontestablement la meilleure adresse des hauts plateaux, avec l'offre d'hébergement la plus complète.

À faire

Le *camping de Kerlingarfjöll* est le point de départ de nombreuses activités. En particulier la ***randonnée*** pédestre, par exemple une boucle de 3 jours au départ du camping, avec hébergement dans de petites cabanes construites sur le parcours. Toutes les infos sur place.

LES FJORDS DE L'EST

• Carte *p. 177*

L'Est est peu peuplé, et ses 12 000 habitants vivent dans des villages disséminés au fond de fjords majestueux. Sa petite capitale, Egilsstaðir, n'ayant rien de passionnant, on profite ici de ces fjords de rêve comme Seyðisfjörður, Fáskrúðsfjörður et surtout, Mjóifjörður, qui méritent pour certains un bel effort pour les atteindre. La route des fjords de l'Est, plutôt bonne, se transforme parfois en piste (l'Islande, c'est l'aventure, non ?) et, surtout, traverse de somptueux paysages avec des montagnes encore sauvages qui plongent dans l'océan. Les épicuriens se rattacheront à un label de cuisine local arboré par certains restaurants (faute de proposer une gastronomie renversante, ils ont la vertu d'utiliser des produits du cru) : l'*Austfirksar Krásir* (• *krasir.is* •)

Comment circuler en bus dans les fjords de l'Est ?

Site recensant l'ensemble des transports du pays, bus, avions, bateaux (carte interactive très bien faite) : • *publictransport.is* •

Les fjords de l'Est sont principalement desservis par les compagnies suivantes.

■ ***Reykjavík Excursions :*** • *re.is* • Assure tlj de juin à mi-sept la ligne 62 ***Höfn-Egilsstaðir-Akureyri.***

■ ***Sterna :*** • *sterna.is* • Assure tlj en de juin à mi-sept la ligne 78 ***Höfn-Egilsstaðir*** et la ligne 70 ***Egilsstadir-Akureyri.***

■ ***Strætó :*** • *straeto.is* • Assure lun, mar, ven et dim et j. fériés la ligne 56 ***Egilsstadir-Akureyri.***

■ ***Straetisvagnar Austurlands (Svaust) :*** ☎ *471-23-20.* • *austurfrett.is* • Compagnie locale. Ligne 1 ***Egilsstaðir-Breiðdalsvík-Eskifjörður,*** ligne 2 ***Reyðarfjörður-Breiðdalsvík,*** ligne 3 ***Eygilsstaðir-Seyðisfjörður,*** ligne 4 ***Höfn-Breiðdalsvík.*** Ligne 5 ***Egilsstaðir-Borgarfjörður,*** ligne 6 ***Egilsstaðir-Hallormstadur.***

DJÚPIVOGUR

350 hab.

Un petit village construit en demi-cercle autour de son port. Même si vous n'êtes que de passage, c'est une halte agréable. À l'une des extrémités du port, étonnante sculpture contemporaine de Sigurdur Gudmundsson.

UNE ŒUVRE QUI FAIT LE PLONGEON !

Sigurdur Gudmundsson a créé en 2009 à Djúpivogur une œuvre monumentale : « Les Œufs de la crique heureuse », composée d'un long alignement de 34 œufs monumentaux de granit. Chacun représente une espèce d'oiseau recensée dans les environs et tous sont de taille rigoureusement identique... sauf celui du plongeon catamarin, emblème de la ville. Chouchou, va !

Arriver – Quitter

Arrêt de bus : sur le port.

➢ ***Vers Höfn :*** en saison, 1 bus/j. avec *Sterna* (ligne 78), 1 bus/j. avec *Rekjavík Excursions* (ligne 62) et avec la ligne 4 de *Svaust* (vers l'aéroport) lun, mer, jeu, ven et dim. Trajet : 1h.

➢ ***Vers Egilsstaðir :*** en saison, 1 bus/j. avec *Sterna* (ligne 78), 1 bus/j. avec *Rekjavík Excursions* (ligne 62) et avec la ligne 4 de Svaust (terminus à Breiðdalsvík) lun, mer, jeu, ven et dim. Dessert ***Berunes, Stöðvarfjörður, Breiðdalsvík, Fáskrúðsfjörður*** et ***Reyðarfjörður.*** Trajet : 3h30.

Où dormir ? Où manger ? Où boire un verre ?

Camping : *s'adresser à l'hôtel* Framtið, *en face du port. Env 1 500 ISK/pers ; douches payantes.* Agréable terrain, tout plat, avec vue sur le port. Barbecue, lave-linge, sèche-linge, salle commune avec cuisine (une vraie de vrai). Très propre.

Hótel Framtíð : *Vogalandi 4. ☎ 478-88-87. 896-88-87. • hotelframtid.com • Dans le bas du village, face au port. Doubles 21 000-30 900 ISK selon confort, avec sac de couchage 15 200 ISK. Petit déj en sus. Plats 4 500-6 500 ISK. Pizzas env 2 700 ISK. Menu 4 700 ISK.* Hôtel assez plaisant, à l'architecture de caractère, offrant des chambres avec ou sans sanitaires. Les premières sont tout en bois, cosy, avec moquette rouge. Les secondes sont plus anciennes, mais bien nettes aussi. Possibilité également de dormir avec son duvet dans une annexe ou dans une des petites cabanes à côté de l'hôtel. C'est plus rustique et moins coquet, mais très bien tenu, et il y a une cuisine. Au resto, petite carte et pizzas.

Café du Langabúð : *tlj 10h-18h (21h-23h ven-sam). Soupe, pain et café env 1 700 ISK.* Endroit plutôt chaleureux, mais inévitablement fréquenté (on n'ira pas jusqu'à dire que c'est une usine en saison, mais...). Bons cafés et petite restauration genre soupe, assiette de saumon, sandwichs ou gâteaux.

Où dormir dans les environs lointains ?

Auberge de jeunesse : *à* ***Berunes.*** *☎ 478-89-88. 869-72-27. • berunes.is • Accessible par le bus Egilsstaðir-Höfn. En face de Djúpivogur, de l'autre côté du fjord, mais à 42 km ! Ouv avr-fin sept. Camping*

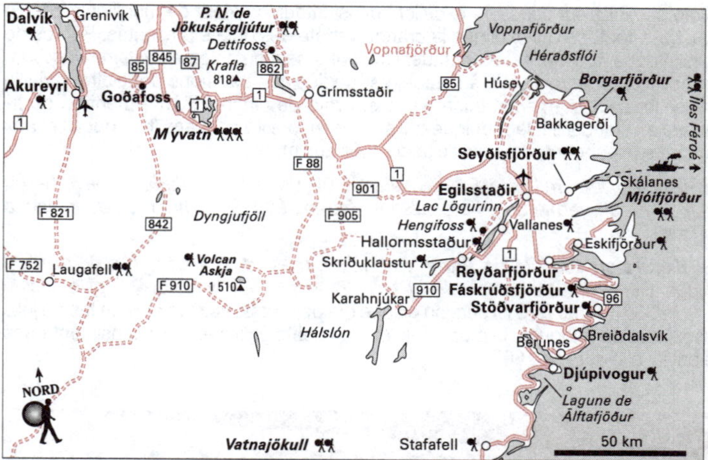

LES FJORDS DE L'EST

1 500 ISK/pers, douche et accès à la cuisine inclus. Dortoir 5 000 ISK/pers ; double avec sac de couchage 13 000 ISK. Cottages avec kitchenette et sdb 24 000 ISK pour 2 pers. Petit déj et dîner en sus. Prix avec la carte HI. Cette ferme a plus de 100 ans avec sa petite église et son cimetière, le tout au pied d'une montagne, face au fjord de Djúpivogur. Environnement tout simplement fabuleux. L'AJ occupe 2 maisons différentes : la vieille demeure familiale, juste derrière l'église, est adorable avec ses petites pièces tout en bois et très personnalisées. Les chambres au 1er étage sont mansardées et très mignonnes. À disposition des hôtes, une cuisine avec des fourneaux d'époque et une salle commune où il fait bon se détendre après une longue journée. L'autre partie, plus récente a moins de caractère mais est tout aussi accueillante et confortable. Également des petits chalets assez rustiques et pas très grands, mais avec salle de bains et kitchenette privées (2 accolés à la « vieille » maison et les autres dans les champs ou au milieu des arbres, près du camping). Ne ratez pas le petit déj, pour les fameux *pancakes* maison. Proprios adorables. Bref, une très jolie étape, l'un de nos plus beaux souvenirs pour la qualité de l'accueil et le site !

À voir. À faire

Langabúð : *sur le port. ☎ 478-82-20. De mi-mai à mi-sept, tlj 11h-18h. Sinon ven-sam l'ap-m slt. Entrée : 500 ISK.* Ce long entrepôt aux murs rouges est un ancien comptoir datant de l'époque où les Danois avaient le monopole du commerce en Islande (1602-1854). Il abrite aujourd'hui un café et un musée comportant 3 sections. La plus émouvante est consacrée au

ON N'ARRÊTE PAS LE PROGRÈS !

Incroyable ! Les antiques téléphones manuels dont on tournait la manivelle pour obtenir l'opératrice, servirent en Islande de 1916 à 1976 en ville et jusqu'en 1982 dans les fjords... à quelques années seulement de l'avènement du portable. On mesure là l'immense saut technologique vécu récemment par les Islandais !

sculpteur *Ríkarður Jónsson,* excellent dessinateur, créateur de mobilier, véritable touche-à-tout, ce qui explique la grande variété des objets présentés. Photos de famille dans son atelier reconstitué. Une autre section célèbre *Eysteinn Jónsson,* un politicien. La troisième, à l'étage, est dédiée aux traditions populaires : vieille vaisselle, caisse enregistreuse, valises, projo de cinéma... Une mention particulière au standard téléphonique qui servait encore il y a 35 ans (hier quoi !) et aux antiques téléphones à manivelle accrochés aux murs...

■ ***Piscine :*** *derrière l'hôtel* Framtið. *Juin-août, lun-ven 7h-20h30, le w-e 10h-18h (sam 11h-15h, fermé dim, hors saison). Entrée : 600 ISK.* 3 *hot tubs* et un sauna (en sus).

➢ ***Excursion sur l'île de Papey :*** *de juin à mi-sept. Départ à 13h du port du village. Durée 4h, dont 3h sur l'île. Rens : ☎ 478-81-19. • papey@djupivogur.is • Env 10 000-12 000 ISK.* Excursion guidée qui permet de voir, en plus un tas de jolis oiseaux et de phoques, la plus vieille et plus petite église en bois subsistant dans le pays : elle date de 1807.

STÖÐVARFJÖRÐUR

200 hab.

Typique village situé le long d'un petit fjord, réveillé depuis quelques années par les bombes... de peinture. On y découvre un peu partout sur les murs les œuvres de jeunes artistes urbains, installés en résidence dans un ancien entrepôt du port, rebaptisé « Here ».

– On y trouve station-service, banque, poste et piscine.

Arriver – Quitter

Arrêt de bus : devant le magasin *Brekkan.*

➢ ***Vers Höfn (via Breiðdalsvík, Berunes et Djúpivogur) :*** en saison, 1 bus/j. avec *Sterna* (ligne 78), 1 bus/j. avec *Rekjavík Excursions* (ligne 62) et 3 bus/j. avec la ligne 2 de Svaust (terminus à Breiðdalsvík). Trajet : 3h.

➢ ***Vers Egilsstaðir :*** en saison, 1 bus/j. avec *Sterna* (ligne 78), 1 bus/j. avec *Rekjavík Excursions* (ligne 62) et 3 bus/j. avec la ligne 2 de Svaust (terminus à Reyðarfjörður). Dessert ***Fáskrúðsfjörður*** et ***Reyðarfjörður.*** Trajet : 1h30.

Où dormir à Stöðvarfjörður et dans les environs ?

Camping : *☎ 470-90-00. Compter 1 200 ISK/pers ; à la sortie est du village.* Juste un lavabo et des toilettes. Tout petit, mais en surplomb de la route et avec une belle vue sur la montagne d'en face.

Kirkjubær : *sur les hauteurs du village (immanquable). 892-33-19. • gisting-kirkjubaer.is • Avec sac de couchage ou lit fait 5 500-7 500 ISK/pers.* Peut-être l'hébergement le plus surprenant d'Islande : on dort dans une petite église traditionnelle bleu et blanc dominant le village, mignonne comme tout, dans laquelle sont aménagés une douche, un coin cuisine et même un petit salon de part et d'autre de l'autel ! L'endroit peut héberger une dizaine de personnes (matelas en mezzanine).

Hótel Bláfell : *Sólvellir 14, au centre de* ***Breiðdalsvík,*** *à 19 km au sud de Stöðvarfjörður. ☎ 475-67-70. • breiddalsvik.is • Double avec sdb 27 000 ISK en été, petit déj inclus. Plats*

3 500-4 000 ISK, burgers et pizzas 1 500-2 500 ISK. Vénérable maison en bois au toit bleu dans un pimpant petit village de pêcheurs. Chambres simples, agréables et assez spacieuses avec une dominante de bois dans la déco. Ensemble chaleureux, à l'image du grand salon commun, vraiment cosy, où certains jouent aux cartes ou au minibillard, pendant que d'autres bouquinent ou consultent leurs e-mails. Resto sur place avec les bons produits de la pêche et des fermes locales (agneau, bœuf, légumes...) ; burgers et pizzas pour les inconditionnels du genre.

À voir

Steinasafn Petru : *Fjorðarbraut 21. ☎ 475-88-34. Ouv mai-sept, tlj 9h-18h (15h oct-avr) ; le w-e slt, déc-jan. Entrée : 1 000 ISK ; gratuit moins de 14 ans.* Ce « musée minéralogique » est une collection de pierres, amassée par la bien nommée Petra, décédée à 90 ans en 2012, qui a passé une grande partie de sa vie à arpenter les montagnes alentour et à rassembler ses trouvailles (certaines agates sont sublimes !). Elles s'exposent dans sa maison et son petit jardin étonnamment fleuri (et agrémenté de nains de jardins ici et là), en compagnie d'oiseaux naturalisés. Ambiance reposante, du moins en dehors des heures de visite des groupes, et gentil salon de thé sous verrière.

Here : *en descendant vers le port, hangar principal. • inhere.is • Visite guidée 2-3 fois/sem 500 ISK.* Si vous voulez mieux comprendre l'art du graphisme (on n'a pas dit graffiti !) urbain, visite commentée par des artistes en résidence ici.

FÁSKRÚÐSFJÖRÐUR

670 hab.

Fáskrúðsfjörður (ou Búðir, c'est selon), avec juste trois rues étagées sur le flanc de la montagne qui dévale vers le fjord, ressemblerait à bien d'autres villages sans son histoire tout à fait particulière. Durant les campagnes de pêche à la morue (fin XIXe-début XXe s), il fut le principal port d'attache des pêcheurs français d'Islande. Il y eut dans le fjord jusqu'à 5 000 Français (de Paimpol, Lorient et Dunkerque, principalement), qui avaient à Búðir leur consul, un hôpital, une chapelle, un cimetière... Un patrimoine aujourd'hui très joliment remis en valeur. Le village cultive vraiment ce lien particulier avec l'Hexagone. Ainsi, chaque année, le dernier week-end de juillet, le festival *Franskir Dagar* (« les jours français ») commémore cette époque où les marins français venaient pêcher en Islande. La ville est jumelée avec Gravelines et a même apposé des plaques de rues en français.

– On y trouve les indispensables : épicerie, station-service, banque, poste et piscine.

Arriver – Quitter

Fáskrúðsfjörður est relié à Reyðarfjörður par un tunnel. C'est plus rapide, mais la route côtière (qui devient piste en quelques endroits) est très belle.

Arrêt de bus : à l'*hôtel Bjarg,* à l'entrée de la ville.

➢ ***Vers Höfn (via Stöðvarfjörður, Breiðdalsvík, Berunes et Djúpivogur) :*** en saison, 1 bus/j. avec *Sterna* (ligne 78), 1 bus/j. avec *Rekjavík*

Excursions (ligne 62) et 3 bus/j. avec la ligne 2 de Svaust (terminus à Breiðdalsvík). Trajet : 3h30.

➢ ***Vers Egilsstaðir :*** en saison, 1 bus/j. avec *Sterna* (ligne 78), 1 bus/j. avec *Rekjavík Excursions* (ligne 62) et 3 bus/j avec la ligne 2 de Svaust (terminus à Reyðarfjörður). Dessert ***Reyðarfjörður.*** Trajet : 1h.

Où dormir ? Où manger ?

⛺ ***Camping :*** *en venant du sud, à gauche avt l'entrée du village.* ☎ *470-90-00. Compter 1 200 ISK/pers.* Minuscule mais pas désagréable avec son petit ruisseau et un étang juste à côté. Une seule douche (mais il y a rarement foule ici...). Le village est à 10 mn à pied.

🍴 ***Café Sumarlina :*** *Búðaveg 59.* ☎ *475-15-75. À l'entrée du village, à droite de la route principale. Tlj 11h-22h. Plats 2 500-3 500 ISK.* Agréable resto qui fait aussi salon de thé. À l'étage, une toute petite salle bardée de bois, où vous trouverez le plus grand choix du bourg pour manger : sandwichs, burgers, pizzas, petits plats bien cuisinés avec de grosses crêpes farcies pour le côté salé et d'autres plus gourmandes pour le goûter. Accueil très sympa du patron.

À voir. À faire

★ ***Franska verkefnið*** *(quartier français)* **:** il se concentre sur quelques dizaines de mètres de la rue principale, le long du fjord. Courte balade, donc, où l'on verra les bâtiments en bois de la grande époque des « pêcheurs d'Islande » mais tellement rénovés qu'ils semblent avoir été construits hier ! La petite chapelle de 1899 (« œuvres de mer », annonce la façade). Face à face, l'hôpital (1904) qui, pour l'époque, bénéficiait d'un confort (toilettes avec chasses d'eau !) inconnu des Islandais et qui aujourd'hui est devenu un hôtel de luxe ; et la maison du médecin (1907) aménagée en musée.

★★ ***Fransmenn á Íslandi*** *(musée des Français en Islande)* **:** *Hafnagata 12, sur la gauche de la rue.* ☎ *475-11-70. Tlj de juin à mi-sept 10h-18h. Entrée : 1 500 ISK ; gratuit moins de 16 ans.* Dans des espaces à l'agréable muséographie (vidéos en français), un émouvant musée consacré aux pêcheurs venus travailler sur les côtes islandaises. La visite démarre en mettant l'accent sur les conditions de vie difficiles de ces pêcheurs avec matériel médical et chirurgical (il y a même un mort, dans son lit d'hôpital...). Quelques photos anciennes aussi, des livres de comptes, des bribes d'épave... Au sous-sol, dans le souterrain qui reliait la maison du médecin à l'hôpital, superbe reconstitution de la cabine d'une goélette. Couchettes exiguës, gamelle de soupe dans laquelle on cassait (à coups de marteau !) des biscuits, bruit des vagues et lumières hésitantes, on en aurait le mal de mer...

★ ***Grafeitur Franksra Sjómanna*** *(cimetière des marins français)* **:** *à 900 m du musée, à la sortie sud-est du village, panneau sur la droite.* En contrebas de la route, au bord de l'eau, un monument sur lequel on peut lire « Ici reposent 49 pêcheurs français », ainsi que le nom des marins et de leurs bateaux et un poème « en français dans le texte ». Fin de la séquence patriotique.

REYÐARFJÖRÐUR

1 100 hab.

La ville se trouve au fond du fjord éponyme qui, avec ses 30 km, est le plus long de toute la côte est. Son aspect industriel déroute le voyageur. Courant 2007, le groupe américain *Alcoa* y a fondé une énorme fonderie

d'aluminium. Sa construction et surtout celle du réseau de barrages à *Karahnjúkar* (au nord du glacier du Vatnajökull), destinés à fournir l'électricité à l'usine, se sont faites contre l'avis des écologistes, d'un certain nombre d'experts et d'une bonne partie de la population. S'ensuivirent de nombreuses manifestations dénonçant à la fois la vente des ressources naturelles du pays à des multinationales étrangères et un vrai désastre écologique. C'est à Reykjavík que les protestations furent les plus fortes, à Reyðarfjörður et dans l'est du pays, en revanche, on voyait là, avec l'embauche de 450 personnes, une façon d'enrayer la désertification de la région.

– Vous y trouverez les services habituels : supermarché, poste, banque, pharmacie, station-service.

BIENVENUE À POLOGNE-CITY !

Pour la construction de sa fonderie d'aluminium, Alcoa a embauché près de 3 000 personnes. La très grande majorité de la main-d'œuvre étant polonaise, cette ville (qui comptait alors quelque 700 habitants) a connu, entre 2004 et 2007, la plus grande concentration de résidents étrangers du pays !

Arriver – Quitter

Arrêt de bus : à la station-service *Olis*.

➢ ***Vers Höfn (Fáskrúðsfjörður, Stöðvarfjörður, Breiðdalsvík, Berunes et Djúpivogur) :*** en saison, 1 bus/j. avec *Sterna* (ligne 78), 1 bus/j. avec *Rekjavík Excursions* (ligne 62) et 3 bus/j. avec la ligne 2 de *Svaust* (terminus à Breiðdalsvík). Trajet : 3h45.

➢ ***Vers Egilsstaðir :*** en saison, 1 bus/j. avec *Sterna* (ligne 78), 1 bus/j. avec *Rekjavík Excursions* (ligne 62) et 4-6 bus/j tlj avec la ligne 1 de *Svaust* (2 desservent l'aéroport). Trajet : 35 mn.

Où dormir ? Où manger ?

Camping

Camping : *au niveau du rond-point, à l'entrée de la ville.* *776-00-63. Compter 1 200 ISK.* Quelqu'un passe le soir récolter le paiement. Il y a des blocs sanitaires avec douches chaudes et même une toute petite salle commune ! Et ce petit camping est dans un coin plutôt sympa face aux montagnes et à côté d'un étang à canards. Laverie automatique sur place.

De bon marché à prix moyens

Hjá Marlín : *Vallargerði 9 et 14. ☎ 474-12-20. 892-03-36. • bakkagerdi.net • Discrètement mais bien fléché. Ouv tte l'année. Nuitée avec sac de couchage 6 500 ISK, doubles sans ou avec sdb env 15 600-21 000 ISK.* Une adresse à une tête (celle de la francophone Marlín) et à deux visages : l'AJ et la *guesthouse.* Le tout est réparti dans plusieurs bâtiments, tous équipés d'une cuisine. La maison la plus ancienne abrite, outre la réception, une dizaine de chambres, dont la moitié se partage 2 salles de bains. Une autre jolie maison, jaune et aux si beaux espaces communs, avec vue sur le fjord, dispose d'un sauna (payant) et de chambres de 1 à 3 personnes. À deux pas, encore 4 chambres, dans un garage reconverti... Enfin, en contrebas, face au fjord, un vaste bâtiment sans beaucoup de charme avec grande salle commune abrite des chambres à 5 lits récemment aménagées. Une bien belle adresse, de qualité.

Tærgesen : *Búðargata 4. ☎ 470-55-55. Dans le centre ; prendre à droite juste avt l'église,*

LES FJORDS DE L'EST

c'est la maison noire au toit rouge. Doubles sans ou avec sdb 13 500-17 000 ISK. Resto tlj 14h-22h. Burgers, pizzas 1 500-3 000 ISK. Plats env 3 500-5 500 ISK. Pour casser la croûte, ce petit resto façon repaire de marins (la maison date de 1870) avec tables en bois verni et rideaux blancs aux fenêtres, fera très bien l'affaire. Plat du jour avec soupe (ou soupe tout court), omelettes, sandwichs, burgers ou encore pizzas. Loue également de petites chambres dans la maison et d'autres, plus modernes, dans un bâtiment style motel.

Sesam Brauðhús : *Hafnagata 1. ☎ 475-80-00. Dans le centre, face au supermarché* Krónan. *Tlj sf dim 7h30-17h30.* Une boulangerie qui propose salades, sandwichs et gros gâteaux dans une jolie petite salle design au goût d'aujourd'hui.

À voir

Stríðsárasafn *(musée des Années de guerre) : Heiðarvegur 37. ☎ 470-90-00 (office de tourisme). • fjardabyggd.is • Sur les hauteurs (fléché depuis la route principale). Juin-août tlj 13h-17h. Entrée : 1 100 ISK ; réduc.* On repère le musée à ses longs hangars tout rouges faisant le dos rond : en temps de guerre, ils servaient d'hôpital. Pas moins de 4 000 soldats étaient stationnés ici, originaires notamment des États-Unis, du Canada et de Norvège. Dans un village de 300 habitants à l'époque, ça devait se bousculer ! Salle consacrée à Þorstein Jónsson, un héros local puisqu'il était le seul Islandais engagé dans la *Royal Air Force.* Nombreux uniformes, équipements, quelques jeeps et camion GMC. Quand même pour les amateurs du genre !

DANS LES ENVIRONS DE REYÐAFJÖRÐUR

ESKIFJÖRÐUR

Village de pêcheurs à une quinzaine de kilomètres à l'est de Reyðarfjörður. Tout en longueur, moins citadin que le précédent et offrant un riche petit Musée maritime, ainsi qu'une chouette auberge en bord de fjord. Pour celles et ceux qui souhaitent se poser un jour ou deux face au grand large, une étape idéale.

➢ ***Egilsstaðir via Reyðarfjörður :*** 4-6 bus/j. tlj avec la ligne 1 de Svaust (2 desservent l'aéroport). Trajet : 40 mn.

➢ ***Höfn :*** changer à Reyðarfjörður.

Où dormir ? Où manger ?

De bon marché à prix moyens

Kaffihúsið : *Strandgata 10. ☎ 476-11-50. Mar-jeu 18h-23h, ven 18h-3h, sam 12h-3h, dim 12h-23h. Pizzas 1 200-3 000 ISK et snacks à partir de 1 000 ISK. Plats 3 500-5 000 ISK.* Dans un bâtiment en bord de route, une salle sans façons (avec terrasse pour l'été) où les gens du coin aiment à venir manger des pizzas. On a préféré, de notre côté, les plats dans la tradition islandaise que prépare un chef en grande tenue. Simples mais goûteux. Accueil plein de gentillesse.

De prix moyens à chic

Mjóeyri Eht : *Strandgötu 120. ☎ 477-12-47. 📱 696-08-09. • mjoeyri.is • Au bout du village en suivant la côte (vous serez arrêté par la mer !). Doubles env 16 000-19 400 ISK ; cottages 21 800-35 000 ISK selon taille. Petit déj-buffet en sus.* Cette maison rouge et ses quelques cottages bénéficient d'une situation idéale, isolés au bord de l'eau, face aux montagnes du fjord. 4 chambres dans la maison (de 1885) avec sanitaires communs. Mais, comme nous, vous tomberez plus sûrement amoureux de la dizaine de cottages en bois pouvant loger jusqu'à 6 personnes. Joliment décorés (surtout les plus récents), spacieux, confortables, avec une chambre au rez-de-chaussée et 1 ou 2 autres à l'étage (ou en mezzanine), salle de bains, cuisine équipée, TV, petite terrasse, etc. *Hot tub* installé d'originale façon et sauna en prime. Location de bateau et de canne à pêche. Un de nos coups de cœur, vraiment...

Randulf's Sjóhús : *Strandgötu 96. ☎ 477-12-47. Juin-sept, tlj 12h-21h. Plats 4 000-6 000 ISK.* Même proprio que *Mjóeyri Eht,* à quelques centaines de mètres. Ancien entrepôt de barils de harengs jusque dans les années 1930 transformé en resto tout en gardant l'essentiel de l'ancien cadre. Les nombreux matériels conservés (vieux tonneaux de harengs, instruments de pêche, outils divers), conjugués aux éclairages tamisés, donnent pas mal de charme à l'ensemble. On croit même déceler un léger parfum de poisson incrusté dans les bois et les solives... Excellente cuisine de la mer, soupe de haddock et crevettes, moules, boulettes de renne sauce chili ou renne fumé sauce aux mûres... À la fin du repas, demander à voir l'étonnante chambre des pêcheurs au 1er étage, découverte intacte après 80 ans d'oubli et de silence !

À voir. À faire

Sjóminjasafn Austurlands *(Musée maritime de l'Islande de l'Est)* **:** *Strandgata 39B. ☎ 470-90-63. • sjominjar.is • Juin-août, tlj 13h-17h. Entrée : 1 200 ISK.* Installé dans une grosse maison en bois de 1816 successivement entrepôt, magasin puis lieu de stockage du poisson. Barques et matériels de pêcheurs, maquettes, instruments de bord, bureau du télégraphiste, témoignages du passé : commerce local, petite industrie, santé, vie sociale et culturelle...

➢ ***Balades à cheval :*** *avec* ***Skorrahestar****. • skorrahestar.is •* Un bon moyen d'aborder cette romantique région des fjords au pas, au trot ou au galop. De quelques heures à une semaine, toutes sortes de prestations pour tous niveaux.

MJÓIFJÖRÐUR

Un des plus beaux fjords de la région. Compter 64 km aller et retour à partir du goudron, mais ce n'est pas pour autant une promenade de santé ! Très rapidement, une route caillouteuse (acceptable pour les véhicules de tourisme) grimpe dans une large vallée. Même à la mi-juin, retour à l'hiver au passage du col. Brume, lacs commençant à dégeler avec toutes les nuances de bleus, de gris sale et de blancs pouvant exister (une pittoresque *embacle,* comme disent nos amis québécois), nombreuses plaques de neige ruisselantes... Un magnifique spectacle lorsque le soleil joue à cache-cache dans une atmosphère digne du *Seigneur des anneaux.* La descente jusqu'au début du fjord sur une route très étroite est fantastique. On prend le temps de renouer avec les prières de son enfance pour qu'aucun véhicule ne remonte au même moment (il a la priorité !). Sur le parcours une foultitude de cascades provenant des sommets du cirque, certaines épousant de larges paliers façonnés dans la roche sombre, les plus spectaculaires répondent au nom de ***Klifbrekkufossar.*** Parvenu en bas, encore 12 km, jusqu'à *Brekkuþorp,* un miniport placé là comme pour apaiser le paysage et à gauche son école qui se transforme en hébergement en été.

➢ De Reyðarfjörður, suivre la route 92 vers Egilsstaðir sur 24 km, puis prendre à droite la route 953.

Sólbrekka : *☎ 476-00-07. Ouv juin-sept. Env 4 500 ISK/pers avec sac de couchage. 2 cottages pour 4 pers à 16 000 ISK, avec cuisine et* *sdb. Petit déj en sus. Repas sur résa env 3 500 ISK.* Logement dans l'école assez spartiate, dans un long bâtiment en bois avec des petites chambres pour 1 à 4 personnes. Mais, mais, et encore mais... tout cela est largement compensé par la splendeur du fjord et le plaisir de s'y réveiller. Les chalets, quant à eux, sont perchés sur la colline et dominent le fjord. Rien à dire : agréable et confort correct. Les amateurs de bouts du monde apprécient forcément.

SEYÐISFJÖRÐUR

670 hab.

• Plan *p. 185*

Petit port de pêche aux maisons colorées, niché au fond d'un très joli fjord. Pour s'y rendre, on passe par Egilsstaðir, puis on gravit un col d'où l'on a une vue superbe sur la région. Admirable route ensuite, festonnée de lacs à peine dégelés au printemps, balayée par de traîtres tempêtes de neige à la mi-septembre, éclairée par des rayons de soleil qui jouent avec les nuages pour sublimer un paysage dont les gammes de bleus, de bruns, de gris et de blancs s'étendent à l'infini... Dans la descente, sur la droite, les *chutes de Gufufoss* se jettent dans un surprenant U de pierres. Magique !
Port de départ vers les îles Féroé, la ville s'anime au gré du mouvement des ferries. Elle fut d'ailleurs l'une des principales portes d'entrée de l'Islande au début du siècle dernier, accueillant de nombreux Norvégiens. Centre important de pêche au hareng à la fin du XIXe s, Seyðisfjörður fut aussi une importante base alliée durant la Seconde Guerre mondiale. C'est aujourd'hui un bourg dynamique sur le plan culturel (il abrite le seul cinéma de l'est du pays, une école d'art et un petit mais très dynamique centre culturel). Avouons un réel faible pour le charme de cette petite ville du bout du monde !

Adresses et infos utiles

ℹ @ ***Office de tourisme*** *(plan B1) : Ferjuleira 1, dans le terminal des ferries. ☎ 472-15-51. • visitseydisfjordur.com • Mai-sept, lun-ven 9h-16h ; hors saison autour des arrivées/départs de bateaux mar et mer.* 💻 Excellent matériel touristique : brochures culturelles, cartes des randonnées...

➢ ***Bus pour Egilsstaðir :*** avec la ligne 3 de Svaust. Juin-août, 2 bus/j. en sem, 1 bus supplémentaire jeu et 1 bus/j. le w-e. En hiver, 2 bus/j. lun-ven, 1 bus supplémentaire mar et 1 bus sam. Dessert le centre du village et le terminal des ferries. Trajet : 40 mn.

■ ***Banque Landsbanki*** *(plan B1, **1**)* et ***poste*** *(plan B1) : sur Hafnargata, à côté de la station-service* Shell.

■ Également un supermarché ***Samkaup*** *(plan A2, **2**)* à l'entrée de la ville.

Où dormir ? Où manger ? Où boire un verre ?

Camping

⛺ ***Camping municipal*** *(plan A2, **10**) : ☎ 472-15-21. 📱 861-30-97. Ouv mai-sept. Env 1 300 ISK/pers ; douche 400 ISK.* 📶 Le gérant passe matin et soir pour collecter l'argent. Petit terrain agréable, très peu fréquenté (hors jours de débarquement et d'embarquement des ferries) et plutôt bien équipé, avec sanitaires nickel, salle commune et un grand espace cuisine équipé de plaques

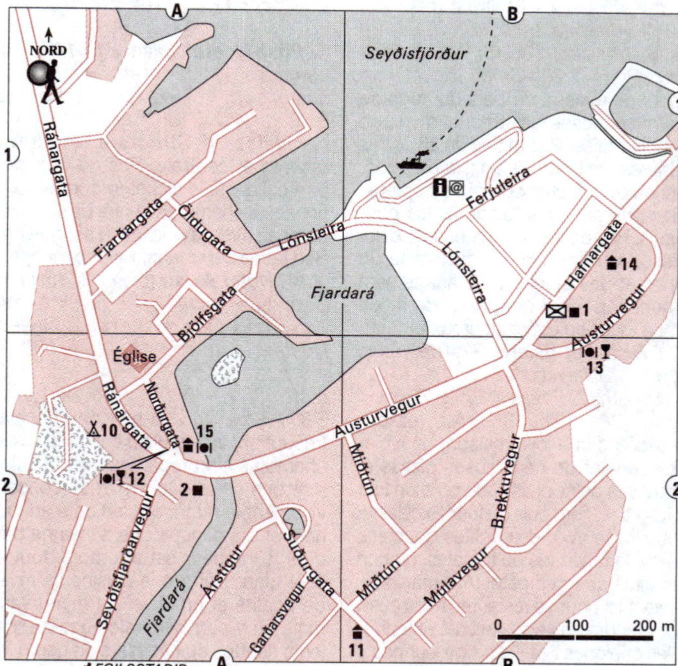

SEYÐISFJÖRÐUR

Adresses utiles

- Office de tourisme
- 1 Banque Landsbanki
- 2 Supermarché Samkaup

Où dormir ? Où manger ? Où boire un verre ?

- 10 Camping municipal
- 11 Auberge de jeunesse Hafaldan
- 12 Kaffi Lára – El Grillo
- 13 Bistro et galerie Skaftfell
- 14 Post-Hostel
- 15 Hótel Aldan

électriques. Également un lave-linge et un sèche-linge.

De bon marché à prix moyens

Auberge de jeunesse Hafaldan *(plan B2,* ***11****) : Suðurgata 8. 611-44-10. • hafaldan.is • Ouv mai-sept. Lit en dortoir 5 100 ISK/pers. Doubles sans ou avec sdb 13 800-17 600 ISK. Réduc avec la carte* HI. Un bâtiment d'une vingtaine de places. La proprio, Thóra Gudmundsdóttir, une nostalgique des années hippies, passe 6 mois par an en Inde. Intérieur chaleureux et convivial. Aux murs, peaux de phoque et raquettes rappellent les rigueurs de l'hiver en Islande. Chambres de 1 à 4 personnes, assez propres, mais aux matelas (et cloisons) parfois un peu minces. Cuisine avec tables donnant sur le port. Lave-linge (payant). Dispose d'une annexe en centre-ville, plutôt typique puisque c'est l'ancien hôpital (fin XIXe s). Environ 14 chambres aux mêmes tarifs. Bonne atmosphère aussi, quelques chambres avec salle de bains et super accueil.

|●| 🍸 ***Kaffi Lára – El Grillo*** *(plan A2,* ***12****) : Norðurgata 3.* ☎ *472-13-07. Tlj 11h30 (14h dim)-22h30 (3h30 du mat sam). Plats 2 200-3 000 ISK.* Cette mignonne maison de bois qui regarde le port a endossé les attributs d'un pub à l'is(r)landaise. Pas moins de 26 sortes de bières, en bouteille ou à la pression, ainsi qu'un joli choix de plats copieux, à des prix plus que raisonnables pour le pays. Pas de jaloux : agneau du coin, poisson du fjord, porc, ou même du cheval et des steaks végétariens sont à l'honneur. C'est bon, servi de façon sympa et le lieu est chaleureux !

|●| 🍸 ***Bistro et galerie Skaftfell*** *(plan B2,* ***13****) : Austurvegur 42.* ☎ *472-16-32. Tlj 13h-21h30. Pizzas 1 300-2 700 ISK, plats 1 800-3 200 ISK.* Au rez-de-chaussée d'une jolie maison, un « bistrot » servant de généreuses pizzas et parfois des petits plats et du poisson tout droit sorti du fjord puis du four. Excellente soupe livrée avec des petites douceurs comme la tapenade de tomates, du bon pain ainsi que des gâteaux « maison ». On vient ici pour se restaurer, mais aussi pour prendre un verre, un café et feuilleter les quelques livres d'art de leur petite libraire. On peut aussi, à l'étage, visiter la petite galerie (gratuite) du centre culturel, présentant des expos d'art contemporain, étonnamment pointues pour ce coin du bout du monde. Ambiance bien sympathique. Également une petite terrasse sur le côté de la maison aux beaux jours.

De prix moyens à chic

🏠 ***Post-Hostel*** *(plan B1,* ***14****) : Hafnargata 4.* 📱 *898-62-42. ● info@posthostel.com ● Tte l'année. Doubles 21 000-24 000 ISK ; également des familiales.* 📶 Structure moderne, récente et centrale. Pas de caractère particulier, mais nickel, propre et fonctionnel. 6 chambres et une belle cuisine équipée avec lave-linge et sèche-linge. Sanitaires communs. En dépannage.

🏠 |●| ***Hótel Aldan*** *(plan A2,* ***15****) : Norðurgata 2.* ☎ *472-12-77. ● hotelaldan.com ● Ouv de mi-mai à mi-sept. Doubles avec sdb 18 000-29 900 ISK selon catégorie, petit déj inclus. Au resto (tlj 11h30-14h, 18h-22h), plats 3 800-6 000 ISK.* La maison principale (réception) est en plein centre, mais les chambres sont réparties dans 2 autres maisons de la ville. On vous conseille vivement le resto, qui fait café en journée (et qui occupe une ancienne banque). L'intérieur est adorable, tout de bois blanc vêtu et la cuisine se révèle de qualité et créative. Le menu varie, mais on y sert généralement d'excellents risottos ou des plats du genre filet d'agneau à l'ail confit et aux légumes... De plus, bons vins du monde à la carte, souvent disponibles en demi-bouteilles. Petite salle avec vue directe sur le port. Service très décontracté et super accueil.

À voir. À faire

📷 Seyðisfjörður possède pas mal de ***maisons*** datant de la fin du XIXe s et du début du XXe s. La petite portion de ***Norðurgata*** *(plan A2)* entre l'*hótel Aldan* et l'église est craquante avec ses masures en bois colorées et ses échappées vers le fjord. Pour en voir plus, brochure détaillée à l'office de tourisme présentant quelque 35 constructions classées par genres. Beaucoup sont de style norvégien. Possibilité aussi de découvrir ce patrimoine avec des guides locaux : durée environ 2h30 (minimum 5 personnes). *Résa :* ☎ *470-23-08.*

– Dans l'église *(plan A2)* sur le port, ***concerts*** le mercredi à 20h30 en juillet-août *(*☎ *470-23-08 ;* 📱 *861-77-89 ; ● blaakirkjan.is ● ; payant).* Musique classique, gospel, folk, jazz, groupes islandais...

📷📷 👪 ***Tækniminjasafn*** *(Musée technique ; hors plan par B1) : Hafnargata 44, tt au bout du village.* ☎ *472-16-96. ● tekmus.is ● De juin à mi-sept, tlj 11h-17h. Entrée : env 1 000 ISK ; gratuit moins de 17 ans.*

Cette ancienne fabrique de moteurs de bateaux, la première du genre en Islande, fut fondée en 1907 par l'ingénieur du cru, Johann Hansson. Pour l'alimenter il construisit un barrage – carrément ! – et tout un système de courroies et de poulies, qui peut encore fonctionner ! Section ***imprimerie*** où l'on admire une linotype de 1959, ainsi qu'une presse à litho et un massicot. Fascinante fonderie à côté, quasi artisanale, jadis capable de fondre n'importe quelle pièce et qui garantissait l'autonomie quasi totale de l'usine. Elle ne cessa son activité qu'en 1993. Dans l'***atelier,*** la plupart des machines originelles sont toujours en place ainsi que l'un des premiers tracteurs du pays (un *International Harvester* de 1932). Chacun ici aide à réparer, remettre sur pied, reconstruire avec une passion confondante ! Plus loin dans la même rue, une autre section concerne les ***télécommunications.*** Les poteaux télégraphiques dans l'escalier sont historiques : Seyðisfjörður fut effectivement, en 1913, le premier village à bénéficier d'une distribution régulière d'électricité. Là encore, tout fonctionne (c'est la marotte du musée, tout doit fonctionner !) : le standard, les télégraphes et des radios faites maison. À voir encore : un vestige du câble d'origine (voir l'encadré), une exceptionnelle collection de vénérables télégraphes, un vieux studio photo avec plaques de gravure, des équipements médicaux, le bureau de l'ingénieur, etc. À tout moment, le guide se fait démonstrateur. Bref, un musée très instructif, une visite bien vivante où l'on découvre les premières grandes avancées technologiques en Islande.

BEN MON POTEAU !

Vu son statut de porte d'entrée de l'île au début du siècle dernier, Seyðisfjörður fut le premier village d'Islande connecté au réseau télégraphique, en 1906. L'acheminement du câble jusqu'à Reykjavík nécessita la mise en place de 14 000 poteaux dans des conditions de travail et de climat héroïques. Cocorico, le télégraphe portable de l'ingénieur chargé de vérifier la bonne marche du câble était de fabrication française !

➢ ***Sorties en kayak de mer :*** *Hlynur Oddsson* propose de découvrir le fjord en kayak, ainsi que des balades en VTT. Ces sorties accompagnées peuvent durer de quelques heures à 2 jours pour les plus enthousiastes. *Rens : 865-37-41. Compter 2 500-4 000 ISK/h par pers.*

DANS LES ENVIRONS DE SEYÐISFJÖRÐUR

➢ ***Skálanes :*** à l'embouchure du fjord, côté sud, un petit coin de paradis encore très sauvage. Pour y accéder, 13 km de piste en voiture ou en bateau *(résa au ☎ 690-69-66 ; • skalanes.com •).* De là, 4 km à pied jusqu'au *Skálanessetur,* une sorte de *guesthouse* qui sert aussi d'office de tourisme informel. Organise des balades autour des falaises, parmi une faune riche en oiseaux (macareux notamment) et autres animaux à plumes. Parfois même, des phoques viennent saluer les promeneurs (pour cause, le poisson abonde) !

Les îles Féroé : territoire rattaché au Danemark, ces îles jouissent, en raison de leur éloignement, d'un statut d'autonomie. L'arrivée en bateau sur la capitale, Tórshavn, est très belle. Une visite à faire absolument : *Myggeweos,* où les macareux et les mouettes fourmillent. À voir aussi : au nord de l'Eysturoy, le sommet le plus haut des îles : le *Slættaratinður* (882 m), c'est superbe.

➢ Le ferry de *Smyril Line* assure la liaison avec les îles Féroé : juin-août, jeu à 10h30 (arrivée à 3h du mat), et sept-mai, mer à 20h, (arrivée à 15h le lendemain). Trajet retour Féroé-Islande : juin-août, mer à 18h (arrivée à 8h30 le lendemain), et sept-mai, lun à 14h (arrivée à 9h le lendemain). *Office de tourisme : ☎ (298) 30-24-25.* Depuis le Danemark, liaisons Hirtshals-Tórshavn mar à 11h30 (arrivée à 22h30) et sam à 15h30 (arrivée le lendemain à 17h30). Prévoir des victuailles pour le voyage car les prix à bord sont exorbitants. *Infos et résas : ☎ (49) 431-20-08-86. • smyril-line.com •*

Possibilité de camper à peu près sur n'importe quel coin d'herbe, en évitant le *camping de Tórshavn,* moche et cher. De toute façon, il y a des douches sur le bateau, et celles de l'AJ peuvent être utilisées. Dans l'AJ, justement, chambres de 2 à 7 lits, cuisine, etc. Il peut aussi être agréable de camper au bord de la rivière dans la vallée de Saksur (à 50 km de Tórshavn). Également des hôtels, comme celui du village de Gjogv, très agréable, propre et pas cher.

EGILSSTAÐIR

2 280 hab.

En venant du nord-ouest, le cadre de la ville assez verdoyant change un peu des paysages désertiques. Cette ville, à l'urbanisme très décousu et sans grand charme, est située sur la route 1. Elle constitue le point de chute idéal pour des excursions vers les fjords et le lac de Lögurinn. Egilsstaðir se situe à une extrémité du lac Lagarfljót dont on dit qu'il serait habité par un cousin de Nessie, le monstre du Loch Ness. C'est également – notamment avec son festival d'art vidéo 700IS chaque année en octobre –, un des pôles culturels de l'Est.

Arriver – Quitter

En bus

Arrêt de bus : à l'office de tourisme, au bord de la route 1.
Voir aussi plus haut « Comment circuler en bus dans les fjords de l'Est ? ».

➢ ***Akureyri (via Reykjahlíð – lac Mývatn) :*** tte l'année avec la ligne 56 de *Strætó* (les plus rapides) lun, mar, ven et dim. De juin à mi-sept, 1 bus/j. avec la ligne 62 de *Reykjavík Excursions* et 1 bus/j. avec la ligne 70 de *Sterna*. Trajet : env 2-3h pour Reykjahlíð (lac Mývatn) et 4-5h pour Akureyri. ***Attention,*** les bus de *Sterna* marquent un arrêt prolongé (40-60 mn) aux ***chutes de Dentifoss*** puis au centre d'info de ***Reykjahlíð,*** puis aux ***formations de lave de Skútustaðir.***

➢ ***Borgarfjorður :*** tte l'année, 1 bus/j. lun-ven avec la ligne 5 de *Svaust*. Départ d'Egilsstaðir vers 8h et de Bakklagerði vers 12h. Trajet : 1h. ***Attention,*** ne transporte pas les vélos.

➢ ***Hallormsstaður :*** 2-3 bus/j., tlj sf dim avec la ligne 6 de *Svaust*.

➢ ***Höfn :*** en saison, 1 bus/j. avec *Sterna* (ligne 78). Dessert ***Reyðarfjörður, Fáskrúðsfjörður, Breiðdalsvík, Stöðvarfjörður, Berunes*** et ***Djúpivogur.*** Trajet : 4h30.

➢ ***Reyðarfjörður-Eskifjörður :*** 4-6 bus/j. tlj avec la ligne 1 de Svaust (2 depuis l'aéroport d'Egilsstaðir). Trajet : 30-40 mn.

➢ ***Seyðisfjörður :*** avec la ligne 3 de *Svaust.* Juin-août, 2 bus/j. en sem, 1 bus supplémentaire jeu et 1 bus/j. le w-e. En hiver, 2 bus/j. lun-ven, 1 bus supplémentaire mar et 1 bus sam. Dessert le centre du village et le terminal des ferries. Trajet : 40 mn.

En avion

✈ L'***aéroport*** est situé à 1 km au nord d'Egilsstaðir.

➢ Plusieurs liaisons quotidiennes avec ***Reykjavík*** (1h de vol). ☎ *471-12-10.* ● *flugfelag.is* ●

Adresses utiles

ℹ ***Office de tourisme :*** *Miðvangur 1-3.* ☎ *471-23-20.* ● *east.is* ● *Au bord de la route principale. De mi-sept à mai, lun-ven 10h-18h, sam 11h-14h ; de juin*

à mi-sept, lun-ven 8h30-18h, sam 10h-16h, dim (juil-août slt) 13h-18h.
@ **Internet :** *connexion gratuite à la bibliothèque située à l'étage du musée Minjasafn Austurlands (lun-ven 14h-19h).*
■ **Banque et distributeurs :** *plusieurs banques dans la ville.*
■ **Supermarchés :** **Bónus** *et* **Netto** *en bordure de la N1.*
■ **Piscine :** *Tjarnabraut 26, en face de l'hôtel* Edda. ☎ *470-07-77. Juin-août, lun-ven 6h30-21h30, le w-e 10h-18h. Ferme 1h plus tôt en hiver. Entrée : 700 ISK.* Bassin extérieur de 25 m, toboggan et 2 *hot-tubs.*
Hôpital : *Lagarás 19.* ☎ *471-14-00.*
■ **Pharmacie :** *Kaupvangur 6.* ☎ *471-12-73. Dans le bâtiment du* Netto.

Où dormir ?

Voir également les hébergements de Vallanes, situés à seulement une dizaine de kilomètres au sud d'Egilsstaðir.

De bon marché à prix moyens

Camping : *Kaupvangur 17.* ☎ *470-02-00 et 470-07-50. Ouv de mi-mai à fin oct. Env 1 400 ISK/pers douche en sus. S'adresser à l'office de tourisme en cas de fermeture de la réception.* Un camping de ville assez bien équipé (sanitaires propres, lave-linge et sèche-linge), mais, sincèrement, il y a foule en été et l'endroit manque vraiment de charme ! Resto attenant très basique.
Camping Skipalækur : *à* **Fellabær.** ☎ *471-13-24.* • *skipalaekur.is* • *À 2,5 km ; de l'autre côté du lac, à gauche après le pont. Camping (mai-sept) 1 500 ISK/pers douche comprise ; cottages (tte l'année) pour 2 pers avec douche et kitchenette 17 000-22 000 ISK.* Plus de calme et plus de place qu'à celui d'Egilsstaðir. On peut aussi y louer des petits chalets au toit pentu, bien équipés et joliment situés au bord du lac.
Lyngás Guesthouse : *Lyngási 5-7 (quasi la rue principale).* ☎ *471-13-10.* • *lyngas.is* • *Tte l'année. Réception ouv en principe 16h-21h (sinon téléphoner). Lits en dortoir (5-7 lits) env 4 000-6 000 ISK/pers sans ou avec sac de couchage ; doubles 16 000-20 000 ISK, petit déj en sus.* Central. Bâtiment moderne sans charme particulier, aucune atmosphère, mais tout blanc, propre et fonctionnel. Une vingtaine de chambres (doubles et dortoirs de 5-7 lits). Salle à manger et petite cuisine équipée.

De chic à très chic

Hótel Eyvindará : *Eyvindára 2.* ☎ *471-12-00.* • *eyvindara.is* • *À 3 km d'Egilsstaðir, par la route 94 en direction de Borgarfjödur, fléché sur la gauche. Ouv mars-oct (resto le soir slt de mi-juin à mi-sept). Doubles (ou cottage pour 2 pers) avec sdb 21 000-28 500 ISK selon saison, petit déj inclus. Plat avec salade env 3 500 ISK.* Tranquille au cœur d'un petit bois. De son passé de *guesthouse*, l'endroit a conservé une ambiance familiale et une patronne accueillante. Les chambres occupent l'ancienne maison des proprios (toute rouge) ou l'aile plus moderne. Celles-ci sont plus spacieuses et, pour certaines, jouissent d'une très jolie vue. Vue sur le lac et la vallée dont on profite aussi au petit déj. Pour plus d'intimité, possibilité de louer un cottage planqué dans les arbres avec salle de bains et, pour certains, une kitchenette. Personnel francophone en été.
Gístihúsið Egilsstöðum (Guesthouse Egilsstaðir) : *sur la route 1, prendre la rue en face de la station-service* N1 *(bien fléché).* ☎ *471-11-14.* • *lakehotel.is* • *Doubles avec sdb 20 000-35 000 ISK, petit déj inclus.* Grosse bâtisse blanche aux allures d'hôtel de campagne, suffisamment loin du centre pour être au calme et à 20 m du lac (soirées de rêve en perspective !). Chambres au plafond parfois un peu bas, mais élégantes et très

confortables. Atmosphère cosy, joli mobilier ancien qui fait bon ménage avec du design contemporain. Fait aussi resto le soir (voir « Où manger ? Où boire un verre ? »).

Où manger ? Où boire un verre ?

De bon marché à prix moyens

Salt : *Miðvangur 2-4. ☎ 471-17-00. En face l'office de tourisme. Tlj 10h-22h. Plat du jour (déjeuner slt) 1 800 ISK, sinon 2 500-3 500 ISK.* Un lieu accueillant, design juste ce qu'il faut, qui se revendique – comme l'explique la carte – du bistrot « à la française ». Navré de décevoir les proprios de Salt, mais c'est surtout un bar-resto comme on en rencontre beaucoup en Islande, qui sert une cuisine pas mal amenée mais très internationale : sandwichs, burgers, poulet tandoori...

De chic à très chic

Café Nielsen : *Tjarnarbraut 1. ☎ 471-26-26. Monter la rue principale, c'est sur la gauche après la poste. En été, tlj 11h30 (13h30 ven-dim)-23h30. Plats 3 000-5 000 ISK.* Cette jolie maison (la plus ancienne de la ville), entourée d'une terrasse protégée par des arbres, abrite un des meilleurs restos de la ville, mais pas le moins cher. Intérieur intime (préférer la salle du 1er, moins étriquée, plus sympa avec ses murs en palissandre), avec des tables éclairées à la bougie. Bonne « nouvelle cuisine » islandaise dans les assiettes, mais on peut aussi se contenter de petits plats plus simples. Bien qu'ils soient nommés *light meals,* les portions demeurent généreuses. Bon buffet le midi. Délicieux gâteaux.

Gístihúsið Egilsstöðum (Guesthouse Egilsstaðir) : *sur la route 1, prendre la rue en face de la station-service N1 (bien fléché). ☎ 471-11-14. Tlj jusqu'à 22h. Burgers, salades 3 200-4 000 ISK. Plats 4 200-6 000 ISK, Menu du dîner (3 services) 9 000 ISK.* Élégante salle à manger avec vue sur les jardins et le lac. Service très comme il faut pour une belle cuisine, de tradition (mais qui sait, sans avoir l'air d'y toucher, faire preuve de créativité). Cuissons parfaites, vrai sens de l'association des saveurs et profond respect du goût des produits qui doivent obligatoirement être « à un jet de pierre » des fourneaux du resto ! Comme ce bœuf qui provient de la ferme voisine.

À voir

Minjasafn Austurlands (musée culturel des Fjords de l'Est) **:** *Laufskógar 1, pas loin du Café Nielsen. ☎ 471-14-12. • minjasafn.is • Juin-août, tlj 11h30-19h (10h-18h sam-dim) ; sept-mai, mar-ven 11h-16h. Entrée : 1 000 ISK ; gratuit moins de 17 ans. Brochure en anglais disponible à l'accueil.* Intéressant petit musée ethnographique. On y voit surtout des reconstitutions de lieux de vie, de culte ou de travail, comme cette ferme de tourbe utilisée jusqu'en 1963. Les animaux étaient parqués au sous-sol pour que leur chaleur réchauffe la chambre juste au-dessus. L'environnement d'instruments agraires, outils traditionnels, vénérables établis de menuisier et objets domestiques, contribue à recréer une chaleureuse atmosphère rurale (et l'ensemble est agrémenté de belles photos en noir et blanc). Reconstitution également d'une petite église de campagne, d'un magasin des années 1950, d'un coin d'hôpital et même du salon et de la cuisine de la maison d'un forestier. Jusqu'à une époque récente, les conditions d'existence étaient rudes dans cette région souffrant d'épidémies et catastrophes naturelles (20 % de décès d'enfants avant l'âge de 1 an). Quelques objets archéologiques également, dont une broche viking datée du milieu du XIIe s.

AU NORD, VERS L'EMBOUCHURE DE LA RIVIÈRE LAGARFLJÓT

BORGARFJÖRÐUR

À 70 km au nord d'Egilsstaðir par la route 94 (mi-route, mi-piste damée), ce petit fjord et son village de Bakkagerði ont un goût d'aventure viking. Dans le hameau, juste avant l'église, voir les deux jolies ***maisons Lindarbakki*** datant de 1899 : de véritables masures de Hobbits ! D'ailleurs, ces parages sont censés accueillir l'une des capitales des elfes et le palais de leur reine (Álfaborg) : pas moins de 172 contes populaires y plantent leur décor.
Autour du village, magnifiques ***randonnées*** dans des paysages de roche volcanique (carte *Víknaslóðir* à l'office de tourisme d'Egilsstaðir). Certains sentiers ne sont pas balisés. Les ornithologues en herbe affûteront leurs jumelles pour observer macareux, mouettes tridactyles et autres pétrels fulmar. Pour ça, il faut plutôt aller au bord des falaises du fjord, en particulier à Höfn, à 5 km au nord de Bakkagerði, accessible en voiture. Meilleure saison d'observation : mai-juin, mais on peut s'y essayer tout l'été.
➢ Tte l'année, 1 bus/j. lun-ven avec la ligne 5 de *Svaust (☎ 471-23-20 ; • svaust.is •).* Départ d'Egilsstaðir vers 8h et de Bakklagerði vers 12h. Trajet : 1h. ***Attention,*** ne transporte pas les vélos.

Où manger ? Où dormir dans la région ?

Camping : à Bakkagerði. *857-20-05. • borgarfjordureystri.is • Au centre du village, vers l'église. Env 1 100 ISK/pers. Douches payantes.* Terrain classique pas bien grand, avec petite cuisine équipée dans 2 maisonnettes coquettes en bois.

Guesthouse Blabjorg : à Bakkagerði. *861-17-92. • blabjorg.com • Au centre du village, en bord de mer. En saison, doubles 19 000-21 000 ISK selon catégorie. Également un studio et 2 apparts.* Une douzaine de chambres dans cette ancienne pêcherie, inévitablement installée au ras des flots. Pas immenses, mais avec vue sympa sur l'océan pour une bonne moitié. Les autres dans les combles se contentent de Velux. Déco sobre et nette, à la scandinave. 3 salles de bains très clean à partager, comme la cuisine. Petit déj (compris) en self-service. *Hot tubs* et sauna. Bon accueil.

Alpha Café : à Bakkagerði. *☎ 472-99-80. Au centre du village. Tlj 10h-22h. Petite restauration 500-1 500 ISK.* Une bordée de grosses tables sur une terrasse face au large. Mais on ne perd pas au change quand le grain vous pousse à l'intérieur, dans la belle salle aux murs couverts d'objets d'artisanat et de belles photos. On s'y repaît sur de belles tables en pierre d'assiettes de charcuterie ou de fromage, de soupes, de tartes et de riches desserts. À travers les grandes baies, belle vue sur la mer ou la brume : c'est selon.

Auberge de jeunesse de Húsey : à Húsey. *☎ 471-30-10. 695-88-32. • husey.de • À 56 km au nord d'Egilsstaðir (route 1 sur 24 km, puis pistes 925 et 926 sur 32 km) ou à 30 km à vol de macareux à l'ouest de Bakkagerði (68 km par la route : 36 km sur la piste 94, puis à droite 19 km par les pistes 944 et 925, puis à droite 13 km par la piste 926. Ouf !). Trajet fastidieux : résa vivement conseillée ! Tte l'année sf de mi-déc à mi-janv. Dortoir env 4 000-5 300 ISK/pers avec sac de couchage ou lit fait. Double 8 500 ISK.* On aime beaucoup cette petite AJ d'une vingtaine de lits, dans une ancienne ferme paumée – vraiment paumée ! – en pleine nature. Intérieur rustique assez exigu, avec panneaux en bois colorés et ameublement plus tout jeune, mais l'ensemble dégage une atmosphère très conviviale. Située sur le delta de deux rivières, elle permet de faire de nombreuses balades.

On aperçoit souvent des phoques se faire dorer le gras. Plus de 30 espèces d'oiseaux viennent nicher dans le coin et on y trouve un nombre exceptionnel de plantes (175, contre 90 en moyenne dans le reste de l'Islande). Tout l'été, des hordes de rennes viennent folâtrer dans le coin. Cuisine à disposition mais pas de machine à laver. De mi-mai à mi-septembre, possibilité de balades à cheval de 2h, voire de ***séjour équestre*** d'une semaine.

LE LAC LÖGURINN

Une étendue d'eau tout en longueur dont l'extrémité nord baigne Egilsstaðir. Particulièrement étroit, le lac se confond presque sur la carte avec la Lagarfljót, la rivière qui l'alimente et dont il prend d'ailleurs le nom dans la bouche de certains autochtones.

VALLANES

➢ Sur la rive est du lac. À 12 km au sud d'Egilsstaðir, quitter la N1 pour suivre la route 931 à droite sur 1,5 km. Fléchage à droite (discret). Suivre la piste sur 3 km jusqu'à la ferme.

La ***Ferme Vallanes (Móðir Jörð)*** est la plus importante exploitation bio d'Islande. Pionnière dans l'exploitation de l'orge, elle a également planté plus de 1 million d'arbres. La famille Magnússon et son équipe font volontiers visiter leurs serres *(☎ 471-17-47 ; 📱 899-55-69 ; • vallanes.is • ; visite avr-oct, tlj sf dim 8h-18h).* Beaucoup de beaux légumes destinés aux restos du pays y poussent, les herbes fraîches et quelques fruits de saison. Vente sur place ainsi que de délicieux *chutneys* (ah, celui aux abricots, angélique et navet !), confitures (en particulier, rhubarbe et mûres), craquants *crackers* d'orge, infusions, huiles de massage à partir d'herbes sauvages... Beaucoup de jeunes sont en stage ici pour apprendre l'agriculture durable.

Où dormir dans la région ?

⛺ ***Stóra-Sandfell :*** *à 17 km au sud d'Egilsstaðir, sur la N1. ☎ 471-24-20. 📱 661-44-57 et 35-52. • jkf@emax.is • Ouv de mi-mai à mi-sept. 1 300 ISK/pers. Loc de chalets env 16 000-18 000 ISK.* Joli camping tranquille dans un remarquable environnement. On plante sa tente dans le champ vallonné près de la route ou, pour plus d'intimité, dans les emplacements au milieu des arbustes. En musique de fond, le glouglou du ruisseau qui traverse le site. Côté sanitaires : 2 cabanes rudimentaires, une pour les douches, l'autre pour les toilettes. Chalets agréables avec salle de bains, cuisine équipée, petite terrasse. Tout autour, super balades. Possibilité d'équitation (de 1h à 4h dans des paysages sublimes).

🏠 ***Eyjólfsstaðir Guesthouse :*** *à 11 km au sud d'Egilsstaðir sur la N1. ☎ 471-21-71. • eyjolfsstadir.is • Tte l'année. Doubles sans sdb 15 600-20 800 ISK selon saison, petit déj inclus.* La bâtisse blanche au toit bleu abrite une trentaine de chambres (avec lavabo) et... une chapelle en cas d'urgence confessionnelle. On compte 2 douches et 2 w-c pour un groupe d'environ 6 chambres. L'ensemble est sobre, fonctionnel et tenu au millimètre. Le petit déj se prend face à une belle vue sur le lac et, pour respecter le millimétrage, on ramène ces couverts en cuisine.

🏠 ***Ferme Vallanes :*** *compter 26 000 ISK pour tte la maison, petit déj inclus.* Au sein même de la ferme, une petite maison contenant un appartement : chambre (lit en 120 cm), pièce avec lits superposés, kitchenette et salle de bains. Le petit déjeuner est servi avec les produits de la ferme. Du bio pur jus. Pensez à réserver longtemps à l'avance !

HALLORMSSTAÐUR

Une sorte de hameau déstructuré, perdu dans ce que l'on appelle La forêt d'Islande. À ne pas manquer, c'est une facette méconnue du pays.

Décimée par les cataclysmes et une exploitation à outrance, la forêt islandaise a quasiment disparu après la colonisation. C'est en 1903 qu'on a commencé ici à replanter (des essences étrangères surtout). Le véritable reboisement date cependant des années 1950. Aujourd'hui, cette réserve couvre une surface de 2 300 ha. Les promeneurs en sillonneront les sentiers (dont un botanique).

L'ARBRE QUI CACHE LA FORÊT

Ce n'est rien de dire que la forêt islandaise est petite par la surface et par la taille des boulots nains qui la constituent. Les Islandais vous diront que lorsqu'on est perdu en forêt, pour retrouver son chemin il suffit... de se lever !

➢ Sur la route 931, à 15 km au sud-ouest de la ferme Vallanes (28 km au sud-ouest d'Egilsstaðir), sur la rive est du lac.

➢ 2-3 bus/j., tlj sf dim avec la ligne 6 de *Svaust* *(☎ 471-23-20 ; • svaust.is •)*. L'arrêt de bus est sur la route 931. Trajet : 20-30 mn. Dessert l'aéroport.

Où dormir ? Où manger ?

Höfðavík Camping : *route 931, juste au nord de la station-service en venant du nord, sur la droite. Env 1 400 ISK/pers.* En surplomb du lac, malheureusement caché par les arbres. Superbe environnement néanmoins. Sanitaires impeccables (douche, toilettes).

Atlavík Tjaldstæði : *sur la route 931, 2 km au sud de la station-service. ☎ 470-20-70. Env 1 000 ISK/pers ; le gardien fait le tour des tentes pour collecter l'argent.* Camping très fréquenté dans un superbe environnement : les pieds dans l'eau, face au lac et sous les arbres. Bien entretenu. Toilettes et éviers seulement. Pour se doucher, il faut aller au camping *Höfðavík*.

Guesthouse Grái Hundurinn : *à Hallormstaður. ☎ 470-01-00. • hotel701.is • Ouv mai-sept. En saison, doubles 23 000-34 000 ISK, petit déj inclus. Buffet (le soir slt) à l'hótel Hallormstaður 6 900 ISK. (parties communes.)* Dans une belle demeure nichée au milieu des arbres, une poignée de chambres, dont une seule avec salle de bains privée. Peu lumineuses, elles n'en sont pas moins élégantes : parquet sombre, miroirs cerclés de cuir, mobilier cosy. Beaucoup de cachet. Pour l'accueil se rendre, à 300 m, à l'*hótel Hallormstaður* *(en saison, doubles 30 000-52 000 ISK... si l'envie vous prend)* : ce sont les mêmes proprios. C'est d'ailleurs dans cet hôtel chic qu'on prend le petit déj et, éventuellement même, le dîner (assez cher). Il possède 2 saunas et des *hot tubs*. Du même proprio également, 4 jolis chalets (en saison seulement), tout confort, avec chouette terrasse face au lac *(env 32 000 ISK, petit déj inclus).*

À voir. À faire

Les chutes de Lítlanesfoss et de Hengifoss : *à 8 km au sud de Hallormsstaður, sur la rive ouest du lac.* Depuis le parking, un sentier mène à *Lítlanesfoss*, une chute entourée de *colonnes de basalte*. S'il fait beau, vous aurez la chance d'y voir un arc-en-ciel. Mais le clou de la balade, c'est la *chute de Hengifoss*, plus loin, qui fait le bruit d'un Boeing au décollage ! Le cirque d'où la chute fait le grand saut (120 m quand même !), est un spectacle sublime : succession de strates de couleurs rouge, orange et noir. Compter 1h30 pour la balade aller-retour.

Snæfellsstova Visitor Center (parc du Vatnajökull) : *à **Skriðuklaustur**, 5 km au sud des chutes, sur la rive ouest du lac. ☎ 470-08-40. • vjp.is • Tlj juin-août 9h-19h (17h sinon). GRATUIT.* Fine architecture d'avant-garde s'intégrant correctement dans l'environnement (premier bâtiment *eco-friendly* du pays !). Intérieur lumineux aux lignes sobres, pour mettre en valeur les richesses de cette région qu'on découvre notamment en prenant la route de Kárahnjúkar. Tout sur les cycles de la nature, les saisons, l'eau avec une démarche interactive. Comme cette table où les enfants peuvent apprendre à identifier les plantes locales, les mousses, les minéraux et trouver le nom des animaux à l'aide de leur mâchoire ou plumes... Expo de belles photos également et cafétéria. Accueil qui connaît le coin en profondeur.

Maison de Gunnar Gunnarsson : *à 200 m du Visitor Center. ☎ 471-29-90. 📱 860-29-85 • skriduklaustur.is • Juin-août, tlj 10h-18h ; mai et sept, tlj 12h-17h. Entrée : 1 000 ISK ; réduc.*
Centre culturel dans l'immense demeure de l'écrivain Gunnar Gunnarsson (1889-1975), bâtie en 1939. Architecture unique en son genre : pierre de lave rejointoyée avec un mortier blanc et toit couvert d'herbe. C'est du plus bel effet ! Musée sur l'œuvre de l'auteur et expos temporaires. Venant d'une famille très pauvre, à 18 ans, il fut accepté à l'université Askov au Danemark. Déterminé à devenir écrivain, il commença rédiger en danois. Il vécut ici pendant 9 ans, avant de regagner Reykjavík, où il travailla jusqu'à la fin de sa vie à la traduction en islandais de ses 20 romans. Parmi ses plus célèbres : *L'Oiseau noir, Le Berger de l'Avent, Frères Jurés,* etc.
Guère connu chez nous, c'est l'un des plus grands écrivains en Islande, dont on pénètre la vie avec intérêt, tant son œuvre s'inscrit dans cet environnement idyllique. Au fil des pièces, on croise un beau mobilier en bois sculpté, une élégante cheminée en faïence, ses photos et souvenirs divers de famille...
Sur le site de la maison se trouvait autrefois un des neuf monastères construits en Islande au Moyen Âge (en 1495, dit-on). Petite expo consacrée au monastère et aux fouilles actuellement en cours. Belle statue de Vierge à l'Enfant retrouvée dans une étable, ciboire, etc.

Klausturkaffi : *sous le musée, ouv aux mêmes horaires. ☎ 471-29-92. Buffet le midi env 3 000 ISK. Buffet de gâteaux l'ap-m 2 000 ISK.* Plus qu'une cafétéria de musée, un vrai resto dans une jolie salle aux soubassements bleus, prolongée d'une véranda avec vue. Pour le déjeuner, un buffet d'anthologie à un prix fort démocratique. Tout est fait maison avec de beaux produits : soupes, boulettes de renne, saucisses, crudités fraîches (champignons de la forêt toute proche, baies sauvages), gratin de légumes, délicieux gâteaux... Accueil et service gentils et souriants comme tout !

KARAHNJÚKAR

➢ À 60 km au sud du lac par la route 910 (départ entre les chutes et Skriðuklaustur).
Pour ceux qui voudraient avoir un petit avant-goût de l'intérieur du pays, mais qui n'ont pas de 4x4. Possibilité de s'aventurer sur cette route 910 qui grimpe assez sévèrement jusqu'au plateau puis traverse des étendues désertes (presque exclusivement fréquentées par les rennes...), où ruisseaux et taches de verdure s'étendent à l'infini avec des montagnes noires ou blanches en toile de fond.

Dont l'immanquable sommet du *Snæfell :* à 1883 m, l'un des plus hauts volcans d'Islande. Une vraie impression de bout du monde.
Il est bien sûr sidérant de trouver une aussi bonne route qui semble mener nulle part... sauf que c'est à Karahnjúkar – et autour – qu'a été construit un réseau de barrages dont résulte un lac artificiel Hálslón de 57 km². Là, une centrale hydroélectrique fournit l'électricité à l'énorme fonderie d'aluminium de Reyðarfjörður, à 75 km à l'est, au bord de la mer (mais on vous en a déjà parlé !). Un projet monstrueux (par son ampleur, son coût et son impact écologique). Et tout ça en bordure d'un parc national...

LE VOLCAN D'ASKJA

Le complexe volcanique de l'Askja est constitué de trois caldeiras emboîtées, dont la superficie totale est de 45 km² ! D'où que l'on vienne pour y accéder, cette partie de l'île est un *no man's land* qui paraît sans fin. Impressionnant ! Succession de vastes paysages sauvages, alternance de vert et de noir, puis zone désertique entourée de montagnes brunes avec, parfois, un pic couvert de neiges éternelles. Ces hauts plateaux en forme de steppes et déserts moussus se parent de vert l'été, de roux à l'automne et de blanc en hiver.

PLEINE LUNE SUR L'ASKJA

Même les étourdis noteront à quel point le décor au nord du volcan Askja a un côté lunaire. Ce n'est pas pour rien qu'il fut choisi par la NASA en 1969 pour entraîner les astronautes du programme Appolo, avant qu'ils n'aillent marcher sur la Lune. Un paysage pas nase du tout !

Arriver – Quitter

➢ ***En voiture :*** d'où que vous veniez, il faut un véhicule tout-terrain, et de préférence un bon ! Pensez à faire le plein avant de partir, car il n'y a évidemment aucune station-service en chemin. Le volcan est à 130 km au sud de Mývatn par la route 1, puis la F88. Alternative un peu plus longue, mais un peu moins dure : prendre la F905 qui part de *Möðrudalur* (à 8 km au sud de la route 1) et, enfin, la F910. D'Egilsstaðir, prendre la route 931 vers le sud, puis la route 910 qui devient la F910 à partir de Karahjnúkar. Au camping de Herðubreiðarlindir, prendre la direction d'Öskjuvatn sur 30 km, jusqu'au point de départ de la randonnée.

– Aucun bus ne dessert ce site en dehors d'agences qui proposent des excursions. Par exemple :

■ ***Mývatn Tours :*** *☎ 464-19-20. • askjatours.is • Fin juin-début sept, départ tlj à 8h de l'office de tourisme de Reykjahlið. Durée de l'excursion : 11-12h. Résa 1 ou 2 j. avt conseillée en été. Coût : env 23 000 ISK.* Transport et guide pris en charge, mais pas le repas. Même type de prestations et prix avec ***Fjjállasýn Tours*** *(☎ 464-39-41 ; • askjatours.is •)* qui fait durer le plaisir jusqu'à la mi-septembre et propose également des tours plus chers en jeep (6 personnes).

Où dormir ? Où manger ?

⛺ 🏠 ***Refuge-camping :*** *à* ***Herðubreiðarlindir,*** *situé à env 30 km au nord de l'Askja. Géré par* Ferðafélag Akureyrar. *📱 822-51-91 (juin-sept). ☎ 462-27-20 (le reste de l'année). • ffa.is • Résa impérative. Camping 2 000 ISK/pers et 7 000 ISK avec sac de couchage.* Camping verdoyant au cœur d'une étendue désertique. Sanitaires propres et douches payantes. Cuisine.

Autre ***refuge-camping*** *à* ***Dreki,*** *au pied du volcan. Géré par* Ferðafélag Akureyrar également. *822-51-90 (juin-sept). ☎ 462-27-20 (le reste de l'année). Camping 2 000 ISK/pers et 8 000 ISK/pers avec sac de couchage.* Camping très venteux et sol caillouteux. Douches payantes. Et les campeurs n'ont accès ni à la salle commune du refuge ni à son bon vieux poêle à bois.

Fjalladyrð : *à* ***Möðrudalur,*** *entre Egilsstaðir et Reykjahlíð (lac Mývatn). ☎ 471-18-58. • fjalladyrd.is • À 62 km de Reykjahlíð ou 103 km d'Egilsstaðir, piste 901 vers le sud, sur 8 km à partir de la N1. Ouv de mi-avr à mi-oct. Camping 1 300 ISK/pers. Doubles 15 000 ISK ; en sac de couchage 10 300 ISK. Cottage (3-7 pers) env 24 000 ISK pour 2. Draps et petit déj 1 850 ISK/pers. Au déj, sandwichs et soupe 1 000-2 300 ISK ; le soir, plats 4 000-6 500 ISK.* Une ferme, avec une église jolie comme tout, bâtie en 1949 par l'arrière-grand-père du proprio actuel, un café et une rustique pompe à essence, pas toujours approvisionnée. L'endroit, au milieu de nulle part, est battu par les vents et environné de prairies jaunes veillées par de lointains pics de lave. À la belle saison, de nombreux 4x4 et bus d'excursion y font escale pour le déjeuner. On fait alors la queue au comptoir pour commander une soupe d'agneau ou de lichen (sucrée), un sandwich ou une gaufre. On peut aussi y passer la nuit, dans 5 chambres avec sanitaires partagés très convenables et 2 cottages en bois et tourbe (jusqu'à 7 personnes). Le camping, au terrain nu (amarrez bien votre tente !), regroupe un abri pour étendre le linge, plusieurs points d'eau, une douche, quelques tables, 2 jolies cabanes qui se fondent dans la nature et une salle commune rustique abritée dans un vieil abri en pierre, tourbe et bois (avec plaques chauffantes et poêle pour essayer de se réchauffer). Possibilité de dîner en prévenant le matin et de participer à des excursions vers le volcan d'Askja. L'exclusivité du site se paie quand même pas mal sur la « bête touristique » !

À voir. À faire

➢ Compter environ 1h de crapahutage dans un cadre cauchemardesque sur une neige noircie par la cendre. On ne distingue le site qu'au dernier moment, ce qui rend le périple encore plus angoissant et imprévu. Ce n'est qu'après une petite côte, au moment où l'on s'y attend le moins, que le panorama apparaît, sublime. Le bleu du ***lac d'Öskjuvatn*** (le plus profond du pays : 217 m) se superpose à la couleur laiteuse et sulfureuse du ***cratère Víti*** (« Enfer » en français, formé en 1875). Le tout au cœur d'étranges chaînes de montagnes. On peut faire le tour du cratère par un sentier étroit et un peu périlleux ou bien tout simplement enfiler son maillot de bain (ou non, car la plupart des baigneurs sont nus comme des vers !) après une descente un peu sportive dans le cratère. Un véritable délice. L'odeur du soufre y est supportable, mais attention aux bijoux en argent, qui vont ternir. Si vous y plongez la tête, vous pourrez entendre la respiration sourde du volcan. Le lac est, quant à lui, d'une grande beauté. Les reflets presque parfaits du glacier y sont particulièrement saisissants. Bref, un lieu difficile d'accès, mais qui en vaut la peine !

LE NORD

• Carte *p. 199*

Tourné face au cercle polaire et à l'océan glacial Arctique, le Nord offre un visage globalement plus plat que le reste du pays. Exception faite de jolies envolées de falaises sur certaines côtes (vers Siglufjörður notamment), les paysages d'aquarelles dominent, comme sur la péninsule de Vatnsnes, où se trouve la plus grosse concentration de phoques d'Islande. Les fjords, peu nombreux, sont profonds et larges ; ils se creusent au débouché de rivières tumultueuses (adaptées au rafting !), aux berges piquetées de terres agricoles. Plusieurs vieilles fermes en tourbe sont d'ailleurs ouvertes à la visite. Contre toute attente, le Nord est le coin le plus ensoleillé du pays. D'ailleurs, il n'est pas rare d'y croiser des habitants de Reykjavík venus s'installer ici pour mieux profiter du « beau temps » ! Reste que la région n'est pas très peuplée : on y recense 32 000 habitants, dont plus de la moitié à Akureyri, la deuxième ville du pays.

Point d'orgue d'une visite dans le Nord, le lac Mývatn et ses abords sont le théâtre de toutes sortes de phénomènes volcaniques, anciens ou récents. À découvrir aussi : la grande chute de Dettifoss, dans la vallée sauvage de la Jökulsá á Fjöllum, et la petite ville de Húsavík, capitale européenne de l'observation des baleines.

– Infos pratiques sur le site officiel : • northiceland.is •

Comment circuler en bus ?

Les liaisons en bus dans cette partie du pays sont assurées par trois compagnies.

■ ***SBA-Norðurleið :*** • *sba.is* • Relie Akureyri à Egilsstaðir et Höfn, au lac Mývatn, à Húsavík et Dettifoss, ainsi qu'à Reykjavík par la piste 1. Sa desserte du Nord permet de faire une boucle Akureyri-lac Mývatn-Dettifoss-Húsavík-Akureyri (ou vice versa). Également des liaisons directes depuis Akureyri vers Reykjavík. Plusieurs des forfaits de *SBA* permettent de visiter la région, de manière plus ou moins exhaustive (*Highlights of the North* en particulier). La compagnie propose aussi des excursions de 1 à 3 jours sur les sites les plus connus de la région.
■ ***Sterna :*** • *sterna.is* • Présente dans quasiment tout le pays, cette compagnie n'est pas très bien implantée dans le Nord. D'Akureyri, vous pourrez rejoindre Goðafoss, le lac Mývatn, Egilsstaðir et Höfn en allant vers l'est, ainsi que Blönduós, Hvammstangi et Borgarnes en allant vers l'ouest, sans oublier Reykjavík via la piste F35 (via Gullfoss et Geysir, donc).
■ ***Strætó :*** • *straeto.is* • Dessert certaines destinations classiques et d'autres délaissées par les deux autres compagnies, mais ne passe pas par l'intérieur de l'île. Depuis Akureyri : vers le lac Mývatn et Egilsstaðir, vers Húsavík, mais aussi vers Dalvík et Siglufjörður, ainsi que Varmahlíð, Sauðárkrókur et Blönduós, avec continuation vers la côte ouest (Borgarnes) et Reykjavík (changement de ligne possible pour les fjords de l'Ouest ou la péninsule de Snæfellsjökull).

PARC NATIONAL DU VATNAJÖKULL – SECTEUR DE JÖKULSÁRGLJÚFUR

Situé au nord-est du lac Mývatn, ce petit morceau du parc national du Vatnajökull (125 km²) en est détaché d'une cinquantaine de kilomètres à vol d'oiseau. Il est néanmoins relié au grand glacier par la Jökulsá á Fjöllum, le deuxième plus long fleuve d'Islande (206 km), qui y prend sa source pour se jeter dans l'océan Arctique. Celui-ci s'écoule à travers un superbe canyon, le dénommé Jökulsárgljúfur, qui s'étend sur 25 km de long pour environ 500 m de large et 120 m de profondeur. Cette balafre XXL aurait été formée il y a quelques milliers d'années lors de *jökulhlaups* (débâcles) de très grande ampleur consécutifs à l'éruption de volcans sous-glaciaires – peut-être même du Bárðarbunga, qui a fait à nouveau parler de lui pendant l'été 2014. Entre les gorges abruptes du canyon vrombissent trois grandes cascades : Selfoss, Dettifoss (la plus puissante d'Europe, à ne pas manquer !) et Hafragilsfoss. Le parc est ouvert toute l'année et son accès est gratuit. On y accède au choix depuis Ásbyrgi, au nord, ou Dettifoss, au sud.

Arriver – Quitter

En bus

➢ ***Akureyri (via Húsavík, Ásbyrgi et Dettifoss) :***
– De mi-juin à mi-sept, le bus « excursion » *SBA2* de *SBA-Norðurleið* part tlj vers 8h d'***Akureyri,*** passe par le lac ***Mývatn*** (vers 10h) avant de remonter vers ***Dettifoss*** et ***Ásbyrgi,*** puis revient vers Akureyri par ***Húsavík ;*** le tour complet dure environ 10h et coûte env 19 000 ISK/pers. C'est l'option la plus simple pour visiter la zone dans la journée.
– Sinon, de mi-juin à fin août, une ligne

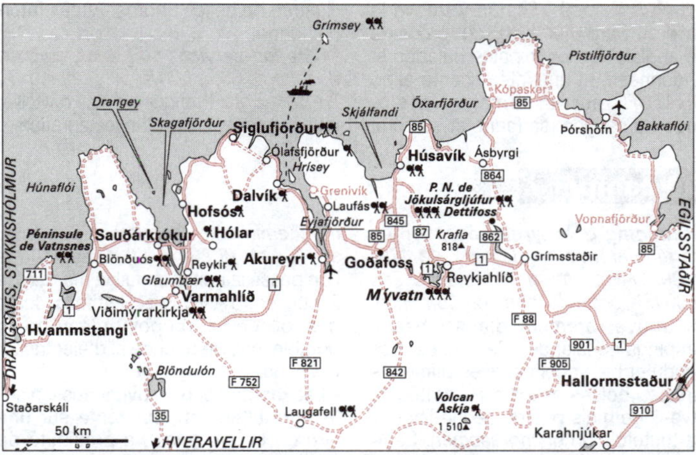

LE NORD

régulière de *SBA-Norðurleið* relie tlj Akureyri à Dettifoss, via Húsavík et Ásbyrgi. Départ vers 8h d'Akureyri et retour de Dettifoss vers 13h30 (après 1h sur place). Tarif : 9 900 ISK. Durée : 4h30, arrêt-visite à Ásbyrgi inclus. Cela dit, le billet aller-retour revient presque aussi cher que l'excursion complète avec le *SBA2*.

– Les mer, ven et dim, on peut aussi emprunter le bus *Strætó* assurant la liaison Húsavík-Þorshöfn et se faire déposer à la station-service d'Ásbyrgi. Départ de Húsavík vers 10h, retour vers 15h. Attention, service fonctionnant uniquement sur résa au : ☎ *540-27-00* (au moins 4h à l'avance).

– Ceux qui viendraient en début de saison pourront se rabattre sur les bus Akureyri (départ 8h)-Egilsstaðir de *SBA-Norðurleið* ou de *Sterna*, qui circulent tlj de début juin au 10 sept env, et passent à Reykjahlíð à 10h. Ils vous déposeront au carrefour de la route 1 et de celle de Dettifoss. Après, 25 km en stop... Possible aussi avec le bus nº 56 de *Strætó*, circule tlj sf mer-jeu ; départ d'Akureyri vers 15h35 (un peu tard, donc).

➢ ***Reykjahlíð (lac Mývatn) :*** de mi-juin à début sept, 1 bus/j. de la *SBA* relie le lac Mývatn à Dettifoss, avec arrêt en chemin au Krafla. Départ de Reykjahlíð vers 11h30 et retour de Dettifoss vers 13h30. Les horaires coïncident avec ceux de la ligne Akureyri-Dettifoss. Trajet : 1h.

En voiture

➢ ***Depuis la route 1 (Akureyri – Egilsstaðir) :*** il existe deux accès possibles. Une première route (goudronnée), la 862, démarre sur la 1 à 38 km à l'est de Reykjahlíð et rejoint la rive gauche de Dettifoss (le plus joli point de vue à notre avis) en 20 km. Sinon, la piste 864 longe la Jökulsá par l'est et débute vers Grímsstaðir, à 57 km à l'est de Reykjahlíð. Celle-ci est carrossable en véhicule normal, mais elle n'est généralement pas en très bon état (tôle ondulée).

➢ ***Depuis Húsavík :*** on peut longer la côte par la route 85, très plaisante et peu fréquentée, jusqu'à Ásbyrgi, puis descendre vers Dettifoss par la piste 864 (voir ci-dessus).

Adresses utiles

i @ *Centre d'information du parc :* *à Ásbyrgi, près de la station-service.* ☎ *470-71-00.* • *vjp.is* • *De mi-juin à mi-sept, tlj 9h-19h ; le reste de l'année,*

11h (10h en oct)-15h. On y trouve la carte du parc *(500 ISK),* qui présente (en anglais) les principales balades et randonnées, et une intéressante expo *(GRATUIT)* sur la formation géologique du canyon, sa faune et sa flore, illustrée de belles photos. Accès Internet (cher).

■ ***Station-service :*** *à Fresnes, au bord de la route 85, à 500 m du camping. Tlj 8h-22h en été.* Pratique pour se ravitailler un peu (magasin et petite restauration).

Où camper ?

Camping d'Ásbyrgi : *réception au centre d'information du parc.* ☎ *470-71-00. Ouv de mi-mai à mi-sept. Env 1 600 ISK/pers, douche non comprise.* On trouve rarement d'aussi beaux campings en Islande ! Celui-ci est très étendu et bien agencé, avec différents espaces boisés assez bien protégés. Lave-linge mais pas de sèche-linge (il y a toutefois un *drying cabinet*). Sanitaires impeccables, jeux pour enfants.

Camping de Vesturdalur : *à mi-chemin entre Ásbyrgi et Dettifoss, sur la piste 862 (4x4 slt).* C'est ici que l'on passe la nuit si on fait la marche de 2 jours entre Ásbyrgi et Dettifoss. Juste des toilettes et un point d'eau froide potable, pas de douche ni d'électricité. Point info.

– Les randonneurs peuvent aussi planter (gratuitement) leur tente sur une aire de la rive ouest, à proximité de Dettifoss.

Où dormir dans les environs ?

Grímsstaðir Guesthouse : *à Grímsstaðir, à 4 km de la route 1, sur la piste 864.* ☎ *464-42-92.* • *grimsstadir.is* • *Camping 750 ISK/pers ; chambre avec sac de couchage 5 000 ISK/pers ; double 18 000 ISK. Petit déj 1 800 ISK.* Cette maison un peu paumée dans un coin plat et sans grand intérêt a l'avantage de sa situation pour ceux qui arriveraient un peu tard – au carrefour des routes et pistes menant au parc de Jökulsárgljúfur, au lac Mývatn et au volcan d'Askja. La maison en bois est assez rustique et datée, mais l'hébergement n'est pas cher – soit en sac de couchage, soit avec lits faits (normaux ou superposés), dans une ambiance plutôt AJ. Salle de bains, cuisine et salon communs.

LE NORD

À voir. À faire dans le parc

Dettifoss : *à env 20 km au nord de la route 1 par la route 862 et 25 km au sud de la route 85 par la piste 864.* C'est au cœur des gorges de la Jökulsá que se trouve la plus puissante chute d'eau d'Europe (45 m de haut et 100 m de large), dont le débit moyen frôle les 200 m³/seconde. Ce dernier double même l'été, lorsque le fleuve charrie quotidiennement 23 000 t de farine de roche et de débris glaciaires ! La piste 864, la plus usitée pour s'y rendre, traverse un désert de pierre quasi lunaire. Après avoir laissé la voiture au parking, il faut marcher 10 mn jusqu'à la chute. Le petit chemin qui la surplombe permet de s'en approcher et d'en prendre plein les yeux (et les oreilles). Ensuite, on peut remonter (1,5 km) jusqu'à Selfoss, formée de multiples chutes, moins impressionnantes mais superbes. Compter environ 30 mn de marche. À un peu plus de 2 km en aval coule une 3e chute : Hafragilsfoss (27 m de haut). On peut s'y rendre à pied depuis le parking de Dettifoss ou admirer le point de vue plongeant depuis la piste 864 en direction d'Ásbyrgi. Plus au nord, Réttarfoss ne fait que 7 m...

Ásbyrgi : à l'extrémité nord du Jökulsárgljúfur, ce cirque en fer à cheval forme une douce parenthèse plantée de bouleaux. Rien d'exceptionnel mais la balade est tranquille et le camping bien agréable (voir « Où camper ? »). Deux théories tentent d'expliquer la formation de ce phénomène géologique. Si l'on fait appel à la mythologie, il s'agirait d'une empreinte laissée par Sleipnir, le cheval d'Odin qui, comme chacun sait, courait à la fois sur terre, mer et air grâce à ses huit pattes (le cheval, pas Odin...). Plus scientifiquement, le cirque se serait formé il y a 2 000 à 8 000 ans à la suite d'une énorme éruption sous-glaciaire du Vatnajökull. Celle-ci, en faisant fondre la glace, aurait provoqué une coulée d'eau *(jökulhlaup)* qui aurait remodelé entièrement le paysage. Toutes les terres tapissant le fond de la baie d'Öxarfjörður, au-delà, ont été formées par les alluvions de la Jökulsá á Fjöllum.

DEVINETTE

Qu'est-ce qui a dix pieds et trois yeux ? Odin, le dieu tutélaire scandinave, monté sur son cheval Sleipnir. Précisons que le premier était borgne et que le second avait huit pattes !

➢ ***Randonnées :*** rappelons que le *centre d'information* vend une carte détaillée. Il n'existe pas moins d'une vingtaine de balades possibles, de la plus courte (1 km) à la plus longue (33 km), dans les différents secteurs du parc. Celles du cirque d'Ásbyrgi sont parmi les plus faciles, comme le sentier A2, qui offre un joli panorama sur la zone depuis les crêtes d'Eyjan. Mais les amateurs éclairés (et bien équipés) s'intéresseront surtout à la randonnée entre Ásbyrgi et Dettifoss. L'itinéraire se parcourt habituellement en 2 jours, avec une nuit au camping de Vesturdalur. Signalons cependant que le bus de la *SBA* qui relie Akureyri, Ásbyrgi et Dettifoss passe par le camping. Cela permet de raccourcir de moitié le parcours ou de se rabattre si le temps est trop mauvais... Le bus passe à la station-service d'Ásbyrgi à 11h en direction du sud et repasse à Vesturdalur à 13h30 en remontant.

HÚSAVÍK

2 200 hab.

Entre Ásbyrgi et Húsavík (la « baie des Maisons »), la belle route 85 surplombe un long moment la mer avec, en toile de fond, les sommets enneigés de la chaîne du Víknafjöll et les silhouettes des îles de Mánáreyjar, Lundey et Flatey. Les paysages, nourris par les bruines, explosent de vert.
Grandie sur le flanc est de la grande baie de Skjálfandi, Húsavík est réputée pour son rôle de capitale de l'observation des baleines en Europe. On n'y a jamais chassé le cétacé et ici, voir un petit rorqual ou une baleine à bosse tient presque du non-événement ! Croisez donc les doigts. Conséquence logique : les hébergements sont pris d'assaut en été, et les tarifs s'en ressentent.

Arriver – Quitter

En bus

Arrêt des bus : les bus *Strætó* s'arrêtent à la station-service *N1,* en face de l'office de tourisme ; les bus *SBA* devant le restaurant *Gamli Bauku,* sur le port.

➢ ***Akureyri :*** avec *Strætó* (ligne 79), 3 bus/j. lun-ven (vers 8h30, 14h30 et 17h30). Un dernier avec *SBA* vers 8h de mi-juin à fin août. Trajet : 1h15-1h30.

➢ ***Mývatn (Reykjahlið) :*** de mi-juin à fin août slt, 1 bus/j. (vers 16h) avec *SBA*. Trajet : env 40 mn.

➢ ***Ásbyrgi et Dettifoss :*** voir plus haut « Arriver – Quitter » dans le texte consacré au parc national de Jökulsárgljúfur.

En avion

➢ ***Reykjavík :*** avec *Eagle Air.* ☎ 562-42-00. ● eagleair.is ● 3-6 vols/j. en sem et le dim, aucun le sam. L'aéroport est à 10 km de Húsavík (navettes).

Adresses et info utiles

Office de tourisme : *dans le musée de la Baleine. ☎ 414-28-00. • visithu savik.com • Dans la rue principale, au-dessus du port. Ouv juin-août, tlj 8h30-18h ; sept-oct, tlj 9h-16h, nov-avr, slt le w-e 10h-16h.*

Poste : *Garðarsbraut 70 ; à l'entrée sud de la ville. Lun-ven 9h-16h30.*

Banque et distributeur : ***Íslandsbanki,*** *Stórigarður 1 (rue qui part à côté de l'église). Lun-ven 9h-16h.*

@ Internet/wifi : *gratuits à l'office de tourisme et à la bibliothèque, située dans la Safnahúsið, au bout de Stórigarður (la rue qui part à gauche de l'église). Lun et ven 11h-17h, mar-jeu 10h-18h.*

Supermarchés : ***Kasko,*** *en face de l'office de tourisme (lun-jeu 11h-18h30, ven 10h-19h, sam 10h-18h), ou* ***Samkaup-Úrval,*** *à l'entrée sud de la ville (lun-sam 10h-19h, dim 12h-19h).*

Pharmacie (Lyfja) **:** *Stórigarður 13. ☎ 464-12-12. Lun-sam 10h-18h (14h sam).*

Piscine : *sur Héðinsbraut ; au bord de la route principale, à la sortie nord de la ville. Juil-août, lun-ven 6h45-21h, w-e 10h-18h ; reste de l'année, lun-ven 6h35-9h30, 16h-20h45. Entrée : 600 ISK.*

Machine à laver : celle du camping est accessible à tous à condition d'apporter sa lessive *(500 ISK).* Pas de sèche-linge.

Où dormir ?

Camping

Camping : *sur Héðinsbraut. 840-00-25. À la sortie nord de la ville, après la piscine, à côté du terrain de foot. Ouv de mi-mai à fin sept. Env 1 400 ISK/pers, 1 000 ISK à partir de la 2e nuit (gratuit moins de 15 ans). Le garde passe entre 19h et 23h, sinon, on paie à l'office de tourisme.* En bord d'une route peu passante, ce vaste camping dispose de beaucoup de gazon et de plusieurs recoins parmi les arbres. Sanitaires complets, machine à laver et salle commune avec plaques électriques. Au cœur de la saison, la propreté est parfois un peu limite.

Prix moyens

Arbol : *Ásgarðsvegur 2. ☎ 464-22-20. • arbol.is • À 350 m du port. Doubles env 15 000-19 000 ISK, petit déj inclus ; quadruples env 24 000-33 000 ISK.* Occupant l'ancienne résidence du gouverneur (1903), ce charmant *B & B* abrite 13 chambres impeccablement tenues avec sanitaires partagés. Confortables, cosy, presque chic malgré leur simplicité, elles marient moquette grise et lits confortables nappés de blanc. On adore l'étage supérieur, mansardé et tout en bois, avec juste 2 chambres partageant une douche – idéal pour une famille ou des amis voyageant ensemble. Autres bons choix : les nos 4 (triple) et 9. Frigo, thé et café en libre-service.

Guesthouse Sigtún : *Túngötu 13. 864-02-50. • guesthousesigtun.is • Dans une rue parallèle à la rue principale, au centre du village. Check-in 16h-20h (ou téléphoner). Doubles env 15 000-19 000 ISK selon saison, avec draps et petit déj.* Dans un quartier résidentiel calme, cette petite maison blanche entourée de gazon abrite 8 chambres claires, simples mais bien tenues (dont 1 familiale pour 6), avec parquet et bonne literie ; 5 sont en rez-de-jardin, pas très grandes mais raisonnablement lumineuses. Elles partagent 3 sanitaires communs et 2 cuisines (1 à chaque niveau). Machine à laver à disposition.

Húsavík Guesthouse : *Laugarbrekka 16. ☎ 463-33-99. • husavik guesthouse.is • En saison, double env 17 000 ISK, avec draps et petit déj. Pour les groupes de 3-6 pers, possibilité d'hébergement avec sac de couchage : env 7 000 ISK/pers.* La vieille maison de famille, située dans une rue calme, derrière la piscine, abrite désormais 8 chambres avec lavabo et parquet, pas grandes mais bien tenues. Celle pour sacs de couchage est même franchement riquiqui... Les 5 du rez-de-chaussée partagent 2 salles de bains, les 3 de l'étage (nos préférées, nos 201, 202 et 203) ont la leur. Le (bon) petit déjeuner se prend au *Cape Hotel* (mêmes propriétaires), à 200 m en direction du port.

De chic à très chic

Kaldbaks – Kot : *Kaldbakur, sur la route 85, à 2 km au sud de Húsavík. ☎ 464-15-04. 892-17-44. • cottages.is • Ouv de mai au 20 sept (résa pour 1 seule nuit slt selon dispo). Compter env 170-270 € pour 2-10 pers en juil-août, avec sac de couchage (ménage 20-40 € en sus, ou à faire soi-même) ; location de draps 15 €/pers. Réduc 10 % en juin, 30 % en mai et sept. Petit déj en sus (10 €). (réception).* L'accueil est un peu austère, mais on aime beaucoup la quinzaine de cottages en bois qui s'éparpillent en pleine nature, dans un cadre boisé assez idyllique, au bord de l'eau et face à la montagne – un endroit idéal pour observer les oiseaux (92 espèces recensées). De loin en loin, 4 *hot tubs* invitent à paresser sous les étoiles... Les maisonnettes, de taille et de confort différents (1 ou 2 chambres ou encore avec lits sous les toits pour les enfants), possèdent toutes salon, salle de bains et kitchenette. Leur déco est très personnalisée, entre bouquins et souvenirs de voyage.

Fosshótel Húsavík : *Ketilsbraut 22. ☎ 464-12-20. • fosshotel.is • Doubles env 25 000-40 000 ISK en hte saison, 20 000-24 000 ISK en basse saison, petit déj inclus.* Cher, mais le confort est au rendez-vous, en tout cas dans l'aile moderne, où se trouvent les chambres de catégorie supérieure. Moquette « galets », beaux lits confortables, TV à écran plat, canapé-lit dépliant dans les familiales, petit frigo, bouilloire... franchement, là, il ne manque rien. Les *standard,* dans le bâtiment ancien, sont beaucoup moins séduisantes et datées.

Où manger ? Où boire un verre ?

Pour manger sur le pouce (sandwichs) ou pour un petit déjeuner, on recommande ***Heimabakari Konditori,*** sur Gardarsbraut *(ouv tlj 7h-17h – 16h sam, 14h dim).*

De bon marché à prix moyens

Fish & Chips : *Hafnarstétt 19. ☎ 464-20-99. Sur le port. Tlj 11h30-20h. Portion (copieuse) : env 1 700 ISK.* C'est le bâtiment au toit de tôle vert, juste en contrebas de l'église. Allez-y si possible avant le retour des groupes de *whale watchers* pour éviter la queue (parfois jusqu'à 30 mn !). Au menu, rien d'autre que du *fish,* des *chips* et du *fish & chips.* C'est frais, c'est bon, c'est copieux. On peut s'installer en « terrasse », sur le parking.

Salka Bistro-Bar (Pakkhús) : *Garðarsbraut 6. 698-25-51. Au-dessus du port, en contrebas du restaurant Salka (même proprio). Tlj 11h30-21h, bar jusque tard. Plats env 1 700-3 000 ISK (réduc pour ceux qui vont voir les baleines avec Salka Whale Watching). Happy hours 16h-18h.* Dans un bâtiment en bois de 1886 à l'intérieur chaleureux, une cuisine simple et sans chichis : soupes, sandwichs, assiette *taste of Iceland* (truite et agneau fumés, crevettes), salade de langoustines, gâteaux... Même prix midi et soir. En prime : une très jolie petite terrasse donnant sur le port.

Naustið : *Naustagardi 2. ☎ 464-15-20. Tlj 12h-22h en été (cuisines fermées à 21h). Sur le port (côté nord). Plats env 1 700-3 500 ISK.* Amateurs d'iode, c'est ici qu'il vous faut venir ! On y sert une excellente soupe de poisson, des brochettes de poisson, des poissons grillés tout frais débarqués des chalutiers et même des langoustines à des prix encore abordables. Choix réduit, mais qualité assurée ! On commande au comptoir, puis on va s'asseoir sur la large terrasse bétonnée, face aux bateaux d'excursion, ou dans la salle cosy, aux murs tapissés de vieilles photos, avec petits rideaux aux fenêtres. Sur certaines tables, des jeux de cartes vous aideront à faire passer les heures pluvieuses...

De prix moyens à chic

Salka : *Garðarsbraut 4. ☎ 464-25-51. Sur la route principale, au-dessus du port. Tlj 11h30-21h. Pizzas 1 400-3 700 ISK, autres plats env 1 700-4 500 ISK (10 % de réduc pour ceux qui vont voir les baleines avec Salka Whale Watching).* Très scandinave, avec boiseries et lustres, la salle est jolie, mais peut se révéler fort bruyante – par beau temps, on peut donc préférer la grande terrasse. À la carte, il y en a pour tous les goûts et toutes les bourses. Comme bien souvent, les plats les plus chers ne sont pas nécessairement les plus copieux. Les gros appétits se rabattront plutôt sur la pizza 16 pouces (suffisante pour 2) ou les *burgers*-frites, qui calent à moindres frais.

Gamli Baukur : *Hafnarstétt 9, sur le port. ☎ 464-24-42. Cuisine tlj 11h30-21h ; bar jusqu'à 1h en sem. Plats 3 100-5 000 ISK ; soupe et pain à partir de 1 200 ISK.* Ce chalet donnant sur la jetée, à l'intérieur tout en bois orné de vieux objets de marine, est chaleureux comme tout. La carte est courte et la cuisine plutôt sophistiquée : poisson du jour, omble chevalier ou morue sur son lit de risotto, agneau bio et le tour est joué. On peut également y siroter un verre ou goûter un *swiss moka* (chocolat et café au lait) en attendant le bateau, sur la terrasse...

Où dormir ? Où manger dans les environs ?

LE NORD

Björg Guesthouse : *Björg 641. 845-48-00. • bjorgum.is • À 42 km au sud-ouest de Húsavík. Prendre la route 85 vers le sud, puis, peu après avoir traversé la rivière Skjálfandafljót, la piste 851 (bonne) à droite en direction d'Út-Kinn, sur 12 km. Double 16 000 ISK, petit déj inclus.* C'est un peu le bout du monde. Une ferme, avec 200 moutons et une quarantaine de vaches, posée près de l'embouchure de la rivière Skjálfandafljót, dominée par 5 km de falaises soulignées l'hiver par de superbes cascades de glaces. En décembre, le patron branche des feux sur son Land pour permettre aux grimpeurs (confirmés) de s'y éclater ! Il s'y tient même un festival à thème en mars. En été, les enfants profitent les animaux de la ferme. Côté hébergement : 4 chambres partageant 2 salles de bains, simples mais bien tenues (dont 1 quadruple avec lits superposés). Le soir, on dîne (sur résa) d'agneau ou de saumon.

À voir. À faire

Église : *dans Garðarsbraut, la rue principale. Juin-août, tlj 10h-18h ; le reste de l'année, lun-ven 10h-16h.* Construite en bois, en 1907, dans un style évoquant vaguement les bâtisses Belle Époque de Deauville, c'est l'une des plus belles d'Islande. Pas de chaire ici, mais des chandeliers à 7 branches des années 1600 et un retable moderne figurant des paysages islandais.

Hvalasafnið (musée de la Baleine) **:** *Hafnarstétt. ☎ 414-28-00. • whale museum.is • Sur le port ; dans le même espace que l'office de tourisme (mêmes horaires). Entrée : 1 800 ISK ; réduc, y compris avec certains billets d'excursion (demander le reçu à l'opérateur).* Malgré la reprise, en 2003, de la chasse à la baleine en Islande, l'heure est ici à la conservation. Ce musée, sis dans un ancien abattoir, vous apprendra tout ce que vous voulez savoir sur les baleines, orques, dauphins et cétacés en général – à travers des panneaux en anglais et en allemand égayés d'informations rigolotes. Parmi les différentes salles thématiques, certaines se consacrent à la chasse (intéressantes photos), aux échouages épisodiques, aux menaces pesant sur les écosystèmes marins (déchets, rejets pétroliers, pollution sonore, pêche...). Une autre présente les épaulards, avec un hommage à Keiko, l'orque-star du film *Sauvez Willy,* originaire d'Islande et mort en 2003 d'une pneumonie dans le fjord norvégien où il avait migré après avoir été relâché. À l'étage, une dizaine de squelettes d'animaux échoués ou pris dans des filets sont exposés. Parmi eux, un cachalot de 12,30 m.

LIVRE DES RECORDS

Avec une taille pouvant dépasser 30 m et un poids de 150 t, la baleine bleue est bien le plus gros animal de la planète. Sa langue peut peser autant qu'un (petit) éléphant et l'appendice de monsieur atteindre... 3 m ! Dès la naissance, le bébé baleineau pèse pas moins de 3 t. Buvant 240 litres de lait par jour, il grossit quotidiennement de 90 kg !

Exploration Museum : *Héðinsbraut 3. 863-69-90. • explorationmuseum.com • Juin-août, tlj 14h-19h ; sept, tlj 11h-16h, horaires restreints le reste de l'année. Entrée : 900 ISK ; réduc ; gratuit moins de 9 ans.* Cette étrange expo décline le thème de l'exploration à travers deux faits historiques liés à l'Islande : sa conquête par les Vikings et celle de la Lune par les astronautes – en souvenir des entraînements de la NASA sur l'île... Un lien un peu osé pour un prix d'entrée bien trop élevé.

Safnahúsið : *Stórigarður 17, la rue qui part à gauche de l'église. ☎ 464-18-60. • husmus.is • De juin à août, tlj 10h-18h ; le reste de l'année, lun-ven 10h-16h. Entrée : 800 ISK ; réduc ; gratuit moins de 16 ans.* Ce musée comporte deux sections principales. La première, au *rez-de-chaussée,* explore l'interaction entre la nature islandaise et les hommes et met en lumière la nécessaire autosuffisance des populations d'autrefois – l'occasion de parler, à travers plusieurs cas particuliers, de la pêche et de la chasse, de la récolte des plantes, du lichen et du bois flotté, de la vie à la ferme et des artisanats oubliés, etc. Le plus gros ours polaire jamais tué en Islande (370 kilos) est là, aussi. L'étage accueille des expos temporaires et le sous-sol un Musée maritime *(Sjóminjasafn),* avec des maquettes de bateaux, mais aussi d'authentiques embarcations avec leurs filets, outils de pêche, etc. Également des instruments de navigation.

➢ ***Observation des baleines*** (whale watching) **:** *d'avr-mai à oct-nov, 3 compagnies organisent ces excursions sur d'anciens bateaux de pêche aménagés ou en bateaux rapides, 1 fois/j. à 16 fois/j. selon saison et opérateur. Guichets situés sur le port ou juste au-dessus, dans la rue principale. Durée et prix à peu près similaires.* Le risque de ne rien apercevoir est minime (même si cela arrive), puisqu'on observe en moyenne 3 ou 4 baleines à bosse et/ou petits rorquals par sortie, et parfois quelques dauphins. Ici, pas de régulation comme en Amérique du Nord : certains capitaines n'hésitent pas à couper la route des animaux et à foncer vers eux... Souvent, ils évoluent dans la baie, mais parfois il faut en sortir et, là, ça secoue davantage ! La grande baleine bleue, elle, est nettement plus rare (3 ou 4 *sightings* par an). Couvrez-vous très chaudement (les compagnies fournissent des combinaisons) et, si l'on vous propose un cachet contre le mal de mer, ne faites pas la fine bouche... Café ou chocolat chaud et beignets ou viennoiserie sont offerts sur le chemin du retour. Même si l'observation des baleines est le produit phare des 3 compagnies, chacune propose aussi des *Puffin Tours,* permettant en même temps d'aller observer les macareux de l'île de Flatey (durée : 3h30).

■ ***North Sailing Húsavík :*** *☎ 464-72-72. • northsailing.is • Tour de 3h classique en bateau de pêche (avr-nov) : adultes env 90 €, 7-15 ans env 35 €.* C'est à la fois la plus ancienne des 3 compagnies (fondée en 1995) et celle qui offre le plus de départs : toutes les 30 mn de la mi-juillet au 20 août ! Elle propose aussi des

LE NORD

sorties sur 3 jolies goélettes *(tarif : env 120 €, réduc)*... et même des nuitées à bord et des expéditions d'une semaine au Groenland (hors de prix, vous vous en doutez) ! Toutes sortes d'autres formules aussi, avec rando équestre, macareux, depuis Akureyri, etc.

■ ***Gentle Giants :*** ☎ *464-15-00.* • *gentlegiants.is* • *Tour de 3h classique en bateau de pêche (avr-oct) : adultes env 85 €, 7-15 ans env 35 €.* Propose aussi un tour spécial en bateau rapide en quête des baleines les plus grosses *(tarif : env 160 €, réduc)* de mai à septembre. Et encore : pêche en mer, excursion sur l'île de Flatey, etc.

■ ***Salka :*** ☎ *464-39-99.* • *salkawhalewatching.is* • Gérée par un Allemand (qui parle très bien français), cette compagnie n'a qu'un seul bateau, le *Fanney,* accueillant au maximum 42 passagers et faisant 3-4 excursions/j. de juin à fin août. Atmosphère un poil plus familiale *(adultes env 85 €, 7-15 ans env 35 €).* Départ annoncé dès 2 personnes.

Festival

Si vous visitez Húsavík autour du dernier week-end de juillet, vous découvrirez une ville couverte de bonbons géants et autres décorations plus ou moins décalées aux couleurs vives (chaque quartier a la sienne). Il s'agit des *Mærudagar,* les « Journées des bonbons ». Durant 4 jours, la ville fait la fête, avec des tournois de sports, des concerts, un défilé, un concours de béliers, un marché sur le port...

LA RÉGION DU LAC MÝVATN

• Carte *p. 207*

Parmi les lieux les plus visités d'Islande, le grand lac Mývatn (37 km²) se creuse au cœur de paysages à la fois verdoyants et austères, doux et marqués par l'empreinte volcanique : pâturages contrastant avec des coulées de laves sculptées par l'érosion, cônes et solfatares, cratères petits et grands, marmites de boue qui bouillonnent... Une nature presque à l'état pur, où surgissent de toutes parts des petits chefs-d'œuvre. Au centre, le Mývatn est considéré comme le lieu de rassemblement de canards le plus important en Europe. Une quinzaine d'espèces y nichent en été, barbotant sur les eaux peu profondes (2,50 m en moyenne). Savez-vous ce qui les attire en ces lieux ? La promesse d'un bon repas – en l'occurrence les hordes vrombissantes de moucherons qui harcèlent hommes et bêtes sur les rives du lac à la belle saison *(Mý* signifie « mouche » et *vatn* « lac »). Leurs nuées ne sont autres que des danses de séduction des mâles autour des femelles... Sacrée chorégraphie !

À MÝVATN, ON EST TOUS BOULANGER !

Les habitants de la région du lac Mývatn n'ont peut-être pas reçu les terres les plus fertiles en héritage, mais les plus chaudes, oui ! Ils y font même cuire leur pain... La pâte est placée dans un sac, lui-même enfermé dans une boîte métallique ou une brique de lait vide, qui est ensuite enterrée. Au bout de 12h à 24h, le hverabrauð *(pain de sources chaudes) est prêt !*

– Si vous venez d'Akureyri, n'hésitez pas à faire le plein d'essence et de provisions avant d'arriver au bord du lac, car sur place le choix est très limité et les prix assez élevés.

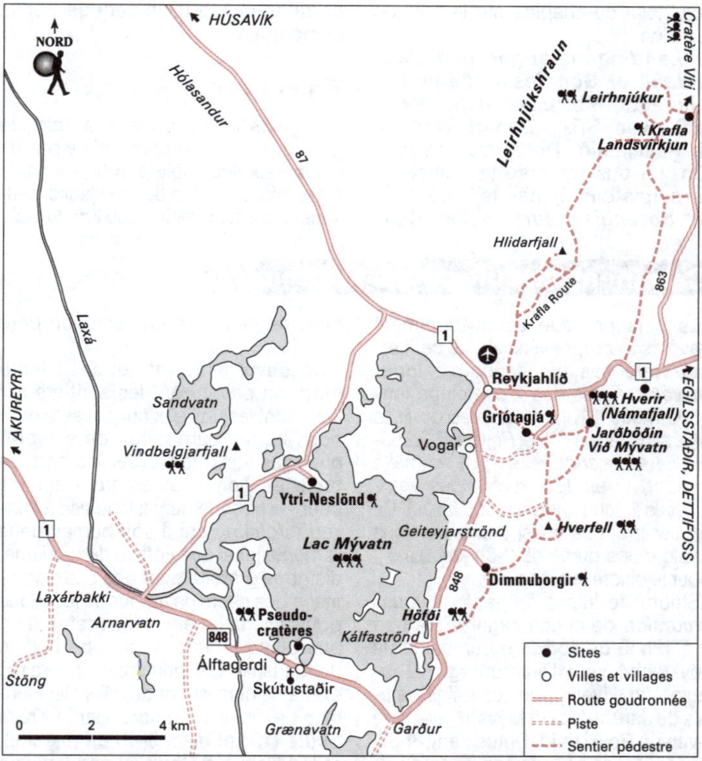

LA RÉGION DU LAC MÝVATN

Arriver – Quitter

En bus

Les bus des compagnies *SBA-Norðurleið, Sterna* et *Strætó* qui desservent le lac s'arrêtent tous à Reykjahlíð (devant l'office de tourisme, où sont vendus les billets) et à Skútustaðir (sur la rive sud, devant l'hôtel *Sel*).

➢ ***Akureyri*** *(1h15-1h30)* **:** 1 bus/j. de début juin au 10 sept avec *SBA* et *Sterna*, partant à 15h25 de Reykjahlíð et 15h35 de Skútustaðir ; 1 autre avec *Strætó* tte l'année les dim, lun, mar et ven à 11h10.

➢ ***Egilsstaðir et Höfn*** *(3h et 7h30)* **:** de début juin au 10 sept env, tlj à 9h30 de Skútustaðir et 10h de Reykjahlíð avec *Sterna* et *SBA*. Autre option pour Egilsstaðir tte l'année avec *Strætó* les dim, lun, mar et ven à 16h45 (Skútustaðir) et 17h05 (Reykjahlíð).

➢ ***Húsavík*** *(40 mn)* **:** de mi-juin à fin août slt, à 16h avec *SBA*.

➢ De juin à août-sept, la compagnie *SBA* propose aussi au départ d'Akureyri des ***bus « excursion »*** permettant de découvrir (rapidement) le coin du Mývatn. Tous passent par Goðafoss et l'un d'entre eux remonte par Dettifoss, puis Húsavík, avec sortie en mer pour aller voir les baleines en option. Durée : 9-10h.

➢ ***Parc national de Jökulsárgljúfur* :** voir plus haut la rubrique « Arriver

- Quitter » du chapitre sur le parc en question.

➢ ***Landmannalaugar (via Skútustaðir et Goðafoss) :*** de fin juin à fin août, 3 bus/sem (lun, mer et ven) avec *SBA*. Départ vers 8h de Reykjahlíð. Durée du voyage : 10h. Le bus traverse le centre du pays (piste F26) par le « désert » du *Sprengisandur*. Inclus dans certains passeports vendus par la compagnie.

En voiture

➢ ***Egilsstaðir :*** pensez à faire le plein avant de partir car il n'y a pas de station-service fiable à 100 % jusqu'à cette ville, à 165 km de Reykjahlíð (seulement une à au moins 100 km du lac).

Comment circuler dans la région ?

- Le plus pratique est évidemment d'avoir son propre véhicule. Si ce n'est pas votre cas, vous pourrez ***louer un vélo*** auprès des 2 campings (env 2 500-4 000 ISK/j.) ou auprès de *Hike Bike*, situé face à l'hôtel *Reynihlíð* (*📱 899-48-45 ; ● hikeandbike.is ● ; de mi-mai à mi-sept, tlj 9h-17h, retour des vélos possible jusqu'à minuit, 4 500 ISK/j.).* Ce dernier propose aussi des excursions à vélo d'une durée de 2-3h jusqu'à 5 j. (pour rejoindre la côte nord).

- Sinon, de juin à fin sept, un ***bus-excursion*** de la compagnie *SBA* part tlj à 12h30 de l'office de tourisme de Reykjahlíð vers Dimmuborgir, Grjótagjá, Víti, Hverir, puis les bains naturels de Jarðböðin við Mývatn, avant de revenir à Reykjahlíð. Durée : env 3h30. Certes, ça ne permet pas de tout voir dans la région, et c'est nettement plus cher que le vélo *(env 19 000 ISK)*, mais ce peut être une solution pour certains.

- Découvrir le Mývatn et ses sites ***à pied,*** en parcourant les sentiers qui les relient les uns aux autres reste pour nous la meilleure façon de s'imprégner des lieux et d'éviter les cars de touristes, nombreux en été. L'agence pour l'environnement islandaise *(Umhverfisstofnun)*, qui a son bureau dans le même local que l'office de tourisme, distribue gratuitement une carte sommaire des chemins autour du lac. Vous pouvez également en acheter d'un peu plus précises auprès de l'office de tourisme. Les principaux itinéraires existants permettent de relier Reykjahlíð à Leirhnjúkur au nord, par la *Krafla Route* (13 km aller, 3-4h de marche), et Reykjahlíð à Höfði au sud (environ 20 km, 5h-5h30), via Grjótagjá, le volcan Hverfell et Dimmuborgir.

REYKJAHLÍÐ

Avec seulement 280 habitants, c'est le centre le plus important de la région du Mývatn. Le village, plusieurs fois rayé de la carte par de proches éruptions, possède tous les services utiles et est bien situé pour servir de base à la découverte du coin.

Adresses utiles

🛈 ***Office de tourisme :*** *Hraunvegi 8. ☎ 464-43-90. ● visitmyvatn.is ● À côté de la station-service* N1 *et du supermarché. Mai-début juin et oct-déc, tlj 9h-12h ; de mi-juin à fin août, tlj 7h30-18h ; sept 9h-16h.* Toutes sortes d'infos et cartes de la région en vente. On y achète ses billets de bus.

■ ***Station-service et superette Samkaup :*** *sur la route 1, dans le centre du village, contre l'office de tourisme. De mi-juin au 20 août env, tlj 9h-22h ; le reste de l'année, 10h-18h.*

■ ***Piscine :*** *à moins de 1 km du centre. ☎ 464-42-25. ● myv.is ● En été, tlj 9h-22h ; le reste de l'année, lun-ven 9h-20h, sam 10h-16h. Entrée : env 600 ISK.* Sauna et solarium.

■ ***Poste :*** *Helluhraun, dans le centre, à une rue de la station-service.* Distributeur.

Où dormir ? Où manger ? Où boire un verre ?

Le lac Mývatn est l'un des sites les plus visités d'Islande. ***Si vous voyagez entre juin et août, réservez votre chambre bien à l'avance*** (ou arrivez tôt si vous campez). Corollaire de la grande fréquentation touristique, les prix sont franchement élevés, particulièrement en juillet-août. Enfin, sachez que les fermiers du coin se sont organisés pour chasser de leurs terres ceux qui font du camping sauvage... Côté nourriture, comme vous le constaterez rapidement en consultant les menus, les spécialités du secteur sont l'agneau et le *smoked char* (de l'omble chevalier fumé, souvent juste appelé *trout*). Ce dernier se mange idéalement sur du *hverabrauð,* un pain de seigle (noir) à la mélasse, cuit de longues heures à la chaleur des zones thermales, au léger goût de réglisse et de fumée.

Camping

Camping Hlíð : *à la sortie nord de Reykjahlíð (direction Akureyri). ☎ 464-41-03. • myvatnaccommodation.is • Ouv de mi-mai à août. Camping 1 600 ISK/pers. Petit dortoir (4-5 lits) env 5 000 ISK/pers, minibungalow (9 m²) avec sac de couchage env 15 000 ISK pour 2, chambre double 25 000 ISK et summer house pour 8 pers. Petit déj 2 000 ISK, draps 1 500 ISK/pers.* En retrait du lac, entre collines et champs de lave, on plante sa tente un peu où l'on veut, sur des emplacements en terrasse. Rien d'extraordinaire, d'autant que le barnum pour faire sa popote, ballotté par le mauvais temps, dispose en tout et pour tout de 2 malheureux réchauds... Mais au moins il n'y a pas de mouches ici ! Douches sulfureuses, service de laverie. Les dortoirs sont dans une sorte de préfabriqué, à l'écart, avec juste 2 douches vieillottes mais une grande cuisine assez bien équipée. Les chambres doubles, assez récentes, sont dans un bâtiment bas en bois situé juste derrière. À choisir, on préfère les microbungalows avec miniterrasse (pile face à la coulée de lave !), où l'on dort avec son duvet (barbecue commun). Location de vélos et promenades à cheval possibles. Attention, si on campe, il faut payer pour recharger ses appareils électriques !

Prix moyens

Guesthouse Helluhraun 13 : *Helluhraun 13. ☎ 464-41-32. 846-73-92. • helluhraun13@gmail.com • Ouv juin-août. Double env 18 000 ISK, petit déj compris.* Une vraie maison d'hôtes, dans un quartier résidentiel situé derrière le supermarché. On est accueilli par un couple très sympathique, Ásdís et Sigurður, qui ont aménagé 3 jolies chambres impeccables avec parquet (partageant une salle de bains très bien tenue). Le petit déj se prend à la table du salon, très cosy. Notre meilleur choix.

Eldá Guesthouse : *Helluhraun 15, à côté de la précédente. ☎ 464-42-20. • elda.is • Double env 20 000 ISK, petit déj inclus. Sac de couchage accepté slt hors saison.* La famille de Jón a commencé à louer des chambres et, forte du succès et de l'explosion du tourisme dans le coin, a racheté peu à peu plusieurs maisons contiguës à la sienne (pas moins de 8 !). On loge dans des chambres simples (avec lavabo), mais bien tenues, partageant salle de bains commune, cuisine équipée et salle à manger pour faire son frichti. Loue aussi 1 studio avec cuisine pour 5 personnes. Au final, un relatif bon rapport qualité-prix pour le secteur, même si ça n'en a pas vraiment l'air !

Gamli Bærinn : *juste en face de l'hôtel* Reynihlíð, *à deux pas du centre. ☎ 464-41-70. Tlj 10h-23h (cuisine jusqu'à 22h). Petits plats env 700-2 700 ISK.* La salle est chaleureuse, avec ses photos noir et blanc sur les murs et ses tables en bois dotées de banquettes – à moins de préférer la terrasse enfouie dans un jardin très coquet. Goûtez à la spécialité locale, le *smoked char,* servi avec roquette et salade de pommes de terre. Sinon, rien de très compliqué : soupes, sandwichs, *burgers,* quiche, etc. Beaucoup de groupes pressés le midi, mais, le soir, bonne ambiance entre randonneurs fatigués et service sympathique.

Chic

🏠 |●| **Hotel Reykjahlíð :** *sur la route principale, au bord du lac. ☎ 464-41-42. • reynihlid.is • Fermé de mi-déc à avr. Doubles 160-300 € selon saison et confort, petit déj inclus.* C'est sans conteste la plus belle vue de Reykjahlíð : cette grosse bâtisse de 1947 se pose pile poil face au lac et au soleil couchant (quand le soleil est là !). Elle abrite 9 chambres assez différentes, certaines spacieuses, d'autres non, certaines avec vue, d'autres non – mais toutes avec salle de bains. Quitte à dépenser vos sous, demandez la n° 11, la plus belle, avec ses 2 fenêtres, son panorama et ses murs jaune tournesol. Resto et bar *lounge*.

Où dormir ? Où manger autour du lac ?

Camping

⛺ 🏠 |●| **Vogar Ferðaþónusta :** *à* ***Vogar,*** *au bord de la route principale. ☎ 464-43-99. • vogahraun.is • Ouv tte l'année. Camping 1 600 ISK/pers, gratuit moins de 15 ans.* Un camping aux pelouses pas vraiment planes, mais tranquille, en léger retrait de la route et du lac. Au fond du terrain s'alignent des chambres un peu minables empilées dans plusieurs préfabriqués, avec cuisines et sanitaires partagés ou privés (s'il pleut beaucoup...). Possible avec duvet. Bonne pizzeria à l'entrée, ***Daddi's,*** où l'on peut aussi faire faire sa lessive *(mai-sept, tlj 12h-23h en juil-août, réduit en saison intermédiaire ; pizzas env 1 800-4 400 ISK).*

De prix moyens à chic

🏠 **Skútustaðir :** *à...* ***Skútustaðir,*** *minuscule village au sud du lac. ☎ 464-42-12. • skutustadir.is • Fermé Noël et vac de Pâques. Doubles sans ou avec sdb env 20 000-27 000 ISK, petit déj inclus.* Sleeping bag accomodation *selon dispo (pas de résa), 6 000 ISK/pers avec sdb partagée.* Cette maison grise souffre un peu de la proximité de 2 grands hôtels (qu'on ne vous conseille pas), mais le choix n'est pas inépuisable dans le secteur ! On choisit entre les 6 chambres mansardées et plaisantes de la maison des proprios, avec sanitaires partagés, et les 4 installées un peu à l'écart, dans une annexe pas très séduisante, plus chères car équipées d'une salle de bains privée, impeccable. Plaques chauffantes et frigo à disposition dans la maison principale. Petit déj varié.

🏠 **Guesthouse Dimmuborgir :** *au bord du lac, à mi-chemin entre Reykjahlíð et Skútustaðir. ☎ 464-42-10. • dimmuborgir.is • Tte l'année, sf Noël et janv. Juin-août, double avec sdb env 25 000 ISK, cottages 30 000-40 500 ISK avec ou sans sdb ; petit déj inclus. Moitié prix sept-mai, sans petit déj (sac de couchage accepté selon dispo à cette période).* Là encore, le tourisme a vu se multiplier les options et les bâtiments – un peu « posés » sur un parking gravillonné, juste en retrait du lac... Cela dit, les cottages en bois ne sont pas mal du tout et les moins chers disposent d'une salle de bains « semi-privée » (partagée avec un cottage attenant). Les plus grands, tout équipés et plutôt coquets, peuvent accueillir jusqu'à 5 personnes. Il y a aussi des chambres simples mais bien tenues dans un préfabriqué habillé en chalet (accès à une grande cuisine bien équipée) et d'autres dans la maison principale. Les proprios font leurs propres omble *(smoked char)* et agneau fumés (super pour un pique-nique de fête à prix raisonnable !) et proposent des excursions en bateau vers la plus grosse île du lac, qui leur appartient (petit cône à grimper pour la vue). En prime, savoureux petit déjeuner avec gaufres, pain et produits maison. Vue panoramique sur le lac.

|●| ☕ **Kaffi Borgir :** *sur le site du* ***Dimmuborgir****. ☎ 464-11-44. Juin-fin août, tlj 9h-22h ; horaires réduits avr-mai et sept-23 déc. Fermé Noël-mars. De 11h30 à 16h,*

soup and bread buffet *1 900 ISK ; plats 1 800-4 100 ISK ; menus env 4 900-6 600 ISK.* C'est une sorte de cafétéria améliorée, installée à l'orée du site de Dimmuborgir. De la salle entièrement vitrée et de la terrasse, on découvre une jolie vue sur le site et le lac au loin. Au menu, rien de bien sorcier : sandwichs de toutes sortes, omble fumé, hamburgers, sans oublier l'agneau local, excellent.

Vogafjós Cowshed Guesthouse : *à* ***Vogar,*** *au bord du lac, à 3 km au sud de Reykjahlíð. ☎ 464-38-00. • vogafjos.net • Ouv tte l'année. Resto tlj en été 10h-22h. Double env 27 600 ISK en été, petit déj inclus, à partir de 11 500 ISK en hiver. Plats légers env 1 000-2 700 ISK, plats 3 400-4 800 ISK.* C'est une ferme laitière qui fait aussi café-restaurant. On s'installe dans une salle bien propre sur elle, face à de grandes baies vitrées donnant sur la stabulation où, matin et soir, les vaches sont traites (7h30 et 18h en été) ! Les enfants adorent... jusqu'au moment où on leur propose de goûter au petit lait tout chaud ! La cuisine est à base des produits de la ferme : omble fumé à l'aneth, excellent jarret d'agneau cuit à petit feu (copieux), délicieux fromages (et même de la mozzarella). Vous pourrez aussi y savourer soupe, salade, crêpes salées, tartes et gâteaux, gaufres, ou encore du *skyr* maison. Une cuisine goûteuse et d'une grande fraîcheur... mais franchement pas donnée. En outre, les proprios proposent des chambres tout confort dans des bâtiments bas en bois type motel, tapis derrière les rochers de l'autre côté de la route. L'accueil est pro et souriant, le service attentif (on vous emmène sur place en voiture !) et l'intérieur épuré, avec pour seule déco le bois des murs et la couleur ardoise du carrelage. Évidemment, il faut avoir les moyens... Le must : le (bon) petit déj nez à nez avec les vaches au petit matin.

AUTOUR DU LAC MÝVATN

Les grottes de Grjótagjá : *à pied, départ de la balade balisée au croisement de la route 1 et de la route qui fait le tour du lac (848). En voiture, accès à 2 km à l'est de Reykjahlíð par une route goudronnée, ou par Vogar (piste indiquée).* Ces grottes sont chacune remplies d'un bassin d'eau chaude (43-46 °C), où l'on peut même se tremper les pieds... Traditionnellement, l'une est dévolue aux hommes (à droite par rapport au parking), l'autre aux femmes. Grimpez sur les rochers juste au-dessus pour jeter un œil à la grosse faille.

Hverfell (Hverfjall) : *accès en voiture par une piste (2 km) partant à 1 km au sud de Vogar (4 km de Reykjahlíð) ; à pied, dans le prolongement du sentier de Grjótagjá.* ***Attention : balisage aléatoire ; se renseigner sur place.*** Ce volcan vieux de 2 500 ans (452 m) se dresse en retrait de la rive est du lac. D'une forme parfaite, nu comme un ver, il affiche un diamètre de 1 040 m. On atteint son sommet en 20-30 mn de montée (raide !) et on en fait le tour en 1h-1h15. Une fois là-haut, très belle vue sur le lac Mývatn et les environs (notamment le cratère Lúdent au sud-est).

Dimmuborgir *(châteaux noirs)* ***:*** *à 2 km au sud-ouest du Hverfell à pied (8 km de Reykjahlíð) ; en voiture, accès par un embranchement depuis la route littorale. Visite guidée gratuite avec un ranger tlj à 15h en été (durée : 45 mn).* Six sentiers fléchés faciles (10 mn à 2-3h) s'insinuent au cœur d'un dédale de formations de lave parfois imposantes, aux formes plus ou moins évocatrices. La coulée a environ 2 000 ans. Allez-y tôt le matin ou le soir pour éviter la foule qui envahit les lieux en journée.

Höfði : *au sud de Dimmuborgir.* Des blocs de lave, semblables à ceux de Dimmuborgir, émergent ici des eaux translucides du lac Mývatn comme autant de petits châteaux en ruine. Du parking, plusieurs sentiers plus ou moins bien balisés explorent la péninsule à travers de jolis sous-bois, jusqu'aux berges où l'on peut passer des heures à observer les oiseaux (jumelles conseillées) et écouter les bruits de la nature. Joli point de vue depuis le promontoire dominant le site.

Pseudo-cratères : *au sud du lac, à* ***Skútustaðir.*** Un chemin (1h) part à droite de l'hôtel *Gígur* et permet de se balader sur ces étranges cratères herbeux, au doux relief, qui s'avancent sur le lac. Ils auraient été formés il y a 2 300 ans par des explosions de vapeur, survenues lorsque la lave de surface s'avança sur les terres humides. La promenade est souvent accompagnée par des nuées de moucherons.

Vindbelgjarfjall : *sur le rive ouest du lac, par la route 1 après la ferme Vagnbrekka.* Ce volcan un peu plus élevé que le Hverfell (529 m) offre de son sommet une vue grandiose sur le lac Mývatn par beau temps (compter une petite heure d'ascension). Certaines portions sont assez pentues, mais la route en lacet permet de grimper relativement facilement.

Fuglasafn Sigurgeirs *(Musée ornithologique de Sigurgeir)* **:** *sur la rive nord-ouest du lac, à* ***Ytri-Neslönd.*** *☎ 464-44-77. • fuglasafn.nett.is • Tlj, juin-fin août, 9h-18h ; 2de quinzaine de mai et fin août-oct 12h-17h ; le reste de l'année 14h-16h. Entrée : 1 200 ISK ; réduc.* Sigurgeir, c'est le prénom d'un homme né sur les rives du Mývatn et mort accidentellement à 37 ans. Passionné d'ornithologie, il collectionna les oiseaux empaillés et leurs œufs dès son plus jeune âge. Sa famille et ses amis ont décidé de créer à sa mémoire ce joli musée dont il rêvait, installé dans une petite maison contemporaine en bois au toit couvert d'herbe. Quelque 300 spécimens y sont présentés, appartenant à 180 espèces, toutes avec leur nom en plusieurs langues (dont le français) et la période à laquelle on peut les observer en Islande. Organise aussi des sorties pour observer les oiseaux.

➢ ***Balade à cheval :*** ***Safaríhestar*** *(400 m à l'ouest de l'hôtel* Sel *à Skútustaðir ; ☎ 464-42-03 ; • safarihorserental.com •)* propose des balades de 1h à 2h (ou plus si affinités) toute l'année, sans résa nécessaire. *Autre option avec* ***Saltvík*** *: à 400 m de l'office de tourisme de Reykjahlíð. 📱 847-65-15. • saltvik.is • Résa conseillée.* De mi-juin à fin août uniquement.

LE NORD

➢ ***Survol de la région :*** si vous en avez les moyens, *Mýflug Air (☎ 464-44-00 ; • myflug.is •)* propose de survoler le lac Mývatn et le volcan Krafla (175 € pour 20 mn), les gorges de la Jökulsá à Dettifoss (310 € pour 50 mn), ainsi que le volcan d'Askja (380-425 € pour 1h-1h30). Le *supertour* (540 € pour 2h) combine même tout cela ! Superbe. 2 personnes par vol au minimum. Départ de l'aérodrome de Reykjahlíð, après le camping *Hlíð.*

➢ En ***hiver,*** le lac Mývatn offre un autre visage. Au programme : balades à cheval, à ski, en motoneige et même en jeep sur sa surface gelée. C'est aussi l'époque des aurores boréales.

DANS LES ENVIRONS DU LAC MÝVATN

Jarðböðin við Mývatn *(bains naturels)* **:** *de Reykjahlíð, prendre la route 1 vers l'est sur 3 km, puis à droite (c'est indiqué). ☎ 464-44-11. • jardbodin.is • En été 9h-minuit, en hiver 12h-22h. Entrée : env 3 500-4 300 ISK selon période ; réduc ; gratuit moins de 12 ans accompagnés de leurs parents.* Inspirés du *Blue Lagoon,* ces bains aménagés autour de sources chaudes ne sont pas moins agréables et un peu moins chers et fréquentés. On ne saurait trop vous les conseiller ! Quel plaisir de se plonger dans une eau turquoise laiteuse à 35-40 °C, face à ce paysage désolé. Le soir, quand le soleil décline, c'est carrément magique, même si l'odeur d'œuf pourri vous chatouille un peu les narines.

Hverir *(aussi appelé Hveraröönd ou Námafjall)* **:** *à 6 km à l'est de Reykjahlíð, au bord de la route 1. GRATUIT.* Au pied du Námafjall, une montagne jaunâtre couverte de dépôts de soufre (jadis exploité), ce site géothermique regroupe un fort bel ensemble de solfatares et de mares de boue en ébullition. Les portes de l'Enfer ne sont pas loin ! Ça fume, ça siffle, ça bouillonne... Venez de préférence à l'aube pour éviter les foules et profiter des plus belles lumières, et n'hésitez pas à faire la boucle un peu abrupte qui monte à l'assaut du Námafjall, délaissée par la plupart des visiteurs. Du proche col de Námaskarð, la *Dalfjall Mountain Route* permet de rejoindre Leirhnjúkur (voir ci-dessous) en 9 km (3h30-4h30).

Krafla Landsvirkjun *(centrale géothermique de Krafla)* **:** *continuer env 200 m sur la route 1, puis prendre à gauche la 863.* Vous ne risquez pas de la louper, elle occupe les deux côtés de la route qui mène à *Leirhnjúkur* et au *cratère Víti* avec ses tuyaux énormes qui partent dans tous les sens et ses gros panaches de fumée s'échappant des cheminées. À l'intérieur, on trouve un petit centre d'information *(juin-août, tlj 10h-17h)* avec une expo gratuite où est diffusé un petit film en anglais sur la géothermie islandaise, les éruptions du Krafla et, bien sûr, l'usine elle-même. L'occasion d'apprendre que 43 forages ont été réalisés (25 actifs) et que le plus profond atteint 2 700 m. On y offre le café !

Leirhnjúkur **:** *env 500 m après l'usine géothermique, à gauche. GRATUIT. Ce site est accessible par la* Dalfjall Mountain Route *depuis les abords de Hveraröönd (9 km), mais aussi par la* Krafla Route, *un sentier de 13 km aller (3-5h) partant derrière la piscine municipale de Reykjahlíð (un autre part du camping* Hlíð*).* Du parking, un sentier balisé s'insinue au cœur de l'une des coulées de lave solidifiées du Krafla, datant de l'éruption de 1984. Un vrai paysage lunaire. On rejoint d'abord quelques solfatares, avant de déambuler directement sur le basalte refroidi. Ici et là, quelques fumerolles dressent leurs volutes. Le rouge, le jaune, le noir, le blanc, toutes les couleurs de la terre se mélangent.

Le cratère Víti **:** *peu après le parking de Leirhnjúkur, au bout de la route (à 7 km de la route 1).* Son nom signifie « enfer » ! Le cratère, d'un diamètre de 300 m, a été formé par une grande éruption survenue au tout début des fameux *Mývatn Fires,* en 1724. Aujourd'hui, il abrite un superbe lac aux eaux d'un vert jade laiteux. On peut en faire le tour (40 mn à 1h) par les crêtes pour profiter des splendides points de vue sur le lac, sur le réseau de tuyaux géants de l'usine géothermique située en contrebas et sur le volcan Krafla dressé en toile de fond. Vieux d'au moins 300 000 ans, ce dernier, qui a donné son nom à toute cette zone d'activité volcanique, se réveille en moyenne tous les 2 à 7 siècles. La dernière fois, entre 1975 et 1984, il a épandu sa lave sur 35 km^2 et 11 km de long au gré de 9 éruptions !

La grotte de glace Lofthellir **:** incroyable Islande ! Dans cette grotte, les stalactites et stalagmites sont... en glace ! On atteint le site en 1h de minibus 4x4 et 20 mn de marche à travers le chaos rocheux. Pour y entrer, il faut passer par une ouverture étroite ; ensuite, des cordes aident à se mouvoir d'une salle à l'autre. Attention à la glissade !
– L'excursion (durée 5h) est proposée par *Saga Travel* : *☎ 558-88-88. • sagatravel.is • Départs tlj à 8h, 9h30 et 15h mai-oct. Env 22 000 ISK, réduc enfants 8-12 ans.*

GOÐAFOSS

À mi-chemin du lac Mývatn et d'Akureyri, le long de la route 1, la « chute des Dieux » entrave la rivière Skálfandafljót de son puissant panache. L'histoire raconte que, en l'an 1000, les chefs de clan réunis à l'*Alþing* (le Parlement)

décidèrent de renoncer au culte de leurs dieux et de se convertir à la religion chrétienne. De retour sur ses terres, l'un d'eux aurait alors jeté les effigies des dieux *(goð)* nordiques, devenus païens, dans cette cascade *(foss)*... Haute de 12 m, elle est jolie sans être vraiment spectaculaire – et souvent noyée sous la foule (tous les groupes s'y arrêtent).

– Près du site, station-service avec café, resto et de quoi se ravitailler. La *Fosshól Guesthouse* est plantée à côté, mais elle est assez chère *(25 000-20 000 ISK avec ou sans sdb)*, sans charme particulier, et on ne voit pas bien l'intérêt de dormir ici. Si vous y tenez, il y a aussi un camping à Laugar (15 km à l'est) et un hôtel *Edda* perdu en pleine brousse à 6 km à l'ouest.

Arriver – Quitter

➢ ***En bus :*** le bus de la *SBA* et de *Sterna* ***Akureyri-Egilsstaðir*** y passe à 9h en allant vers l'est et 16h30 en allant vers l'ouest. Celui de *Stræto* (ligne n° 56), circulant slt les dim, lun, mar et ven, passe à 11h55 en provenance d'Egilsstaðir (en allant vers l'ouest donc) et à 16h20 en provenance d'Akureyri. Sinon, plusieurs bus « excursions » de la *SBA* s'arrêtent à Goðafoss.

AKUREYRI

18 000 hab.

• Plan *p. 215*

LE NORD

On a coutume de présenter Akureyri comme la deuxième ville d'Islande – ce qu'elle est si l'on considère Kópavogur et Hafnarfjörður comme des extensions de Reykjavík. Tranquille, provinciale, elle s'étage à flanc de colline sur le flanc ouest du grand Eyjafjörður (long de 60 km), sur fond de montagnes enneigées, dans un cadre vivifiant. Vous n'y passerez pas toutes vos vacances, c'est sûr, mais un petit retour à la civilisation, après 1 ou 2 semaines de crapahutage dans l'est ou l'ouest du pays, est le bienvenu.

TOUT FEU TOUT FLAMME

Dans la rue, le feu est au vert ? Attendez un instant qu'il mûrisse. Bingo. Ce n'est pas un banal feu rouge qui s'allume, mais un cœur ! Ils sont apparus au plus fort de la crise économique de 2008, pour rendre le sourire aux habitants moroses...

Arriver – Quitter

En bus

Les ***bureaux des bus Sterna et SBA-Norðurleið*** se trouvent face à face, à côté de la gare routière *(plan B2)*.

■ ***Sterna*** *(plan B2,* ***8****)* **:** *Hafnarstræti 77.* ☎ *551-11-66.* • *sterna.is* • *De mi-juin à fin août, tlj 7h-minuit ; le reste de l'année, tlj 8h-22h.* 3 chambres avec salle de bains partagée à l'étage !

■ ***SBA*** *(plan B2,* ***9****)* **:** *Hjalteyrargotu 10. 550-07-00.* • *sba.is* • *Mai-sept, tlj 7h-18h30.*

■ ***Strætó*** *(plan B1,* ***7****)* **:** *Strandgata 6, devant la* Cultural House Hof. ☎ *540-27-00.* • *straeto.is* • *Billet en vente aux stations-service* Olís *(Tryggvabraut 1) et* N1 *(Hörgárbraut), mais on peut*

AKUREYRI

Adresses utiles

- @ Office de tourisme
- 1 Landsbankinn
- @ 2 Bibliothèque
- 3 Arrêts des taxis et des bus urbains
- 4 Librairie Penninn Eymundsson et pharmacie
- 5 Nonni Travel
- 6 Piscine
- 7 Strætó
- 8 Sterna
- 9 SBA
- 10 Supermarché Samkaup Strax
- 11 Supermarchés Netto et Bónus
- 21 Laverie et location de vélos (Akureyi Backpackers)
- 45 Íslandsbanki

Où dormir ?

- 21 Akureyri Backpackers
- 22 Stórholt Hostelling
- 23 Guesthouse Sólgardar
- 24 Guesthouse Gula Villan
- 25 Súlur
- 26 Brekkusel
- 27 Hrafninn Gustihús
- 28 Hótel Edda
- 29 Ráðhúsið Apartment Hotel
- 30 Hótel Akureyri
- 31 Camping Hamrar

Où manger ?

- 40 Boulangerie Kristjans
- 41 Kaffi Ilmur
- 42 Bláa Kannan
- 43 Hamborgarafabrikkan
- 44 Greifinn
- 45 Strikið
- 46 Bryggjan
- 47 Noá
- 48 Rub 23

Où boire un verre ? Où sortir ?

- 42 Bláa Kannan
- 50 Cafe Laut
- 51 Götubarinn
- 52 Café Amour

l'acheter à bord. Attention, les horaires de *Strætó* changent régulièrement !

➢ ***Reykjavík :*** en été, 2 options avec *Sterna :* du 20 juin à début sept, tlj à 7h30 par l'intérieur du pays (route F35) via ***Varmahlíð, Hveravellir*** (50 mn d'arrêt), ***Kerlingarfjöll*** (2h30 d'arrêt), ***Gullfoss*** (25 mn) et ***Geysir*** (40 mn) ; et de mi-juin à fin août, lun-ven, à 7h30 aussi, en express, via ***Varmahlíð, Blönduós, Hvammstangi*** et ***Borgarnes.*** Compter respectivement 13h et 5h30 de route. Également 1 bus tlj vers 8h, de mi-juin à début sept, par l'intérieur du pays, avec la compagnie *SBA,* avec les mêmes arrêts touristiques (plus court à Kerlingarfjöll) et commentaires sur CD à bord. Trajet : env 10h. Le reste de l'année, la desserte est assurée par *Strætó,* qui circule à priori tlj à 10h15 et 16h20 (pas de bus le sam mat en basse saison), via ***Varmahlíð, Sauðárkrókur, Blönduós*** et ***Borgarnes.*** Compter 6h30 de trajet.

➢ ***Egilsstaðir et Höfn (via lac Mývatn) :*** de début juin au 10 sept env, 1 bus/j. avec *SBA* et *Sterna* vers 8h. Également les lun, mar, ven et dim tte l'année, vers 15h35, avec *Strætó,* jusqu'à Egilsstaðir slt. Trajet : env 2h pour Reykjahlíð, 5h pour Egilsstaðir et 9h30 pour Höfn.

➢ ***Húsavík, Ásbyrgi et Dettifoss :*** de mi-juin à fin août, 1 bus/j. avec *SBA* à 8h jusqu'à Dettifoss et 3 bus/j. lun-ven tte l'année avec *Strætó* (ligne 79), vers 8h30, 14h40 et 17h40 jusqu'à Húsavík slt (1 le sam vers 15h30 de juin à mi-sept slt, 2 le dim tte l'année vers 9h30 et 19h30). Les mer, ven et dim, sur résa, le 1er bus du matin permet de continuer vers Ásbyrgi et même jusqu'à Þórshöfn. Trajet : env 1h30 pour Húsavík.

➢ ***Siglufjörður*** par ***Dalvík :*** 3 bus/j. tte l'année, lun-ven vers 8h15, 13h15 et 16h30 avec *Strætó* (ligne 78), aucun le sam et 1 seul le dim vers 15h30. Trajet : 35 mn pour Dalvík et 1h20 jusqu'à Siglufjörður.

En avion

✈ L'***aéroport*** se trouve à environ 3 km au sud du centre, par la route principale *(hors plan par B2).* La piste est construite au beau milieu du fjord ! Sur place : café, distributeur de billets, location de voitures (guichets ouverts uniquement sur résa).

➢ Plusieurs vols/j. de et vers ***Reykjavík,*** tte l'année avec *Air Iceland (☎ 570-30-00 ; • airiceland.is •)* pour le *City Airport* et, en été slt, pour Keflavík avec *Icelandair,* en correspondance avec certains de ses vols internationaux. Intéressantes promos régulières sur Internet avec *Air Iceland.*

➢ ***Grímsey :*** tlj du 10 juin à fin août avec *Nordlandair (☎ 414-69-60 ; • nordlandair.is •),* les mar, ven et dim en basse saison. La compagnie dessert aussi Þórshöfn (lun-ven) et Vopnafjörður (lun-ven), sans oublier... la côte est groenlandaise, à Nerlerit Inaat (4 fois/mois) !

Adresses et infos utiles

Infos touristiques

🅸 @ ***Office de tourisme*** *(plan B1) :* *dans le Hof (Maison de la culture), à l'angle de Glerárgata et Strandgata. ☎ 450-10-50. • visitakureyri.is • northiceland.is • Lun-ven 8h-16h. 💻 (payant.)* Brochure – avec plan de la ville – gratuite et doc abondante sur le reste du pays. Excellentes infos, bon accueil.

Change et distributeurs

■ ***Landsbankinn*** *(plan A-B1,* **1***) :* *Strandgata 1. Lun-ven 9h-16h.*

■ ***Islandsbanki*** *(plan B1,* **45***) :* *Skipagata 14 (à côté du resto Strikið). Lun-ven 9h-16h (distributeurs tlj 9h-18h).*

Services et communications

✉ ***Poste*** *(plan A-B1) : Strandgata 3. Lun-ven 9h-18h.*

@ ***Internet :*** *au café de la bibliothèque (Brekkugata 17, plan A1,* **2***), lun-ven 10h-19h, et à l'office de tourisme (plan B1).* Accès payant dans les deux cas.

■ ***Pharmacie*** *(plan B1,* **4***) :* ***Apótekarinn,*** *Hafnarstræti 95. ☎ 460-34-52.*

Ouv lun-ven 9h-18h.

Hôpital *(plan A2)* : *Eyrarlandsvegur.* ☎ *463-01-00.*

Transports

■ ***Arrêt des taxis*** *(plan B1, **3**)* : ☎ *461-10-10.*

■ ***Location de voitures : Hertz*** *(☎ 522-44-40)* et ***Avis*** *(📱 824-40-10) à l'aéroport.* ***Europcar,*** *Tryggvabraut 12 ; ☎ 461-60-00.* ***Dollar Thrifty,*** *Tryggvabraut 5 ; ☎ 515-71-10.*

Bus urbains : le service des bus en ville est gratuit ! Il fonctionne de 6h25 à 23h en sem, et de 12h15 à 18h le w-e. Les bus passent tous par la petite place à côté de l'arrêt des taxis *(plan B1, **3**)*. Les lignes 1 et 3 permettent de se rendre aux Musées *Minjasafn á Akureyri* et *Nonnahús.*

Parking dans le centre, **gratuit mais limité en semaine** entre 10h et 16h (indiqué ; soit 15 mn, 1h ou 2h max). Se procurer le disque (gratuit aussi) à l'office de tourisme, dans les banques et les stations-service, ou, au pire, écrire absolument sur un papier votre heure d'arrivée (cela vous évitera de grossir bêtement les rangs des nombreux touristes qui se sont fait verbaliser !). En cas d'amende, on paye dans les banques.

Divers

■ ***Supermarchés : Samkaup Strax*** *(plan A2, **10**), juste derrière le camping (lun-ven 9h-23h, w-e 10h-23h).* ***Netto*** *(hors plan par A1, **11**), dans le centre commercial* Glerártorg, *sur* Glerárgata *(route 1), à 10-15 mn à pied au nord du centre (lun-ven 10h-19h, sam 10h-18h, dim 12h-18h). Et enfin, un* ***Bónus*** *(hors plan par A1, **11**), un peu plus loin sur la route 1, passé l'AJ (lun-jeu 11h-18h30, ven 10h-19h30, sam 10h-18h, dim 12h-18h).*

■ ***Librairie Penninn Eymundson*** *(plan B1, **4**)* : *Hafnarstræti 91-93. ☎ 540-21-80. Tlj 9h (10h w-e)-22h.* Même style que celle de Reykjavík : vaste choix de livres, magazines en anglais, guides, *road atlas* et cartes, plus quelques tables pour prendre un café ou un sandwich et consulter ses e-mails. Jumelé avec un magasin de souvenirs.

■ ***Nonni Travel*** *(plan A1, **5**)* : *Brekkugata 5. ☎ 461-18-41. • nonnitravel.is • Ouv lun-ven 9h-17h en été, 10h-15h en hiver.* Une agence sérieuse qui propose tout type de tours, activités et excursions, non seulement dans les environs d'Akureyri mais aussi partout en Islande, et même au Groenland.

■ ***Laveries : au Akureyri Backpackers*** *(plan B1, **21**), Hafnarstræti 98. ☎ 571-90-50. Compter 2 000 ISK.*

LE NORD

Où dormir ?

Auberges de jeunesse

Akureyri Backpackers *(plan B1, **21**)* : *Hafnarstræti 98. ☎ 571-90-50. • akureyribackpackers.com • En hte saison, env 5 900-7 400 ISK/pers en dortoir (4-8 lits) ; double 9 000 ISK (9 500 ISK sept-mai).* Idéalement située dans la principale rue du centre-ville, cette AJ assez récente propose à la fois des dortoirs de 4-8 lits (certains unisexes) et des chambres doubles. Malgré les casiers, les premiers sont souvent envahis par la montagne de matériel (mouillé !) des voyageurs... Pas moins de 10 douches communes au sous-sol ! Les 7 chambres privées, au dernier étage, sont assez spacieuses, toutes blanches, avec de beaux parquets ; elles partagent 2 salles de bains. L'ensemble est propre et bien tenu. On aime bien aussi les canapés du *lounge* récupérés dans des... bus ! Nombreux services : café-bar au rez-de-chaussée (boisson de bienvenue offerte à tous), location de vélos, machine à laver, sauna.

Stórholt Hostelling *(hors plan par A1, **22**)* : *Stórholt 1. ☎ 462-36-57. 📱 894-42-99. • akureyrihostel.com • ♿ À la sortie nord de la ville, en direction de Reykjavík, près du supermarché* Bónus *(15 mn à pied du centre). Réception 8h-11h, 15h-21h30. Dortoir env 4 900 ISK/pers. Doubles sans ou avec sdb env 13 900-17 500 ISK. Bungalow sans douche env 18 000 ISK pour 3 pers ; bungalow tt confort*

(8 pers) avec cuisine, hot tub *et barbecue env 39 000 ISK. Réduc env 10 % pour les membres.* On aime bien cette AJ à l'accueil charmant, installée dans une grande maison entourée d'arbres, fort bien équipée : cuisine à chaque niveau, agréable salon TV, terrasse en bois dans le jardin, machine à laver et séchoir. Les chambres, claires, ont de 1 à 6 lits. Tout est nickel et bien arrangé. Notre préférée ? La nº 2 (une double), ronde, très lumineuse. Juste à côté se trouvent 2 bungalows tout confort pouvant accueillir 8 personnes chacun et d'autres, plus petits, avec juste w-c et lavabo (on se lave à l'AJ), pour 3 personnes. Seul bémol : l'éloignement (relatif) du centre-ville (bus nºs 1 et 3).

De bon marché à prix moyens

Guesthouse Sólgardar *(plan A1,* ***23****) : Brekkugata 6. ☎ 461-11-33. Doubles env 11 000 ISK avec sac de couchage et env 13 500 ISK avec draps.* En plein centre, dans une rue calme, cette petite maison du siècle passé, dotée d'un minijardin fleuri, abrite juste 3 chambres pour 2 (grand lit), 3 et 4 personnes, au mobilier simple. Cuisine et salle de bains communes. Peut-être pas la déco la plus récente, mais on apprécie l'accueil souriant et le bon rapport qualité-prix. On vous proposera peut-être aussi un appartement pas très cher.

Guesthouse Gula Villan *(plan A1,* ***24****) : Brekkugata 8. 896-84-64. • gulavillan.is • En juil-août, doubles env 13 000 ISK avec sac de couchage et env 15 000 ISK avec draps.* Beaux parquets qui craquent, cadre simple mais petites touches rouge et brun dynamiques, cette « maison jaune », datant de 1928, abrite 9 chambres accueillantes. Une seule possède une salle de bains privée et 3 sont en rez-de-jardin, un peu moins lumineuses, mais très bien quand même. Le petit déj (en supplément) est servi sous le lustre d'une petite salle lumineuse. Cuisine complète à disposition. Également une annexe de 8 chambres, ouverte seulement de juin à août.

Súlur *(plan A2,* ***25****) : Þórunnarstræti 93. 863-14-00. • sulurguesthouse.is • Tte l'année. Doubles env 14 700 ISK avec sac de couchage, 17 700 ISK avec draps.* Plus excentrée, mais bien tenue aussi, la *guesthouse* Súlur se présente plus comme une alternative au cas où les adresses précédentes seraient pleines. Les chambres, sans charme (certaines avec lavabo), partagent une salle de bains et une cuisine à chaque étage. Celles pour sac de couchage, en rez-de-jardin, sont les moins agréables. Annexe sur Klettastigur 6 *(plan A1),* ouverte de mi-juin à mi-août.

Brekkusel *(plan A2,* ***26****) : Byggðavegur 97. ☎ 461-26-60. 895-12-60. • brekkusel.is • Téléphoner, les proprios n'habitent pas sur place. Doubles avec sac de couchage env 14 900 ISK (8 900 ISK oct-avr) ; avec draps, sans ou avec sdb, env 14 000-20 000 ISK (9 000-11 000 ISK oct-avr). Gratuit moins de 12 ans.* C'est la maison rouge qui fait l'angle. On la retiendra surtout pour ses tarifs bas avec sac de couchage, tout en sachant que les 4 chambres concernées sont en rez-de-jardin et pas folichonnes. Celles du rez-de-chaussée, toutes avec citation d'un grand écrivain ou penseur sur les murs, sont acceptables mais assez bruyantes (parois fines), et l'entretien de fond laisse un peu à désirer ; 2 ont leur propre salle de bains. À choisir, privilégier la nº 13 (« Mark Twain »). Jardin avec tables en bois et *hot tub.* Cuisine à dispo à chaque niveau et thé ou café gratuit.

De prix moyens à chic

Hrafninn Gustihús *(plan A1,* ***27****) : Brekkugata 4. ☎ 462-56-00. • hrafninn.is • Doubles avec sdb env 23 100-27 500 ISK en saison ; à partir de 10 700 ISK hors saison.* Voilà une *guesthouse* cossue, offrant une poignée de chambres confortables et bien arrangées, à la déco élégante et à la bonne literie (de vrais lits de ministre !). Également une pour 4 personnes avec salle de bains partagée.

2 kitchenettes à disposition (thé et café gratuits).

Hótel Edda *(plan A2,* ***28****) : Þórunnarstræti. ☎ 444-49-00. • hoteledda.is • Ouv de mi-juin à fin août env. Doubles sans sdb env 14 000-16 000 ISK, avec sdb env 28 000 ISK. (à la réception et dans certaines chambres.)* L'hôtel se partage en 2 ailes. La plus ancienne abrite des chambres avec lavabo, en grande partie refaites récemment (TV écran plat), jolies avec leurs coussins et petite déco colorée et cosy, qu'on vous conseille vivement. Celles avec salle de bains, dans le nouveau bâtiment *(Edda Plus)*, sont chères, impeccables et spacieuses, avec kitchenette, mais finalement un peu froides. Bar de style contemporain à la réception et même un grand salon disposant de 2 billards et d'un piano. Bémol : l'hôtel abritant 204 chambres, à l'heure de pointe au petit déj (en sus), c'est vraiment l'usine !

Ráðhúsið Apartment Hotel *(plan A-B1,* ***29****) : Brekkugata 1B. ☎ 571-72-01. • radhusid.is • Double env 16 000 ISK, apparts 1-2 chambres env 40 000-45 000 ISK, petit déj inclus, à prendre au Café Ilmur.* Installé dans une ancienne banque, en plein centre, ce petit hôtel tenu par une patronne dynamique s'annonce par une élégante réception. Au 1er étage, 5 chambres doubles avec salle de bains d'un excellent rapport qualité-prix : bois clair, design noir et blanc, coussins... toutes disposent en outre d'excellents lits, d'un sèche-cheveux, d'une TV à écran plat et d'une bouilloire. Si vous avez peur du bruit sur la place le week-end, demandez celle tournée vers l'arrière – où se dessine aussi une agréable petite terrasse en bois ouvrant sur un coin de jardin. Dans les étages supérieurs, 3 apparts pour 2 à 6 personnes, du même tonneau, avec en plus cuisine, sofa-lit de qualité, lecteur Blue-ray et même une machine à laver pour le plus grand !

Hótel Akureyri *(plan B2,* ***30****) : Hafnarstræti 67. ☎ 462-56-00. • hotelakureyri.is • Doubles env 28 500 ISK en été, 19 500 ISK en basse saison ; petit déj compris. Parking gratuit.* Petit hôtel classique un peu à l'écart du centre, au début d'un quartier résidentiel et à deux pas du jardin botanique. Les chambres, tout confort, ne sont pas bien grandes, mais agréables, avec moquette violette, TV à écran plat et sèche-cheveux ; demandez-en une donnant sur le fjord (au même prix, jusqu'à nouvel ordre). Également des chambres dans plusieurs *guesthouses* sur Hafnarstræti et des appartements pour petits groupes (informations et check-in à l'hôtel).

Où dormir ?
Où manger dans les environs proches ?

Camping Hamrar *(hors plan par B2,* ***31****) : à 4 km au sud de la ville. ☎ 461-22-64. 863-07-25. • hamrar.is • Passé l'aéroport, prendre à droite à l'entrée de la forêt de Kjarnaskógur ; c'est 2 km plus loin, au pied des montagnes (fléché). Ouv de mi-mai à mi-sept, puis services réduits jusqu'en oct. Env 1 500 ISK/pers. (payants.)* Si vous êtes en voiture, on vous conseille ce camping plutôt que celui du centre-ville : très étendu et en pleine nature, il jouit en effet d'un cadre champêtre à souhait. Douches, machine à laver et sèche-linge, cuisine et salle commune agréables. Comme on dit, y a pas photo !

Skjaldarvík Guesthouse *: route 816, à env 7 km au nord du centre d'Akureyri. ☎ 552-52-00. • skjaldarvik.is • Fermé déc-janv. Double env 27 000 ISK en été, bon petit déj inclus.* C'est une sorte de grosse pension, gentiment posée en retrait du fjord, dans une belle campagne où batifolent des chevaux. On y trouve pas moins de 28 chambres avec lavabo (dont 5 familiales), simples mais joliment arrangées par Dísa, la maîtresse de maison. Lit confortable, belle couette... on regrette juste les sols en lino, les murs un peu fins (classique) et le nombre relativement réduit de salles de bains. Très bonne affaire : les simples ont un lit large que l'on peut occuper à 2 pour le prix d'une *single* à condition de payer le 2e petit déj en supplément ! En rab : *hot tub* en béton (pas très beau mais large), petit bois où pendouillent des hamacs, folles cavalcades (voir « À faire ») et resto de qualité *(19h-21h slt)*. On y cuisine surtout les produits locaux de saison (2-3 entrées et plats au choix), façon moules du fjord ou agneau sauce coriandre. On peut aussi louer des vélos pour 4 900 ISK/j.

Où manger ?

Boulangerie Kristjans *(plan B1, **40**) : Hafnarstræti 108. Lun-ven 7h-18h, sam 10h-16h.* Pour manger sur le pouce ou vous réveiller en douceur, on trouve ici viennoiseries, pains, pizzas, sandwichs, mais aussi un buffet soupe et salade le midi. On y vend aussi jus et *skyr.* Quelques tables pour consommer sur place et grande terrasse sur la rue.

De bon marché à prix moyens

Kaffi Ilmur *(plan A-B1, **41**) : Hafnarstræti 107B. ☎ 571-64-44. Tlj 8h-23h en été ; hors saison, tlj 11h-23h (19h ven-dim). Soupe et pain env 1 000 ISK,* soup and salad *bar-buffet env 2 000 ISK, gâteaux 650-900 ISK.* C'est la maison jaune centenaire sur la butte, en retrait de la rue très touristique traversant le centre-ville. La petite-fille du sellier qui y œuvrait jadis a ouvert un joli café plein d'âme au rez-de-chaussée, où l'on prend une boisson chaude, un petit déj à l'anglaise, ou une bonne formule *soup and salad,* un généreux buffet accompagnant une des 2 soupes du jour. Et comme les gâteaux ne sont pas mauvais, on se dit qu'on aurait bien tort de ne pas grimper la butte. En revanche, évitez les gaufres, réchauffées.

Bláa Kannan *(plan B1, **42**) : Hafnarstræti 96. ☎ 461-46-00. Tlj 9h (10h le w-e)-23h30. Soupe, plat du jour, buffet de salades et pain à moins de 2 500 ISK.* Installé dans une grande maison bleue aux 2 tourelles rouges, c'est avant tout un café, au cadre et à l'ambiance sympas (voir « Où boire un verre ? Où sortir ? »), mais on peut y manger un plat du jour pas cher, quelques paninis ou bagels et un bon choix de gâteaux goûteux.

Hamborgarafabrikkan *(plan B1, **43**) : Hafnarstræti 87-89, au pied de l'hôtel* Kea. *☎ 575-75-75. Tlj 11h30-21h (22h ven-sam). Burgers env 3 000 ISK.* Inutile de venir y chercher du poisson, ici, on mange surtout des *burgers*... mais pas n'importe lesquels. Des *burgers* de luxe, en 15 variétés, tous carrés (la marque de fabrique de la maison), nappés d'une bonne sauce béarnaise maison et gavés d'ingrédients 100 % islandais. Autres choix pour les réfractaires : salades, *wraps* à composer soi-même, ailes de poulet et *nachos.* On s'installe dans une vaste salle moderne et sombre gardée par une vache multicolore en taille réelle. Autres adresses à Reykjavík.

Greifinn *(hors plan par A1, **44**) : Glerárgata 20. ☎ 460-16-00. Tlj 11h30-21h30. Plats 1 700-5 000 ISK.* C'est un peu la version islandaise du *diner* américain. On vient ici en famille se vautrer sur les banquettes et piocher parmi un menu à rallonge sur lequel se côtoient salades, pizzas (bof), *burgers,* sandwichs, poissons, grillades, pâtes, tex-mex, plus quelques plats d'ici et d'ailleurs, comme le kangourou grillé ! Déco tout en bois et métal noir. Le rapport qualité-prix est honorable et le service sympa. Revers de la médaille : il faut parfois patienter longtemps pour obtenir une table.

De prix moyens à chic

Strikið *(plan B1, **45**) : Skipagata 14 (5e étage). ☎ 462-71-00. Tlj à partir de 11h30. Plats env 3 500-5 900 ISK.* On vient ici pour la terrasse à l'air libre et les salles vitrées qui offrent une belle vue sur le fjord, et on découvre (le soir surtout) une carte alléchante mettant joliment en scène les produits islandais sur des notes de fusion : sushis aux langoustines (bel assortiment aussi), soupe de fruits de mer au gingembre et à la citronnelle... Pour les budgets serrés (et le midi), il y a de copieuses salades, et un hamburger de bœuf, renne, oignons et... lichen ! Ignorer le vieil ascenseur, la salle est classe et le service attentionné.

Bryggjan *(plan B1,* ***46****)* **:** *Strandgata 49. ☎ 440-66-00. Tlj 11h30-21h30 (22h ven-dim). Pizzas 2 800-4 800 ISK.* Pizza buffet *lun-sam env 2 000 ISK (11h30-14h),* brunch *dim env 2 200 ISK.* L'adresse est tout près du port des navires de croisière. Ce n'est pas Rome ou Naples, certes, mais les pizzas (au feu de bois) se tiennent, le choix est vaste et le très intéressant buffet du midi incluant pizzas, salade, soupe et boisson intéressera les affamés. Bon choix de vins, bières locales et cocktails. Cadre plutôt rustique.

Noá *(hors plan par B2,* ***47****)* **:** *Hafnarstræti 22. ☎ 461-21-00. Au niveau d'Aðalstræti, à env 700 m au sud du centre. Lun-ven 12h-14h, 18h-22h ; le w-e 18h-22h. Plats env 3 800-7 400 ISK ; menu env 8 700 ISK.* Dans un bel espace tourné face à la baie, au design recherché mêlant effet loft, empreinte scandinave, fourrures, chaises en peau de vache et art moderne, on déguste une très bonne cuisine inspirée par des produits locaux – morue, truite (d'élevage), langoustines, etc. On a adoré la *bacalao* aux petits légumes croquants, saupoudrée de cacahuètes et petits morceaux de *jalapeño* frits – classique et inventif en même temps. Ne négligez pas non plus les desserts... ah, la crème brûlée au *skyr* et à l'orange ! Service gentil, mais pas toujours très précis.

Rub 23 *(plan B1,* ***48****)* **:** *Kaupvangsstræti 6. ☎ 462-22-23. Lun-ven 11h30-14h et tlj à partir de 17h30. Le midi, plats 1 700-2 700 ISK ; le soir, 4 800-7 000 ISK. Résa conseillée le soir.* Au dîner, on choisit son plat (5 sortes de poisson, agneau, bœuf, poulet... ou baleine), puis la combinaison d'épices avec laquelle on souhaite l'accommoder : mélange asiatique, marocain, indien, ail-coriandre, sauce barbecue texane, etc. Voilà pour le concept qui a fait le succès de la maison. Également des plateaux de sushis (à la baleine...) et, pour les plus fortunés, des menus-mystère... Le midi, c'est plus simple, plus abordable et le choix est plus varié. Jolie déco tendance et service très agréable.

Où boire un verre ? Où sortir ?

Ici, comme à Reykjavík, les jeunes font le *runtur* le week-end, dès 20h. Le problème, c'est qu'Akureyri n'est pas bien grande. Le *runtur* devient vite ennuyeux quand on a vu passer 50 fois les mêmes voitures, vitres ouvertes et musique à tout casser...

Cafe Laut *(plan A2,* ***50****)* **:** *jardin botanique. ☎ 461-46-01. Tlj 10h-22h en été.* Envie d'une pause ? En haut du jardin botanique, cet endroit tranquille, au plafond cathédrale, est prolongé par une agréable terrasse. On peut y manger légèrement (viennoiseries, soupes, salades, paninis, bons gâteaux).

Bláa Kannan *(plan B1,* ***42****)* **:** *Hafnarstræti 96. ☎ 461-46-00. Tlj 9h (10h le w-e)-23h30.* On vous l'indique déjà dans la rubrique « Où manger ? », mais c'est surtout un café avec terrasse délicieuse aux beaux jours et un intérieur tout en bois et lustres de cristal, très chaleureux et animé.

Götubarinn *(plan B1,* ***51****)* **:** *Hafnarstræti 96. ☎ 462-47-47. Jeu-sam 17h-4h. • gotubarinn.is •* Ce « bar de rue » tout en longueur (et bois de récup) joue la carte de la nostalgie avec sa déco rétro – un poil gothique. On y descend une bonne bière dans une jolie ambiance à la lumière des chandeliers. Émergeant de l'ombre, les notes d'un piano à queue s'élèvent.

Café Amour *(plan B1,* ***52****)* **:** *Ráðhústorgi 9, sur la place centrale. ☎ 788-77-78. Tlj 18h (11h le w-e)-1h (4h ven-sam).* Happy hours *18h-21h.* On n'est pas certain d'y trouver l'amour, malgré la fresque de Cupidon au plafond, mais il est toujours possible d'y boire un cocktail ou une pression (6 options). *Pub quizz* suivi de musiciens live le jeudi en général, DJ les vendredi et samedi à minuit.

Achats

Jólagardurinn *(The Christmas House)* **:** *à env 10 mn au sud d'Akureyri par la route 821, passé l'aéroport.* ☎ *463-14-33. Juin-août, tlj 10h-22h ; sept-déc 14h-21h, Noël-mai 14h-18h.* Pas besoin d'attendre l'hiver pour faire votre shopping de Noël... La maisonnette rouge, soulignée de faux stalactites blanches, regorge de décos du monde entier (rien de bien islandais) et de pommes d'amour. Les chansons de Noël y passent en boucle, des maisonnettes pour elfes poussent dans le jardin, et un calendrier de l'Avent géant est placé dans la fausse tour... Kitsch et commercial, forcément, mais les enfants apprécieront.

À voir

Pour avoir une vue d'ensemble de la ville, monter jusqu'à l'***église*** *(plan B2),* inaugurée en 1940, dont l'architecture rappelle les formations d'orgues basaltiques. Les vitraux centraux du chœur viennent de la cathédrale anglicane de Coventry.

Sjónlistamiðstöðin *(centre des Arts visuels ; plan A-B2)* **:** *Kaupvangsstræti 12.* ☎ *461-26-10. • listasafn.akureyri.is • Tlj sf lun 10h-17h. GRATUIT en basse saison, sinon 1 000 ISK.* Expos temporaires consacrées aux arts visuels. Inutile de s'attarder.

Lystigarður *(jardin botanique ; plan A2)* **:** *accès par Þórunnarstræti ou Eyrarlandsvegur. • lystigardur.akureyri.is • Juin-sept, tlj 8h-22h. GRATUIT.* On y trouve des arbres et des centaines de fleurs et de plantes, toutes étiquetées. Évidemment, ce ne sont pas les tropiques, mais c'est une agréable promenade.

Minjasafn á Akureyri *(musée d'Akureyri ; hors plan par B2)* **:** *Aðalstræti 58.* ☎ *462-41-62. • minjasafnid.is • À env 1,5 km au sud du centre, à la hauteur de la station-service* N1. *De juin à mi-sept, tlj 10h-17h ; reste de l'année, jeu-dim 13h-16h. Entrée : 1 200 ISK ; réduc ; gratuit moins de 17 ans. Billet cumulé avec la* Nonnahús *: 2 000 ISK.* On aime bien ce musée très scandinave dans l'esprit, contant l'histoire locale à travers d'intéressantes expos temporaires au rez-de-chaussée et une exposition permanente au sous-sol présentant tout un patchwork d'objets retraçant la vie d'autrefois. Il y a un peu de tout : des panneaux illustrés de belles photos, de vieux portraits de famille, un salon bourgeois reconstitué, un traîneau, un uniforme de fanfare, des jouets, des batteries de casseroles, une machine à laver Miele des années 1950 et, bien sûr, du poisson séché... C'est grâce à l'exportation du hareng salé qu'Akureyri devint une ville prospère et active au début du XXe s. On apprend aussi que son aspect très vert vient d'un engouement à l'époque pour les beaux jardins des grandes familles de commerçants danois. De nombreux arbres furent ainsi plantés ; c'est d'ailleurs de cette période que date le jardin botanique.

Nonnahús *(maison de Nonni ; hors plan par B2)* **:** *Aðalstræti 54.* ☎ *462-35-55. • nonni.is • Juste à côté du musée d'Akureyri. Ouv juin-août, tlj 10h-17h ; horaires limités hors saison. Entrée : 1 200 ISK, réduc ; gratuit moins de 17 ans. Billet cumulé avec le* Minjasafn *: 2 000 ISK.* C'est la maison d'enfance de Jón Sveinsson (1857-1944), qui fut envoyé en France l'année de ses 12 ans, se convertit au catholicisme et entra chez les jésuites. Devenu professeur, il dut renoncer à l'enseignement en 1912 et se consacra alors à l'écriture. Son œuvre majeure reste la série de livres pour enfants relatant les aventures de Nonni, un petit Islandais présentant beaucoup de ressemblances avec l'auteur au même âge (lui-même surnommé Nonni). Ses 12 livres ont été traduits en plus de 40 langues et adaptés à la télévision. L'intérieur de cette petite maison rustique de 4 pièces, remontant aux années 1850, est sobre, et il y règne une atmosphère assez émouvante. Quelques objets personnels et les différentes éditions de ses bouquins y sont exposés.

Entre les deux musées se dresse une petite ***église*** charmante, tout en bois, datant de 1846. À l'intérieur, le toit est bleu ciel – pour mieux s'élever vers le paradis ?

Iðnaðarsafn *(musée de l'Industrie ; hors plan par B2)* **:** *Krókeyri, sur la route de l'aéroport, à 2 km au sud du centre. ☎ 462-36-00. • idnadarsafnid.is • De juin à mi-sept, tlj 10h-17h ; le reste de l'année, sam 14h-16h. Entrée : 1 000 ISK ; réduc ; gratuit moins de 17 ans.* Dans cet étonnant musée, des machines de toutes sortes retracent l'histoire des métiers du pays : boucherie, pâtisserie, laiterie, cordonnerie, pêche, imprimerie, conserverie, fabrication de meubles, etc. L'occasion de découvrir une amusante collection de briques de lait, de savons, détergents et lessives et, à l'étage, une grande section consacrée à l'industrie textile (dont une partie importante sur la laine). Avez-vous déjà vu une machine à tisser des chaussettes ou des gants ? Une salle expose aussi une collection de maquettes de bateaux. Dommage que la grande majorité des explications ne soit pas traduite...

Flugsafn Íslands *(musée de l'Aviation ; hors plan par B2)* **:** *à côté de l'aéroport, à 3 km au sud du centre. ☎ 461-44-00. • flugsafn.is • Juin-août, tlj 11h-17h ; en basse saison, sam 14h-17h slt. Entrée : 1 000 ISK ; réduc ; gratuit moins de 12 ans.* Occupant un vaste hangar, ce musée abrite 25 avions récupérés, retapés et bichonnés par des passionnés. La plupart volent encore ; un show aérien est d'ailleurs organisé mi-juin ! Parmi les pièces maîtresses, mentionnons le *Grunau 9* (1937), avec sa gueule de Latécoère et son ski en guise de train d'atterrissage... qui pouvait aussi être utilisé sur l'herbe. Ou encore le premier avion-ambulance d'Islande (1944), acheté à la *Royal Air Force,* et un hélicoptère français *Dauphin,* qui servit 22 ans dans la garde-côtière islandaise et sauva pas moins de 250 vies. L'histoire de l'aviation nationale est présentée au 1er étage. Une vitrine touchante expose les restes d'un avion de combat anglais découvert en 1999, qui s'était écrasé dans un glacier à l'ouest d'Akureyri pendant la Seconde Guerre mondiale : on a retrouvé les brosses à dents et les rasoirs de l'équipage...

LE NORD

À faire

– **Piscine** *(Sundlaug Akureyrar ; plan A2,* ***6****)* **:** *Þingvallastræti 21. Lun-ven 6h45-22h, w-e 8h-19h30 (9h-18h30 sept-mai). Entrée : env 600 ISK ; gratuit moins de 17 ans.* Une des plus belles piscines du pays. Plusieurs *hot tubs* à des températures oscillant entre 38 et 42 °C, saunas, toboggans, bassins à l'intérieur et à l'extérieur. Très fréquenté.

➢ ***Observation des baleines :*** *avec* ***Ambassador Akureyri Whale Watching,*** *départ du port, face au centre-ville. ☎ 426-68-00. • ambassador.is • Compter env 11 500 ISK/pers, ½ tarif 7-12 ans. 1-3 départs/j. du 10 mai à mi-oct. Durée : 3h.* Pas le temps d'aller jusqu'à Húsavík ? Peur du mal de mer ? Les excursions se déroulent entièrement sur l'Eyjafjörður, où l'on voit assez facilement baleines à bosse et petits rorquals.

➢ ***Promenades à cheval :*** 3 centres équestres existent dans le coin. ***Hestaleigan Kátur :*** *situé sur la route 29, juste au sud d'Akureyri. 📱 695-72-18. • hestaleiga.is •* Propose des balades de 1h à 3h *(7 500-20 000 ISK). Autre option avec* ***Skjaldarvík ferðaþjónusta*** *: à 5 km au nord de la ville. ☎ 552-52-00. • skjaldarvik.is • (Voir « Où dormir ? Où manger dans les environs proches ? »).* Promenades plus courtes (1h-1h30), 3 fois/j., de mi-mai jusqu'aux premières neiges. Les proprios peuvent venir vous chercher et vous ramener à Akureyri. *Sinon,* ***Pólar Hestar*** *: à Grenivík, env 40 km au nord d'Akureyri. ☎ 463-31-79. • polarhestar.is •* Le seul à être ouvert toute l'année. Tenu par un couple islando-allemand, il propose plutôt des randonnées de plusieurs jours.

➢ ***Plongée :*** ***Strýtan Dive Center*** *basé à Hjalteyri, à 22 km au nord d'Akureyri (📱 862-29-49 ; • strytan.is •).* Propose une plongée unique au monde sur une cheminée hydrothermale – celles-là même que l'on trouve habituellement à 3 000 m de profondeur sur le rift médio-atlantique. Celle-ci n'est qu'à 15 m sous la surface, et crache environ 100 l d'eau douce à 72 °C toutes les secondes. Compter quand même 30 000 ISK. Bien d'autres options intéressantes.

DANS LES ENVIRONS D'AKUREYRI

Safnasafnið – Alþýðulist Íslands (musée d'Art naïf islandais) **:** *à 12 km au nord-est d'Akureyri, de l'autre côté du fjord, sur la route 1. ☎ 461-40-66. • safnasafnid.is • Ouv de mi-mai à août, tlj 10h-17h. Entrée : 1 000 ISK ; réduc.* Occupant une grande maison blanche face au fjord, ce musée privé se réinvente chaque année autour d'expositions temporaires mettant en valeur un fonds de 53 000 objets et œuvres naïves, en partie réalisées par des personnes atteintes de syndromes et pathologies psychiques. Seuls éléments permanents : une section sur la couture, une autre avec des jouets et une troisième avec des marionnettes et des poupées provenant d'une soixantaine de pays.

Les proprios du musée d'Art naïf louent un ***appartement*** à l'étage, sous les toits, pouvant accueillir 5 personnes *(compter 20 000-25 000 ISK, sans ou avec draps et serviettes, pas de petit déj).* Un endroit différent et séduisant, qui prolonge d'une certaine manière les collections du bas, entre beaux parquets et vue sur un petit torrent. Cuisine et salle de bains avec machine à laver.

Gamli Bærinn : *à **Laufás,** à 28 km au nord-est d'Akureyri. 895-31-72. • minjasafnid.is • Prendre la route 1 sur 17 km, direction Mývatn, puis la 83 (à gauche) sur 11 km en longeant la berge orientale du fjord. Juin-août, tlj 9h-17h. Entrée : 1 200 ISK ; réduc.* Cette ferme des XVIe-XVIIe s, reconstruite en grande partie au XIXe s, ressemble à celle – plus connue – de Glaumbær. Elle conserve meubles et ustensiles d'époque. L'eider sculpté en façade rappelle l'importance de l'oiseau pour l'économie de la ferme dans le passé. À côté se dresse une mignonne petite église (1865) à la chaire en bois sculpté polychrome, datant de 1698. Agréable petit café pour faire une pause.

Laugafell : *à env 85 km au sud d'Akureyri, par la 821, puis la F821 (piste réservée aux 4x4). Pas de bus.* Laugafell est le parfait symbole d'une flore islandaise pauvre et fragile. Au cœur d'un désert de pierres, ce petit coin de végétation étonnant ne doit sa survie qu'aux multiples ruisseaux d'eau chaude. En se baladant, on peut observer des petites piscines soigneusement encerclées de pierres. Mais il n'est possible de se baigner que dans celle du refuge, où l'on se délasse dans une eau à 38 °C sous le soleil de minuit. Absolument divin.

Sur place, 2 ***refuges*** bien aménagés, un ancien (15 lits), l'autre plus récent (20 lits), chauffés grâce à l'eau chaude des sources voisines *(env 4 500 ISK/pers en sac de couchage)* et un petit ***camping*** *(1 600 ISK/pers),* avec des sanitaires bien tenues. Pas de douche, mais une piscine. *Infos et résas auprès du Touring Club d'Akureyri : 822-51-92 (juil-août). ☎ 462-27-20 (hors saison). • ffa.is •*

DALVIK

1 500 hab.

À 43 km au nord d'Akureyri, ce petit port de pêche (vous ne rêvez pas, une odeur de morue traîne çà et là...) peut constituer une base alternative pour l'observation des baleines, moins industrielle qu'à Húsavík. C'est également d'ici que partent les ferries pour l'île de Grímsey.

Arriver – Quitter

Arrêt de bus devant la station-service *Olís*.

➢ ***Akureyri :*** 3 bus/j. en sem avec *Strætó* vers 8h15, 13h15 et 16h30, aucun le sam, 1 seul le dim vers 15h40. Trajet : 50 mn.

➢ ***Ólafsfjörður et Siglufjörður :*** 3 bus/j. en sem avec *Strætó,* vers 8h30, 13h30, 17h, aucun le sam, 1 le dim vers 16h.

Adresses utiles

Office de tourisme : *Goðabraut, dans le centre culturel Berg, où se trouve aussi la bibliothèque (wifi). • dalvikurbyggd.is • 846-49-08. Lun-ven 9h-18h, sam 13h-17h.*

Piscine : *Svarfaðarbraut 34. ☎ 460-49-40. Juste derrière le camping. Lun-ven 6h15-20h (19h ven), le w-e 9h-17h. Entrée : 500 ISK.*

Où dormir ? Où manger ?

Camping : *à l'entrée de la ville, entre le* Foss Hotel *et la piscine. ☎ 460-49-40. Env 1 500 ISK l'emplacement pour les 2 premières nuits, ½ tarif dès la 3e nuit puis... gratuit !* Que dire ? De l'herbe, des toilettes et des douches... voilà ! Pas de réception, on paie à la piscine (machine à laver). Petit déj possible au proche *Foss Hotel.*

Gimli Hostel : *Hafnarbraut 4. 699-66-16 ou 865-83-91. • vegamot.net • En plein centre, face au port. Tte l'année. Réception en principe ouv 9h-10h et 17h-18h, mais mieux vaut téléphoner. Compter env 4 600 ISK/pers en dortoir, petit supplément en triple (réduc membres).* Cette jolie petite maison blanche rénovée abrite seulement 7 chambres à la déco personnalisée, relevée d'objets chinés. Belle cuisine et salle commune à l'étage. Seuls les sanitaires sont un peu moins bien. Les très sympathiques propriétaires proposent également une petite maison ancienne rénovée (datant de 1914), pour 6 personnes maximum, à proximité de la piscine.

Foss Hotel : *Skíðabraut 18. ☎ 466-33-95. • fosshotel.is • À gauche, en venant d'Akureyri. Ouv mai-sept. Doubles sans ou avec sdb env 15 000-30 000 ISK selon saison, petit déj inclus. Résa impérative la veille du jour du départ du ferry de Grímsey.* La plupart des chambres, pas mal mais un peu chères, ont 2 petits lits (qu'on peut rapprocher). Dans une aile séparée, 4 autres, presque deux fois moins chères, partagent une salle de bains ; 3 sont vraiment petites et toutes sont un peu datées, mais elles ont accès à une belle cuisine commune. Signalons aussi, en rez-de-jardin, la chambre habituellement dévolue aux chauffeurs, (n° 100) bien moins chère que les autres. Très bon accueil et bon petit déj servi dans une salle donnant sur les montagnes.

Kaffihús Bakkabræðra : *Grundargata 1. 666-33-99. Dans la rue principale, dans le virage avt le port. En été, tlj 8h (10h le w-e)-23h (au moins).* Tenu par les proprios de l'AJ, cet avenant petit café offre un cadre rétro cosy pour un bon petit déj (buffet), une gaufre, un gâteau, une bonne soupe de poisson maison ou un thé dans l'après-midi – servi dans de vieilles tasses en porcelaine.

Gregor's Pub : *Goðabraut 3. 847-88-46. Dans une rue parallèle à celle du port (Hafnarbraut), presque à côté du supermarché. Tlj 18h-23h. Plats env 3 000-4 000 ISK.* Résumons : un bar, une table de billard (gratuite), un jeu de fléchettes, une soupe de poisson, 2 plats au choix (morue ou truite selon arrivage), quelques pizzas et un agneau parfaitement cuit nappé d'une sauce à se lécher les babines. Tout est ultra-copieux et on peut manger à deux sur un unique plat ! Bref, courez-y !

Où dormir dans les environs ?

Ytri-Vík : *à 14 km au sud de Dalvík, direction Akureyri. 899-80-00. • sporttours.is • De juin à fin sept. Fléché depuis la route 82. Cottages 2-8 pers avec sac de couchage env 28 000-36 000 ISK.* Dans un cadre enchanteur, au bord du fjord, avec les montagnes enneigées à l'arrière-plan, la maison principale abrite 7 chambres avec salle de bains commune qui accueillent principalement des grands groupes déjà constitués (également un jacuzzi). Les autres hôtes logent dans 8 cottages bien espacés. Il s'agit de cabanes en bois tout aménagées, avec sanitaires, cuisine, barbecue et même un *hot tub* sur la terrasse ! Très bon rapport qualité-prix, donc, et encore plus si vous êtes 4 à 8 personnes.

À voir. À faire

Byggðasafn Hvoll (musée Hvoll) **:** *à deux pas du port. ☎ 466-14-97. Juin-août, tlj 11h-18h ; le reste de l'année, sam 14h-17h. Entrée : env 800 ISK.* Ce musée fourre-tout résume la vie à Dalvík à travers une succession d'objets plus ou moins hétéroclites et insolites, du robot ménager des années 1960 aux sempiternels animaux empaillés (un ours du Groenland imposant). Il y a même un sismographe en souvenir du tremblement de terre de 1934, de force 6,2 sur l'échelle de Richter, qui détruisit une bonne partie de la ville. Une salle est aussi consacrée à Jóhann Pétursson, le « géant islandais », qui mesurait 2,34 m. Essayez ses chaussures : il faisait du 62 ! Attraction de cirque en Europe puis aux États-Unis, il revint mourir à Dalvík en 1984.

➢ ***Observation des baleines :*** la région offre une alternative moins touristique qu'à Húsavík. Deux compagnies proposent des sorties sur l'Eyjafjörður, qui annoncent toutes deux d'excellents taux de réussite (98 % !). Ici aussi, on peut observer baleines à bosse, petits rorquals, dauphins et, beaucoup plus rarement, des baleines bleues. On vous prête des vêtements protecteurs, mais prévoyez tout de même de quoi affronter la mer. Cerise sur le gâteau, avec *Arctic Sea Tours,* le poisson pris pendant la balade est partagé à bord, au retour !

■ ***Arctic Sea Tours :*** *à Dalvík même (au port). ☎ 771-76-00 • arcticsea tours.is • Propose 1 à 4 sorties/j. selon saison (en hiver sur résa selon météo). Compter 9 900 ISK/pers ; ½ tarif 7-15 ans.* Deux bateaux, le Draumur et le Máni, accueillent respectivement env 40 et 60 passagers pour une sortie d'env 3h. Également une sortie nocturne (à 23h, env 2h) de juin à mi-juillet, pour voir le soleil de minuit, et un tour plus long (6h) en quête de la mythique baleine bleue (parfois un cachalot ou une orque), tlj vers 13h.

■ ***Whale Watching :*** *à Hauganes, à 13 km au sud de Dalvík. 867-00-00. • whales.is • Une sortie tlj à 9h30 de fin mai à début sept, une autre à 13h30 de juin à fin août et une à 18h de mi-juin à mi-août. Même tarif que le précédent : 9 900 ISK/pers ; ½ tarif 7-15 ans ; gratuit pour les plus jeunes.* Les balades se font à bord de deux chalutiers, un ancien (1974) et un récent. Café et beignets sont inclus et du matériel de pêche prêté.

DANS LES ENVIRONS DE DALVÍK

L'île de Grímsey : c'est de Dalvík que partent les ferries pour cette petite île plate de 5,3 km², amarrée à 40 km des côtes islandaises, qui a la particularité d'être coupée par le cercle polaire ! Seule une centaine de personnes y vivent et... près de 1 million d'oiseaux de mer à la belle saison, qui nichent sur les falaises ceignant presque intégralement l'île. Il arrive que l'on croise baleines et dauphins lors de la traversée.

➢ ***En bateau :*** *liaisons assurées par la compagnie* Sæfari. *☎ 458-89-70. • samskip.is/innanlandsflutningur/saefari/ • Départ tte l'année lun, mer et ven à 9h. Durée : 3h. Compter env 9 700 ISK l'A/R ; ½ tarif 12-15 ans et retraités ; gratuit moins de 12 ans. En été, le ferry fait un arrêt de 4h sur Grímsey ; en hiver, l'escale ne dure que le temps du déchargement du bateau.*
Au départ d'Akureyri, de juin à août, un bus assure le transfert jusqu'à Dalvík *(départ vers 8h15 ; env 1 800 ISK)* ; sinon, on peut prendre le bus de 8h15 de *Strætó,* qui arrive juste à temps. Dans tous les cas, mieux vaut avoir acheté son billet de ferry à l'avance, à l'office de tourisme d'Akureyri par exemple, dans une agence (type *Nonni Travel*) ou auprès d'*Arctic Sea Tours* à Dalvík.
➢ ***En avion :*** *avec* Norlandair. *☎ 414-69-60. • norlandair.is • 1 vol/j., tlj, de juin à fin août ; les mar, ven et dim mat slt en basse saison.* De mi-juin au 20 août *(tlj sf sam),* la compagnie propose aussi une excursion de 2h30 seulement, incluant le vol, une « visite guidée » de l'île en 1h15 et... un certificat de franchissement du cercle polaire !

➢ ***Excursion sur l'île de Hrísey :*** *ferry au départ d'Árskógssanður, à 12 km au sud de Dalvík. ☎ 695-55-44. • hrisey.net • Env 8-9 liaisons/j., soit ttes les 2h env, 7h30-21h30 (23h30 juin-août) ; retours 7h-21h (23h juin-août). Durée de la traversée : 15 mn. Compter 1 500 ISK ; réduc.* Cette île de 200 habitants, riche en avifaune (40 espèces), offre de beaux points de vue sur le fjord. Trois sentiers balisés permettent de l'explorer. Sinon, l'été, on peut en faire le tour lors d'une excursion... en tracteur ! Vous trouverez dans le petit village une banque, un supermarché, une poste et, bien sûr, une piscine !

De mi-mai à mi-septembre, hébergement, restauration et location de vélos à l'***Hótel Brekka*** *(☎ 466-17-51).*

Ólafsfjörður : ce petit port de pêche est blotti dans un minifjord encadré de montagnes. Si vous venez de l'ouest, la piste 82, généralement fermée jusqu'en juillet (voire fin juillet), traverse un décor surnaturel : paysages de lacs, névés et montagnes pelées. À Ólafsfjörður même : piscine, camping peu attirant, supermarché et petit *kaffihús* à côté, mais pas de station-service.

SIGLUFJÖRÐUR

1 210 hab.

À 35 km au nord de Dalvík, ce petit port attachant se niche au tréfonds d'un court fjord encastré dans les palissades de montagnes enneigées de la péninsule de Troll. Longtemps, on ne put y arriver que par l'ouest, par un tunnel à voie unique sombre et inquiétant. Depuis 2010, un autre, bien plus long (mais pas plus large ni rassurant !) relie la bourgade à Ólafsfjörður, à 11 km de là – et, donc, à Akureyri. Autre option : la bonne piste 82, rarement ouverte avant juillet, traverse la péninsule par les hauteurs à travers de superbes paysages sauvages. Siglufjörður est la (petite) ville la plus au nord du pays et, historiquement, la capitale de la pêche au hareng. Le quart de la production nationale provenait d'ici dans les années 1950. L'excellent *musée du Hareng* en retrace l'histoire avec un supplément d'âme.

Arriver – Quitter

➢ ***Dalvík et Akureyri :*** tte l'année, lun-ven, 3 bus/j. (ligne n° 78) avec la compagnie *Strætó,* vers 6h40, 9h30 et 15h ; aucun le sam, 1 seul le dim (vers 14h). Trajet : env 1h10.
➢ ***Sauðárkrókur :*** pas de bus direct, changement à Akureyri.

Adresse et infos utiles

Office de tourisme : *sur la place principale, dans l'hôtel de ville. ☎ 464-91-00. Ouv mai-août, lun-ven 13h-17h, le w-e 11h-15h.*

■ On trouve sur place ***distributeur de billets, poste, supermarché, station-service*** et ***pharmacie.***

Où dormir ? Où manger ?

Camping

Camping : *en plein centre, entre le port et la place principale. Ouv mai-sept. ☎ 464-91-00. 896-13-50. Env 1 200 ISK/pers, douche 200 ISK.* L'emplacement est insolite, mais pas vraiment enchanteur : sur une pelouse, face au port et contre la route, avec un bloc sanitaire (toilettes et douche). Heureusement, il existe une seconde aire (mêmes tarifs), un peu en hauteur (en arrivant de Dalvík, on la distingue sur la gauche).

De bon marché à prix moyens

Gistihúsið Hvanneyri – Siglufjörður Hostel : *Aðalgata 10. ☎ 467-15-06. 864-18-50. Ouv tte l'année. Lit en dortoir 5 600 ISK (sans petit déj) ; doubles sans ou avec sdb privative env 16 200-19 600 ISK ; réduc membres HI.* Affiliée au réseau *Hostelling International,* cette jolie petite auberge de jeunesse, installée dans une maison de 1935 aux hauts plafonds, propose juste un dortoir (très lumineux) de 6 places et une poignée de chambres privées avec sanitaires communs (mais presque toutes avec lavabo). Elles sont bien tenues et agréables, en particulier les n° 102 (au rez-de-chaussée) et n° 304 (au 2e étage), aux coins... arrondis ! 2 familiales également (4 personnes). Cuisine à disposition, salon avec une TV géante. Excellent accueil.

Siglunes Guesthouse : *Lækjargata 10. ☎ 467-12-22. • hotelsiglunes.is • Ouv tte l'année. Doubles env 13 900-20 500 ISK, sans ou avec sdb. Petit déj (petit choix mais de qualité) 1 900 ISK.* Adorant retaper les vieilles maisons, le pharmacien du village a ouvert une résidence pour artistes et fait de cette grosse bicoque de 1934 un charmant petit hôtel d'un excellent rapport qualité-prix. Le mobilier d'époque ou de récup y côtoie des toiles modernes, un piano ayant appartenu à un Premier ministre islandais, de bons lits récents aux jolies couettes, des miroirs baroques, des sols en béton brut... mais pas de TV. 10 chambres possèdent leur propre salle de bains (plutôt design), 6 autres, au rez-de-chaussée, partagent 3 vieilles douches (seule fausse note). Quelques vélos en prêt, aux faux airs Art déco.

Hannes Boy Café : *Gránusgata 19. ☎ 461-77-30. Tlj 12h-14h, 18h-22h. Résa conseillée. Buffet env 2 500 ISK ; le soir, plats env 3 500-6 000 ISK ; menus 7 500-8 500 ISK.* Sur le port, dans un ancien entrepôt joliment réaménagé, aux tonneaux de hareng retaillés en chaises, tabourets et tables, ce vaste café-restaurant propose une cuisine de qualité, mais pas donnée. Petit conseil : venez le midi profiter du superbe buffet de hareng (5 sortes), à déguster avec l'excellent *rúgbrauð* maison, bien noir, au goût de pain d'épice. Sinon, quelques choix simples, façon poisson du jour, pour ne pas se ruiner.

Même maison en face : ***Kaffi Rauðka,*** aux horaires d'ouverture plus étendus *(tlj 11h-22h – 1h le w-e).* Là, c'est plutôt du fast-food, pour ne pas dire de la *junk food,* mais les prix sont bien plus bas et la terrasse supeeeeerbe !

À voir

Síldarminjasafnið *(musée du Hareng) : sur le port. ☎ 467-16-04. • sild.is • Juin-août, tlj 10h-18h ; mai et sept, tlj 13h-17h ; le reste de l'année sur*

résa. Ts les sam de juil, à 15h, démonstration (amusante) de salage de hareng ! Entrée : 1 500 ISK (réduc) ; billet donnant aussi accès au musée de la Musique traditionnelle.
De la fin du XIXe s jusqu'à la fin des années 1960, Siglufjörður fut le port numéro 1 pour la pêche au hareng. Aujourd'hui, la crevette, plus lucrative, a détrôné le hareng. Mais l'histoire reste, avec ce musée passionnant qui occupe trois édifices distincts.
Un premier bâtiment abrite une dizaine de bateaux de pêche (en fait, on a construit le hangar autour !), le tout joliment agencé, avec des pontons en bois pour circuler. Le deuxième reconstitue l'usine de transformation du hareng, avec l'énorme « cooker », qui servait à extraire l'huile employée, entre autres, dans les cosmétiques et la peinture. Le dernier bâtiment, *Roaldsbrakki* (1907), comprend, en bas, une pièce sur la salaison, et, dans les étages, le bureau du directeur de l'usine et les logements des employés, qui semblent avoir quitté les lieux pas plus tard qu'hier. Les assiettes sont encore sur les tables, le linge en train de sécher... Seul petit regret : il n'est que très peu fait mention de la surexploitation du hareng et de sa pêche intensive, qui a fini par entraîner l'épuisement de cette richesse.

***Þjóðlagasetur** (musée de la Musique traditionnelle) : Norðurgata 1. ☎ 467-23-00. • folkmusik.is • Juin-août, tlj 12h-18h. Près du port. Entrée : 800 ISK, gratuit si l'on a visité le musée du Hareng.* Ce petit musée est consacré à la musique traditionnelle islandaise. Installé dans la maison (1884) superbement rénovée du révérend Bjarni Þorsteinsson, qui répertoria au XXe s toutes les chansons populaires. Un travail de Viking ! L'occasion de découvrir certains instruments comme le violon islandais et le *langspil,* une sorte de viole rudimentaire au son strident à quatre cordes, importé de Norvège. Certains modèles se résument à une caisse rectangulaire et à 2 cordes ! Plusieurs vidéos permettent d'écouter cette musique et ses chants.

Manifestation

– ***Festival de Musique folklorique :** le 2e w-e de juil.* Pendant 4 jours, concerts dans plusieurs endroits de la ville.

HOFSÓS

200 hab.

Amarré sur le flanc oriental de l'immense Skagafjörður, le village se pose joliment au bord de l'eau. Une escale possible pour croquer un bout de l'histoire islandaise au *musée de l'Émigration* et faire un plouf dans la belle piscine surplombant la mer *(en été, tlj 10h-22h ; env 600 ISK/pers).* **Elle a été élue plus belle piscine du pays en 2011 !**

Où dormir ?

Où manger à Hofsós et dans les environs ?

***Camping :** à côté de l'école primaire. 899-32-31. • tjoldumiskagafirdi.is/en • Ouv de mi-mai à mi-sept. Compter 1 400 ISK/pers ; gratuit moins de 12 ans.* Beaucoup d'herbe, quelques haies, une douche, une machine à laver et des jeux pour enfants à côté. Voilà l'essentiel pour une bonne nuit de camping.

***Lónkot :** Sléttuhlíð,*

*565 **Hofsós.** ☎ 453-74-32. • lonkot.com • À 12 km au nord de Hofsós, sur la route 76. Avr-oct. Doubles sans ou avec sdb 24 900-30 900 ISK, petit déj inclus. Au resto (12h-17h, 19h-21h30), plat env 4 500 ISK.* Sous sa mine modeste, cette petite maison posée en bord de mer, au milieu de nulle part, cache une excellente table. Certes la salle de resto n'est pas extraordinaire (pas de vue !), mais on y tire le meilleur des produits locaux, en les agrémentant volontiers de fleurs et condiments exotiques : soupe de poisson au lait de coco et lavande, agneau au thym sauvage et fleurs de pensées, cabillaud au sésame... sans oublier la glace à la violette, une des spécialités maison. Pas de carte, on vous énonce les quelques propositions du jour. Attention donc au portefeuille et sachez qu'il vous faudra être patient ! Autre regret : les portions un peu chiches. On peut passer la nuit sur place, dans des chambres (doubles et familiales) simples, avec accès à un adorable jacuzzi dans une cabane en bois-serre, aux petites fenêtres tournées vers la mer... Charmant, tout ça, mais quand même un peu (trop ?) cher.

À voir

Vesturfarasetrið *(Centre de l'émigration islandaise)* ***:*** *sur le port. ☎ 453-79-35. • hofsos.is • Juin-août, tlj 11h-18h. Prix : env 700 ISK/expo ; pour les 3 expos : env 1 500 ISK ; réduc.* Ce musée consacré à l'émigration islandaise en Amérique a pris ses quartiers dans trois vieilles belles maisons restaurées, nichées sur le port croquignolet. À l'exception de l'expo présentée dans la maison verte (« *New Land, new life* »), les autres changent régulièrement, mais sont toujours consacrées à l'émigration islandaise en Amérique du Nord. Entre 1870 et 1914, 16 000 Islandais ont en effet quitté leur pays à la recherche d'une vie meilleure, soit 20 % de la population de l'époque ! Une carte montre la répartition des candidats à l'émigration selon les régions d'Islande.

HÓLAR

100 hab.

Niché au fond de la vallée de Hjaltadalur, à 11 km à l'est de la route 76, le minuscule bourg de *Hólar* fut l'évêché du nord de l'Islande de 1106 à 1801 – ce qui en fit, à cette époque, un centre culturel et politique important. Après la décapitation en 1550 de Jón Árason, le dernier évêque catholique, Hólar devint un centre du luthérianisme. Aujourd'hui, il reste une église, quelques vieilles maisons, un centre de recherche, des bouquets d'arbres plantés à l'époque de l'ancien collège agricole, au XIXe s, et trois facultés aux intérêts renouvelés : tourisme, dressage de chevaux et... aquaculture. Ce ne sont pas les tentations extérieures qui risquent de détourner les étudiants de leurs livres ! Pendant les vacances, les locaux de l'université sont reconvertis en office de tourisme et en hébergement pour les visiteurs.

Arriver – Quitter

➤ ***Sauðárkrókur :*** tte l'année, à priori 2 bus/j. les mer, ven et dim avec *Strætó* (ligne 85), uniquement sur réservation au moins 4h à l'avance *(☎ 540-27-00).* Trajet : env 15 mn. Leurs horaires obligent quasiment à passer la nuit sur place.

Adresse et infos utiles

Office de tourisme : *à la réception de l'hôtel-université. ☎ 455-63-00. • holar.is • Juin-août, tlj 10h-22h ; le reste de l'année, 10h-14h.* C'est aussi la réception de la ***piscine*** *(ouv tlj 16h-20h),* et on y trouve un ***accès wifi,*** un ***distributeur de billets,*** une expo sur le village et les fouilles qui y sont menées, ainsi qu'un resto.

– Pas de station-service à Hólar, ni d'épicerie.

Où dormir ? Où manger ?

Camping : *sur la gauche avt d'arriver au village, enfoui dans les arbres. 899-32-31. • tjoldumiskagafirdi.is/en • Ouv de mi-mai à mi-sept. Env 1 400 ISK/pers ; gratuit moins de 12 ans.* Un camping 3 étoiles, pour ceux qui apprécient l'espace, les recoins boisés bien protégés et les tapis de gazon. Éviers et w-c ; pas de douche mais accès possible à celles de la piscine *(250 ISK).*

Hotel Hólar : *☎ 455-63-00. • holar.is • Ouv tte l'année ; sur résa hors saison. Doubles sans ou avec sdb env 17 500-21 000 ISK. Appart 2 pers env 22 500 ISK.* Les chambres (appelées « cottages » car dans de petits bâtiments) et les apparts sont répartis tout autour de la faculté. Tous ont kitchenette/cuisine et machine à laver. On préfère les premières, en bois, plus chaleureuses, aux seconds, à l'esprit surtout fonctionnel.

Le ***resto de la faculté*** propose des petits déj ainsi qu'un bon menu complet le midi *(env 3 000 ISK).* Profitez-en ! Il est aussi servi le soir, mais cher et surtout destiné aux groupes. On trouve également un *coffee-shop* en été *(11h-21h)* et quelques produits alimentaires de base.

À voir. À faire

Cathédrale : *tlj 10h-18h.* Construite entre 1753 et 1763, c'est la 5e à s'élever sur ce site et la première église d'Islande à avoir été bâtie en pierre (grès rouge provenant de la montagne voisine). La pièce maîtresse : les fonts baptismaux en stéatite noire, autrement dit en pierre à savon *(soapstone)* sculptés en 1674 par un fermier local. Étonnamment, cette pierre est introuvable sur le sol islandais : on pense que ce morceau vient du Groenland, d'où il aurait dérivé sur un iceberg. C'est le seul élément du sanctuaire réalisé en Islande... Tout le reste vient d'ailleurs, comme ce retable en albâtre polychrome de 1470, en face de l'autel, probablement rapporté d'Angleterre. Ce dernier, soit dit en passant, aurait une valeur historique importante, car il serait l'un des seuls vestiges de l'Angleterre catholique existant encore dans le monde.

➢ ***Visite du village :*** *petites brochures gratuites à l'office de tourisme.* Hólar était bien sûr beaucoup plus peuplé à l'époque où il abritait l'évêché du nord de l'Islande, et l'on mène des fouilles afin d'exhumer les restes d'habitations qui aideraient à éclairer le passé. Placez-vous sur le parvis de la cathédrale, dos à l'entrée. À votre droite, le ***beffroi*** de 27 m de haut dressé à la mémoire du dernier évêque catholique de Hólar. Face à vous, la ***source sacrée.*** Et, au-dessus du centre d'info, ***Nýibær,*** une ferme en tourbe au toit d'herbe datant de 1860.

Sögusetur Islenska Hestsins : *juste à côté de l'hôtel/office de tourisme. ☎ 455-63-45. 692-68-22. Tlj 10h-18h. Entrée : 900 ISK.* Les passionnés de chevaux ne seront pas indifférents au fait que le village accueille le siège de *l'Icelandic Horse Centre.* Une visite guidée vous en apprendra plus sur son histoire et sur celle des chevaux islandais, arrivés avec les Vikings. Autre parenthèse temporelle : la malle postale équestre (belle photo !). À l'étage sont diffusés des documentaires sur les chevaux.

SAUÐÁRKRÓKUR

2 640 hab.

Située à 22 km au nord de Varmahlíð, Sauðárkrókur est l'une des principales bourgades du nord de l'Islande. Ancien lieu de villégiature des pêcheurs, on y traque aujourd'hui la crevette. L'escale, baignant dans les humeurs d'un port qui a de la bouteille, n'est pas désagréable, entre belle vue sur le fjord et montagnes en toile de fond.

Arriver – Quitter

➢ ***Varmahlíð et Akureyri :*** tte l'année, 2 bus/j. (sf sam soir) avec *Strætó,* vers 13h55 et 22h25. Trajet : 20 mn et 1h30. Pas compris dans le *Full-Circle* (Varmahlíð est la ville incluse la plus proche).

➢ ***Blönduós, Borgarnes et Reykjavík :*** tte l'année, tlj, avec *Strætó,* vers 11h50 et 17h55 (sf sam mat).

➢ ***Hólar :*** tte l'année, à priori 2 bus/j. les mer et ven avec *Strætó* (ligne n° 85), slt sur résa au moins 4h à l'avance *(☎ 540-27-00).* Trajet : env 15 mn.

Adresses utiles

Office de tourisme : *au musée Minjahús (voir plus loin « À voir. À faire »). Juin-août, tlj 12h-19h.*

■ **Piscine :** *à côté du camping. ☎ 453-52-26. Juin-sept, lun-ven 6h50-21h, le w-e 10h-17h ; le reste de l'année, lun-ven 7h-20h, le w-e 10h-16h. Entrée : env 700 ISK.*

Où dormir ?

Camping : *à côté de la piscine. 899-32-31. • tjoldumiskagafirdi.is/en • Env 1 400 ISK/pers, douche 250 ISK.* La pelouse est grande (et pleine de monde en été !), mais l'environnement n'est pas génial, dans une sorte de zone d'activité, à côté de la piscine et au bord de la route principale. Petit bloc sanitaire (douche et toilettes) nickel.

Mikligarður Guesthouse : *Kirkjutorgi 3. ☎ 453-68-80. 891-91-47. • arctichotels.is • À côté de l'église, en plein centre. Doubles sans ou avec sdb env 16 500-21 000 ISK, petit déj inclus.* Cette grande maison blanche des années 1930 dispose de chambres petites mais soignées, avec moquette. Les plus chères ont leur propre salle de bains, mais, attention, les simples ont la taille d'un placard à balais ! Autre bémol : l'insonorisation est (très) moyenne. Cuisine à dispo, salle à manger et salon cosy. Si vous arrivez avant 16h ou après 20h, la réception se fait à l'entrée de la ville, à l'hôtel d'été *Mikligarður,* qui occupe un internat de juin à fin août. Là, vous ne trouverez que des chambres avec salle de bains, plus spacieuses, mais l'atmosphère est beaucoup moins intime !

Hótel Tindastóll : *Lindargata 3. ☎ 453-50-02. • arctichotels.is • Au nord du centre, juste au-dessus de la rue principale. Tte l'année. Juin-sept, double env 30 000 ISK, petit déj inclus (à partir de 16 500 ISK en basse saison).* C'est le plus vieil hôtel d'Islande et peut-être aussi le plus charmant. Ouvert en 1884, il occupe un bâtiment amené de Norvège en 1820. Marlene Dietrich y a séjourné en son temps ! Vous pourrez demander à dormir dans sa chambre (pas la plus grande) ou l'une des 9 autres, toutes ravissantes, avec plancher et mobilier à l'ancienne. Chacune dispose de peignoirs et d'un joli linge de maison. Attention cependant, les salles de bains ne se valent pas toutes :

certaines sont de style rétro, d'autres en plastique blanc qui jure... *Hot tub* géothermal en pierre pour les hôtes (à 38 °C) et salle de petit déj très chaleureuse, avec sa cheminée en pierre et ses vieux objets. Évitez l'annexe moderne de 10 chambres, un peu moins chère mais sans charme.

Où dormir ? Où manger dans les environs ?

Hofsstaðir Guesthouse : *à 18,5 km au sud-est de Sauðárkrókur. ☎ 453-73-00. 894-83-06. • hofsstadir.is • Prendre la route 75 vers l'est sur 15 km, puis la 76 (piste) vers le sud sur 3,5 km. Fermé déc-janv. Doubles env 29 500-36 900 ISK de mi-mai à fin sept ; à partir de 17 500 ISK le reste de l'année. Petit déj inclus.* C'est un peu loin, mais très joliment situé, sur un terre-plein verdoyant dominant la branche orientale du delta de la rivière Héraðsvötn. Ce petit hôtel récent se compose de 2 bâtiments bas en bois type motel abritant exclusivement des chambres avec salle de bains. Elles sont plus ou moins grandes, mais toutes d'un excellent confort et avec terrasse tournée face au soleil de minuit. Celles des bungalows sont plus « épurées », les autres plus cosy. Cerise sur le gâteau, le patron, chef de métier, est un adepte du *slow food,* et mitonne de délicieux dîners à base de produits locaux – spécialité de soupe de bouleau, confit et sirops maison, pommes de terre et salades du jardin, etc. La petite salle de resto, chaleureuse, est orientée face à la baie.

Où manger ? Où boire un verre ?

Sauðarkróksbakari : *Aðalgata 5. ☎ 455-50-00. Lun-ven 7h-18h, sam 8h-16h, dim 9h-16h. Le midi, soupe et pain dès 750 ISK.* Un petit creux à l'estomac et au portefeuille ? Voici l'endroit idéal pour se caler sans se ruiner : pâtisseries et pains de toutes sortes et tailles, sandwichs à composer à partir de fromages et salamis à la coupe, lait et *skyr* dans les armoires réfrigérées, bon cappuccino, le tout à emporter ou à consommer sur place, dans 2 petites salles claires et lambrissées accueillantes. C'est l'une des plus anciennes boulangeries d'Islande.

Olafshús : *Aðalgata 15. ☎ 453-64-54. Dans la rue principale. Tlj 11h-22h30. Le midi (lun-ven), formules bon marché (env 1 950 ISK), sinon light courses 1 500-2 500 ISK et plats 3 500-6 700 ISK.* La vieille maison bleue (1897) abrite 2 salles élégantes à la déco contemporaine. On peut s'y nourrir à bon compte le midi en choisissant le buffet, pas très fin mais bien roboratif (thé ou café inclus) – qui comprend même de la pizza. Cela dit, le menu comporte aussi un grand et bon choix de poissons frais, nettement mieux travaillés, servis avec soupe et *salad bar.* Restent encore des grosses pizzas, des burgers, etc. Souvent beaucoup de monde et service irrégulier.

Café Krókur : *Aðalgata 16. ☎ 453-62-99. Tlj 11h30-23h (bar jusqu'à 1h jeu, 3h ven-sam). Plats env 1 200-3 000 ISK. Burger et frites à partir de 1 200 ISK le midi,* fish & chips *1 500 ISK.* Pas de chichis ici : des hamburgers (midi surtout), des pâtes, des sandwichs, des crêpes, des viandes (dont le macareux) ou du poisson à prix (très) raisonnables, servis dans une salle étonnamment plaisante et élégante, ornée de jolis luminaires pissenlits. L'endroit est aussi agréable pour boire un verre ou un café, mais service à petite vitesse !

LE NORD

Achats

Gestastofa Sútarans : *Borgarmýri 5. ☎ 512-80-25. • sutarinn.is • De juin à mi-sept, lun-ven 9h-18h, sam 11h-15h. Visite guidée lun-ven à 10h et 14h (500 ISK).* Le maroquinier de Louis XV et de la marquise de Pompadour,

Jean-Claude Galluchat, introduisit la technique en Occident. Les Islandais sont les seuls en Europe à la perpétuer, fabriquant ces étonnants cuirs de poisson utilisés par les plus grandes marques de la mode (Prada, Dior, etc.).

À voir. À faire

Minjahús *(Musée régional)* ***:*** *Aðalgata 16B. ☎ 453-68-70. Juin-août, tlj 12h-19h ; 1re quinzaine de sept slt ven-sam. En fait situé en retrait d'Aðalgata. Entrée : 1 500 ISK ; réduc ; tarif combiné avec la ferme de Glaumbær 2 000 ISK.* Tout cela est un peu disparate... Vieilles valises et barates à beurre côtoient mobilier, jouets, veste en osselets (!), ours polaire empaillé tué en 2008 et plusieurs reconstitutions d'ateliers – horloger, mécanicien, mais aussi un charpentier qui faisait les cercueils... Tout est en islandais, mais la personne qui tient le musée peut vous fournir un brin d'explication en anglais.

➢ ***Visite du village :*** la rue principale et ses voisines, sont agréables à parcourir, avec leurs maisons colorées. La plus vieille date de 1873 et se trouve au nº 13 de Lindargata. Plus jolie, la ***Villa Nova,*** dressée à l'extrémité nord d'Aðalgata, date de 1903. Elle appartenait à un riche négociant danois.

➢ ***Balade en bateau jusqu'à l'île de Drangey :*** *avec* **Drangeyjarferðir.** *821-00-90 ou 91. • drangey.net • De juin à mi-août, excursion de 3h, tlj à 9h30 à priori, avec balade sur l'île (min 5 ou 6 pers) : 11 900 ISK/pers. Logement avec sac de couchage ou lit fait : env 5 000-8 000 ISK/pers. Camping 1 200 ISK/pers.* Drangey est un gros caillou aux falaises abruptes surgissant des eaux, vestige d'un volcan vieux de 700 000 ans. Macareux, guillemots et petits pingouins viennent y nicher par dizaines de milliers. On peut y loger et y camper.

VARMAHLÍÐ

130 hab.

Bourg-carrefour posé sur la route 1, Varmahlíð n'a en soi aucun intérêt, mais le site – une vaste plaine entourée de montagnes – est vivifiant, surtout s'il fait beau. On peut y faire pas mal de balades, à cheval notamment, puisque l'on dit que le Skagafjörður est la patrie du cheval islandais, ainsi que du rafting. Sinon, ne manquez pas la *ferme-musée de Glaumbær,* à 7 km au nord, et allez jeter un œil à l'église de tourbe qui se situe non loin de Varmahlíð.

Arriver – Quitter

Arrêt de bus : à la station-service *N1.*

➢ ***Reykjavík :*** Varmahlíð se trouve sur la ligne Reykjavík-Akureyri. L'été, avec *Sterna,* on peut opter, au choix, pour le bus semi-touristique passant par l'intérieur des terres (piste F35), ou l'express prenant la route 1 via ***Blönduós*** et ***Borgarnes.*** Partant tlj vers 8h30 du 29 juin à début sept, le premier, bien plus cher et long (12h de trajet), effectue des arrêts-visites à ***Hveravellir, Kerlingarfjöll, Gullfoss*** et ***Geysir.*** Le second, tlj vers 11h, est direct et 2 fois moins cher. *SBA* propose la même liaison par la F35 avec visites, tlj à 9h20 de mi-juin à début sept ; ce bus est un peu plus rapide que celui de *Sterna.* La compagnie *Strætó* circule, elle, tte l'année, avec 2 bus/j. pour Reykjavík via ***Sauðárkrókur*** (20 mn), ***Blönduós et Borgarnes.*** Départs vers 11h30 et 17h30, sauf sam mat. Trajet : env 5h30.

➢ ***Akureyri*** (50 mn) : départs tlj, tte l'année, vers 14h20 et 22h50 avec *Strætó* (sf sam soir), à 17h20 de mi-juin au 10 sept avec *SBA* et à 19h30 de mi-juin à début sept avec *Sterna.*

LE NORD

Adresse et info utiles

Office de tourisme : *à la station-service* N1. ☎ *455-61-61.* • *visitskagafjordur.is* • *Juin-août, tlj 10h-18h ; le reste de l'année, lun-ven 12h-16h.* Vous y trouverez toutes les infos sur les activités dans le coin. Internet gratuit (15 mn).

– Cafétéria, supérette, poste et distributeur de billets sont regroupés à la ***station-service* N1.**

Où dormir ?

Varmahlíð Tjaldstæði : *sur les hauteurs de Varmahlíð, c'est fléché.* *899-32-31.* • *tjoldumiskagafirdi.is/en* • *Env 1 400 ISK/pers, douche 250 ISK.* Voici un lieu tranquille pour une étape, très bien tenu et à l'écart de la route 1. Les emplacements sont bien délimités par des haies et des petits arbres. Trampoline, machine à laver. La piscine du village n'est qu'à 250 m.

Les petits budgets planteront la tente à la ferme, à 600 m de là, sur le bord de la route d'Akureyri : *Lauftún, Seyluhreppur ;* ☎ *453-81-33. Env 500 ISK/pers, avec douche et local de cuisine.*

À faire

➢ ***Activités équestres :*** le Skagafjörður est, dit-on, le berceau du cheval islandais. Vous trouverez plusieurs élevages proposant des balades. Parmi eux, à la sortie sud de Varmahlíð, ***Hestasport*** *(☎ 453-83-83 ; • riding.is •)* organise des sorties de 1-3h (les plus longues vers le delta) et propose des forfaits avec hébergement dans des petits chalets (bien mais chers). En prime : accès à un *hot tub* extérieur. Autre option avec ***Lýtingsstaðir*** *(☎ 453-80-64 ; • lythorse.com •)*, à 19 km au nord, de la simple promenade de 1h à la rando de 5-6 jours. Et aussi : ***Iceland Horse Tours*** *(847-85-77 ; • icelandhorsetours.com •)*, à Helluland, près de Sauðárkrókur. Tenu par un couple germano-islandais, celui-ci se spécialise dans les grandes chevauchées au long cours et permet même de participer à des *round-up* à l'automne, lorsque les chevaux semi-sauvages sont rassemblés.

➢ ***Rafting :*** *avec* ***Bakkaflöt,*** *à 11 km au sud de Varmahlíð par la piste 752 (☎ 453-82-45 ; • bakkaflot.com • ; 13 500-24 500 ISK pour sorties de 2 à 5h selon choix et débit) ou* ***Viking Rafting,*** *5 km plus loin dans la vallée (823-83-00 ; • vikingrafting.com •).* Peu avant de former son delta, la rivière Héraðsvötn se scinde en deux bras majeurs. L'ouest est plus calme, l'est autrement plus turbulent, avec des rapides aux noms farfelus, comme la... *Screeming Lady* (minimum 18 ans pour ceux-ci) ! Inutile de dire que, dans un cas comme dans l'autre, vous n'aurez pas chaud... et peut-être même froid dans le dos !

DANS LES ENVIRONS DE VARMAHLÍÐ

Viðimýrarkirkja *(église de tourbe) :* *depuis Varmahlíð, prendre la route de Blönduós sur 1,5 km et tourner à gauche. Tlj juin-août 9h-18h. Entrée : 1 000 ISK ; réduc.* Planquée dans un riant petit vallon, cette église de 1834 est un bon exemple de l'architecture en bois recouverte de tourbe qui prévalait jadis. Il ne reste plus que six chapelles ou églises de ce genre en Islande, et celle-ci est l'une des rares qui assurent encore les offices. L'intérieur, mignon, est tout en bois, avec un petit retable et une chaire du XVIIIe s. Les riches s'asseyaient devant, les pauvres restaient près de la porte ou même dehors. Les femmes se mettaient du côté nord, les hommes du côté sud.

La ferme de Glaumbær : à 7 km au nord de Varmahlíð, sur la route de Sauðárkrókur (les bus Akureyri-Reykjavík peuvent vous y déposer). ☎ 453-61-73. • glaumbaer.is • D'avr à mi-oct, tlj 9h-18h. Entrée : 1 600 ISK ; réduc ; gratuit moins de 17 ans. Tarif combiné avec le Minjahús de Sauðárkrókur : 1 500 ISK. Prospectus en français. Bâtie en tourbe aux XVIIIe et XIXe s, c'est l'une des plus célèbres d'Islande. En arrivant, on a l'impression d'un talus dans lequel s'ouvrent des petites fenêtres. Il faut passer derrière pour comprendre que la ferme est en fait composée de plusieurs bâtiments en bois séparés par des murs en tourbe. Les pièces d'habitation sont reliées entre elles par un long couloir, tandis qu'on accède aux remises par l'extérieur. On visite ainsi une quinzaine de pièces, aménagées comme avant, la plus vieille étant la cuisine, d'une rusticité qui fait sourire. Tout au fond, la « salle de séjour », où tout le monde mangeait et dormait (à deux par lit, pratique pour se réchauffer !). Ne ratez pas non plus la laiterie.

***Askaffi :** ☎ 453-88-55. Mêmes horaires que la ferme-musée (à côté). Sandwich saumon ou agneau fumé env 500 ISK ; old plate env 2 500 ISK ; gâteaux 450-950 ISK, skyr env 900 ISK.* Bâtie dans les années 1880, la maison Áshús est typique de ces édifices qui succédèrent aux fermes en tourbe. Habitée jusqu'en 1977, elle a été démontée et transportée de sa campagne natale jusqu'ici. On y trouve désormais ce café à l'intérieur croquignolet, avec vieux poêle, plancher qui grince et tables couvertes de napperons. De gentilles dames en costume traditionnel y servent des en-cas pour une rapide pause repas, des gâteaux maison et des crêpes. Bon, les portions ne sont vraiment pas très copieuses... Dommage.

LA PÉNINSULE DE VATNSNES

Cette corpulente péninsule, toute verdoyante, livre au regard un relief plutôt doux, où les chevaux semblent aussi nombreux que les moutons. Peu de falaises sur les côtes, mais des prés, des galets, des rochers et des points de vue aux ambiances de marines. On y accède facilement par la route 1, via Hvammstangi, avant de s'engager pour un tour complet (90 km) par la (bonne) piste qui épouse le littoral. L'endroit abrite les plus importantes colonies de phoques du pays, environ un millier selon le dernier recensement.

Arriver – Quitter

Aucun bus ne dessert la péninsule, mais ceux assurant la ligne Reykjavík-Akureyri passent sur la route 1, à 6 km de Hvammstangi. Du carrefour, *Strætó* assure un transfert gratuit, mais uniquement sur réservation. Sinon, c'est à pied...

➢ ***Borgarnes et Reykjavík :*** à priori vers 13h (sf sam) et 19h avec *Strætó*, tlj, tte l'année. Également avec *Sterna*, lun-ven à 10h, de mi-juin à fin août. Trajet : 3h-3h30 pour Reykjavík.

➢ ***Blönduós, Varmahlíð* et *Akureyri :*** vers 12h30 (sf sam) et 21h avec *Strætó*, tlj, tte l'année. Autre option avec *Sterna*, de mi-juin à fin août, lun-ven vers 18h. Trajet : 2h20-3h pour Akureyri.

HVAMMSTANGI

Principale agglomération (560 habitants) de la péninsule, située à sa base, cette bourgade n'a pas grand intérêt en soi, mais fait un bon QG pour recueillir des infos sur la région et son animal emblématique : le phoque.

Adresses utiles

Office de tourisme : *Strandgata 1, sur le port. ☎ 451-23-45. • selasetur.is • visithunathing.is • Mars-avr, lun-ven 10h-15h ; mai-sept, tlj 9h-16h (19h de mi-mai à fin août).*

Piscine : *sur les hauteurs du village, à deux pas de l'église. ☎ 451-25-32. Sept-mai, lun-ven 7h-20h30 (19h ven), le w-e 10h-14h ; dernière entrée 30 mn avt. Entrée : 500 ISK.*

Où dormir ?

Tjaldsvæði Kirkjuhvammur : *à 1 km du village, à son extrémité nord, au-dessus de la piscine. ☎ 615-37-79. 899-00-08. • tjalda.is/kirkjuhvammur • Ouv de mai à mi-oct. Env 1 200 ISK/pers ; gratuit moins de 15 ans.* Un grand camping bien plaisant dans un joli site, pour une fois à l'écart du village, au milieu des champs et des collines verdoyantes, avec pour seul voisin une charmante petite église. Douches incluses, salle commune agréable et minicuisine avec micro-ondes et plaques électriques.

Hvammstangi Cottages : *juste avt le camping. 855-13-03. • smahysi@gmail.com • Ouv de mi-mai à mi-sept. Pour 2 pers, juin-août env 18 000 ISK ; le reste de l'année env 13 500 ISK.* Ces 8 bungalows en bois, simplement posés sur un terrain herbeux, sont parfaits pour se rabattre par mauvais temps. Pas bien grands (21 m²), ils peuvent néanmoins accueillir 4 personnes et ont tout le nécessaire ; 2 lits superposés, une banquette, une kitchenette, des w-c, une douche et même un lecteur DVD.

Où dormir sur la route entre Blönduós et Hvammstangi ?

Camping Ferðaþjónustan Dæli : *par la route 1, à 18 km à l'est de Hvammstangi, prendre la piste 715 sur 6 km, direction Víðidalur. ☎ 451-25-66. • daeli.is • Ouv tte l'année, sur résa slt de mi-sept à mi-mai. Camping env 1 400 ISK/pers ; cabane (4 pers) 10 000 ISK avec sac de couchage (ouv mai-sept slt) ; cottage (jusqu'à 6 pers) env 19 000 ISK ; doubles sans ou avec sdb env 18 400-25 000 ISK, petit déj inclus.* Perdu dans une vallée, à l'abri d'un talus, le site propose tout un éventail d'hébergements pour tous les budgets. On n'y viendra pas spécifiquement, mais ce peut être une halte pratique et pas trop chère en chemin. Camping très étendu, avec des espaces protégés par de hautes haies et une belle salle commune. À côté, petites cabanes chauffées, équipées de 2 lits superposés avec toilettes et lavabo (eau froide), d'un bon rapport qualité-prix (jacuzzi à côté). Ajoutons à cela un joli cottage tout équipé et des chambres. Celles avec sanitaires communs, un peu vieillottes et pas très grandes, sont dans l'ancienne ferme, avec un salon-cuisine tout en bois (ambiance chalet). Les autres, tout confort, sont dans 2 bâtiments attenants récents. Quel que soit l'hébergement choisi, vous aurez accès à une cuisine. Il y a aussi un minigolf et un café *(tlj 7h30-23h en été)* ; au menu, saumon, poulet ou agneau, les spécialités « maison ». Bref, une adresse qui a réponse à tout ! Et, quitte à être là, allez donc jeter un coup d'œil, le lendemain matin, aux Kolufoss, à 5 km de là, en amont de la rivière.

Gauksmýri Lodge : *sur la route 1, à 3 km à l'est de l'embranchement de Hvammstangi. ☎ 451-29-27. • gauksmyri.is • Tte l'année sf autour de Noël. En été, doubles sans ou avec sdb env 112-164 €, bon petit déj inclus. Bon dîner-buffet : env 5 500 ISK/pers (desserts en sus), ou option soupe, pain et salad bar à env 2 500 ISK.* Déchaussez-vous, vous pénétrez dans une maison impeccable, avec des salons garnis de fauteuils et de canapés en cuir donnant sur la campagne. Si votre budget vous le permet, prenez une des chambres à l'étage (avec salle de bains), nettement plus spacieuses, coquettes et lumineuses. Celles du sous-sol, toutes petites, avec sanitaires partagés, sont nettement moins agréables et assez bruyantes (cuisines au-dessus). La déco, très « à cheval », a été réalisée par Madame. D'ailleurs, on peut jouer les cavaliers...

Achats

Kidka Wool Factory Shop : *Höfðabraut 34. ☎ 451-00-60. • kidka.com • Lun-ven 8h-18h et w-e d'été 10h-16h.* *Kidka* est la plus grande fabrique d'articles de laine du pays. En semaine, on peut voir les machines à l'œuvre : tissage, lavage, cardage (réalisé avec une machine utilisant des chardons espagnols !) puis séchage. Impressionnant ! La laine est travaillée de sorte à pouvoir être utilisée comme un tissu.

À voir. À faire

Selasetur Íslands *(Icelandic Seal Center)* **:** *dans les locaux de l'office de tourisme. • selasetur.is • En saison, tlj 9h-16h (19h juil-août), le reste de l'année, lun-ven 10h-15h. Entrée : 950 ISK ; réduc ; gratuit moins de 12 ans.* C'est la « Maison islandaise du phoque ». L'expo, pas bien grande, vous apprendra tout ce qu'il y a à savoir sur les deux sortes de phoques islandais : le veau marin, le plus présent, qui pèse 100 kg pour 2 m en moyenne, et le phoque gris, dont le mâle peut atteindre jusqu'à 2,50 m et 300 kg ! L'un et l'autre ont vu leurs populations décliner drastiquement en quelques décennies, alors qu'on ne les chasse presque plus.

– Infos aussi sur les sorties pour aller voir les phoques en bateau depuis Hvammstangi *(**Seal and nature watching** ; 897-99-00 ; • sealwatching.is •).* Compter env 8 000 ISK pour 1h45 de balade (entrée au *Seal Center* incluse). Départs à 10h, 13h et 16h de mi-mai à mi-septembre. Cela dit, pourquoi ne pas aller les voir en longeant la côte ? C'est bien moins cher...

AUTOUR DE LA PÉNINSULE

On en fait le tour un peu comme une balade du dimanche, en sifflotant, le nez rivé sur le bleu (ou le gris...) de la mer et le vert des pâturages. Objectif : les phoques. Pour ceux qui tomberaient sous le charme, la halte peut être prolongée.

Où dormir ? Où manger ?

Camping d'Illugastaðir : *à 25 km au nord de Hvammstangi. ☎ 451-26-64. 894-06-95. Compter 1 200 ISK/pers ; gratuit moins de 15 ans.* Voilà un beau terrain herbeux posé face à la mer, à moins de 10 mn à pied du site d'observation des phoques. Pas de douche, mais w-c et éviers.

Auberge de jeunesse et chalets d'Ósar : *au nord-est de la péninsule de Vatnsnes, en bordure de la piste 711. 862-27-78. • hostel.is/hostels/osar • Ouv mai-nov. Env 4 000 ISK/pers en dortoir avec sac de couchage et env 12 000 ISK la double ; double avec lits faits env 18 000 ISK. Réduc membres HI.* Vous serez accueilli par Knútur, qui habite dans la ferme d'à côté, où il élève vaches, moutons et chevaux. L'AJ occupe une vieille dépendance rénovée, tout en bois de la cave au plafond, avec 2 cuisines, un salon convivial, une salle à manger aux poutres en bois flotté et une machine à laver gratuite. Tout n'est pas parfait, les chambres du rez-de-chaussée sont plutôt vieillottes (préférez celles de l'étage), les douches un peu limitées en nombre, mais l'endroit est convivial et globalement bien tenu. Juste en face, 3 chalets de 3 chambres doubles chacun, tout confort, aux tarifs de l'AJ, joliment aménagés, avec cuisine et frigo. En été, le petit déj-buffet est servi sous une... yourte mongole. Gros plus : l'AJ est située à 10 mn à pied de l'une des plus grosses colonies de phoques du pays !

Geitafell : *route 711, à env 30 km au nord de Hvammstangi, 3 km après le site d'observation des phoques. 861-25-03 ou 893-33-80. Ouv mai-sept, tlj 11h-22h. Plats env 2 600-3 000 ISK.* Les restos ne courent pas les prés dans le coin, alors ne ratez pas celui-ci, où vous pourrez déguster une riche soupe de poisson servie avec du pain maison. Autres options : poissons, soupe à l'ail, pizzas et quelques gâteaux.

À voir. À faire

Il vous faudra une voiture pour faire le tour de la péninsule, qui vous occupera au moins quelques heures. Première escale à 25 km au nord de Hvammstangi : ***Illugastaðir.*** Les phoques s'y prélassent souvent sur des rochers à quelques dizaines de mètres du rivage, auquel on accède par un sentier balisé (en 10 mn environ). Sachez toutefois que leur nombre dépend du temps qu'il fait et de la marée : vous aurez plus de chances de les apercevoir lorsqu'il fait soleil (ils se dorent alors la pilule) et à marée basse (à marée haute, ils partent à la pêche). Le site n'ouvre pas avant le 20 juin car il est privé et, les semaines précédentes, les proprios récoltent les plumes qui tapissent les nids des canards *eider.* Petit camping sympa à côté du parking (voir « Où dormir ? Où manger ? »).
On reprend la route, en passant devant l'église de Tjörn, pour rejoindre la côte est. Un peu avant l'auberge de jeunesse d'*Ósar* (voir « Où dormir ? Où manger ? »), arrêt conseillé à ***Hvítserkur.*** Là, un gros rocher volcanique ruiniforme, percé de deux arches, émerge des flots. Deuxième chance de voir les phoques en contrebas de l'AJ, à ***Ósar.*** Un sentier conduit, en 10 mn environ, à la plus grosse colonie du secteur, installée sur un cordon sableux s'étirant entre le Húnafjörður et une grande lagune. Environ 10 km plus loin, prenez à gauche la piste 717 menant à ***Borgarvirki.*** Ce gros promontoire rocheux aux orgues basaltiques aurait été transformé en forteresse au Xe s. On peut y grimper et, de là-haut, admirer la vue sur la péninsule. Quelques kilomètres plus loin, on rejoint la route 1 ; Hvammstangi est à 21 km.

LE NORD

DANS LES ENVIRONS DE LA PÉNINSULE DE VATNSNES

Heimilisiðnaðarsafnið *(musée du Textile)* **:** *Árbraut 29, à* ***Blönduós,*** *à 58 km au nord-est de Hvammstangi (fléché). ☎ 452-40-67. • textile.is • Juin-août slt, tlj 10h-17h. Entrée : 1 200 ISK ; réduc ; gratuit moins de 16 ans.* C'est le seul musée du textile en Islande, pas très grand mais attachant. Les salles d'un blanc immaculé mettent particulièrement bien en valeur les broderies fines et autres robes (et sous-vêtements !) traditionnels. Les costumes ne sont pas derrière des vitrines, mais juste sous vos yeux, sur des mannequins. Au sous-sol, fileuse, machine à tisser et rouets côtoient les collections de Halldora Bjarnadóttir, qui lutta pour les droits des femmes au début du XXe s. Petit café-salon de thé avec vue sur l'embouchure du Blanda et petite boutique d'artisanat à côté.

Byggðasafn : *à* ***Reykir,*** *un peu à l'écart de la route 1, entre Hvammstangi (22 km) et Brú (19 km).* ☎ *451-00-40. Tlj 10h-18h. Entrée : 1 200 ISK ; réduc.* Le lieu est un peu surprenant pour un musée de cette taille. On y découvre une collection pléthorique d'outils agricoles et d'objets anciens les plus divers – boucles de ceinture en os de baleine, *moustache cup* conçue pour pouvoir boire sans se mouiller les bacchantes (!), machine à tisser les chaussettes, énormes pelotes de laine de cheval, sans oublier des reconstitutions d'intérieurs de fermes, un tracteur de 1930, une Ford de la même époque et de nombreuses embarcations pour la pêche. La plus grande, datant de 1877, était conçue spécialement pour le requin du Groenland, chassé pour son foie (100 kilos par bestiole !), dont on faisait une huile vendue très cher à Copenhague. Utilisée jusqu'en 1917, elle embarquait 12 marins, qui partaient en mer pour 7 jours et dormaient là où ils étaient assis ! On disait alors que survivre deux hivers à la pêche au requin était déjà un exploit...

Sæberg Hostel : *à* ***Reykir*** *; les bus s'arrêtent à env 1 km sur demande.* *894-55-04.* • *saeberghostel.com* • *Ouv tte l'année ; mars-fin oct : téléphoner à l'avance. Camping 1 400 ISK/pers (douche incluse). Dortoir avec sac de couchage env 4 000 ISK. Double 9 500 ISK. Loc de bungalows (4-5 lits) avec w-c et kitchenette env 14 200-16 500 ISK. Réduc membres* HI. La maison, un peu perdue en bord de mer, abrite 1 dortoir de 6 lits et 8 chambres de 2 à 5 lits, 1 cuisine, 1 salon TV et 1 machine à laver. L'ensemble est très propre et la tranquillité garantie (peu de concurrence). Le plus sympa, ce sont les 2 bungalows posés pile poil face au fjord. Le camping, peu protégé du vent, dispose de sa propre maisonnette de services avec 2 *hot tubs* face au fjord !

LES FJORDS DU NORD-OUEST

• Carte *p. 242-243*

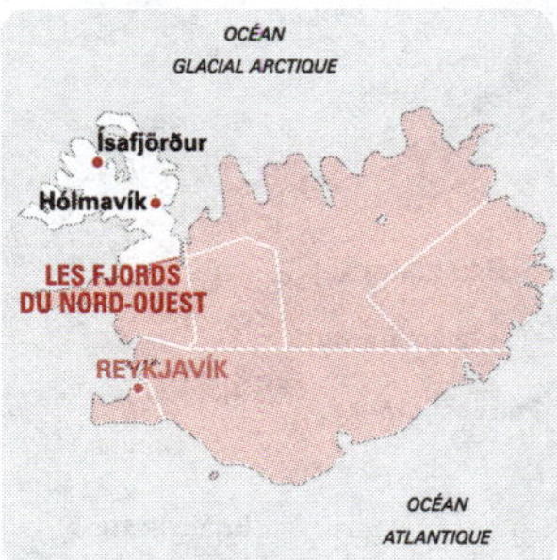

L'immense péninsule des fjords du Nord-Ouest (8 880 km²) est à la fois l'une des régions les moins habitées d'Islande (7 400 habitants) et l'une des plus belles. Sauvage en diable, elle présente des paysages aux côtes tout en dentelle, creusées de dizaines de fjords profonds séparant autant de péninsules – que, bien souvent, aucune route ou même piste ne dessert. Montagnes, falaises et mer y entrent en collision à tout instant, livrant au regard, de loin en loin, de rares petits ports où la pêche a longtemps été la seule réponse. Et même si le tourisme se développe désormais, même si les pistes sont peu à peu goudronnées, les amoureux des grands espaces trouveront encore ici ces arpents de solitude qui en appellent à la grandeur du monde originel. Un peu de lyrisme n'est pas de trop. Une région magnifique, et nous pesons nos mots...

Comment circuler dans les fjords ?

➢ Pour toute randonnée ou exploration un peu minutieuse de la région, se procurer les cartes *Vestfirðir & Dalir,* au 1/50 000. Il y en a 7 et, ensemble, elles couvrent tous les fjords. Coût : environ 1 300-1 500 ISK la carte. On les trouve à l'office de tourisme d'Ísafjörður et dans certains autres centres d'infos.

En bus

Seule option : emprunter la ligne 59 de *Strætó* reliant Borgarnes (facilement accessible depuis Reykjavík) à ***Hólmavík*** les vendredi et dimanche toute l'année, ainsi que les lundi et mercredi d'été. Seul hic : une fois à Hólmavík, il n'y a plus, jusqu'à nouvel ordre, de bus pour continuer

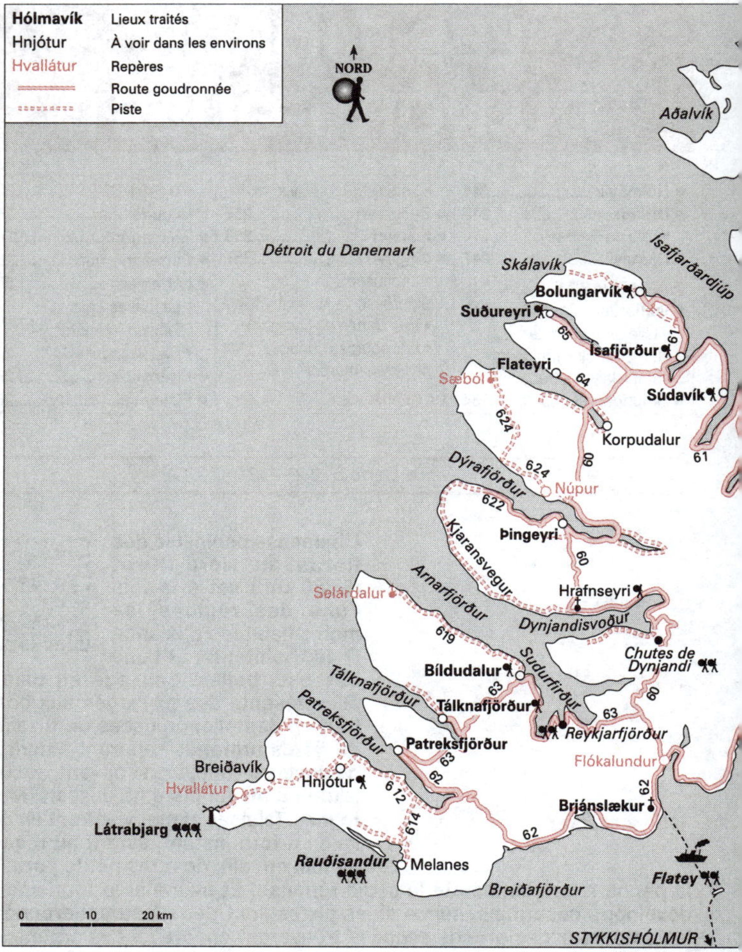

vers Ísafjörður... Seule autre option pour rejoindre la péninsule : le ferry de ***Brjánslækur*** depuis Stykkishólmur puis... le stop ! Mais théoriquement, les dessertes d'Ísafjörður, Brjánslækur et Látrabjarg seront rétablies pour l'été 2017.

En voiture

Autrefois essentiellement constitué de pistes, le réseau routier des fjords du Nord-Ouest s'est beaucoup amélioré. Seuls quelques passages sont encore en terre, notamment une assez longue section entre Patreksfjörður et Ísafjörður (90 km de Bíldudalur à Þingeyri) – tout à fait carrossable en véhicule standard à condition d'y aller doucement. Idem pour rejoindre Látrabjarg et Rauðisandur : c'est de la piste, mais facilement carrossable. Un 4x4 vous fera surtout gagner en confort et en vitesse. En tout état de cause, rappelez-vous que les routes de la région sont très sinueuses, alors

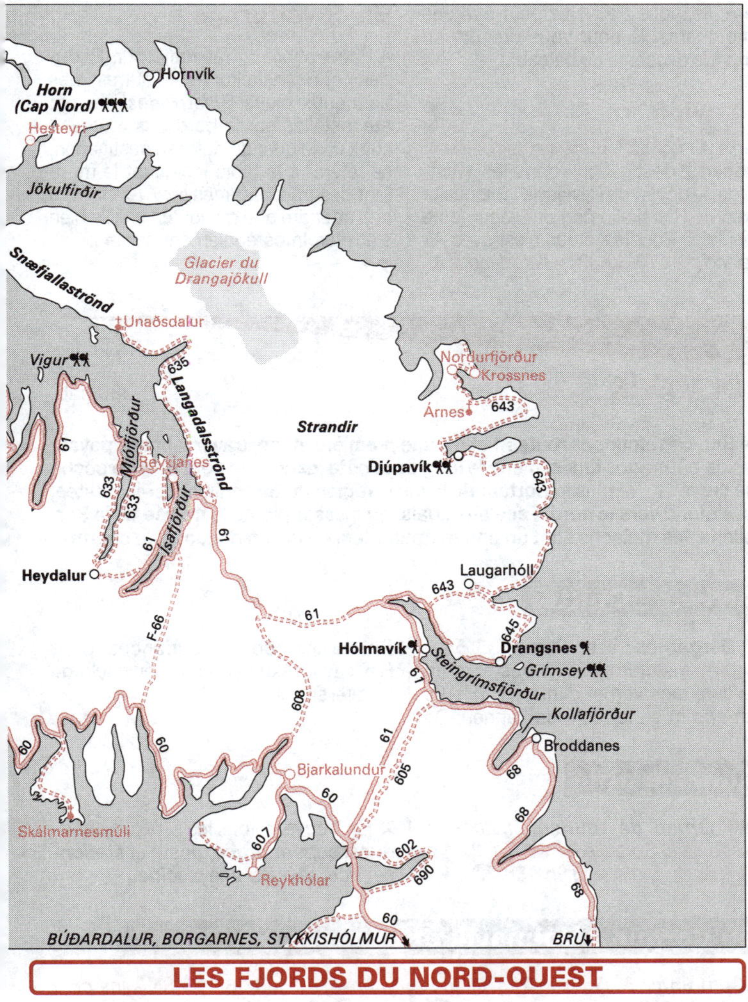

LES FJORDS DU NORD-OUEST

gare aux fausses impressions : 100 km à vol d'oiseau font souvent le triple ou le quadruple à l'arrivée ! Veillez aussi à ne pas attendre la dernière minute avant de faire le plein d'essence : il y a certes des stations-service, mais pas à tous les coins de fjords, loin s'en faut.

En bateau

Un ferry relie Stykkishólmur, sur la côte nord de la péninsule de Snæfellsness, à Brjánslækur, au sud des fjords du Nord-Ouest. La traversée, d'une durée de 2h30, est particulièrement intéressante pour coupler la visite des deux régions. On évite ainsi beaucoup de route (304 km tout de même !) et on profite d'une belle croisière à travers l'immense Breiðafjörður *(☎ 433-22-54 ; • seatours.is • ; env 5 700 ISK/pers en pleine saison).* Pensez à réserver : à la belle saison, le ferry est souvent plein plusieurs jours à l'avance. Si vous n'avez pas de véhicule, vous trouverez peut-être une âme charitable pour vous prendre en stop à la descente du bateau...

En avion

Eagle Air (☎ 562-26-40 ; • eagleair.is •) dessert 2 destinations dans les Westfjords au départ de Reykjavík : Bíldudalur (près de Patreksfjörður) et Gjögur (côte orientale). Pour Ísafjörður, c'est avec *Air Iceland (☎ 570-30-30 ; • airiceland.is •).*

En covoiturage

À Patreksfjörður, Tálknafjörður, Bíldudalur et Brjánslækur (entre autres), des panneaux bleus *Bílfar/Rideshare* ont été installés sur le bord des routes. Il suffit d'indiquer du doigt sa destination, se référer à la table indiquant le montant des frais partagés *(env 10 ISK/km)* et... attendre que quelqu'un veuille bien s'arrêter. Infos également sur *• bilfar.is •*

HÓLMAVÍK

380 hab.

De Brú, carrefour des routes 1 et 61, une première étape, traversant des paysages de pâturages iodés, mène le long de la côte jusqu'à ce petit port de pêche à la crevette – le plus important de la microrégion du Strandir, quasi-inhabitée, qui s'étend vers le nord. Face aux quais, où s'est implanté le musée de la Sorcellerie, les maisons sont un peu tristounettes, mais non dénuées de charme.

Arriver – Quitter

➢ ***Borgarnes :*** avec *Strætó (☎ 540-27-00 ; • straeto.is •),* 4 bus/sem en été (lun, mer, ven et dim, vers 19h10), ven et dim slt le reste de l'année. De Borgarnes, correspondances pour Reykjavík, Akureyri et la péninsule de Snæfellsness.

Adresse utile

ℹ @ ***Office de tourisme :*** *dans le musée de la Sorcellerie. ☎ 451-31-11. • holmavik.is/info • Tlj 9h-18h.* 📶

■ On trouve ici tous les services : ***banques, supermarché, poste*** et ***station-service.*** Et aussi une ***piscine.***

Où dormir à Hólmavík et dans les environs ?

⛺ ***Camping :*** *à l'entrée du village. ☎ 451-35-60. Ouv de mi-mai à mi-sept. Compter 1 200 ISK/pers ; gratuit moins de 14 ans.* S'adresser à la piscine *(tlj en été 9h-21h),* où se trouvent douches et sanitaires. 2 espaces différents sur les hauteurs du fjord, assez bien protégés du vent. Machine à laver et séchoir.

🏠 ***Finna Hotel :*** *Borgarbraut 4. ☎ 451-31-36. • finnahotel.is • Juste avt le musée de la Sorcellerie, à gauche dans Lækjarbrekka, puis à droite. Ouv tte l'année. De juin à mi-sept, doubles sans ou avec sdb env 16 500-21 000 ISK, petit déj inclus ; le reste de l'année, 10 500-13 000 ISK sans petit déj.* 📶 13 chambres, donnant pour la plupart sur le port, dont 5 avec salle de bains. Elles sont nettement plus agréables que les autres (lavabo et mobilier disparate). Salon TV dans une véranda. Bon accueil.

🏠 ***Steinhúsið :*** *Hafnarbraut, presque en face du musée. 📱 856-19-11. • steinhusid.is • Double env 14 000 ISK en saison, appart 120 000 ISK ; petit déj en option servi au* Finna. La *Steinhúsið* fut la 1re maison en dur du village (1911). Elle abrite 2 apparts très cosy, avec cuisine-salon, chambre et salle de bains, pas gigantesques mais vraiment jolis, rénovés dans un style rétro, avec des touches rouges vivifiantes. Juste à côté, par une entrée séparée, une seconde maison avec cuisine (récente) et salon (un peu daté) abrite 5 très petites chambres à l'étage.

Kirkjuból : *à 11 km au sud-est de Hólmavík. ☎ 451-34-74. • strandir.is/kirkjubol • Isolé en bordure de la route 68, juste après le musée du Mouton, face à la mer. Compter env 4 800 ISK/pers avec sac de couchage (sans petit déj). Double env 15 500 ISK avec petit déj.* Si la nuit commence à tomber (on plaisante !), cette *guesthouse* toute simple offre un refuge à bon prix pour un gros dodo au calme. On y trouve tout juste 5 chambres, simples et pas très grandes, mais bien tenues, partageant 2 salles de bains, un salon TV et une cuisine équipée. Et hop, on repart...

Auberge de Jeunesse Broddanes : *à **Broddanes,** sur la route 68, à 36 km au sud-est de Hólmavík. 618-18-30. • broddanes.is • Ouv début mai-fin sept. Réception 8h-10h et 17h-22h. Compter 5 000 ISK/pers en dortoir, et 13 500-16 500 ISK pour les doubles (avec sac de couchage ou lit fait). Réduc avec la carte* HI. Cette ancienne école rénovée, à l'architecture plutôt contemporaine, est joliment située face à la mer, dans un coin assez isolé aux fermes éparses. Au choix : chambres familiales (4-6 lits) au rez-de-chaussée, aussi utilisées comme dortoirs, et doubles à l'étage. Cuisines équipées (faire ses courses avant !) et grande salle commune aux baies vitrées, avec billard. Secteur intéressant pour l'observation des oiseaux (îlot avec macareux), voire des phoques (colonie à 20 mn à pied).

Où manger ?

Café Riis : *Hafnarbraut 39. ☎ 451-35-67. Face au port et tt près du musée, dans une maison en tôle de 1897. Cuisine tlj en été, 11h30-21h. Plats env 1 600-3 900 ISK.* C'est quasiment le seul choix ! On y trouve les classiques sandwichs, salades, *burgers* (bof) et pizzas (nettement mieux), mais ça vaut le coup d'essayer leur macareux, succulent et pas trop cher, ou un poisson local. Une bonne adresse, mais service lent.

À voir. À faire

Musée de la Sorcellerie : *100 m après le Café Riis. ☎ 897-65-25. • galdrasyning.is • Tte l'année, tlj 10h-18h. Entrée : 950 ISK ; réduc ; gratuit moins de 15 ans. Traduction en français dispo à l'accueil.* Ce musée, intéressant quoiqu'un peu artificiel, retrace l'histoire des pratiques magiques en Islande, notamment dans la région de Strandir, où de nombreux cas ont été recensés au XVIIe s. Même si, souvent, les accusations portées permettaient à certains de s'approprier les terres des prétendus « sorciers »... Plusieurs semblent avoir été des descendants du héros de saga Egill Skallagrímsson. Précisons que la première condamnation au bûcher a eu lieu en 1625 et qu'une vingtaine s'échelonnèrent jusqu'en 1683. Parmi les victimes, une unique femme. Bibliothèque pleine d'ouvrages à consulter. Petite restauration sur place *(Kaffi Galdur).*

➢ Nombreux ***treks*** à faire dans la région du Strandir : cartes en vente à l'office de tourisme.

DRANGSNES

70 hab.

Impossible de s'y perdre, et pour cause : le village ne compte que deux rues, l'une s'étirant le long du fjord, l'autre vers les hauteurs. En bord de mer,

entre les rochers, trois bassins aux eaux thermales (gratuits) ont été aménagés en plein air. Il est bien agréable de s'y plonger, avec vue directe sur l'*île de Grímsey* (à ne pas confondre avec celle du cercle polaire), habitée par des foules de macareux. Mais c'est plutôt pour découvrir la côte est des fjords, jusqu'à Djúpavík, voire au-delà, qu'on passe par ici. Là, quittant la relative protection de l'immense baie de Húnaflói, la côte, bardée de falaises, retrouve l'océan. Les tempêtes, que rien n'arrête, y drossent une quantité impressionnante de bois flotté sibérien.

➢ La voiture est requise... ne pas trop compter sur le stop.

– ***Poste d'essence*** et ***piscine*** *(tlj 11h-18h en été ; 600 ISK).*

Où dormir ? Où manger ? Où boire un verre ?

Camping : *sur les hauteurs du village. 844-87-01. Compter env 1 200 ISK/pers.* Coupé en deux par la (petite) route de Djúpavík, le terrain, herbeux, est un peu malmené quand le vent souffle. Sanitaires.

Malarhorn/Malarkaffi : *Grundargötu 17 ; dans le village, juste après la piscine. 853-65-20. ☎ 461-43-45 (resto). • malarhorn.is • Tte l'année. Doubles sans ou avec sdb env 18 000-24 600 ISK en été, petit déj inclus en saison slt. Plats env 1 400-6 600 ISK.* D'abord, il y a le café-resto, à l'étage d'un bâtiment en bois, face à l'île de Grímsey, où vous pourrez engloutir un bon *plokkfískur að hætti* (brandade) ou un des nombreux poissons au menu, tout juste débarqués des chalutiers (morue, loup, rascasse, haddock, etc.). Les bourses moins remplies opteront pour les 2-3 sandwichs ou le *burger.* Pour passer la nuit, il y a l'embarras du choix. Le moins cher : 4 chambres doubles, petites mais soignées, dans une maison en tôle grise avec salon TV, cuisine, salle à manger, sanitaires partagés étincelants et même des sorties de bain ! Un cran au-dessus : une dizaine de chambres spacieuses avec salle de bains privée dans un bâtiment bas façon motel en bois. Et même, dans un troisième bâtiment, des chambres et appartements pour les familles (plus chers).

Où dormir ? Où manger dans les environs ?

Hótel Laugarhóll : *à 25 km au nord de Drangsnes, dans la vallée de Bjarnarfjörður, direction Djúpavík (1,5 km après l'embranchement). ☎ 451-33-80. • laugarholl.is • Ouv avr-oct. Camping env 1 000 ISK/pers, accès aux douches de la piscine en sus (500 ISK). Doubles sans ou avec sdb 19 700-25 400 ISK, petit déj inclus. Selon dispo, possibilité de dormir avec sac de couchage à 7 700 ISK/pers ou même, pour 4 000 ISK/pers, dans le gymnase ! Le soir (18h30-20h30), buffet à volonté env 5 500 ISK.* Dísa et Einar, un adorable couple d'anciens enseignants, ont fait classe sur place quand l'hôtel était encore une école, avant de devenir décorateurs de cinéma ! Des 16 chambres, plutôt coquettes et bien finies, avec fenêtre sur la campagne, 5 partagent une salle de bains (lavabo). Rien à redire pour le prix. De plus, on accède gratuitement à une belle piscine d'eau chaude naturelle de 25 m et à un *hot pot* ! À l'arrière, on verra aussi un second bassin rond, classé Monument historique, creusé par un colon viking aux alentours du XIIe s. Et encore : une petite annexe du musée de la Sorcellerie (réplique d'une maison médiévale).

À faire dans les environs

➢ Les proprios du *Malarhorn (☎ 853-65-20 ; 899-42-38)* organisent des ***sorties de pêche*** à bord du *Sundhani,* et proposent de préparer votre prise au *Malarkaffi.* Ils organisent aussi, de mi-juin à mi-août (quand le temps le permet), des ***excursions à l'île de Grímsey,*** une des plus grosses colonies de macareux au monde (75 000 individus environ !). *Départs tlj vers 9h et 13h30 (la traversée ne dure que 10 mn). Compter 8 000 ISK/pers (tarif réduit pour les clients du* Malarhorn*).*

DJÚPAVÍK

Dans la première moitié du XXe s, ce village du bout du monde connut un boom grâce à l'industrie du hareng. Mais la fièvre est retombée depuis longtemps et, aujourd'hui, c'est un tout petit bourg presque mort. Quoique... les propriétaires de l'*Hótel Djúpavík,* en fait les seuls résidents permanents, lui font connaître un certain regain d'activité...

QUERELLE DE CLOCHERS

Au nord de Djúpavík, le village d'Árnes a beaucoup fait parler de lui : malgré sa très faible population, le hameau a la curieuse particularité d'abriter deux églises, une ancienne et une nouvelle, qui se font face de chaque côté de la route ! C'est que les habitants du village n'ont pas réussi à s'entendre s'il fallait restaurer l'ancienne ou en construire une nouvelle...

Arriver – Quitter

Pas de bus.

➢ ***En voiture :*** env 1h30 de route depuis Drangsnes, par une piste tout à fait carrossable – mais glissante par temps de pluie.

➢ ***En avion :*** *Eagle Air* assure 2 liaisons/sem entre Reykjavík et Gjögur (à 18 km à l'est) pdt l'année (à priori les dim et jeu), mais 1 seule juin-août (le lun). *☎ 562-26-40 (résas), 562-42-00 (aéroport) aux heures des vols slt. • eagleair.is •* Un véhicule de l'hôtel vient vous chercher à l'aéroport.

➢ ***En bateau :*** de mi-juin à mi-août, *West Tours (☎ 456-51-11 ; • westtours.is •)* organise des traversées (sur demande) de Norðurfjörður vers la péninsule du Hornstrandir – d'où des bateaux réguliers permettent de rejoindre Ísafjörður.

Où dormir ? Où manger ?

Hótel Djúpavík : *☎ 451-40-37. • djupavik.com • Tte l'année. Compter env 5 000 ISK/pers avec sac de couchage. Double env 16 500 ISK, petit déj en sus (2 100 ISK).* Nous y sommes ! Dans ce bourg « abandonné », une famille a transformé l'ancien bâtiment, construit pour les femmes qui travaillaient à l'usine de harengs, en un petit hôtel confortable et chaleureux, au décor sobre et de bon goût (l'odeur en moins !). Salles de bains partagées. Les chambres (3-4 personnes) pour ceux qui ont leur sac de couchage sont dans 2 petites maisons à côté. De plus, très bonne cuisine maison à prix raisonnables. Possibilité d'excursions en bateau, pêche et location de kayaks. On s'y sent à l'écart du monde.

À voir. À faire

Allez jeter un œil à l'***ancienne usine de hareng.*** Pensez un peu, à l'époque, quelque 200 personnes vivaient ici, les femmes dans le bâtiment de l'hôtel actuel et les hommes dans le bateau, aujourd'hui rouillé, qu'on peut voir amarré. Construite dans les années 1930, l'usine était, en ce temps-là, la plus grosse structure en béton d'Europe, à l'équipement dernier cri. Elle a fermé en 1954 après deux saisons où le hareng s'est fait rare, et a été transformée en un lieu d'expo pour le moins insolite, où se tiennent en plus, de temps à autre, des concerts et autres manifestations culturelles. Chapeau !

– En poussant encore plus au nord, un peu après *Krossnes* (au-delà d'*Árnes*), une ***piscine*** est construite quasiment sur la plage, dans un fort beau site. Assez longue route jusque-là, mais c'est une des piscines d'Islande les plus proches de la mer.

ÍSAFJARÐARDJÚP

Cet immense fjord pénètre la région sur près de 80 km à vol d'oiseau. Il est lui-même entaillé par toute une série de fjords plus petits, qu'il faut contourner les uns après les autres avant de rejoindre la ville d'Ísafjörður. Quand on fait ce trajet, l'un des plus célèbres d'Islande, on dit communément qu'on va « faire le Djúp » (prononcer « dioup »). La route longe le bord de l'eau sur près de 180 km. Vivifiant ! En face, la chaîne du Snæfjallaströnd, enneigée jusqu'au cœur de l'été, s'étale de tout son long. On peut observer des colonies de phoques en chemin, notamment à Hvítanes (environ 80 km avant Ísafjörður). Comme toujours, les animaux sont plus nombreux par beau temps et à marée basse.

Où dormir ? Où manger ?

On peut éventuellement loger sur la route à ***Súðavík*** (camping et *guesthouse* dans un entrepôt à poissons...), à ***Reykjanes*** (pas bien beau...), ou encore un peu à l'écart de la route 61, à ***Heydalur,*** notre coup de cœur.

Heydalur : *dans la vallée de... Heydalur. ☎ 456-48-24. • heydalur.is • Remonter sur 12 km jusqu'au fond du fjord Mjóifjörður par la piste 633 (facile). Tte l'année. Camping 1 200 ISK/pers. Double 18 000 ISK, petit déj en sus (1 900 ISK). Également 2* summer houses, *l'une sur place (4-5 pers), l'autre à 2 km (jusqu'à 10 pers) 22 600-27 600 ISK sans draps. Réduc de 10 % sur le prix des chambres à partir de la 2e nuit (20 % hors saison). Plats env 1 800-4 500 ISK.* Loin de tout, oui, mais l'endroit, niché au creux d'une vallée tranquille, plaira aux amateurs de quiétude et de grands espaces. On y loge dans l'ancienne ferme (9 chambres) ou dans une annexe récente abritant 7 chambres très lumineuses – dont 2 triples vraiment impeccables, avec chauffage au sol et kitchenette. Que ce soit à la réception ou au resto, l'accueil est adorable, souvent en français, la petite amie du boss (Élise) étant jurassienne. Venue comme volontaire, elle n'est plus jamais repartie ! Le restaurant (ouvert aux non-résidents), en bois, avec mezzanine, propose une bonne cuisine de terroir faisant honneur au saumon, à la truite et aux myrtilles de la vallée. Et puis, il y a cette charmante piscine sous serre, planquée entre framboisiers géants et vignes (!) et, plus loin, près du torrent, un espace camping, bien agréable lui aussi, avec un *hot pot.* Nombreuses activités : randonnées à cheval, kayak, pêche. Et pour ceux qui passeraient par là en hiver, des séjours spéciaux aurores boréales sont organisés.

LitliBær : *à 300 m de Hvítanes.* On aime bien cette vieille maisonnette en bois au toit d'herbe (1894), où l'on peut faire une pose café et gaufres. C'est tout mignon et on peut visiter les autres pièces, avec leurs objets d'époque.

ÍSAFJÖRÐUR

2 560 hab.

• Plan *p. 251*

Chef-lieu du Vestfirðir (fjords du Nord-Ouest), Ísafjörður recense presque la moitié de ses habitants... Une vraie mégapole à l'échelle de la région ! Grandie sur une courte péninsule en forme de harpon dardée sur les eaux du Skutulsfjörður, elle est encadrée d'une couronne de hautes montagnes enneigées jusqu'en été. Son excellent port naturel en fit très tôt un bastion de la pêche – activité qui occupe encore environ 20 % de la population. Les services (et le tourisme en particulier) prennent peu à peu le relais, sans pour autant bouleverser entièrement le mode de vie local. Reste qu'Ísafjörður est désormais la base arrière privilégiée pour partir à la découverte de la proche péninsule du Hornstrandir, vrai paradis de la randonnée.

Arriver – Quitter

En bus

Infos pratiques sur le site de l'office de tourisme : • *isafjordur.is* •

Il existe ***2 arrêts de bus.*** Le principal se trouve sur Pollgata *(plan B1, **1**)*, à la hauteur de l'*Hótel Ísafjörður*. De là partent les bus pour Flateyri, Þingeyri et Suðureyri. Pour Bolungarvík, il faut aller au second arrêt *(plan B1, **2**)*, situé devant le magasin *Hamraborg*, à l'angle d'Austurvegur et de Hafnarstræti (face au supermarché *Samkaup*).

➢ ***Flateyri et Þingeyri :*** tlj à 11h, 15h05 et 18h. Trajet : 20 mn et 1h respectivement.

➢ ***Suðureyri :*** tlj à 6h30, 15h10 et 17h10.

➢ ***Bolungarvík :*** lun-ven à 14h et 18h.

➢ ***Hólmavík, Reykjavík, Brjánslækur :*** bus suspendus jusqu'à nouvel ordre. Renseignez-vous.

En avion

➢ ***Reykjavík :*** 1-2 liaisons/j. selon la saison avec *Air Iceland* : ☎ *570-30-30 (résas) ; 570-30-00 (aéroport) ;* • *airiceland.is* • Tarifs 100-140 € l'aller selon période et disponibilités. L'aéroport se trouve à 6 km du centre ; le *Fly Bus* (📱 *892-14-17*) s'y rend 1h avant le départ du vol depuis l'*Hótel Ísafjörður.*

En voiture

Au moins 2h30 de route en lacet depuis Hólmavík. Compter 2h jusqu'à Brjánslækur, pour le ferry.

Adresses utiles

i @ *Office de tourisme* *(plan B1) : Aðalstræti 7.* ☎ *450-80-60.* • *isafjordur.is* • *westfjords.is* • *En été, lun-ven 8h-18h, le w-e 10h-14h. En hiver, lun-ven 8h-16h.* Plein de doc. Peut garder vos bagages et vous aider à trouver un hébergement disponible.

■ ***West Tours*** *(plan B1) : Aðalstræti 7.* ☎ *456-51-11.* • *westtours.is* • *En été, lun-ven 8h-18h, sam 8h30-16h30, dim 10h-15h ; en basse saison lun-ven 8h-16h.* Cette agence d'excursions travaille main dans la main avec l'office de tourisme. Son aide vous sera indispensable pour organiser une virée dans la péninsule du Hornstrandir (voir plus loin « Dans les environs d'Ísafjörður »). Location de vélos, balades en kayak, VTT ou à cheval, excursions dans la région, *local food tastings*, etc.

■ ***Borea Adventures*** *(plan B1, **4**) : Aðalstræti 22B.* ☎ *456-33-22.* • *boreaadventures.com* • *Presque* *en face de l'*Hótel Ísafjörður. L'autre agence locale organise aussi des traversées régulières vers le Hornstrandir (depuis Bolungarvík) et se spécialise dans les randonnées, les sorties accompagnées en kayak *(tte l'année, tlj à 9h30, à partir de 2 pers, 9 900-27 900 ISK)* et le ski en hiver. Leur bureau est en même temps un sympathique café.

✉ **Poste** *(plan B1)* **:** *dans la galerie commerçante sur Hafnarstræti, à côté du supermarché* Samkaup. *Lun-ven 9h-16h30.*

@ **Internet :** *ordinateur à l'office de tourisme, sinon à la* **bibliothèque** *(plan A1,* **3***), ouv lun-ven 13h-18h, sam 13h-16h (payant mais très bon marché).*

■ ✚ Plusieurs ***banques*** avec distributeurs sur Hafnarstræti et un ***hôpital*** dans le centre-ville *(plan A1).*

■ ***Supermarché Samkaup*** *sur Hafnarstræti, dans une galerie commerçante (plan B1,* **5***). Ouv 10h (12h dim)-20h.* Également un ***Bónus*** *(hors plan par A2,* **6***),* mais il est à 2,5 km du centre, à l'entrée de la ville. *Ouv lun-jeu 11h-18h30, ven 10h-19h30, sam 10h-18h, dim 12h-18h.*

■ **Piscine** *(plan B1)* **:** *Austurvegur 9, en plein centre. Juin-août, lun-ven 7h-22h, le w-e 10h-16h ; le reste de l'année, lun-ven 10h-21h, le w-e 10h-17h.*

Où dormir ?

Attention, pas d'accueil permanent dans certaines *guesthouses.* Mieux vaut donc appeler avant d'arriver.

Campings

⛺ ***Camping de l'Hótel Edda*** *(plan A1,* **11***)* **:** *à l'entrée de la ville, à gauche, sur Skutulsfjarðarbraut. Prévoir 1 300 ISK pour la 1re pers et la tente, et 800 ISK/pers supplémentaire. Douche payante à l'*Hótel Edda. C'est un carré d'herbe coincé derrière l'hôtel, entre un bâtiment et un quartier résidentiel. Pas de quoi fantasmer, mais c'est le plus proche du centre. Tables de pique-nique et recoins pour se protéger du vent.

⛺ ***Camping de Tungudalur*** *(hors plan par A2,* **12***)* **:** *à 4 km d'Ísafjörður.* 📱 *864-85-92. • gih.is • Avt d'arriver en ville, juste après le supermarché* Bónus, *prendre à gauche la petite route de Tungudalur. Compter 1 700 ISK/pers.* Pas pratique sans véhicule, mais sinon on vous le conseille vivement : le coin est bien joli, au pied d'une haute cascade et contre un torrent, avec des haies pour se protéger du vent et même 2 emplacements entièrement encadrés de végétation, avec leur table de pique-nique perso ! Installations récentes avec cuisine, douches (chaudes), lave-linge et séchoir.

De prix moyens à chic

🏠 ***Litla Gistihúsið*** *(plan B1,* **13***)* **:** *Sundstræti 43.* 📱 *893-69-93. • guesthouselitla.is • Doubles à partir de 14 500 ISK en été.* Tenue par des proprios accueillants, l'adresse a l'avantage d'être centrale et pas trop chère. Les chambres sont petites mais propres. 2 au rez-de-chaussée ont des sanitaires, les autres à l'étage (avec ou sans lavabo et w-c) partagent toutes une unique douche (ça se bouscule souvent au portillon...). Cuisine toute verte à disposition à l'étage.

🏠 **Hótel Edda** *(plan A1,* **14***)* **:** *à l'entrée de la ville, près des terrains de sport.* ☎ *444-49-60. • hoteledda.is • Ouv de mi-juin à mi-août. Doubles sans ou avec sdb env 24 800-29 700 ISK. Petit déj en sus (env 2 100 ISK/pers).* 💻 *(payant.)* Comme beaucoup d'hôtels *Edda,* celui-ci est un internat encore actif. Deux lits simples, un petit bureau, un lavabo et voilà pour les chambres les moins chères ! Celles avec salle de bains sont plus spacieuses, avec de bonnes couettes et le même type de mobilier utilitaire. Le petit déj se prend dans un réfectoire plutôt engageant.

🏠 ***The Old Guesthouse – Gamla Guesthouse*** *(plan B1,* **15***)* **:** *Mánagata 5.* ☎ *456-41-46.* 📱 *897-41-46. • gistihus.is •* ♿ *Réception 7h-14h, 16h-20h, sinon à l'*Hótel Ísafjörður. *Double env 22 000 ISK avec petit déj,*

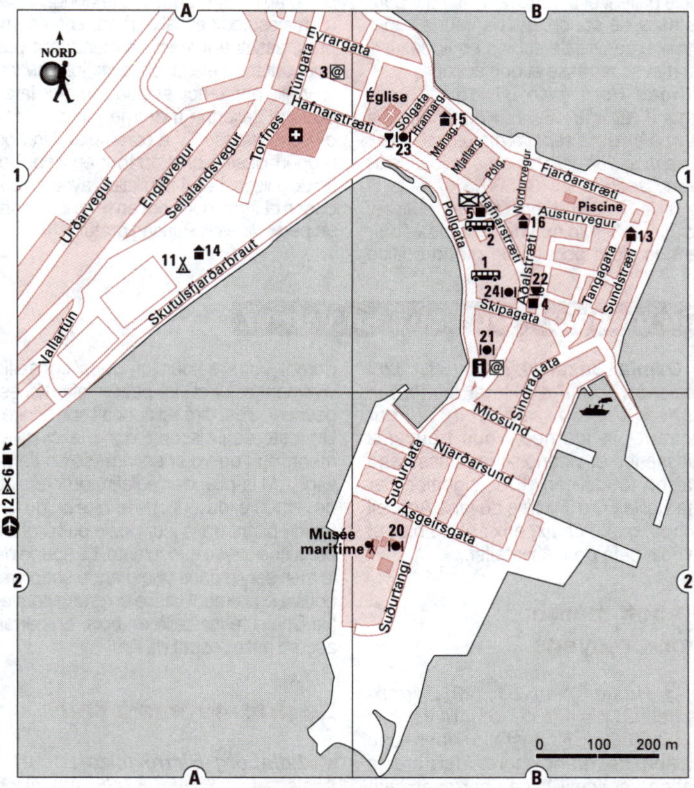

ÍSAFJÖRÐUR

Adresses utiles

- Office de tourisme
- 1 Arrêt de bus principal
- 2 Arrêt de bus pour Bolungarvík
- 3 Bibliothèque
- 4 Borea Adventures
- 5 Supermarché Samkaup
- 6 Supermarché Bónus

Où dormir ?

- 11 Camping de l'Hótel Edda
- 12 Camping de Tungudalur
- 13 Litla Gistihúsið
- 14 Hótel Edda
- 15 The Old Guesthouse – Gamla Guesthouse
- 16 Hótel Horn

Où manger ? Où boire un verre ?

- 20 Resto du Musée maritime
- 21 Edinborg Bistró
- 22 Gamla Bakaríið
- 23 Húsið
- 24 Við Pollinn

6 000-8 500 ISK/pers avec sac de couchage. Des couloirs feutrés à la salle de petit déj, en passant par la réception, tout est cosy et soigné dans cette vieille bâtisse de pêcheurs retapée, située en plein centre. On y trouve 9 chambres simples mais agréables et plutôt lumineuses, avec TV (sanitaires sur le palier), et 5 dortoirs de 4-7 lits pour les sacs de couchage, dans une super annexe, conviviale et bien équipée. Jardinet avec terrasse et bon accueil.

Hótel Horn (plan B1, **16**) : *Austurvegur 2. ☎ 456-46-11. • hotelhorn.is • Ouv de mi-avr à sept (fermeture variable). Réception 16h-20h, sinon à l'Hótel Ísafjörður. Doubles env 26 500 ISK en été, à partir de 13 500 ISK hors saison ; petit déj inclus.* Moins cher et plus séduisant, le *Horn* occupe un grand édifice blanc aux airs Art déco, s'annonçant par un majestueux escalier rond. Les chambres, assez épurées, ne manquent pas pour autant d'élégance, avec joli couvre-lit, vieille photo noir et blanc au mur, large douche italienne (pomme pluie), miroir ovale et grande TV à écran plat. Un bon rapport qualité-prix, surtout en début et fin de saison. Les 4 familiales, avec micro-ondes et frigo, nous ont en revanche paru un peu « vides ». Parking gratuit.

Où manger ? Où boire un verre ?

Gamla Bakaríið (plan B1, **22**) : *Aðalstræti, face à l'Hótel Ísafjörður. Lun-ven 7h-18h, sam 7h-16h.* Pour démarrer la journée, vous trouverez pâtisseries et viennoiseries dans cette maison fondée en 1871, signalée par une vieille Ford T garée devant. Accueil sympa, grand choix, prix abordables et un coin café pour s'installer.

De bon marché à prix moyens

Húsið (plan B1, **23**) : *Hrannargata 2. ☎ 456-55-55. Plats env 1 200-3 000 ISK.* Installé dans une maison de grand-mère, derrière la station-service *N1*, ce charmant petit café-resto-bar aux tables et chaises dépareillées est noir d'habitués le midi. Vous y trouverez peut-être un coin sur le canapé ou face au comptoir, pour manger sans vous ruiner sandwichs, soupe maison (servie en soupière !), *burger*, quiche, ou un excellent poisson du jour très abordable. Bon choix de bières, vins au verre et gâteaux du jour. Le service est efficace, mais l'attente est parfois longue vu l'affluence ! Le soir, l'ambiance change ; très régulièrement, groupes live et DJ mettent le feu à la salle *(jusqu'à 1h le jeu, 4h ven-sam).*

Resto du Musée maritime (*Tjöruhúsið ; plan B2,* **20**) : *à côté du musée. ☎ 456-44-19. En été, tlj 12h-14h, 19h-22h. Fermé en hiver. Soupe env 1 500 ISK, plats env 2 000-2 500 ISK. Le soir (à partir de 19h), buffet 5 000 ISK (gratuit moins de 15 ans !).* Si vous ne comptiez vous offrir que 2 ou 3 restos durant votre séjour, on vous conseille vivement celui-ci ! Le patron (et chef) est pêcheur, c'est dire s'il connaît son affaire ! Un resto de poissons, donc, exclusivement, où l'on vous servira, selon l'arrivage, de la plie, de l'églefin, du carrelet, de la morue, du loup, de la lotte ou du flétan crépitant dans leur poêle ou mijotant dans une sauce succulente. La soupe de la mer, servie dans une grande soupière, nous a également laissé un grand souvenir. Chaleureuse salle en bois, en parfait accord avec l'esprit du lieu.

De prix moyens à chic

Edinborg Bistró (plan B1, **21**) : *Aðalstræti 7. ☎ 456-83-35. À côté de l'office de tourisme. Tlj 12h-21h. Sandwichs et burgers env 1 800-2 300 ISK, plats 2 500-3 600 ISK.* Dans un ancien entrepôt tout en longueur, qui accueille également le centre culturel de la ville, ce bistrot chaleureux propose des parts copieuses, comme le poisson du jour servi dans un poêlon. Également des pizzas. Bon rapport qualité-prix, mais le service est très irrégulier, surtout en été.

Við Pollinn (plan B1, **24**) : *Silfurtorgi 2. ☎ 456-33-60. Tlj 11h-21h. Le midi, plats env 2 200-4 900 ISK ; le soir, env 2 000-5 900 ISK. Réduc pour ceux qui logent à l'Hótel Horn.* C'est le resto de l'*Hótel Ísafjörður*, le plus « chic » en ville (du moins théoriquement). La salle, moderne et à la déco design, s'ouvre sur la mer par de grandes baies vitrées (de l'autre côté de la route...). Le chef (et patron) a fait ses armes dans des restos parisiens et belges avant de revenir jouer du couteau (de cuisine) à domicile. Spécialité de morue au gratin à l'ail, moules marinière, steak de cheval... ou cacahuètes au boulgour. Pour bien terminer, une crème brûlée à la rhubarbe. Tous les produits sont locaux et frais.

À voir

Musée maritime (plan B2) : *Neðstikaupstaður. ● nedsti.is ● ☎ 456-32-93. Au bout du port. Tlj de mi-mai à mi-sept, 9h-18h. Entrée : 900 ISK ; réduc.* Le musée est installé dans un entrepôt de 1734, entouré de trois autres maisons du XVIIIe s (dont celle où se trouve le resto conseillé plus haut). C'est là son principal intérêt. Pour le reste, l'expo, sur 2 niveaux, est un peu légère : histoire assez générale de la pêche en Islande, documents et photos sur les fjords de l'Ouest, maquettes de bateaux, attirail du pêcheur et reconstitution d'un petit atelier.

DANS LES ENVIRONS D'ÍSAFJÖRÐUR

➢ ***Excursion sur l'île de Vigur :*** *du 10 juin à mi-août env, départ tlj à 14h et parfois aussi à 16h ou 17h. Durée : env 3h. Compter env 11 000 ISK/pers. Rens chez* West Tours, *qui propose aussi une excursion en kayak (env 30 000 ISK/pers).* On est accueilli par le propriétaire de l'île. Celle-ci abrite le seul moulin à vent d'Islande, le plus petit bureau de poste du pays et une importante colonie d'oiseaux de mer (macareux, guillemots et sternes arctiques). Les proprios récoltent aussi le duvet des eiders.

➢ ***Le Hornstrandir :*** le cercle polaire passe à moins de 10 km. Voici les terres les plus septentrionales d'Islande, île de Grímsey exceptée. Depuis 1950, plus personne n'habite ce gigantesque espace entaillé de petits fjords, devenu réserve naturelle. D'ailleurs, aucune route n'y mène. En revanche, de mi-juin à fin août, des bateaux de 18 à 48 passagers desservent tous les jours le Hornstrandir. Les traversées sont assurées par les deux tour-opérateurs de la ville : au départ d'Ísafjörður avec *West Tours* (voir « Adresses utiles »), et depuis Bolungarvík avec *Borea Adventures* (dès début juin). Ces liaisons, qui desservent des destinations différentes selon le jour de la semaine, permettent aux marcheurs expérimentés d'arriver à un endroit et de repartir d'un autre. On peut ne passer qu'une nuit sur place (camping possible et refuges), ou bien davantage.
Destinations et horaires sont consultables sur les sites *● westtours.is ●* et *● boreaadventures.com ●* L'excursion nécessite évidemment une bonne préparation et une bonne carte (on en trouve à l'office de tourisme) ! Si la logistique vous semble trop compliquée, *West Tours* propose différentes excursions dans le Hornstrandir, la plus courte de 5h *(env 13 900 ISK/pers)* jusqu'à l'ancienne station baleinière de Hesteyri (côte sud), la plus longue de 4 jours *(compter env 100 000 ISK)*. Parmi les *must* : la baie d'Aðalvík (à l'ouest) et les falaises (500 m) de la baie de Hornvík (au nord), piquetées de... 5 à 6 millions d'oiseaux marins. Les renards arctiques, nombreux, ne sont jamais très loin...

Melrakkasetur Íslands : ***à Súðavík.*** *☎ 456-49-22. ● melrakki.is ● À 10 km à l'est d'Ísafjörður. Juin-août tlj 9h-18h ; mai et sept tlj 10h-16h, oct-avr le w-e slt 10h-14h. Entrée : 1 200 ISK ; gratuit moins de 15 ans ; réduc.* Consacré au renard arctique, seul mammifère natif de l'île, ce petit musée fondé par un scientifique islandais donne une bonne

PEAUX DE CHAGRIN

La fourrure du renard arctique est unique en son genre : elle compte 20 000 poils par centimètre carré, un record dans le monde animal. Résultat : le pauvre bestiau a de tout temps été chassé. La valeur de sa peau pouvait autrefois atteindre le double, voire le triple de celle d'une vache ! À une époque, la peau de renard avait même cours légal en Islande.

idée des caractéristiques et de la vie de cet animal. Des volontaires proposent souvent des visites guidées. Il existe deux sortes de renards : le « blanc » (99 %), qui devient gris en été, et le « bleu » (1 %), qui garde sa couleur toute l'année... La chasse reste autorisée et de nombreux fermiers ne s'en privent pas – qui reprochent aux renards d'affoler leurs moutons. Parfois, quelques orphelins sont élevés sur place, dans un grand enclos. Petit café.

BOLUNGARVÍK

920 hab.

À 13 km au nord d'Ísafjörður, Bolungarvík est l'un des plus anciens centres de l'industrie poissonnière du pays. Le site est assez sauvage, avec des milliers de sternes arctiques nicheuses, mais le village pas bien beau. On y vient surtout pour ses deux musées. Depuis peu, un nouveau tunnel de 5 km permet d'y accéder (attention aux radars !).

➢ Liaisons en bus avec ***Ísafjörður*** lun-ven vers 7h30, 13h et 16h30.

Adresse et info utiles

Office de tourisme : *Aðalstræti 10-12. ☎ 450-70-10. • bolungarvik.is • Juin-août, lun-ven 10h-15h.*

– On y trouve ***supermarché, poste, station-service*** et ***piscine.***

Camping : *sur la gauche après la rivière, contre la piscine. 456-73-81. Compter 1 200 ISK/tente et 2 500 ISK/caravane. Toilettes et évier slt, douches à la piscine (ouv lun-ven 6h-21h, le w-e 10h-18h en été ; entrée : 500 ISK).* Le terrain est réduit, en partie protégé par de petites haies. Machine à laver.

À voir. À faire

Osvör Sjóminjasafn *(Musée maritime)* ***:*** *à 2 km de Bolungarvík (prendre à droite presque tout de suite en sortant du tunnel). 892-57-44. • osvor.is • De juin à mi-août, tlj 9h (10h le w-e)-17h. Entrée : 950 ISK ; gratuit moins de 16 ans ; réduc. Billet groupé avec le musée d'Histoire naturelle 1 550 ISK.* Constitué de 2 maisonnettes en bois aux toits recouverts d'herbe, de leurs appentis où sèche le poisson et d'une vieille embarcation, le musée restitue l'ambiance d'une station de pêche des années 1890 et retrace la vie des hommes qui y travaillaient. L'une des personnalités locales, un barbu qui s'habille en marin du XIXe s, avec combinaison intégrale en peau de mouton, vous présentera leur quotidien à travers les divers objets accumulés. Dans le poisson, rien ne se perd : il suffit de voir les chaussons en peau de poiscaille ou de phoque, ainsi que les sacs en estomac...

Náttúrugripasafn *(musée d'Histoire naturelle)* ***:*** *Vitastígur 3 (2e étage), en plein centre, derrière le supermarché Samkaup. ☎ 456-73-51. • nabo.is • De juin à mi-août, tlj 9h (10h le w-e)-17h ; le reste de l'année, lun-ven 9h-16h. Entrée : 950 ISK ; réduc ; gratuit moins de 16 ans. Billet groupé avec le Musée maritime 1 550 ISK.* Si vous passez par là, vous pourrez jeter un coup d'œil à cette jolie collection d'oiseaux (environ 230), pour peu que vous les aimiez empaillés. Autres attractions : un jeune ours polaire (260 kg quand même) tué en 1993 alors qu'il nageait à 50 miles de la côte, la plus grande mâchoire de baleine bleue d'Islande et une expo sur le corbeau et sa place dans la culture islandaise.

➢ Une piste carrossable (moins bonne sur la 2e moitié) mène en 12 km jusqu'à la ***baie de Skálavík.*** Au bout, une jolie vallée isolée, une ferme et un terrain de camping sans infrastructures, posé sur un beau terre-plein herbeux dominant une vaste plage, à l'embouchure d'un torrent. W-C portables.

SUÐUREYRI

310 hab.

Un carrefour dans un tunnel ? Les Islandais l'ont fait, sur la route 60. En prenant la branche qui va vers le nord, on débouche dans le Súgandafjörður, un fjord étroit et étiré en longueur, à l'entrée duquel s'est installé ce petit port. Une odeur caractéristique de poisson flotte sur les lieux ! Mais, avec le déclin de l'activité, l'heure est désormais davantage au tourisme durable et à la découverte du métier de pêcheur – sorties en mer à bord des chalutiers, visite de l'usine de transformation, cours de cuisine, etc. C'est également ici qu'est née, en 1926, la marque de vêtements 66° *North* que vous verrez en vente un peu partout en Islande.

➢ Liaisons en bus avec ***Ísafjörður :*** 3 fois/j., tlj, vers 7h30, 16h et 17h30.

Où dormir ? Où manger ?

⛺ Signalons un minuscule terrain de ***camping*** herbeux au port, face au fjord *(ouv mai-sept, 1 500 ISK/pers).* Douche à la piscine.

🏠 |●| ***Fisherman Hotel VEG :*** *Aðalgata 14. ☎ 450-90-00. • fisherman.is • Selon confort, doubles env 17 500-25 900 ISK, petit déj compris. Plats env 3 500 ISK.* 📶 L'hôtel se compose de 2 bâtiments se faisant face, de part et d'autre de la rue principale. Les chambres, sans ou avec sanitaires privés, sont assez inégales, quoique globalement assez spacieuses. Certaines sont plus anciennes, d'autres un peu vides... Honnêtement, on les trouve chères pour la qualité. L'hôtel possède une cafétéria *(tlj mai-sept, ouv le midi)* et un resto, le *Talisman,* ouvert le soir seulement, proposant des plats de poisson. Sinon, il y a une cuisine aménagée à dispo.

|●| Possibilité également de se restaurer à la ***station-service.*** Terrasse donnant sur le fjord.

À faire

➢ L'hôtel *Fisherman* organise de nombreuses activités, notamment des excursions de ***pêche en mer,*** de 2h à une journée. On peut aussi visiter un atelier de transformation du poisson pêché dans le coin, avec un guide, suivre un cours de cuisine ou sortir en mer avec l'équipage d'un bateau de pêche !

FLATEYRI

240 hab.

À 7 km à l'ouest de la route 60, ce petit port ancré sur l'Önundarfjörður prospéra, jusqu'au début du XXe s, grâce à l'industrie baleinière. Le temps a passé, et il semble un peu oublié aujourd'hui. En 1995, deux

éboulements ont détruit la partie est du village, tuant 20 personnes ; un imposant paravalanche a depuis été construit.

➢ Liaisons en bus tlj, 3 fois/j., avec ***Ísafjörður*** (30 mn) vers 7h30, 13h et 16h30, et ***Þingeyri*** (35 mn) vers 11h30, 15h30 et 18h30.

Où dormir ? Où manger ? Où prendre le thé ?

Camping : *derrière la station-service (qui fait snack). Compter 1 200 ISK/pers (parfois même gratuit).* Le cadre n'est pas folichon, mais l'herbe est épaisse et on peut planter la tente derrière des haies. Toilettes, tables et jeux pour enfants. Pour prendre une douche, la piscine n'est pas loin.

Síma Hostel : *Hafnarstræti (à l'entrée du village à droite). 897-87-00. • icelandwestfjords.com • Ouv de mi-mai à mi-sept. Lit en dortoir env 4 000 ISK ; doubles env 9 000-11 500 ISK.* Inattendue, cette AJ privée s'est installée dans l'ancienne banque du village ! Résultat : des dortoirs de 6-8 lits et des chambres aux portes vitrées au rez-de-chaussée, et d'autres plus intimes à l'étage. Cuisine et douches communes.

Vagninn : *Hafnarstræti 19. ☎ 456-77-51. Ouv juin-fin août slt, 16h-23h30 (1h ven-sam quand un groupe s'y produit). Cuisine jusqu'à 22h (23h ven-sam).* De l'extérieur, on ne s'attend pas à grand-chose. Mais, dans l'assiette, c'est une autre histoire : une cuisine fine, sublimant les poissons et les petits légumes, aussi bonne qu'élégamment présentée. Le week-end et lors des jours fériés, les locaux viennent y faire la fête.

Old Bookstore Café : *Hafnarstræti 3. 865-56-95. De fin mai à mi-sept slt, tlj 11h-17h.* La vieille librairie du village était devenue un petit musée, insolvable. L'arrière-petit-fils de ses fondateurs est revenu au pays pour la reprendre et y a ouvert un adorable salon de thé. D'un côté, des bouquins. De l'autre, un salon comme chez tante Yvonne, figé dans le temps, avec ses géraniums aux fenêtres, ses vieux tapis, ses photos jaunies aux murs, son mobilier rétro, sa porcelaine déjà en place et un (délicieux) marbré qui attend sur son napperon (servez-vous)... Une belle tranche d'intimité.

Où dormir dans les environs ?

Auberge de Jeunesse Korpudalur : *à 12 km à l'est de Flateyri. ☎ 456-78-08. 892-20-30. • korpudalur.is • Sur la route 60, chemin qui démarre face à la route menant à Flateyri, c'est 5 km plus loin, au fond de l'Önundarfjörður. Ouv de fin mai à mi-sept. Compter env 6 500 ISK/pers avec sac de couchage. Double env 13 000 ISK avec les draps. Cottage env 36 600 ISK (8 pers). Petit déj 1 900 ISK.* On aime beaucoup cette petite AJ occupant une maison blanche, dans sa vallée entourée de montagnes enneigées, tout au bout du fjord. La proche lagune séduira les ornithologues avec pléthore d'oiseaux (avocettes, barges, cygnes, oies...). Pour loger, 7 chambres plaisantes de 2 à 4 lits, tout en bois, certaines avec un lavabo. Tout ici est très bien tenu : les sanitaires, la petite cuisine, la salle à manger (café à dispo) et le petit salon où il est possible de surfer sur le Net. Machine à laver. On peut aussi camper ou louer un joli cottage en bois tout équipé. De plus, Páll et Halla, les sympathiques proprios, peuvent vous réserver des excursions de pêche et de kayak dans le fjord.

Guesthouse Kirkjuból í Bjarnardal : *presque au bord de la route 60, à env 20 km au sud d'Ísafjörður. ☎ 456-76-79. 898-25-63. • kirkjubol.is • Ouv juin-fin août. Doubles env 14 500-20 000 ISK sans ou avec sdb, petit déj inclus. Dîner (sur résa) env 3 000-4 000 ISK.* Cette maison blanche au toit vert, isolée dans sa verte vallée, se voit depuis la route. Ses 6 belles chambres, spacieuses et lumineuses, alternent parquet récent, mobilier ancien, literie blanche et rideaux verts. Les prix sont un peu élevés, mais la salle du petit déj et l'accueil sont charmants. Cuisine à disposition, sinon, au menu : agneau, omble chevalier, poisson du jour, *skyr* maison... Possibilité de randonnées et de pêche (à partir de fin juillet ou août) dans les environs.

ÞINGEYRI

260 hab.

Il n'y a rien à faire à Þingeyri. Rien, sauf y passer la nuit en chemin. Rien, sauf assister à la grande fête viking estivale et grimper à bord d'un drakkar. Rien, à vrai dire. Manger une gaufre à la confiture de rhubarbe. Et repartir.

➢ Liaisons en bus avec ***Flateyri*** (30 mn) et ***Ísafjörður*** (1h) tlj, 3 fois/j., vers 7h, 12h30 et 16h.

Adresse et info utiles

i ***Office de tourisme :*** *Fjarðargötu 5. ☎ 899-66-59. • westfjords-horseriding.com • S'adresser au café Simbahöllin. Ouv de mi-mai à mi-sept. Propose également des excursions à chevaux et la location de vélos (10 000 ISK/pers/j.)*

■ ***Poste, banque*** et ***piscine.***

Où dormir ? Où manger ?

⛺ ***Camping :*** *derrière la piscine. ☎ 450-84-70. De mi-mai à mi-sept, compter 1 300 ISK/pers.* Terrain herbeux bien protégé par des haies. Pour la douche, c'est à la piscine que ça se passe *(lun-ven 8h-21h, le w-e 10h-18h ; entrée 550 ISK, douche seule 280 ISK).*

I●I ***Simbahöllin :*** *Fjarðagata 5. ☎ 899-66-59. En arrivant dans le centre, sur la droite. Ouv de mi-mai à mi-sept, tlj 12h-18h ; en août 10h-22h. Gaufre 920 ISK, soupes 1 400-1 600 ISK.* Un couple belgo-danois a redonné vie à l'ancienne épicerie, repeinte en vert absinthe, et inventé un cadre cosy à souhait, avec coin canapé et vieilles tables et chaises. Les gaufres, légères, excellentes, sont servies avec la « fameuse » confiture de rhubarbe maison (également déclinée en jus !). Il y a aussi des soupes, des gâteaux et, le soir, un tagine d'agneau servi dans des plats marocains. Bref, une escale de choix. Location de VTT et balades à cheval.

À voir. À faire

Le ***Musée maritime*** d'Ísafjörður gère ici une petite annexe : un vieil atelier de forgeron *(Smiðjan)* de 1913 rendu à la vie. *De mi-mai à mi-sept, tlj 9h-18h. Entrée : 900 ISK, réduc.*

➢ ***Ascension du Sandafell*** *(367 m)* ***:*** c'est la montagne qui borde le village par l'ouest. Une piste, pour 4x4 seulement, au départ de la route 60, permet d'accéder au sommet. Sinon, compter 3h de marche aller-retour (et autant pour en faire le tour).

➢ Les possesseurs d'un 4x4 qui ont du temps à revendre et une bonne dose d'expérience s'offriront le luxe de rejoindre Hrafnseyri en faisant le tour de la péninsule par la côte, via la piste primitive de ***Kjaransvegur*** (ou *Kjaransbraut*). Cahots, gros cailloux, passages étroits entre mer et falaises et paysages enlevés des « Alpes des Westfjords » garantis, mais comptez bien 3-4h de trajet (pour 40 km). On peut aussi faire la balade à VTT (locations au resto *Simbahöllin*), à pied ou à cheval.

Manifestation

– ***Fête viking :*** *ts les ans, en principe le 1er w-e de juil.* Cette grande fête, c'est le truc qu'on aimerait vraiment voir quand on vient en Islande ! Au programme : chansons et danses, banquet et combats entre Vikings reconstitués pour l'occasion, balades et parties de pêche à bord de copies de drakkar. La fête se tient dans un enclos rond construit avec les techniques et matériaux de l'époque : un millefeuille de pierres et de plaques de terre.

AU SUD DE ÞINGEYRI

Le musée Jón Sigurðsson : *à **Hrafnseyri,** à 17 km au sud de Þingeyri. ☎ 456-82-60. Juin-début sept, tlj 11h-18h. Entrée : 800 ISK ; réduc. Gratuit moins de 16 ans.* Héros national, président du Parlement de 1845 à 1879, Jón Sigurðsson se battit pour l'indépendance de son pays. En remerciement, la fête nationale a été fixée le jour de son anniversaire ! Le monsieur sur les billets de 500 couronnes, c'est lui. Il a grandi dans cette ferme, devenue mémorial, avec son musée mettant en lumière son ascension politique mais aussi – et c'est là le plus intéressant – le cadre islandais de l'époque.
On peut aussi juste faire halte pour jeter un œil à la jolie petite ***église*** en bois et aux maisonnettes à toit herbu, et prendre un verre au petit café attenant, tout mignon, tourné face au fjord, dans un site superbe.

UN MYSTÉRIEUX TOUBIB

Le lieu-dit Hrafnseyri tient son nom de Hrafn, un chef local décapité en 1213 par son fils adoptif. Hrafn est considéré comme le premier médecin du pays, car il est attesté qu'il guérissait pas mal de maux, comme les calculs rénaux, dont le remède n'était pourtant connu qu'à Salerne, en Italie. S'y était-il rendu ? Mystère... En attendant, il soulageait aussi le scorbut en brûlant la peau du dos, et traitait les dépressifs en les saignant !

Une vingtaine de kilomètres plus loin, toujours sur la route 60, se trouvent les splendides ***chutes de Dynjandi,*** au très large panache. Elles mesurent 100 m de haut ! Un petit sentier mène en 5-10 mn à leur pied et au-delà, jusqu'au sommet, d'où l'on découvre une vue panoramique sur le fjord.

On peut ***camper*** gratuitement sur le site. Toilettes, éviers et tables de pique-nique. Très bel endroit, au fond du fjord mais vous ne serez pas seul.

Environ 35 km plus loin, sur la route 63 en direction de Patreksfjörður (dans la vallée précédant le Fossfjörður), ne manquez pas les ***sources chaudes de Reykjarfjörður.*** Il y a là, à deux pas du fjord, un bassin aménagé en plein air (environ 35 °C), avec pas mal d'algues et, juste au-dessus, un adorable petit bassin naturel serti dans l'herbe, vraiment chaud. *Accès libre et gratuit mais donation bienvenue.*

LA PÉNINSULE DU SUD-OUEST

Voilà le bout du bout de l'Islande – une terre vide de population ou presque, à l'exception des trois villages de Bíldudalur, Tálknafjörður et Patreksfjörður. La route, sinuant entre mer et falaises, le long des fjords, franchit ici de magnifiques cols embrumés, intercalés de descentes vers de belles vallées verdoyantes piquetées de fermes isolées. Des points de vue tout à fait grandioses se

dessinent. Et puis arrive le point d'orgue : les falaises de Látrabjarg, où nichent par milliers macareux et guillemots peu farouches, environnées de plages immenses et désertes. Un vrai coin sauvage, pressenti pour devenir parc national, à découvrir absolument si vous êtes motorisé. Autre petite merveille, moins fréquentée, même en été : la plage de Rauðisandur, au sable tirant sur l'orange, avec un petit camping du bout du monde. On adore. On en redemande.

Arriver – Quitter

➢ ***En bus :*** à priori, 1 départ tlj sf sam, de Bildudadur vers Tálknafjörður et Patreksfjörður.

➢ ***En avion :*** c'est le seul moyen de rejoindre la région si l'on n'est pas motorisé. En principe, 1 vol/j. avec *Eagle Air (☎ 562-62-00 ; • eagleair.is •)*, tlj sf sam, depuis Reykjavík pour Bíldudalur (env 130 €). À l'arrivée, le *Fly Bus (📱 893-08-09)* dessert Tálknafjörður et Patreksfjörður.

BÍLDUDALUR

210 hab.

Ce microvillage, qui ne vécut longtemps que de la pêche, se serre au pied des falaises d'une haute montagne tabulaire, sur le bord du profond (et joli) Arnarfjörður. Pas grand-chose à y faire, mais l'escale n'est pas mauvaise.
– *Aéroport, épicerie, poste, banque* et *station-service.*

Où dormir ?

⛺ ***Camping :*** *au bord du fjord, dans le village. Ouv juin-août. Compter 1 200 ISK/pers (à payer au gymnase voisin) ; gratuit moins de 12 ans.* Une petite étendue herbeuse face au port. W-c sur place, mais pas de douche (aller à la piscine).

🏠 ***Bíldudalur Hostel :*** *Hafnarbraut 2. ☎ 456-21-00 ou 📱 860-21-00. • hostel.is/hostels/bildudalur • Compter 4 700-6 600 ISK en dortoir (sans ou avec sdb) ; doubles 13 900-17 900 ISK ; réduc avec la carte* HI. *Petit déj 1 800 ISK.* 💻 📶 Le bâtiment de 2 étages se dresse face au port. L'ensemble est bien propre, les chambres pas très grandes mais très correctes. On regrettera qu'il n'y ait qu'une douche ; en revanche, les lavabos sont assez nombreux. Grand salon commun/réception au rez-de-chaussée, cuisine. Il vous faudra sans doute téléphoner pour prévenir de votre arrivée.

À voir

Skrímslasetrið (The Icelandic Sea Monster Museum) **:** *Strandgata 7. ☎ 456-66-66. • skrimsli.is • Ouv de mi-mai à début sept, tlj 10h-18h. Entrée : env 1 000 ISK ; réduc ; gratuit moins de 10 ans.* Si l'on en croit le boss, qui entretient savamment le mystère (et évoque une rencontre dans son enfance), l'Arnarfjörður hébergerait pas moins de quatre sortes de monstres marins... Tous méchants et dangereux, bien sûr, à commencer par la très redoutée *shore lady* ! Le musée a été conçu pour rendre cette hypothèse crédible, en jouant sur les atmosphères et les mises en scène : vidéos avec « témoignages », caméra installée sous l'eau dans le fjord au cas où... la carte de l'interactivité est jouée à fond et ça fonctionne plutôt bien. Petite cafétéria.

TÁLKNAFJÖRÐUR

310 hab.

Presque deux fois plus gros que Bíldudalur, ce petit port de pêche n'a pas un charme fou, mais sa situation est jolie, sur le flanc oriental de l'étroit fjord éponyme. On y trouve une colonie d'eiders et... un *hot pot* secret bien agréable.

– ***Station-service, épicerie, poste, banque, piscine*** alimentée par des eaux chaudes thermales (10h-21h en été).

Où dormir ? Où manger ?

Camping : *derrière la piscine, à la sortie nord du village en longeant le fjord. ☎ 456-26-39. Juin-sept, compter 1 200 ISK/pers, à payer à la piscine ; gratuit moins de 10 ans.* Là encore, un carré d'herbe, pas bien bucolique en raison des bâtiments voisins qui gâchent la vue, mais protégé des coups de vent par des haies. Cuisine, machine à laver, jeux pour enfants. Douche à la piscine (payante).

Bjarmaland : *Bugatún 8. 891-80-38. • en.guesthousebjarmaland.is • Tte l'année. Compter 7 000-8 000 ISK/pers avec sac de couchage ; double env 16 000 ISK, petit déj en sus.* La maison, tenue par 5 sœurs, abrite 11 chambres accueillantes, toutes avec lavabo et sanitaires partagés. Très propres, elles seraient presque cosy avec leur mobilier en bois clair et leurs jolis dessus-de-lit. Nos préférées (nos 3 et 4), au rez-de-chaussée, regardent vers la mer. Salle commune à l'avenant, avec salon et (bon) petit déj face au fjord. Cuisine et machine à laver.

Cafe Dunhagí : *à côté de la piscine. 662-04-63. Ouv juin-début sept, tlj 14h-22h (12h le w-e), cuisine jusqu'à 21h. Plats env 1 900-4 400 ISK.* La patronne, sympa et volontiers prête à renseigner, a vécu 26 ans aux États-Unis avant de revenir au pays. Sa carte, courte, met en valeur les produits locaux : truite et saumon, morue fraîche selon arrivage, agneau, pain maison, sans oublier le *fjörukál* (roquette de mer) et de riches gâteaux.

À faire

➢ **Hot pot** (Pollurinn) : *prendre la piste qui longe le fjord à la sortie nord du village, sur 3 km. Attention, panneau discret !* Sur un terre-plein dominant le fjord, en pleine nature, une douche et deux petits bassins attendent les baigneurs – le principal chaud, un autre plus petit pour se rafraîchir.

PATREKSFJÖRÐUR

685 hab.

Formant la principale agglomération de la région, le port s'amarre sur le flanc nord du grand fjord du même nom. Même si la pêche n'a plus l'importance de jadis, il y flotte encore une odeur tenace de poisson près des entrepôts et des quais. Il y a bien longtemps, Patreksfjörður fut une base de pêcheurs français, comme le rappelle une stèle. Une habitante du village, Maria Óskardottir, a même écrit un livre, *Pêcheurs de France vus par les Islandais* (2012), qu'elle vend chez elle, où elle a

accumulé une collection de souvenirs (Myrar 8). Pour le reste, le bourg sert de base arrière à la visite de Látrabjarg, avec un choix grandissant d'hébergements.
- ***Station d'essence*** et tous les ***services.***

Adresses utiles

Office de tourisme : *Aðalstræti 62. ☎ 456-50-06. Mêmes bureaux et horaires que Westfjords Adventures (voir ci-dessous).*

■ ***Westfjords Adventures :*** *dans l'office de tourisme. ☎ 456-50-06. • westfjordsadventures.com • Juin-fin août env, lun-ven 8h-17h, le w-e 10h14h ; le reste de l'année, lun-ven 9h-12h.* Si vous réussissez à arriver jusqu'à Patreksfjörður, vous pourrez visiter la région grâce aux services de cette agence sérieuse. Au programme : sorties à Látrabjarg et à Rauðisandur *(à partir de 19 900 ISK),* randos guidées dans le coin, pêche, observation des baleines s'il y en a (ça dépend des années), etc. Location de vélos *(7 200 ISK/j.).*

■ ***Piscine :*** *Aðalstræti 55, au centre du village. ☎ 456-13-01. De mi-mai à mi-sept, lun-ven 8h-21h30, le w-e 10h-18h ; le reste de l'année lun-ven 16h-21h (19h30 ven), sam 11h-15h. Entrée : 900 ISK, réduc.*

Où dormir ?

Stekkaból : *Stekkar 14 et 19, dans la rue au-dessus d'Aðalstræti. 864-96-75. Compter 4 500 ISK/pers avec sac de couchage et env 7 700 ISK avec lit fait. Double env 17 000 ISK. Petit déj inclus.* Si on passe sur l'extérieur peu engageant, cette *guesthouse* située sur les hauteurs du village, au calme, a tout ce qu'il faut : des prix très doux, une maison où l'on se sent vite chez soi (2 maisons en vis-à-vis, en fait), et une vie en communauté avec les autres voyageurs. Salle de bains et cuisine sont partagées. Petit salon TV en bas et salle à manger avec une baie vitrée dominant la baie de loin. Il faut appeler l'hôtesse avec le téléphone à l'entrée pour qu'elle vienne vous installer.

Hótel West : *Aðalstræti 62. 892-34-14. • hotelwest.is • Double env 21 000 ISK, à partir de 14 000 ISK hors saison ; petit déj inclus.* Installé à l'étage de l'office de tourisme et du bureau de *Westfjords Adventures,* ce petit hôtel abrite tout juste 10 chambres avec salle de bains, dont la moitié ont une vue directe sur la mer (au même prix, demandez-les). Récentes et impeccables, avec parquet moderne, elles sont toutefois un peu petites, nous semble-t-il, pour le prix demandé.

Foss Hótel : *Aðalstræti 100, près de la piscine. ☎ 456-20-04. • foss hotel.is • Doubles env 29 500 ISK en été, à partir de 16 500 ISK en hiver ; petit déj inclus.* Face au fjord, l'hôtel abrite des chambres d'un très bon confort, assez épurées, au mobilier en bois noir contrastant avec les murs blancs et le parquet. Elles sont très bien équipées : belle douche, sèche-cheveux, bouilloire, etc. Resto (cher).

Où manger ? Où boire un verre ?

Heimsendi Veitingahús : *Eyrargata 1. ☎ 456-51-50. En été slt, tlj 16h-23h (1h jeu-ven). Plats env 1 600-2 600 ISK.* On ne s'attend pas à trouver une telle perle ici. Planqué dans une maisonnette rouge, un peu avant le port, ce resto-bistrot-bar prend des airs mi-design mi-bohème avec ses palettes réaménagées en escaliers et son bar en bois de récup. Le menu, au tableau noir, fait la part belle aux produits locaux : poisson super frais (grillé, en soupe, en ragoût...), agneau, *burgers*... les classiques islandais, mais fort bien tournés.

🍽 ***Stúkuhúsið :*** *Aðalstræti 50. ☎ 456-14-04. En été, tlj 11h-23h ; le reste de l'année, mer-sam 12h-16h.* C'est l'autre option, et elle n'est pas mauvaise du tout ! Le cadre, déjà, est séduisant : une petite maison joliment perchée face à la mer, tout près de l'église, avec une jolie petite terrasse en bois. La cuisine, 100 % maison, n'est pas en reste : bons poissons frais, paninis pour les petits budgets, gâteaux pour le 4-heures... Miam.

LÁTRABJARG

Marquant l'extrémité ouest de l'Europe (Açores exceptées), les falaises de Látrabjarg font dans le grandiose : 14 km d'une véritable palissade de roche, haute de 50 à... 441 m, se dressent ici au-dessus des eaux de l'Atlantique nord. Des milliers d'oiseaux marins y défient les lois de l'apesanteur. Leur ballet incessant entre mer et poussins, poissons au bec, a quelque chose de fascinant. C'est l'endroit rêvé pour rapporter de merveilleux clichés : on peut approcher les macareux à moins de 1 mètre ! Attention quand même, ceux-ci installant leur nid dans des terriers, le sol peut être friable. Le vent aussi est dangereux : il souffle généralement vers la mer, attention donc de ne pas vous faire déséquilibrer. Mais si le temps est calme et dégagé, on peut même apercevoir des phoques jouant dans les vagues et, avec un peu de chance... une baleine !

Arriver – Quitter

➢ ***En voiture,*** de Patreksfjörður, suivre la route 62 vers l'est sur 12 km puis, de l'autre côté du fjord, la piste 612 vers l'ouest (très correcte, accessible à tout véhicule), jusqu'au bout. Compter 60 km en tout. On longe d'abord longuement le Patreksfjörður, découvrant un point de vue exceptionnel sur la plage sauvage d'Örlygshöfn, avant de traverser la péninsule et de rejoindre Breiðavík (hébergement et jolie petite église en bois). Enfin, on traverse le hameau de Hvallátur et l'on aperçoit des plages désertes un peu irréelles aux couleurs d'aquarelle. À notre avis, l'un des plus beaux itinéraires d'Islande.

Où dormir ? Où manger ?

Pour que ce soit plus pratique, nous vous présentons exceptionnellement les adresses dans leur ordre d'apparition géographique, en arrivant de Patreksfjörður et en allant vers Látrabjarg.

🏠 ***Hótel Látrabjarg :*** *à 42 km de Patreksfjörður et 23 km avt les falaises ; prendre l'embranchement à droite direction Kollsvík peu après avoir dépassé le musée de Hnjótur (puis 3 km). ☎ 456-15-00. • latrabjarg.com • Ouv de mi-mai à mi-sept. Doubles env 34 500-38 800 ISK avec sdb ; petit déj inclus.* 📶 C'est cher, vraiment très cher, mais les options sont réduites dans le coin... L'hôtel occupe une ancienne petite école rurale. Les chambres sont de bon confort, récentes et assez spacieuses, avec bouilloire et sèche-cheveux. Bon accueil.

⛺ 🏠 🍽 ***Hotel & Camping Breiðavík :*** *sur la route 612, 12 km avt la falaise aux macareux. ☎ 456-15-75.*

867-50-75. • breidavik.is • Ouv mai-sept. Resto tlj en été 11h-21h. Camping env 2 000 ISK/pers. Doubles 11 500 ISK avec sac de couchage (sans petit déj), env 21 500-31 500 ISK avec lits faits, sans ou avec sdb, petit déj inclus. Parlons d'abord du site : extraordinaire. Une ferme au pied d'une adorable église en bois et au-dessus d'une immense plage déserte. Pour le reste, ça se gâte. L'été, le lieu devient une véritable usine à touristes. À tel point qu'aux (toutes petites) chambres avec sac de couchage (lits superposés) de la vieille ferme s'est adjointe toute une série de préfabriqués en rang d'oignons dessinant comme un mur sur 2 côtés autour de la cour... Pas très sexy, mais confortable, cela dit : chacune des chambres qui s'y trouve (avec moquette et petit effort de déco) dispose d'une douche et certaines d'une vue directe sur la plage et la mer. Le bâtiment principal abrite aussi 3 familiales, le resto et une cuisine à disposition. N'oublions pas le camping, juste à côté... où l'eau chaude fait parfois défaut.

Camping de Brunnar : *face à la dernière plage, 2 km avt Látrabjarg. GRATUIT.* Un camping sauvage, orienté plein vent (!), avec juste éviers et toilettes. Pas extrêmement pratique d'accès, bien sûr, puisque situé à plus de 60 km du premier village et de sa station-service. Mais quel coin, quelle plage !

DANS LES ENVIRONS DE LÁTRABJARG

Le musée Egils-Olafsson : *à **Hnjótur,** à 37 km au sud-ouest de Patreksfjörður, sur la route 612, env 20 km avt d'atteindre Látrabjarg. ☎ 456-15-11. • hnjotur.is • Mai-sept slt, tlj 10h-18h. Entrée : 1 000 ISK ; gratuit moins de 18 ans ; réduc.* Ce musée a été créé par un fermier du coin, Egils Olafsson, mort en 1999, qui collectionnait tout type d'objets depuis ses 12 ans. Résultat : un musée très riche couvrant la plupart des aspects de la vie jadis bien rude dans ce coin de campagne islandaise. Des sections sont consacrées à la pêche (bateaux et instruments), à l'agriculture (outils), à la vie quotidienne... Regardez ces os de baleine employés comme matériau de construction en remplacement du bois, et ces chaussures en peau de poisson, dont on emportait plusieurs paires pour les longues marches tant elles étaient fragiles... des jetables, en somme ! La région a connu de nombreux naufrages, comme en témoigne une pharmacie de bord française de la fin du XIXe s, rachetée aux enchères par l'apothicaire du coin !

Rauðisandur : *de la route 612 (menant à Látrabjarg), à 21 km de Patreksfjörður, prendre la piste 614 (difficile en camping-car, mais passable en voiture normale).* Serait-ce la plus belle plage du monde ? Le concours est ouvert et les postulants sont nombreux, certes... Formant un long cordon littoral (10 km) enserrant presque entièrement une lagune d'eau salée, Rauðisandur étale son large tapis de sable roux au creux d'une vallée sauvage encadrée de montagnes. Seule une ferme occupe l'espace, dont les moutons traversent à marée basse l'estran immense. Venez le soir, lorsque le soleil de minuit brille encore : la couleur de l'arène n'en est que plus intense. Un instant d'éternité.

Camping : *à la ferme de Melanes, à côté du parking de la plage. 565-10-41. Compter 1 300 ISK/pers ; gratuit moins de 15 ans.* Eh oui, on peut même dormir sur place, en retrait de la plage, sur un terre-plein herbeux entouré de moutons. Sur place : w-c, éviers, 2 tables de pique-nique, barbecue et... un vieux conteneur qui gâche un peu l'ambiance. Mais quel cadre !

***Franska Kaffihúsið** (Café français) **:** au pied des épingles à cheveux de la piste 614, prendre à droite en direction de Lambavatn, c'est à 6 km. 770-21-61. De juin à mi-août, tlj 12h-17h.* Une halte aussi inattendue que bienvenue dans ce coin un peu perdu ! Tables en bois tournées vers la plage.

BRJÁNSLÆKUR

C'est de là que part le ferry reliant les fjords du Nord-Ouest à la péninsule de Snæfellsnes (Stykkishólmur), avec un court arrêt sur l'île de Flatey. Brjánslækur se résume à son embarcadère, même si celui-ci est dans un joli écrin.

Arriver – Quitter

En bateau

➢ ***Stykkishólmur (péninsule de Snæfellsnes) :*** 2 départs/j. de juin à fin août, habituellement à 12h15 et à 19h, avec *Seatours (☎ 433-22-54 ; ● seatours.is ●).* En basse saison, 1 ferry/j. sf sam, à 18h. Compter env 2h45 de traversée. Si vous avez une voiture, pensez à réserver (sinon, pas nécessaire). *Compter 4 250 ISK/pers et par voiture en basse saison et 5 760 ISK en été ; ½ tarif 16-20 ans et gratuit moins de 16 ans.* Ceux qui sont véhiculés et qui voudraient faire escale à Flatey peuvent laisser leur voiture à bord (et leurs clés !) : elle sera débarquée pour eux à destination, et ils n'auront plus qu'à la récupérer plus tard.

Où dormir ? Où manger dans le coin ?

⛺ 🏠 🍴 ***Hótel Flókalundur :*** *à 6 km à l'est de l'embarcadère du ferry, à l'intersection de la route 60. ☎ 456-20-11. ● flokalundur.is ● ♿ Ouv de mi-mai à mi-sept env (camping slt de mi-juin à début sept). Camping env 1 300 ISK/pers. À l'hôtel, double avec sdb env 21 000 ISK, petit déj inclus. Plats 1 500-5 000 ISK.* 📶 On vous l'indique plus qu'on vous le conseille. Dans un long bâtiment en bois sans grand charme, façon motel d'autrefois, les chambres, petites (avec moquette et lambris), sont tout juste convenables pour le prix. En revanche, le camping, situé à 300 m, sur la colline, profite d'une belle situation, avec une vue imprenable sur la baie. Au resto, rien de renversant mais, vu les autres options dans le coin (en gros, aucune), pas la peine de faire la fine bouche... Également une pompe à essence et une épicerie *(tlj 10h-22h).*

🏠 ***Guesthouse Rauðsdal :*** *à 7 km à l'ouest de l'embarcadère. ☎ 456-20-41 ou 📱 694-50-99. ● raudsdalur.is ● Env 4 500 ISK/pers avec sac de couchage et 6 000 ISK/pers avec des draps. Petit déj 1 600 ISK.* 📶 Voilà une jolie situation, sur la colline, avec vue fantastique sur la baie et sa très belle plage. Les chambres sont situées dans un petit bâtiment en bois tranquille, un peu à l'écart de la ferme des proprios. La moitié d'entre elles donne sur la mer. Simple mais adéquat, surtout pour le prix ! Salon style années 1970, cuisine, salle à manger et sanitaires communs très bien tenus. Une bonne option, en pleine nature.

À faire

➢ ***Hellulaug :*** *tout au fond du fjord.* Que diriez-vous d'un bain à 38 °C dans les eaux thermales d'un bassin naturel en pierre dominant légèrement le Vatnsfjörður ? Pour le trouver, demandez le chemin à l'*Hótel Flókalundur*.

FLATEY

Cette petite « île plate », très peu peuplée (5 habitants l'hiver !) et balayée par le vent, se trouve au cœur de l'immense Breiðafjörður. Rien ne le laisse

supposer aujourd'hui : Flatey fut pourtant un lieu d'importance, avec un monastère fondé dès le XIe s. Sa richesse devait beaucoup à l'abondance en poisson du fjord. Plus tard, la Ligue hanséatique y fonda même un comptoir ! Le ferry qui relie Brjánslækur et Stykkishólmur y fait une halte de 10 mn pour déposer et prendre des passagers. Pas le temps de débarquer, mais on peut arriver par le premier ferry de la journée et repartir par le second si on a envie de passer quelques heures entre le vieux village aux maisons en bois colorées, datant des années 1900, et les côtes sauvages. On peut même loger sur l'île. Les ornithologues amateurs n'y manqueront pas : les oiseaux marins y sont réputés moins farouches qu'ailleurs.

Où dormir ?

⛺ ***Camping Krákuvör :*** *à 300 m du quai. ☎ 438-14-51. Ouv slt en été. Compter 1 200 ISK.*

🏠 🍽 ***Hótel Flatey :*** *☎ 555-77-88 ou 422-76-10. • hotelflatey.is • Ouv juin-fin août. Resto 12h-21h. Double env 28 900 ISK, petit déj compris. Le midi, plats 2 200-3 700 ISK, le soir, 4 200-5 900 ISK ; menus 9 300-9 700 ISK.* L'hôtel occupe 2 maisons du XIXe s rénovées.

LA PÉNINSULE DE SNÆFELLSNES

• Carte *p. 267*

Dardée vers l'océan, cette longue (80 km) et corpulente péninsule délimite par le sud l'immense Breiðafjörður. La côte nord, la plus sauvage, regroupe plusieurs ports : Stykkishólmur (la principale agglomération du coin), Grundarfjörður, Ólafsvík et Hellissandur. Au sud, une Islande plus rurale se dessine : les pâturages, embruinés d'air iodé, s'y appuient sur une chaîne volcanique centrale hérissée de pics inquiétants. Tout au bout, telle une excroissance posée sur un très long nez, le majestueux Snæfellsjökull émerge rarement des nuages. Culminant à 1 446 m, ce stratovolcan endormi (depuis 1 700 ans au moins) est chapeauté d'un épais glacier que l'on peut approcher. C'est un peu le Fuji-Yama islandais, que l'on voit de très loin, notamment quand on vient de Reykjavík. Une vraie carte postale.

Cet environnement mystérieux a généré de nombreux mythes : ici se tient le royaume des personnages légendaires qui peuplent les *sagas* islandaises. C'est aussi du Snæfellsjökull que Jules Verne a choisi de faire partir son fameux *Voyage au centre de la Terre* !

Comment visiter la péninsule en bus ?

La péninsule est partiellement desservie par les bus de la compagnie *Strætó* : • *straeto.is* • De Reykjavík et Borgarnes, ils permettent de rejoindre Stykkishólmur (ligne 58) puis, de là, de longer la côte nord (ligne 82) jusqu'à Hellissandur. Rien, en revanche, pour parcourir la côte sud.

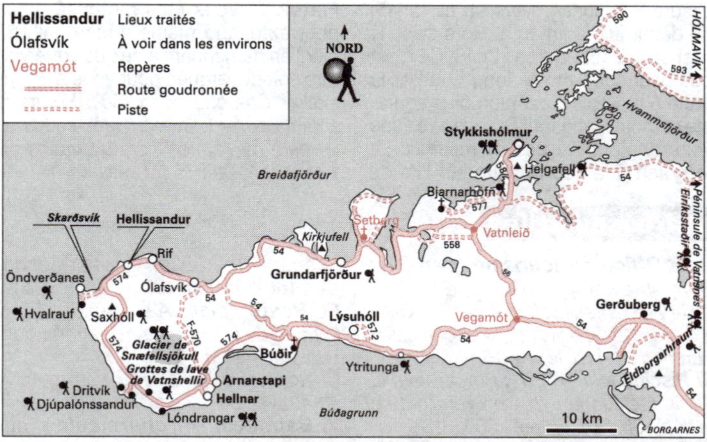

LA PÉNINSULE DE SNÆFELLSNES

LA CÔTE NORD DE LA PÉNINSULE

STYKKISHÓLMUR

1 100 hab.

• Plan *p. 269*

Agrippé à l'extrémité d'une presqu'île de la côte nord, son principal port et agglomération fourmillent d'activité tout au long de l'été. Avant d'embarquer sur le ferry cinglant vers les fjords du Nord-Ouest, on se promène agréablement sur les quais et dans son petit centre aux vieilles maisons en bois colorées, dominées par une église blanche à l'architecture pour le moins extravagante.

– Grandes fêtes danoises à la mi-août *(Danskir dagar).*

Arriver – Quitter

En bus

Arrêt de bus *(plan A2)* et vente des billets à la station-service *Olis,* à l'entrée de la ville. *Aðalgata 25. ☎ 540-27-00. • straeto.is •*

➢ **Borgarnes :** en été, 2 bus/j. en sem et le sam ; le reste de l'année, 1 bus/j. (vers 7h50) les mer, ven et dim. 2 bus/j les lun (à 7h50 et 16h40) Trajet : 1h25. Changement à Borgarnes pour Reykjavík ou Akureyri.

➢ ***Grundarfjörður, Ólafsvík et Hellissandur :*** 1 bus/j. les lun, mer, ven et dim, vers 10h (11h dim).

En bateau

➢ **Brjánslækur** *(fjords du Nord-Ouest) :* la compagnie **Seatours** *(bureau au port, Smidjustigur 3 ; plan B1,* ***3*** *; ☎ 433-22-54, • seatours.is • ; tlj 8h-20h en été ; hors saison lun-ven 8h-16h, dim 10h-11h, 14h-15h)* assure 2 liaisons/j. (vers 9h et 15h45) de début juin à fin août. Hors saison : tlj sf sam à 15h. Durée : 2h45. Ce n'est pas beaucoup moins long que par la route (4h), mais c'est bien plus agréable et moins fatigant ! Si vous avez une voiture, n'oubliez pas de réserver. Le ferry fait une courte halte sur l'île de **Flatey.** Si vous êtes motorisé, vous pourrez quand même y faire halte (à pied) en demandant à ce que votre voiture soit débarquée pour vous à Brjánslækur. *Compter env 5 760 ISK/pers et autant pour la voiture en été, 4 230 ISK le reste de l'année ; gratuit moins de 16 ans et ½ tarif 16-20 ans.*

Adresses utiles

Office de tourisme (plan B2) : *Borgarbraut 4, à la piscine, à l'entrée de la ville (après la station-service Olis). ☎ 433-81-20. • visit.stykkisholmur.is • Lun-ven 9h-17h, le w-e 10h-18h. Lun-jeu 11h-18h30, ven 10h-19h30, sam 10h-18h, dim 12h-18h.*

Piscine (plan B2, **1**) : *Borgarbraut 4. Tlj en été, lun-jeu 7h-22h, ven 7h-19h, le w-e 10h-17h. Entrée : 600 ISK.*

Supermarché Bónus (plan B2, **2**) : *Borgarbraut 1, à côté de la piscine.*

Poste (plan A2) : *Aðalgata, à l'entrée de la ville, à la hauteur du golf. Lun-ven 9h-16h30.*

Hôpital (plan B1) : *Austurgata 7. ☎ 432-12-00.*

Banques et **pharmacie :** *sur Aðalgata.*

Où dormir ?

En plein été, mieux vaut réserver sa chambre : la demande est forte et, dès 16h-17h, il devient difficile de se loger.

De bon marché à prix moyens

Camping (plan A2, **10**) : *Aðalgata 29. ☎ 438-10-75. À l'entrée de la ville, à droite à la hauteur de la poste. Ouv de mi-mai à fin août. Env 1 300 ISK/pers ; gratuit moins de 15 ans.* Plusieurs grands espaces herbeux, pas vraiment protégés du vent, à côté du golf. Douches. Réception, cafétéria (jusqu'à 20h), machines à laver et Internet au club-house.

Harbour Hostel (plan B1, **11**) : *Hafnargata 4. ☎ 517-53-53. • harbourhostel.is • Fermé de mi-nov à fin janv. Lit en dortoir env 4 100-6 200 ISK selon taille (4-12 lits) et saison ; double avec draps 19 000 ISK en été, à partir de 9 000 ISK en hiver.* C'est la nouvelle AJ de la ville, pimpante et parfaitement située à l'orée du port. Tout y est impeccable, bien chauffé et bien équipé. Les matelas sont confortables, le boss accueillant et prêt à aider. Cuisine commune, machine à laver (gratuite). Seul bémol : les prix des dortoirs, vraiment élevés pour celui de 4 lits.

Sundabakki (plan A2, **12**) : *Sundabakki 14. ☎ 588-41-30 ou 893-64-25. Double env 13 000 ISK juin-août, à partir de 8 500 ISK en basse saison. Petit déj 1 800 ISK.* La maison, perdue dans un quartier résidentiel, n'a aucun charme, mais ses 7 chambres conviennent très bien pour une nuit sans se ruiner en attendant le ferry. Elles se partagent 3 salles de bains, une belle cuisine et un salon TV lumineux avec vue distante sur un coin de mer.

Alma's Guesthouse (plan A2, **13**) : *Sundabakki 12. ☎ 438-14-35. 848-98-33. • almdie@simnet.is • À côté du précédent. Résa impérative en été. Double env 16 000 ISK, petit déj inclus.* Les 4 chambres (dont 1 pour 4 personnes), très propres mais plutôt petites, sont au rez-de-jardin d'une maison lambda. Elles partagent 2 toilettes et 1 salle de bains. Évitez si possible la nº 3, peu lumineuse. Proprios accueillants.

De chic à très chic

Hótel Breiðafjörður (plan B1, **14**) : *Aðalgata 8. ☎ 433-22-00. Dans la rue principale, un peu avt d'arriver au port, côté gauche. Fermé nov-mars. Double avec sdb env 23 000 ISK, petit déj*

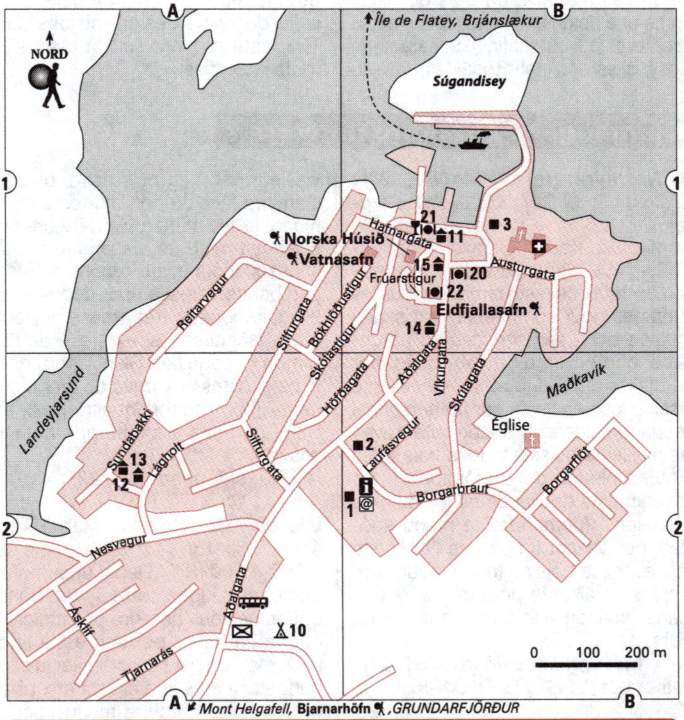

STYKKISHÓLMUR

Adresses utiles	**12** Sundabakki
Office de tourisme	**13** Alma's Guesthouse
1 Piscine	**14** Hótel Breiðafjörður
2 Supermarché Bónus	**15** Hótel Egilsen
3 Seatours	**Où manger ? Où boire un verre ?**
Où dormir ?	**20** Narfeyrarstofa
10 Camping	**21** Sjávarpakkhúsið
11 Harbour Hostel	**22** Plássið

inclus. Heureusement, l'intérieur de ce gros cube blanc est plus agréable que ne le laisse présager l'extérieur. Sur 3 étages, une douzaine de chambres avenantes et lumineuses, très bien tenues, au mobilier fonctionnel, toutes avec salle de bains (minuscules pour certaines). Literie confortable. Évitez juste celles du rez-de-jardin. Salle de petit déj lumineuse à souhait. La patronne, qui a vécu en Angleterre, parle parfaitement anglais.

Hótel Egilsen (plan B1, **15**) : *Aðalgata 2. ☎ 554-77-00. • egilsen.is • Doubles 30 700-38 600 ISK en été, 21 000-24 500 ISK en hiver. Petit déj en sus 2 500 ISK. (iPad en prêt !)* Une fois encore, les prix ne sont pas tendres... Stykkishólmur est cher. Cela étant dit, cet hôtel, installé dans un ancien magasin en bois de 1876, abrite une poignée de très jolies petites chambres qui ont (enfin !) du caractère. Cosy, elles déclinent tonalités de bleu et parquet vieilli, douche pluie (petite salle de bains design) et jolie déco. Thé, café et bière sont à disposition toute la journée.

Où manger ? Où boire un verre ?

Narfeyrarstofa *(plan B1,* ***20****) : Aðalgata 3. ☎ 841-23-00. Avt d'arriver sur le port, à droite. Tlj 12h-22h en été, jusqu'à 18h en hiver. Plats env 2 300-5 100 ISK.* Installé dans une maison de 1906, ce resto remporte tous les suffrages pour son intérieur ravissant, tout en bois, ses services en porcelaine contemporaine fabriqués par un atelier du village et son excellente cuisine locale, servie par un personnel souriant. Essayez la soupe faite « avec les meilleurs poissons de la baie », les moules bleues du Breiðafjörður, les assortiments de viande ou les burgers « maison » (demandez le menu spécial), qui sortent un peu de l'ordinaire et... évitez la baleine (merci pour elle). Terrasse plaisante pour déguster une glace (maison elle aussi) aux beaux jours.

Sjávarpakkhúsið *(plan B1,* ***21****) : Hafnargata 2a. ☎ 438-18-00. En été, tlj 12h-15h, 18h-22h (bar jusqu'à 3h ven-sam). Plats env 2 800-5 200 ISK.* La vieille maison en bois noire, discrète, s'amarre face au port. Mi-resto mi-bar marin, le lieu attire foule à l'heure où le soleil fait mine de disparaître derrière l'horizon (pour mieux rebondir). Encore une bonne adresse pour déguster des produits locaux très frais – guillemot fumé, langoustines, moules « de l'ami Simon », coquilles Saint-Jacques de la baie, pâtes aux fruits de mer bien *al dente* (bon rapport qualité-prix), etc. Demi-portions à moitié prix pour les enfants.

Plássið *(plan B1,* ***22****) : Frúarstígur 1. ☎ 436-16-00. À une enjambée du resto* Narfeyrarstaoa. *Tlj en été 11h30-15h, 18h-22h. Plats env 1 500-4 200 ISK.* Dans une maison blanc et rouge, cette 3e (et bonne) option ne vous décevra pas malgré sa courte carte. Le poisson est à l'honneur, mais on peut aussi limiter la casse budgétaire en s'intéressant aux pizzas et aux bons burgers (menu spécial). Service attentif et cadre cosy.

À voir. À faire

Vatnasafn *(bibliothèque de l'Eau ; plan B1) : Bókhlöðustígur 17. • libraryofwater.is • À deux pas de l'AJ et de la* Norska Húsið. *Juin-août, tlj 11h-17h ; sept-mars tlj sf lun, 11h-17h. Entrée : 500 ISK ; réduc.* Cette ancienne bibliothèque, très joliment posée sur un promontoire qui surplombe le port, accueille une installation permanente de l'artiste américaine Roni Horn : le lieu, dépouillé et très lumineux grâce à ses nombreuses baies, est uniquement occupé par 24 colonnes de verre contenant l'eau de différents glaciers islandais. Il baigne littéralement dans une atmosphère apaisante...

Norska Húsið *(plan B1) : Hafnargata 5, tt près du port. ☎ 433-81-14. Juin-août, tlj 11h-17h. Entrée : 1 000 ISK ; gratuit moins de 18 ans.* Bâtie en 1832 à base de bois norvégien (d'où son nom), cette maison fut le premier bâtiment sur deux niveaux d'Islande. Le musée local s'y est installé, avec ses expos tournantes (rez-de-chaussée), ses pièces à vivre, ses meubles d'époque style grand-mère (fleurs et dentelles) et son bric-à-brac d'objets anciens dans le grenier. Un voyage dans le passé rythmé par le tic-tac de la grosse horloge.

Eldfjallasafn *(musée du Volcan ; plan B1) : Aðalgata 6. ☎ 433-81-54. • eldfjallasafn.is • Au bord de la route principale, peu avt le port, dans un bâtiment tout rouge. Mai-sept, tlj 11h-17h. Prix : 1 000 ISK.* Pas franchement incontournable, ce petit musée privé rassemble surtout une collection disparate de tableaux d'éruptions et de pierres volcaniques... Le plus intéressant, ce sont les vidéos et documentaires de l'étage.

➢ Du ***rocher de Súgandisey*** *(plan B1)*, coiffé par un phare miniature orange fluo, qui surplombe le port, se dégage une vue imprenable.

➢ ***Seatours*** *(plan B1, **3** ; ☎ 433-22-54 ; • seatours.is •)* et ***Iceland Ocean Tours*** *(Hafnargata 2 ; ☎ 517-55-55 ; 📱 820-03-50)* organisent en été des ***promenades en bateau*** au milieu des innombrables îles et îlots flottant au nord-est du port. Il y en aurait entre 1 000 et 5 000 selon les sources, sachant qu'une touffe d'herbe suffit normalement à distinguer une île proprement dite d'un simple récif ! *Seatours* se spécialise sur les dégustations de coquilles Saint-Jacques et oursins directement sur leur lieu de récolte. *2-3 départs/j. de mi-mai à mi-sept, puis 1 départ/j. jusqu'à mi-oct ; mar et dim le reste de l'année (sf de déc à mi-janv). Durée : 1h20 ou 2h15. Coût : env 6 250 et 7 400 ISK ; gratuit moins de 16 ans ; ½ tarif 16-20 ans.* L'excursion d'*Iceland Ocean Tours* se consacre plus spécifiquement à l'observation des phoques et des oiseaux (aigles à queue blanche avec un peu de chance, macareux, etc.). *1-3 départs/j. de mi-mai à mi-sept et un autre le soir à 20h fin juin-10 août env. Compter env 5 500 ISK/pers (gratuit moins de 12 ans, ½ tarif 12-17 ans) pour une balade d'env 1h45.*

DANS LES ENVIRONS DE STYKKISHÓLMUR

➢ ***Balade autour du mont Helgafell :*** *à env 5 km par la route 58, puis embranchement à gauche.* Cette grosse colline aux colonnes basaltiques accueillait déjà un sanctuaire païen avant l'avènement du christianisme. Un monastère augustinien s'y dressa de 1184 à 1550. Il n'en reste qu'un tout petit pan de mur, mais la vue panoramique à 360° sur la région mérite bien d'y monter. En contrebas se trouve une église de 1903. En redescendant par là, vous passerez à côté d'une pierre tombale datant de 1008, qu'on dit être celle d'un personnage de saga, Guðrún Ósvífursdóttir.

Bjarnarhöfn : *à 22 km à l'ouest de Stykkishólmur, dont 11 km de (bonne) piste. ☎ 438-15-81. • bjarnarhofn.is • Tlj en été 9h-18h. Entrée : 1 000 ISK.* Au « port de l'ours », pas de plantigrade, mais un petit musée du *hákarl*, le requin (du Groenland) fermenté... On vous y expliquera (peut-être) comment est préparée la chair afin qu'elle perde sa toxicité : 6 à 12 semaines de fermentation dans une cavité creusée dans le sable, suivies de 4 ou 5 mois de séchage... Les plus courageux pourront s'essayer à une dégustation en faisant abstraction de l'odeur d'ammoniaque ! Cela dit, l'entrée est chère et les nombreux vieux objets empilés pas inoubliables.

Eiríksstaðir : *à 16 km au sud-est de Búðardalur et 85 km à l'est de Stykkishólmur. 📱 661-04-34. Juin-août, lun-ven 9h-18h. Entrée : env 1 300 ISK ; gratuit moins de 12 ans.* En 1997-1999, les archéologues islandais ont fait ici une découverte de taille : les ruines d'une *long house* viking du Xe s qui pourraient bien être celles de la ferme d'Erik le Rouge. Décrit dans les sagas comme « un homme du Breiðafjörður », celui à qui on attribue la fondation de la première colonie européenne au Groenland (vers 982) aurait vécu ici avant d'être banni d'Islande pour meurtre. Son fils Leif, futur « découvreur » de l'Amérique, serait même né en ce lieu.

À deux pas des ruines (dont il ne reste presque rien), la maison a été reconstituée, en bois flotté sibérien, avec les couches des occupants sur les côtés – ils devaient être une vingtaine. Intéressante visite guidée qui vous plongera dans l'atmosphère de l'époque. Et rien n'est vraiment sûr, mais si Éric le Rouge a bien existé, c'est probablement là qu'il a eu le plus de chance d'habiter !

GRUNDARFJÖRÐUR

905 hab.

Ce bourg actif, qui s'abrite au fond d'une superbe baie, au pied du mont Kirkjufell, est en vérité l'un des plus gros ports d'Islande, et le deuxième en ce qui concerne les exportations de poisson vers l'étranger. La pêche est depuis longtemps à l'ordre du jour ici... Grundarfjörður fut ainsi le premier village du pays à voir la construction d'une église catholique, bâtie vers 1800 par des marins bretons – qui firent aussi construire un hôpital ! Aujourd'hui, la municipalité islandaise est jumelée avec celle de Paimpol.

Arriver – Quitter

Arrêt de bus à la station-service *N1,* en plein centre.

➢ ***Olafsvík, Rif et Hellissandur :*** en été, 2 bus/j. les j. ouvrables et le sam avec *Stræto* *(☎ 540-27-00 ; • straeto.is •)* ; le reste de l'année, 2 bus/j. (mat et soir) slt les lun, ven et dim,

➢ ***Stykkishólmur :*** fréquences identiques. Les bus passent vers 7h30 (8h dim) et 16h30. Trajet : 35 mn. Descendez à Vatnaleið pour attraper la correspondance (immédiate) pour ***Borgarnes.***

Adresses utiles

Office de tourisme : *Grundargata 35. ☎ 438-18-81. En plein centre, en face de la station-service* N1. *Tlj 10h-18h de mi-mai à mi-sept ; le reste de l'année, lun-ven 10h-14h.* Abrite aussi un café sympa *(ouv 9h-22h en été, accès internet),* et une petite expo (voir « À voir. À faire »).

■ ***Distributeurs*** et ***supermarché :*** *à côté de la station-service* N1, *dans la rue principale.*

Où dormir ? Où manger ?

Camping : *au bout de Borgarbraut, après l'AJ. ☎ 430-85-64. 861-25-76. Ouv de juin à fin août. Env 1 000 ISK/pers.* Il y a en fait 2 terrains proches l'un de l'autre. Celui du bas, ouvert aux 4 vents, est souvent détrempé s'il pleut beaucoup ; celui du haut est beaucoup mieux protégé, dans un cirque de talus donnant sur les montagnes. W-C et eau potable. La piscine, où vous irez prendre votre douche (payante), est juste à côté.

Auberge de jeunesse : *Hliðarvegur 15. ☎ 562-65-33. 895-65-33. • grundarfjordurhostel.com • Fléchée depuis le centre. Accueil tlj 15h-21h (sinon, passer un coup de fil). Lit en dortoir env 4 000 ISK. Doubles env 22 000-25 000 ISK selon confort, draps en sus.* Tenue par Johnny, un Sud-Africain tombé amoureux de l'Islande, l'AJ occupe plusieurs bâtiments, de part et d'autre de la rue, mais aussi près du port. En fait, il y a bien plus de chambres privées (avec ou sans salle de bains) que de dortoirs. Petit déj possible sur résa, mais il y a en général une cuisine. Bonne ambiance.

Suður-Bár : *à 8 km à l'est de Grundarfjörður. ☎ 438-68-15. 847-87-59. Prendre la route de Stykkishólmur sur 4 km, puis tourner à gauche et continuer sur 4 km. Double env 21 600 ISK avec sdb, petit déj compris.* Ici, vous logerez chez l'habitant dans une ferme près de la mer. Les chambres (3 doubles et 2 triples) sont simples mais bien nettes, avec lino et murs blancs ou jaunes. Véranda donnant sur la baie pour le petit déj. Pas de cuisine. À côté, 2 autres chambres dans un cottage, avec cuisine et salle de bains, au même prix. Balades à cheval sur résa et golf rural à côté.

Rú Ben : *Grundargata 59 (dans la rue principale). ☎ 438-64-46. Tlj 10h-23h (parfois plus tard). Sandwichs à partir de 1 200 ISK ; plats 2 500-3 600 ISK.* Cafétéria un peu rétro pour une cuisine passe-partout pas trop chère. Également des pizzas et des milk-shakes. Agréable terrasse sur le côté du bâtiment.

À voir. À faire

Sögumiðstöð Eyrbyggja *(Musée de l'office de tourisme)* **:** *mêmes horaires. GRATUIT.* Depuis le retour de la biblio du village dans le bâtiment, le musée a fondu... Reste un coin avec une expo sur la vie d'autrefois, une barque, un peu de matos de pêche et la reconstitution d'une microconfiserie des années 1960 qui se muait en magasin de jouets à l'approche de Noël. Dans une autre salle, une projection de photos de la ville prises entre 1960 et 1980 par un photographe de presse originaire du coin. Si c'était payant, on vous dirait : passez votre chemin.

➢ ***Balade autour du mont Kirkjufell*** *(463 m)* **:** une balade très populaire (environ 2-3h) consiste à suivre le sentier qui contourne le *Kirkjufell,* cet étrange petit mont herbeux pyramidal qui se dresse au bord de l'eau. Préférez la marée basse, pour pouvoir marcher sur la plage. Le sentier part à droite de la route, à la sortie ouest du village.

➢ ***Observation des macareux et des baleines :*** *avec* ***Láki Tours*** *(☎ 546-68-08 ; • lakitours.com •).* Pour les oiseaux de mer, c'est de juin à mi-septembre, depuis Grundarfjörður (environ 1h ou 2h30), en direction de la petite île de Melrakkaey – mais on ne met pas pied à terre. *Départs à priori à 14h et 20h ; à partir de 5 900 ISK/pers. Pour les baleines, les sorties se font depuis Ólafsvík, de début mai à mi-juil (durée : 3h, env 9 900 ISK).* Et si vous êtes là en hiver *(nov-avr),* essayez d'aller voir les orques, qui viennent alors rôder dans les parages en quête de hareng.

HELLISSANDUR

535 hab.

Village le plus à l'ouest de la côte nord de la péninsule, Hellissandur n'est pas incontournable, mais le site, au pied du volcan Snæfellsjökull, est tranquille et joli – bien plus que ne l'est le port voisin d'Ólafsvík. Un sentier relie la bourgade au hameau de Rif, en traversant des étendues où nichent des milliers de sternes arctiques.

– On y trouve un ***poste d'essence*** (également à Ólafsvík).

Arriver – Quitter

Arrêt de bus à la station-service *N1.*

➢ ***Olafsvík, Grundarfjörður et Stykkishólmur :*** en été, 2 bus/j. les jours ouvrables avec *Stræto (☎ 540-27-00 ; • straeto.is •),* vers 7h et 16h ; le reste de l'année, slt les lun, ven et dim. En descendant à Vatnaleið, vous pourrez attraper la correspondance (immédiate) pour ***Borgarnes.***

Adresses utiles

Þjóðgarðjurinn Snæfellsjökull : *Klettsbúð 7, à Hellissandur. ☎ 436-68-60. • snaefellsjokull.is • Derrière l'hôtel Hellissandur. Lun-ven 10h-17h.* Infos sur le parc national de Snæfellsjökull mais aussi des brochures sur la région.

Office de tourisme : à **Ólafsvík.** ☎ 433-99-30. Horaires assez variables : juin-fin août, tlj 8h-18h, le w-e 10h-15h.

Où dormir ? Où manger ?

À Hellissandur

Camping : ☎ 433-69-29. À la sortie ouest du village. De mi-mai à mi-sept. Tente 600 ISK et 500 ISK/pers. Un petit camping rustique situé dans un joli site : terrain plat un peu protégé au milieu d'un champ de lave. On paie le soir ou le lendemain matin. Douche.

Hótel Hellissandur : Klettsbúð 9. ☎ 430-86-00. • hotelhellissandur.is • Tte l'année. Doubles avec sdb env 29 000 ISK en juil, 25 000 ISK en mai-juin et sept, puis 16 500 ISK ; petit déj compris. Plats env 2 500-4 500 ISK. Certes, l'hôtel est sans originalité, et même plutôt cher comme la plupart des hôtels en Islande, mais ses chambres confortables ont le mérite d'exister dans un secteur où le choix est très limité. Belle grande TV à écran plat, mais dommage pour le lino au sol... Fait aussi resto.

À Rif (2 km à l'est)

The freezer Hostel : Hafnargata 16. 865-94-32. • thefreezerhostel.com • Ouv juin-août slt. Lit en dortoir env 4 600 ISK/pers. Le jeune proprio est un enthousiaste : auteur et acteur formé en Angleterre, il est revenu au pays pour installer une AJ-centre culturel dans l'ancienne usine de poisson où il travailla durant son adolescence ! Les dortoirs sont presque un prétexte pour faire vivre les concerts (souvent le jeudi), soirées ciné et spectacles (généralement en anglais) qu'il organise tout au long de l'été, avec la collaboration d'artistes islandais et étrangers venus passer quelques semaines sur place en résidence. Il propose même des cours d'islandais ! Pour dormir : 14 lits dans 2 petites pièces, partageant 2 salles de bains. C'est assez sommaire, mais correct. Cuisine et machine à laver à disposition.

Gamla Rif : Háarif 3. ☎ 436-10-01. En été, tlj 12h-20h. Pas de carte ici, mais un *talking menu,* comme dit la patronne, qui viendra vous proposer sa soupe de poisson avec pain maison (très réputée), un sandwich feta-légumes et son excellent choix de gâteaux. La salle, petite et tout en bois, avec une banquette courant le long du mur, est aussi chaleureuse que l'accueil. Ne soyez juste pas trop pressé !

À voir

Sjóminjasafnið (Musée maritime) **:** Sandahraun. ☎ 436-66-19. Sur la route principale. Ouv juin-août, mar-ven 9h30-12h, 13h-18h, le w-e 13h-18h ; de mi-août à mi-sept, mar-dim 13h-18h. Entrée : 600 ISK ; gratuit moins de 12 ans. La hutte de Thorvald, une hutte de pêcheurs reconstituée au toit d'herbe, voisine avec un petit musée consacré aux gens de mer et à leur travail : Hellissandur, dans le passé, était un port de pêche actif. En témoignent deux embarcations typiques de la région (à huit rameurs), dont le *Bliki,* le plus ancien bateau de pêche conservé en Islande. À cela s'ajoutent des objets de la vie rurale et des photos anciennes, évoquant par exemple le ramassage des œufs d'oiseaux – on se laissait descendre au bout d'une corde, le long de la falaise de Saxholsbjarg, tout à l'ouest de la péninsule.

LE PARC NATIONAL DE SNÆFELLSJÖKULL

L'extrémité ouest de la péninsule, inhabitée, est devenue parc national en 2001. Amarré autour de la masse colossale du volcan (1 446 m) et de son

chapeau glacé, le secteur est lardé de coulées de lave figées depuis 2 millénaires. Certaines dévalent jusqu'à la côte occidentale – « un amoncellement immense de déjections volcaniques », un « pays comme écrasé sous une pluie de pierres énormes », écrivait Jules Verne dans *Voyage au centre de la Terre.* Voilà donc un paysage totalement sauvage, battu par les vents et les vagues furieuses de l'Atlantique nord.

Adresse utile

🛈 ***Snæfellsjökull National Park Visitor Centre :*** *à* ***Hellnar*** *(sud de la péninsule).* ☎ *436-68-88.* • *snaefellsjokull.com* • *Juin-sept, tlj 10h-17h ; le reste de l'année, lun-ven 11h-16h (15h nov-fév).* Un arrêt judicieux avant de partir explorer la péninsule. Une expo (gratuite) y présente le parc, son environnement et son histoire. C'est ici que vous demanderez conseil et les prévisions météo avant de vous approcher du glacier. Infos également sur les balades et randos accompagnées.

À voir. À faire

➢ Le parc se prête à de multiples ***randonnées*** pour tous les niveaux. Les offices de tourisme et le *Visitor Centre* vendent une petite carte avec un rapide descriptif de la bonne trentaine de sentiers existants (de 300 m à 11 km). Si l'on relie entre eux secteurs balisés ou non, on peut ainsi longer l'intégralité de la côte entre Hellissandur et Arnarstapi en 40 km. Ceux qui envisageraient de partir plusieurs jours devront en informer les gardes du parc et leur communiquer leur itinéraire.
En outre, des ***balades et randos accompagnées*** sont organisées tous les week-end de juillet à mi-août (et à dates variables en juin-août), à Djúpalónssandur et Lóndrangar, à la découverte des renards arctiques, de la flore, randos, ramassage des baies, etc.).
Sinon, la route goudronnée qui fait le ***tour de la péninsule*** fait partie des incontournables. De celle-ci, une multitude d'embranchements mène à différents sites et points de vue, présentés ici du nord au sud, dans le sens contraire des aiguilles d'une montre.

Par la route 574

La route goudronnée (574) s'arrête à hauteur de la jolie ***plage de Skarðsvík,*** encadrée de courtes falaises et battue par de gros rouleaux. La piste, un peu cassante mais carrossable, continue en direction de deux phares. Par la branche de gauche (plus difficile), en 2 km, on rejoint le plus grand, le ***phare de Hvalrauf,*** perché au-dessus de falaises constellées d'oiseaux de mer. Plus au nord, le sémaphore orange signalant la ***péninsule d'Öndverðanes*** se trouve près d'un très ancien puits viking, creusé au fond d'une tranchée (à 200 m du parking).

De retour sur la route principale, on découvre bientôt le petit cône parfait du ***cratère de Saxhóll,*** dont une piste permet de s'approcher. Vous atteindrez le haut en 10 mn à peine.

Plus au sud, ***Djúpalónssandur*** est une belle plage de galets noirs et sable entremêlés. On y trouve aussi les grosses pierres rondes que les matelots devaient soulever à hauteur de poitrine et poser sur un rebord rocheux pour démontrer leur force avant d'être engagés... La plus grosse atteint 154 kilos ! Un peu plus loin gisent les derniers vestiges rouillés d'un chalutier anglais échoué en 1948. De la plage, un sentier mène en 1 km (au nord) à la ***baie de Dritvík,*** qui fut du XVIe au XIXe s une des principales bases de pêche saisonnière d'Islande

(40 à 60 bateaux). La balade sur les falaises de lave est magnifique, avec la mer d'un côté et un très beau point de vue sur le glacier de l'autre.

Un peu plus loin, près de Purkhólahraun, on peut visiter les ***grottes de lave de Vatnshellir.*** *Visite guidée slt, de mi-mai à fin sept, tlj 10h-18h, ttes les 45 mn. 665-28-18. • vatnshellir.is • Prix : env 3 500 ISK ; réduc ; gratuit moins de 11 ans. Durée : env 1h.* La partie basse (accès par un escalier en colimaçon) aurait été formée il y a 6 000 à 8 000 ans. Avis aux claustrophobes : le guide éteint toute ses lumières un petit instant... Couvrez-vous bien, il fait tout juste 6 °C !

À ***Lóndrangar,*** la mer a sculpté les falaises de lave en deux impressionnants piliers ruiniformes de 75 m et 61 m de haut. Très joli. On s'en approche en quelques minutes à pied par l'un ou l'autre des points de vue de Maláriff et Svalþúfa.

Par la piste F570

Reliant directement les abords d'Ólafsvík à Arnarstapi, cette piste est en théorie réservée aux 4x4. Certains s'y essayent en véhicule normal, à leurs risques et périls – enfin, surtout aux risques et périls de leur carrosserie et bas de caisse... En tout état de cause, la F570 est rarement ouverte avant juillet et ferme généralement dès fin septembre ou début octobre – tout dépend de la neige. Elle permet d'approcher le ***glacier Snæfellsjökull*** par le versant est et offre de très beaux points de vue si le temps est dégagé. Cela dit, n'essayez pas de vous approcher par vous-même du glacier : les conditions météo peuvent changer drastiquement en 2 mn et les risques de se perdre dans le brouillard sont très sérieux. Qui plus est, le glacier est miné par le réchauffement climatique et entaillé d'une multitude de crevasses qui accentuent sa dangerosité. D'ailleurs, les spécialistes prévoient que, au rythme actuel de fonte, il aura disparu dans 30 ans... Il couvre déjà moins de 10 km^2 contre 15 km^2 à l'époque de Jules Verne.

Ascension du volcan

Il reste néanmoins possible, surtout en début de saison, de faire l'***ascension du volcan*** avec un guide ; en fin d'été, c'est parfois trop dangereux. Des tour-opérateurs proposent aussi des balades en motoneige ou *snowcat* (sortes de grosses dameuses).

➢ ***À pied :*** avec **Go West,** installé dans une cahute en bois à côté de la *Guesthouse Snjófell* à Arnarstapi. *695-99-95. • gowest.is • Compter min 16 000 ISK/pers pour une balade de 4h-6h sur le glacier (avec crampons et piolet) depuis le sommet de la piste F570, et 22 000 ISK pour une journée complète.* Propose aussi des circuits à VTT.
Autre option avec ***Hellaferðir Glacier Hiking*** *(665-28-18. • glaciers.is •),* de la courte balade de 3h *(en principe tlj à 10h30, env 13 900 ISK/pers)* au *summit tour (avr-sept, mar, jeu et sam à 10h30, env 29 900 ISK/pers)* en passant par la *midnight sun hike (juin et début juil).* Âge minimum 12 ans.

➢ En ***motoneige et snowcat :*** les 2 options avec ***The Glacier*** *(663-33-71 ; • theglacier.is • ; en principe départs ttes les 2h, 10h-16h en été, et encore à 21h et 23h. Compter 15 000 ISK pour le midnight sun tour).*
Aussi, pour le *snowcat* seulement, avec la ***Guesthouse Snjófell*** (voir plus bas), au départ d'Arnarstapi *(à priori ttes les 2h, 10h-23h. Compter 10 000 ISK/pers pour un min de 6 participants ; ½ tarif moins de 15 ans).*

LA CÔTE SUD DE LA PÉNINSULE

Adossée à l'épine dorsale volcanique soulignant la péninsule, la région, sauvage mais plutôt riante, alterne lacs, pâturages et plages désertes. Une ferme par-ci, une autre par-là, parfois même une ferme-auberge... et voilà !

– Faites quelques provisions d'argent liquide et, éventuellement, de nourriture.

HELLNAR

Le hameau, siège du *Visitor Centre* du parc, où l'on trouve aussi un café, se résume à quelques fermes, une petite église et un cimetière. Tout au bout de la route se découpent des falaises de lave percées de grottes et d'une arche ; une colonie de goélands y piaille à qui mieux mieux. De là, un très joli sentier côtier permet de rejoindre Arnarstapi en 2,5 km.

Où dormir ? Où manger ?

Hótel Hellnar : *à gauche en arrivant dans le village. ☎ 435-68-20. Ouv mai-sept. Doubles env 25 000-43 000 ISK, petit déj inclus. Au resto (18h-21h30), plats env 3 500-5 000 ISK. (payant).* Superbement situé, entre mer et pied du volcan, l'établissement, certifié *Green Globe*, dispose de 39 chambres d'un très bon standing, dont les prix varient selon la vue – on en conclura que la montagne est moins appréciée que les flots... Au resto, la carte fait honneur aux poissons islandais, mais s'ouvre aussi à des influences d'ailleurs (indiennes, notamment).

Fjöruhúsið : *juste au-dessus du petit port de Hellnar. ☎ 435-68-44. Tlj de mai à mi-nov, 10h-22h. Plats env 1 800-2 400 ISK.* Installée dans une maison de poupée nichée au-dessus de la mer (un ancien entrepôt de pêcheurs), Sigríður est connue pour sa soupe de poissons accompagnée d'un très bon pain – dommage qu'elle ne soit pas plus copieuse pour le prix. Sinon, quelques quiches et des gâteaux « maison » comme l'excellente tarte au *skyr*. Terrasse adorable si le soleil veut bien s'afficher.

ARNARSTAPI

« Stapi est une bourgade formée d'une trentaine de huttes, et bâtie en pleine lave sous les rayons du soleil réfléchis par le volcan », écrit Jules Verne dans *Voyage au centre de la Terre*. Un siècle et demi plus tard, le hameau, devenu la principale base pour la visite du parc national, n'a pas beaucoup grandi. On y trouve une *guesthouse*, quelques maisons de vacances et un adorable port miniature niché au fond d'une crique encadrée de pitons de basalte tachetés du blanc des goélands.

Guesthouse Snjófell : *à gauche en arrivant dans le village. ☎ 435-67-83. Ouv avr-sept. Résa fortement conseillée en été. Camping, env 1 500 ISK/tente. À la guesthouse, env 4 500 ISK/pers avec sac de couchage, petit déj en sus 2 000 ISK ; double sans sdb à partir de 18 000 ISK avec draps et petit déj. Au resto, plats env 2 000-4 000 ISK.* Réception et café-restaurant sont installés dans la double maison rouge au toit herbeux. Les petites chambres, avec parquet et lavabo, sont dans 2 maisons annexes – une pour les sacs de couchage, l'autre pour les lits faits. Assez basiques, elles sont néanmoins correctes pour le prix, avec bouilloire et frigo communs. L'été, le lieu est toujours noir de monde, et le service s'en ressent... Le resto, pas mauvais, est un peu cher. Quant au camping, pas de douche ; on vous envoie à la piscine de Lýsuhóll, à 20 mn de là en voiture ! Excursions en *snow-cat* sur le Snæfellsjökull. Petite pompe à essence.

BÚÐIR

« Búðir », c'est beaucoup dire : il s'agit en fait d'un hameau qui n'existe plus, seuls subsistent aujourd'hui un hôtel chic et une petite église en bois noir, droite comme un « i ». Si vous avez 1h de libre, garez-vous sur le parking de l'hôtel et entamez une balade parmi les moutons, les sternes et les petites fleurs, le long de la mer. Juste à l'est, bien visible de puis la route 54, jetez aussi un coup d'œil à la puissante ***chute de Bjarnafoss,*** dévalant en deux paliers par-dessus des orgues basaltiques.

Hótel Búðir : *inratable, c'est la seule construction de Búðir... ☎ 435-67-00. • is.hotelbudir.is • Doubles, en été, env 39 000-54 500 ISK selon confort, petit déj 2 500 ISK. Resto (12h-16h, 18h-21h) : plats 5 500-8 900 ISK.* Pour qui peut se l'offrir, c'est LE bel hôtel du coin. La grosse bâtisse abrite 28 chambres élégantes, soigneusement aménagées et de bon confort (excellente literie). Les moins chères (si l'on peut dire !) sont sous les toits et les plus onéreuses aux angles de la maison ; en plus d'être très lumineuses, ces dernières bénéficient de 2 vues différentes sur la mer et les collines, et certaines d'une baignoire à pattes, très romantique (comme la nº 23). Au rez-de-chaussée s'alanguit un salon tout vitré équipé d'une longue-vue pour observer les oiseaux. L'écrivain Halldór Laxness y avait ses habitudes. Bref, pas mal de caractère et, surtout, une situation superbe, au milieu de nulle part. On peut dîner sur place, mais il faut réserver bien à l'avance en saison. Le menu change souvent et la carte des vins est relativement impressionnante pour ce bout du monde.

LÝSUHÓLL

À une bonne dizaine de kilomètres à l'est de Búðir, Lýsuhóll abrite la seule source d'*eau minérale chaude* de la péninsule. Elle alimente une piscine réputée pour guérir les affections cutanées. C'est aussi ici que se trouve l'école qui accueille tous les enfants de la côte sud du Snæfellsnes. Un endroit empreint d'une certaine grandeur isolée, au pied de montagnes noires et pointues.

Où dormir ? Où manger dans le coin ?

Guesthouse Hof : *à env 7 km à l'est de Lýsuhóll. 📱 846-38-97. • gistihof.is • Tte l'année sf Noël. Compter 15 500-18 800 ISK pour 2 pers en chalet ; 16 500 ISK en chambre avec sdb partagée et 10 800 ISK avec sac de couchage. Petit déj 2 300 ISK.* Tenu par une famille qui vous accueille avec de grands sourires, le lieu est joliment situé, entre mer et montagnes. Une longue baraque jaune au toit couvert d'herbe regroupe des appartements de 3 chambres (on peut n'en louer qu'une) qui se partagent salon, cuisine, salle de bains et terrasse avec *hot tub* et barbecue. Il y a aussi des chalets au fond du terrain, avec ou sans salle de bains. Pas très grands, ils sont bien cosy et lumineux, avec vue mer directe.

Gistihúsið Langaholt : *à env 5 km à l'est de Lýsuhóll. ☎ 435-67-89. 📱 898-88-23. • langaholt.is • Camping 1 200 ISK/pers (douche payante, à prendre à l'hôtel). Double avec sdb env 25 000 ISK, bon petit déj compris. Plats env 1 700-3 500 ISK.* Ce sera notre second choix. Dans un long bâtiment blanc au ras du sol, une vingtaine de

LA PÉNINSULE DE SNÆFELLSNES

chambres sans grand caractère, un peu chères mais bien nettes, avec (mini) salle de bains et dessus-de-lit en patchwork. Une partie donne sur la mer ou le glacier, au loin. On peut aussi camper dans une prairie battue par les vents et... jouer au golf ! Au resto, véritable point fort des lieux, le menu change tous les jours, selon le marché (carte courte).

À faire

– **Piscine thermale** (Sundlaug) **:** *fléchée depuis la route. Très discrète, accolée à l'école ; entrée sur la droite. Ouv de juin à mi-août, tlj 13h-20h30. Entrée : env 1 000 ISK.* Surprenante eau verte, riche en algues et en minéraux ! Bassins et *hot tubs* oscillent entre 30 et 43 °C, ça dépend du temps. Dommage que le cadre soit en plastique moche...

➢ ***Balades à cheval :*** *à la ferme* Lýsuhóll, *un peu avt la piscine.* ☎ *435-67-16.* ● *lysuholl.is* ● Randonnées à la carte, sur la plage de préférence, ou à travers la campagne pour rejoindre Búðir. *Env 19 000 ISK pour 3h de chevauchée ; 27 000 ISK la journée entière, déjeuner inclus.*

➢ ***Ytritunga :*** *à quelques km à l'est.* En juin-juillet, vous aurez de bonnes chances de pouvoir observer des phoques dans cette petite anse.

ELDBORGARHRAUN

Ce beau cratère très symétrique de plus de 100 m de haut révèle un fond tapi de verdure. On y accède depuis la route de Borgarnes (54), au niveau de Snorrastaðir ; c'est indiqué. Le chemin pour s'y rendre part de la ferme-hôtel de *Snorrastaðir* et fait 3 km aller (environ 1h30 aller-retour).

Sur la route 54, 19 km à l'est de la jonction avec la route 56, prendre à gauche la piste en direction d'Ytri-Rauðamelur. Environ 1 km plus loin, de très beaux ***murs d'orgues basaltiques (Gerðuberg)*** s'étirent sur plusieurs centaines de mètres.

SUR LA ROUTE DE REYKJAVÍK

BORGARNES

1 880 hab.

À 66 km au nord de Reykjavík, ce petit port sans charme particulier, posé au bout d'une péninsule, est un passage obligé pour ceux qui voudraient gagner la péninsule de Snæfellsness et les abords des fjords du Nord-Ouest en bus. C'est aussi la porte d'accès à la *vallée de la Hvíta,* d'où l'on peut éventuellement rejoindre Þingvellir (préférable en 4x4). Sinon, l'intéressant *Settlement Centre* peut justifier un arrêt.
C'est dans les environs de Borgarnes, sur les récifs d'Álftanes exactement, qu'en 1936 le *Pourquoi-Pas ?* du commandant Charcot s'abîma en mer. De retour d'une mission polaire au Groenland, le bateau fut pris dans une très violente tempête. Sur un équipage de 41 personnes, seule une d'entre elles, le maître timonier, survécut.

Arriver – Quitter

Arrêt des bus : à la sempiternelle station-service *N1*.

➢ ***Reykjavík :*** 5 bus/j. en sem avec *Stræto* (☎ 540-27-00 ; • straeto.is •), 6h50-21h30, 4 bus sam-dim (9h50-21h30). De mi-juin à fin août, le bus de *Sterna* (☎ 551-11-66 ; • sterna.is •) qui relie Akureyri à Reykjavík passe à Borgarnes vers 15h. Trajet : env 1h30.

➢ ***Akureyri :*** 2 bus/j. avec *Stræto* tte l'année, vers 10h30 et 19h (sf sam soir). Arrêt possible à ***Blönduós, Sauðarkrókur*** et ***Varmahlíð.*** Autre option avec *Sterna* de mi-juin à fin août, avec un départ vers 8h30. Trajet : env 7h.

➢ ***Stykkishólmur et la péninsule de Snæfellsness :*** en été, 2 bus/j. les lun, mer, ven et dim avec *Stræto* vers 9h15 (10h30 dim) et 19h.Trajet : env 1h30. En descendant à Vatnaleið, on peut attraper la correspondance (immédiate) pour Grundarfjörður, Ólafsvík et Hellissandur.

➢ ***Hólmavík :*** avec *Stræto,* tlj à 17h, sf mar et jeu, en été ; les ven et dim slt le reste de l'année. Trajet : env 2h15.

➢ ***Reykholt :*** 2 bus/j. (avec correspondance) à 9h30 et 20h30 en sem, 1 slt sam mat.

Adresse et info utiles

ℹ @ ***Office de tourisme :*** *dans le supermarché* Netto, *au carrefour quand on arrive en ville.* ☎ *437-22-14.* • *west.is* • *Juin-août, lun-ven 9h-17h, le w-e 10h (12h dim)-16h ; en hiver, slt en sem.* Vente de cartes détaillées. Accès Internet payant.

■ La plupart des services sont regroupés autour de la ***station-service N1 :*** supermarché (distributeur de billets à l'intérieur), caféteria, etc.

Où dormir ?

Camping : *à l'entrée nord de la ville.* 📱 *775-1012. Compter 1 000 ISK/pers slt (le préposé passe vers 9h et 21h).* Un grand terrain herbeux face à la mer, avec w-c et 2 éviers.

Borgarnes Hostel : *Borgarbraut 9-13.* ☎ *437-11-26.* 📱 *695-33-66.* • *borgarneshostel.is* • *Dans le centre, juste avt le* Settlement Centre. *En saison, compter 4 500 ISK/pers en dortoir (4 lits), 14 500-18 500 ISK les doubles, sans ou avec sdb. Réduc avec la carte* HI. Le long de la rue principale, cette AJ n'est pas parmi nos préférées. Si l'entretien est généralement correct, l'accueil est souvent médiocre, le *check-in* impossible avant 16h et certaines des chambres, en rez-de-jardin, sont quasi aveugles. Il y a plusieurs cuisines à disposition, mais on peut aussi prendre le petit déjeuner. Machine à laver et location de vélos.

Borgarnes Bed & Breakfast : *Skúlagata 21, en plein centre (prendre la rue face au* Settlement Center*).* ☎ *434-15-66.* 📱 *842-58-66.* • *borgarnesbb.is* • *Doubles à partir de 19 500 ISK, petit déj inclus ; réduc en basse saison.* Dans sa maison donnant sur la mer, l'accueillante Ása, qui parle fort bien le français (elle a habité en Arles avec son mari photographe !), propose 8 chambres d'un bon rapport qualité-prix, qui portent toutes le nom... d'une des vaches de la ferme familiale ! 7 partagent 3 salles de bains, la dernière possède la sienne, avec une belle douche pluie en granit noir. Nos préférées : « Búkolla » et « Hyrna », spacieuses, lumineuses, face à la mer. Une seule, sans vue, avec une lucarne, est moins agréable (mais aussi moins chère). Le petit déj se prend lui aussi avec vue panoramique et un salon-salle à manger-grande cuisine est à disposition des hôtes.

Guesthouse Bjarg : *à 2 km au nord-est du centre de Borgarnes, sur la route d'Akureyri.* ☎ *437-19-25.* 📱 *864-13-25.* • *bjarg@simnet.is* • *Ouv tte l'année sf Noël. Doubles sans ou avec sdb env 11 000-15 000 ISK avec lits* *faits, 9 000 ISK avec sac de couchage. Petit déj env 1 800 ISK/pers. Maison à louer (4 pers) env 34 000 ISK.* Posée au bord du fjord, une ancienne ferme de 1930 au toit rouge. 1 petit appart (4 lits, kitchenette et salle de bains), 1 studio et 3 chambres (2-4 personnes) pour sacs de couchage, partageant cuisine et salle de bains. L'intérieur, tout en bois, est chaleureux. À côté, une maison en bois pour 4 à 6 personnes, très joliment agencée. Vue magnifique depuis le salon aux grandes baies vitrées, 2 chambres et un canapé convertible.

Où manger ?

Geirabakari Kaffihus : *à l'entrée de la ville sur la gauche, juste après le pont, en venant du sud. ☎ 437-19-20. Lun-jeu 7h-18h, ven 7h-19h, le w-e 8h30-17h.* Idéal pour casser la croûte en passant : cette vaste boulangerie-café, aux grandes baies vitrées et terrasse donnant sur le pont franchissant la baie, regorge de pains, pâtisseries et sandwichs de qualité à petits prix.

Le ***resto du Centre*** propose tous les midis (12h-15h) un buffet végétarien avec café inclus. Petit choix de salades, légumes et soupe du jour aux notes parfois exotiques. Le reste est pas mal, mais plus cher.

À voir

The Settlement Center : *Brákarbraut 13-15. ☎ 437-16-00. • settlementcentre.is • Dans le prolongement de la rue principale, juste avt le pont qui mène à une petite île. Tte l'année, tlj 10h-21h. Entrée : 2 500 ISK; réduc ; gratuit moins de 14 ans. Audioguide en français compris.* L'ancien entrepôt reconverti accueille deux expos intéressantes : l'une sur la colonisation de l'Islande, l'autre sur la *saga d'Egill.* Dans la première, les différentes explications permettent de bien comprendre l'expansion viking et le fonctionnement de la première démocratie au monde autour de l'Alþing. L'autre expo vous ouvre au monde d'*Egill, fils de Grímur le Chauve,* qui a inspiré l'une des grandes *sagas* islandaises. L'auteur, Snorri Sturluson (1179-1241), homme politique, poète et historien, est considéré comme LE grand écrivain du Moyen Âge islandais. Un musée qui en vaut la peine si le(s) sujet(s) ne vous laisse(nt) pas de marbre.

DANS LES ENVIRONS DE BORGARNES

LA VALLÉE DE LA HVÍTÁ

Au nord-est de Borgarnes, la Hvítá prend ses aises en sinuant paisiblement à travers des prairies piquetées de fermes et de chevaux. C'est en suivant la (bonne) piste 523 (qui part de la route 50) que l'on profite le mieux de la vue.

Deildartunguhver *(source chaude de Deildartunga) :* *à 35 km au nord-est de Borgarnes, sur la route 50, juste au nord de la bifurcation de la 518 menant à Reykholt.* De loin, vous apercevrez des nuages de vapeur. Il s'agit de la source qui alimente le chauffage des maisons de la région d'Akranes et du Borgafjörður, ainsi que les serres à tomates des alentours (dont vous pouvez même acheter la production sur place). Son débit moyen, de 180 litres/secondes (à 100°), est le plus important des sources d'eau chaude d'Europe. La canalisation qui la relie aux stations de pompage et aux villes mesure 74 km de long (on la voit à plusieurs endroits au bord de la route).

Fossatun Camping & Guesthouse : *sur la route 50, entre Borgarnes et Reykholt, env 2 km au nord du croisement de la route 52.*

LA PÉNINSULE DE SNÆFELLSNES

☎ *433-58-00.* ● *fossatun.is* ● *Guesthouse ouv tte l'année, camping d'avr à fin oct. Camping 1 500 ISK/pers. Double env 15 000 ISK avec petit déj. Au resto (ferme vers 20h30), plats env 800-3 200 ISK.* On est là en bord de (petite) route, mais dans un joli cadre, avec des chutes d'eau juste sous le nez. Le camping se divise en 2 espaces : le 1er face à la réception, pas extraordinaire mais protégé par des haies ; le 2e un peu plus loin, sur un beau terrain herbeux, mais ouvert aux quatre vents. Les installations, de qualité, sont au niveau du 1er : petit bloc sanitaire avec douches et *hot tubs,* salle commune avec plaque électrique et micro-ondes. On peut aussi choisir entre 2 types de chambres : celles du petit bâtiment bas qui fait face aux chutes, à côté de l'accueil (neuves et de bon confort, avec sol en pierre et couettes), et celles de la *guesthouse,* une sorte de chalet situé à l'écart, face à un lac. Pour manger, il y a la cafétéria, avec sa salle donnant sur les chutes. Le boss, musico à ses heures, y conserve une sacrée collection de vinyles, que l'on peut faire tourner sur la platine à loisir ! Poète aussi à ses heures, il écrit des livres pour enfants (très bien traduits en français) et a aménagé un sentier parsemé de silhouettes de trolls ! Beau terrain de jeux, échiquier géant, minigolf.

Reykholt : haut lieu du tourisme islandais, ce hameau est attaché au souvenir de Snorri Sturluson, l'auteur de la saga *Egill, fils de Grimur le Chauve,* auquel le *Settlement Centre* de Borgarnes est en partie consacré. Pour ceux qui veulent approfondir le sujet, il existe un ***musée*** dédié à l'écrivain, situé sous l'église moderne, à côté de l'office de tourisme *(ouv mai-sept, tlj 10h-18h ; hors saison, lun-ven 10h-17h ; entrée 2 100 ISK, réduc).* Un peu plus loin se creuse un petit *hot pot (Snorralaug)* où, pense-t-on, le grand homme venait se délasser...

Les chutes de Hraunfossar et Barnafoss : *sur la route 518, sur la rive sud de la Hvítá, à 20 km de la route 50 et 6 km avt Húsafell.* L'eau jaillit du niveau de la falaise sur 150 m de long, puis dévale sous forme de rapides. Une promenade aménagée avec panneaux explicatifs longe les gorges. En remontant un petit peu, on atteint Barnafoss, où les remous, très puissants, passent sous un pont de pierre.

Húsafell : ce lieu de villégiature perdu dans le vert d'un petit bois, en amont de la vallée, est très apprécié des Islandais pour sa sérénité, son golf et sa piscine d'eau naturelle en plein air (plusieurs bassins, *hot tubs* et un toboggan ; *entrée : 1 200 ISK*). On peut aussi explorer les champs de lave de Hallmundargraun et la grande grotte de Víðgelmir, réputée pour ses étonnants stalagmites de glace – sans parler des différentes randonnées possibles (demandez la brochure).

Ferðaþjónustan Húsafelli : ☎ *435-15-56.* ● *husafell.is* ● *Ouv de mai à mi-sept. Env 1 800 ISK/pers en tente et 3 500 ISK/pers en cabane sommaire, douche comprise.* Un grand site agréable, planté d'arbustes, suffisamment aménagé tout en restant assez sauvage. Le gazon est épais, les sanitaires bien tenus et en bon état. Les cabanes sont en fait de très petites cahutes en forme de tente avec 2 matelas. À l'entrée, petite épicerie avec produits de base, pompe à essence et café-restaurant avec terrasse sympathique par beau temps.

➢ En continuant au-delà de Húsafell, ceux qui ont un 4x4 peuvent rejoindre la ***piste 550,*** qui, après 63 km, aboutit à Þingvellir. Ouverte uniquement en été, elle longe la courte gorge d'un torrent coulant en plein désert de lave, puis passe entre 2 glaciers – situés chacun à 1,5 km de la piste.

➢ Ceux qui sont en véhicule de tourisme prendront plutôt la ***route 52,*** goudronnée, pour rallier Þingvellir, ou rentreront sagement à Reykjavík par la route 1. Un peu avant d'arriver au Hvalfjörður, deux possibilités : longer le fjord par l'est ou prendre, à l'ouest, le tunnel (payant ; long d'environ 6 km) qui passe dessous et permet ainsi de gagner 1h de temps. À moins d'être pressé, on conseille la première solution, car la route est superbe. De plus, c'est l'itinéraire à suivre pour tenter d'apercevoir la ***cascade de Glymur,*** la plus haute d'Islande avec 196 m.

➢ ***Randonnée vers Glymur :*** au fond du Hvalfjörður, suivre Botsndalur sur 1 km, tourner à gauche sur la piste et, 2 km plus loin, laisser sa voiture à un parking. Un sentier permet de s'approcher de la chute : assez ardu, il exige de traverser un torrent sur un rondin de bois et de s'agripper à des cordes. Prévoir 3-4h de marche aller-retour (environ 3,8 km) et suivre les marques jaunes pour ne pas s'égarer. Les chutes, dissimulées dans une gorge, se révèlent peu à peu au fur et à mesure de la montée. L'endroit, magnifique, est peu fréquenté, sauf par des fulmars qui nichent à flanc de falaise.

HOMMES, CULTURE, ENVIRONNEMENT

BOISSONS

Reprenons depuis le début : en 1915, les Islandais, comme les Américains, imposent la prohibition. Elle ne durera vraiment que 6 ans, grâce aux Espagnols, qui, fâchés de voir refuser l'accès du marché islandais à leurs vins, décident de boycotter la morue islandaise... Retour sous contrôle du vin, donc, en 1921. Les alcools forts retrouvent droit de cité à leur tour en 1935 après un référendum. Jusqu'en 1989, la bière de plus de 2,25° était interdite ! Résultat : dans les bars, on la mélangeait à de la vodka...

UNE PINTE DE BIÈRE EST UN METS DE ROI (Shakespeare)...

Difficile à croire, mais la vente de bière titrant plus de 2,25° n'est autorisée en Islande que depuis... 1989 ! Depuis, chaque année, le jour de la Bière (1er mars) vient commémorer cette date historique. Autant dire que l'événement est fêté dignement !

– L'âge minimum légal pour l'achat d'alcool est de 20 ans, et on ne plaisante pas avec la loi. Autre règle stricte : pas d'alcool au volant (taux d'alcoolémie autorisé : 0,4 g/l).

– En Islande, comme dans d'autres pays scandinaves, la vente d'alcool est un monopole d'État. Seule la bière légère est vendue en supermarché ; au-delà de 2,25° et pour le vin ou les autres alcools, vous devrez vous rendre dans un des magasins d'État *Vínbúðin* (il y en a une cinquantaine dans tout le pays). Leurs horaires varient beaucoup selon les endroits, mais tous sont fermés le dimanche. Dans les plus petites villes, ils n'ouvrent souvent que l'après-midi, voire seulement 1h ou 2h en fin de journée. En tout cas, évitez d'attendre la fin de semaine pour faire vos emplettes, car les Islandais se ravitaillent alors pour leurs week-ends très copieusement arrosés. Longue file d'attente en perspective !

– Les ***bières islandaises*** sont surtout des blondes légères et agréables. Dans cette catégorie, vous trouverez surtout les grandes marques locales comme la Viking ou la Gull. Mais, depuis quelques années, les brasseries artisanales se multiplient avec, souvent, de vraies réussites. Pour les amateurs, le *Microbar,* à Reykjavík, (voir la rubrique « Où boire un verre ? Où sortir ? ») offre sûrement le plus grand choix de bières artisanales de l'île.

Dans les bars, la pinte (50 cl) est la règle ; elle coûte environ 1 200 ISK. Présentez-vous au comptoir pour commander et on viendra vous servir là où vous vous serez installé. Le *vin* se consomme peu car si la bière est désormais à un prix raisonnable, le prix du vin et des alcools forts reste exorbitant.

– Ne manquez pas de goûter à la spécialité locale : le ***brennivín,*** un alcool de pomme de terre ou de grain parfumé au carvi (de la même famille que l'anis), au cumin et à l'angélique, qui se boit glacé. Il titre 37,5° d'alcool. En Islande, on le surnomme la « mort noire »... Dans le même registre, la ***Reyka,*** une vodka islandaise, pas trop forte, qui réveille juste ce qu'il faut, fabriquée avec de l'eau filtrée par un champ de lave. On la trouve en *duty free* à l'aéroport.

– Enfin, dans un registre non alcoolisé, bonne nouvelle pour les allergiques au jus de chaussette : les ***cafés,*** bars ou les cafétérias des musées sont généralement équipés de vrais machines à expresso, même dans les endroits assez reculés.

CUISINE

Il est possible, aujourd'hui, de très bien manger dans certains restos islandais, à condition d'y mettre le prix. Certes, hot dogs, burgers-frites, *nachos,* pizzas et autres fast-foods restent dominants, mais on trouve de plus en plus de cafés-restos proposant des plats de poisson et de viande plutôt bien travaillés. Il y a même, dans les villes principales, de très bonnes tables surfant sur la mode épurée de la cuisine nordique. Et, dans les fermes, on mange souvent les bons produits locaux : poisson frais et agneau principalement. Certes, les prix ont tendance à aller du simple au double pour des portions parfois un peu légères ! Pour limiter la casse (financière), il faudra donc souvent préférer la restauration rapide ou faire vos courses au supermarché où les produits proposés sont de plus en plus variés et le rayon fruits et légumes a tendance à gagner du terrain. Attention cependant, dans certaines zones, le choix reste assez limité pour se concocter un repas ou même un pique-nique qui change un peu du pain-fromage-chips-sucreries.

BON APPÉTIT !

Les hivers sont longs et rudes. Naguère, la nourriture devenait rare et on n'hésitait pas à consommer des bas morceaux (têtes ou testicules de mouton) ou viandes faisandées. Cette tradition est restée dans certaines familles, avec la préparation de testicules de mouton (hrútspungar) *ou encore de requin faisandé* (hákarl)*... Avis aux apprentis vikings !*

Suivent quelques remarques, en vrac, sur ce qui vous attend encore.

– Le petit déjeuner servi dans les auberges, les *guesthouses* et les hôtels est invariablement un buffet, composé presque toujours des mêmes choses : pain de mie, confiture et beurre, tranches de jambon (pas toujours génial) et de fromage type gouda, céréales (muesli), crudités, œufs durs. Il arrive qu'on ajoute à ce buffet-type du poisson (souvent du saumon fumé) et du jambon d'agneau. Petite mise en garde : bon nombre de voyageurs profitent de ces buffets pour faire leurs provisions pour le déjeuner. Sachez que les sandwichs que vous confectionnerez vous seront facturés.

– Pour les plats rapides, on peut aller dans les stations-service. Hot-dogs, burgers, frites et *Cola* sont au menu. Également des sandwichs au pain de mie. Ça dépanne.

– On le dit dans la rubrique « Budget », certains restos proposent le midi en semaine un menu comprenant un hors-d'œuvre, un plat et un café ou une soupe avec buffet de crudités. À la carte, l'addition grimpe vite, mais prévoyez tout de même de tester le macareux, les différents poissons locaux et, enfin, le célèbre agneau islandais, délicieux mais pas donné du tout. On peut en manger, pour moins cher, dans la *kjötsupa* (soupe à la viande d'agneau) proposée dans de nombreux cafés et boulangeries. Mais attention, arrivez tôt, sinon il ne restera que le bouillon et plus trop de viande !

– On peut parfois se procurer œufs, lait et *skyr* dans les fermes. On peut aussi trouver à très bon prix du poisson frais dans les conserveries des ports, et de l'omble chevalier fumé au bord du lac Mývatn.

– Les boulangeries sont dénommées *bakarí.*

Quelques spécialités

– Goûtez absolument au ***skyr,*** sorte de fromage blanc très épais, à déguster nature, aromatisé aux fruits ou avec du sucre. Ça cale les faims les plus tenaces. La tarte au *skyr* est un régal. Dans certains restaurants vous verrez même un « skyramisu » !

– ***Súrmjólk :*** c'est un type de lait fermenté. Très bon.

– Il existe de nombreux fromages à tartiner *(smjörostur),* genre « Vache qui rit », aux crevettes, aux champignons, au hareng... Pas mauvais du tout dans les sandwichs. Le lait et les yaourts sont de très bonne qualité, à prix corrects.

- ***Súrsaðir hrútspungar :*** testicules de mouton bouillis, pressés en bloc et conservés dans du petit-lait acide ! C'est spongieux et piquant. On les trouve aussi préparés en gelée (un peu comme nos œufs). Pas très fréquent non plus.
- ***Hangikjöt :*** jambon fumé d'agneau à l'arrière-goût de cendre froide. Il peut être fumé au bois de bouleau ou... aux crottes de mouton séchées utilisées comme combustible. Souvent servi avec des pommes de terre en béchamel et des galettes de seigle cuites sous la cendre (appelées *flatbrauð*).
- ***Svið :*** demi-tête de mouton bouillie. On mange surtout la viande de la mâchoire et la langue, mais certains s'attaquent même aux yeux !
- ***Blóðmör :*** boudin de mouton.
- ***Livrapylsa :*** saucisse de foie de mouton. Réunie au précédent, elle peut être cuite dans un estomac, faisant penser au *haggis* écossais (panse de brebis farcie).
- ***Hákarl :*** aileron de requin du Groenland faisandé pendant plusieurs mois dans le sol afin que l'urée contenue dans les chairs perde sa toxicité. Goût étrange qui rappelle celui d'un vieux munster resté très longtemps au fond d'un placard (!). On l'accompagne d'une gorgée de *brennivín.*
- ***Þorramatur :*** buffet regroupant un peu tous ces plats traditionnels, servi avec *rúgbrauð* (pain noir) et *brennivín* à l'occasion de la fête du Þorramatur, en janvier. On parle aussi génériquement de *surmatur.*
- Nombreux ***poissons :*** *lax* (saumon – qui peut être fumé ou mariné à l'aneth en *graflax,* excellent), *þorskur* (cabillaud), *síld* (hareng), *ýsa* (églefin), *lúða* (flétan), etc. La truite *(silungur)* et l'omble chevalier sont communs au lac Mývatn.
- ***Harðfiskur*** (poisson séché), à manger avec du beurre. Une odeur forte, mais son goût n'est pas désagréable. Les Islandais en sont très friands. Le poisson (morue, haddock) est séché en hiver sur de grands portiques en bois ou en métal. On l'achète dans toutes les épiceries et les supermarchés.
- ***Kaviar :*** non pas du caviar, mais des œufs de poisson (morue ou lieu noir) en tube (si !). À étaler sur du pain.
- ***Lundi :*** macareux, généralement fumé. Se rapproche du goût du magret de canard. Excellent, mais y aller avec circonspection : les macareux ont déjà presque disparu des îles Vestmann à force d'être chassés. Surtout dans les restos chers.
- ***Langvía :*** dans le même genre, on peut aussi goûter au guillemot, ou se faire une omelette à partir de ses œufs (presque bleus), récoltés sur les falaises en mai-juin.
- ***Hvalur :*** la baleine (petit rorqual plus précisément), servie en steak dans de nombreux cafés et restos un peu chic. Certains en font même des sushis... Vous aimez les baleines ? Boycottez-les. Que les Islandais la mangent par tradition, c'est une chose, mais que les touristes s'y mettent, voilà qui donne une bonne raison de poursuivre la chasse (+ 40 % rien que pour eux).
- ***Fjallagröss (ou Iceland moss) :*** au rayon des curiosités, mentionnons ce lichen que les Islandais incorporaient jadis dans leurs soupes, porridges et *skyr* pour les épaissir. Il pouvait aussi être bouilli avec de l'orge. On en trouve rarement.
- ***Plante à huître :*** dans le même registre, la *mertensia maritima* est une plante connue pour son étonnant goût d'huître. Elle agrémente parfois les plats de poisson. Rarissime en France, elle ne supporte pas... l'humidité.
- ***Rúgbrauð :*** un pain noir au vague goût de réglisse et un peu sucré, se conservant bien. Une autre version de ce pain de seigle complet est le ***hverabrauð,*** que l'on enterre dans les zones géothermiques pendant 24h. Vous trouverez ces pains à Mývatn notamment. Avec une tranche d'omble chevalier (sorte de truite) fumé, un petit bonheur gustatif nourrissant.
- ***Hjónabandssæla :*** gâteau à la rhubarbe. Un dessert à ne pas rater.
- Enfin, sachez que les Islandais adorent la réglisse. Ils en mettent partout, y compris dans le chocolat. Si vous n'aimez pas, tentez le ***rúsínur,*** chocolat aux raisins secs. Un péché mignon !

CURIEUX, NON ?

– Ayez toujours en tête cette phrase tirée des *sagas* et dont la première partie est inscrite sur chaque voiture de ***police*** : « Avec la loi, on construit un pays ; sans elle, on le détruit. » L'Islande est un pays très policé, on attendra de vous que vous respectiez les règles. Cela n'empêche pas les Islandais (jeunes, surtout) d'avoir un petit grain de folie, rassurez-vous !

– On enlève ses ***chaussures*** en entrant dans les maisons. Souvent un petit panneau vous le rappelle, mais demandez toujours avant d'entrer chez un particulier. Dans les lieux fréquentés, des brosses sont mises à votre disposition. Sur certains sites, vous pourrez décrotter vos chaussures avant de remonter dans le bus ou dans votre voiture.

EN VOITURE, SIMONE !

Le runtur *est surtout l'affaire des moins de 20 ans qui n'ont pas le droit d'entrer dans les bars. Les vendredi et samedi soir, ils sillonnent en voiture les rues des centres-ville en matant leurs pairs sur les trottoirs. On reconnaît quelqu'un ou on désire mieux le connaître ? Appel de phares, arrêt et hop, la (ou les) personne(s) monte(nt) à bord. La veille, on a bien sûr constitué son stock de bières. Selon la tournure des événements, cela se termine dans un recoin discret ou reprend après avoir déposé le(s) passager(s). Filles ou garçons, pas de timorés, ici...*

– Si vous êtes invité à une soirée par des Islandais, le seul ***alcool*** que vous boirez sera certainement celui que vous apporterez. Et vous pourrez remporter votre bouteille si elle n'est pas finie !

– Dans les ***piscines,*** vous remarquerez que les Islandais ont un rapport au corps très naturel. Dit autrement : les âmes pudiques risquent d'être surprises et de souffrir quelque peu. En effet, les vestiaires sont généralement communs et avant d'aller plonger un orteil dans l'eau, il est obligatoire de se doucher en tenue d'Ève ou d'Adam (oui !) et de récurer les endroits stratégiques selon les injonctions des pancartes (pas besoin de vous faire un dessin) ; le savon est généralement fourni. Si vous voulez passer inaperçu, le mieux est de vous plier à cette règle ; garder le maillot sous la douche est la meilleure façon de s'attirer les regards. Les plus timorés seront rassurés de savoir qu'il existe toutefois quelques douches fermées dans les piscines et thermes les plus fréquentés par les étrangers.

FAMILLES RECOMPOSÉES

Autrefois, les Vikings partaient en expédition pendant des mois, voire des années. À leur retour, ils constataient souvent que leur femme était enceinte d'amants de substitution... Tous ces enfants de père inconnu étaient cependant acceptés pour former une seule famille unie. Aujourd'hui encore, cette tradition de pères différents est très fréquente. En 1980, Vigdís Finnbogadóttir fut notamment la 1re présidente au monde à être mère célibataire.

– Les ***jeunes*** prennent très vite leur indépendance vis-à-vis de leurs parents. Ils font très tôt des petits boulots (à partir de 14 ans). Ils disposent alors d'une partie de leur salaire comme bon leur semble et fêtent traditionnellement leurs paies les premiers week-ends de juillet et d'août, en buvant et en dansant tout leur soûl (et même plus !). L'État conserve l'autre partie du salaire jusqu'à leur majorité.

– Les Islandais(es) sont de ***gros lecteurs*** et affectionnent tout particulièrement les polars. Étonnant dans un pays où les crimes sont rarissimes.

– Les ***parapluies*** sont pratiquement inexistants. En effet, leur armature ne résisterait pas face à la force des vents.

– Comme aux Pays-Bas ou dans la plupart des pays nordiques, les maisons n'ont ***pas de volets.*** Chez les Luthériens, on n'a rien à cacher. Voilà pourquoi les voisins peuvent observer l'intérieur des maisons.
– Le fumeur n'est pas le bienvenu en Islande. Accros à la nicotine, ne cherchez pas de bureaux de ***tabac,*** les cigarettes s'achètent à la caisse des supermarchés (et le choix de marques est souvent restreint). Quoi qu'il en soit, dans la rue ou en pleine nature, conservez précieusement votre mégot jusqu'à la prochaine poubelle !

ÉCONOMIE

Une crise inattendue et pourtant... prévisible !

Avec la crise financière internationale et l'effondrement de son système bancaire en octobre 2008, le 5e pays le plus riche du monde, classé en 2007 au 1er rang mondial de l'indice de développement humain, est passé, en une semaine, du statut de riche nation prospère à celui du pays le plus endetté de la planète. La dette publique totale qui s'élevait à 1,76 milliard d'euros en 2007 correspond, fin 2009, à 78 % du PIB national. Après une décennie d'euphorie et une croissance annuelle entre 4 et 7 %, le pays fait banqueroute, avec crédits bloqués, comptes gelés, épargne volatilisée...

QUAND L'ISLANDE VA MAL, RONALD SE FAIT LA MALLE !

Fait marquant de la crise financière en Islande, les trois McDo *de Reykjavík ont fermé leurs portes en 2009. Depuis leur ouverture en 1993, toute la matière première était importée d'Allemagne et la dégringolade de la couronne islandaise en 2008 a multiplié par deux les coûts d'exploitation de la chaîne. Le dernier burger islandais, religieusement conservé par un passionné, est aujourd'hui exposé sous cloche dans le* Bus Hostel *de Reykjavík !*

Pour comprendre l'origine de cette crise sans précédent, il faut remonter au début des années 2000, quand les modestes banques islandaises sont privatisées et « confiées » à ceux que l'on appelle « les Vikings de la finance ». Les trois principaux établissements (*Glitnir, Landsbanki* et *Kaupþing*) proposent alors aux Islandais des crédits libellés en devises, aux taux variables indexés sur l'inflation – taux inférieurs à ceux des prêts en couronnes, mais susceptibles d'évoluer si la monnaie nationale était attaquée... Les Islandais se mettent à emprunter et à consommer à tout va : achat de résidences secondaires, de 4x4 flambant neufs, voyages à l'étranger, etc. Mais l'extraordinaire croissance est fragile, basée sur des emprunts massifs à l'étranger, qui ont eu pour effet de surévaluer la couronne islandaise. Quand, à la faveur de la crise économique mondiale, en 2008, la couronne perd la moitié de sa valeur, la plupart des Islandais doivent faire face à des remboursements indexés sur l'inflation, qui doublent ! Fin 2008, face à un secteur financier hypertrophié et subitement coupé des capitaux étrangers, le gouvernement nationalise *Glitnir, Landsbanki* et *Kaupþing.* Le pays s'enfonce dans la crise : l'inflation s'envole, les salaires sont gelés, le niveau de vie chute de manière spectaculaire et le chômage explose (jusqu'à 9,4 %). Pour aider le pays à redémarrer (la récession atteignant 6,8 % en 2009), le Fonds monétaire international (FMI) et d'autres pays accordent à l'Islande des prêts totalisant près de 10 milliards de dollars. Des emprunts totalement remboursés par anticipation en 2016.

La réaction populaire

Dans le même temps, la population islandaise pousse le gouvernement de Geir Haarde à la démission, suite à une manifestation monstre. En février 2009, c'est au tour de Davið Oddsson, le gouverneur de la Banque centrale et ex-Premier ministre (1991-2004) d'être éjecté.

ÇA N'A FAIT RIRE PERSONNE !

Davið Oddsson, Premier ministre, puis gouverneur à la Banque centrale a été accusé d'être le grand responsable de la faillite du pays en 2009. Il faut dire qu'il avait débuté sa carrière à la télévision, en écrivant des... gags.

En mars 2010, par référendum, la population islandaise rejette massivement le projet de loi Icesave prévoyant le remboursement de 3,9 milliards d'euros à la Grande-Bretagne et aux Pays-Bas. Le contribuable islandais estime que ce n'est pas à lui de payer les erreurs commises par les banques privées et un gouvernement irresponsable. Rebelote en mai 2011 : même si l'accord négocié avec la Grande-Bretagne et les Pays-Bas est présenté comme plus avantageux pour le pays, 60 % des Islandais le rejettent.

Les Islandais veulent savoir qui les a mis dans une telle situation : une enquête ouverte fin 2008 (à l'initiative d'Eva Joly) met en cause la croissance incontrôlée des banques islandaises ainsi que « l'extrême négligence » de l'ensemble de la classe dirigeante du pays. Le Premier ministre d'alors, Geir Haarde, l'ex-gouverneur de la Banque centrale, Davið Oddsson, et l'ancien ministre des Finances Arni Mathiesen sont accusés d'avoir laissé flamber puis s'écrouler les trois principales banques du pays et ce, malgré de nombreux rapports alarmants depuis 2006. Des mises en garde que les trois hommes ont sciemment dissimulées au reste du gouvernement. Finalement, c'est l'ancien Premier ministre qui passe seul en jugement, devant la Haute Cour de Justice, réunie à cette occasion pour la première fois. En avril 2012, elle rend un jugement mi-figue mi-raisin, Haarde n'étant reconnu coupable que de l'une des quatre charges retenues contre lui. Cela dit, parallèlement, la justice ordinaire poursuit son travail. Ainsi, en octobre 2016, 9 dirigeants de la banque *Kaupthing* ont été reconnus coupables par la Cour suprême de Reykjavík. Les condamnations cumulées atteignent 46 ans (tout de même). Et les accusés ont été incarcérés dès leur inculpation en avril 2015.

Après la crise...

Malgré des coupes budgétaires, les services sociaux existent toujours, les 4x4 sont toujours bien visibles sur les routes... Les salaires ont été réduits, mais, comparativement à bien d'autres pays (dont la France), ils étaient très (très) élevés... Issus d'une société à l'histoire frugale, les Islandais ont fait le gros dos en attendant des jours meilleurs, certains jeunes n'ont pas hésité à partir travailler à l'étranger. Ceux qui ont perdu tout ou partie de leurs économies en parlent avec émotion, mais sans véritable rancune. Bien sûr, le poids des dettes et le stress restent : entre 2007 et 2011, le recours aux antidépresseurs a augmenté de 50 % en Islande, et concerne aujourd'hui plus d'un Islandais sur dix.

Pour la majorité, pourtant, la recette islandaise face à la crise a finalement été une réussite. Le pays est parvenu à stabiliser la couronne en réorganisant son secteur bancaire, en mettant en place un contrôle des changes, en réduisant drastiquement le déficit et en diversifiant l'économie. L'inflation est désormais presque contenue (environ 1,8 % en 2016), le pays a pu revenir emprunter sur les marchés internationaux dès 2011 et le chômage a été divisé par 2 (4,3 % en 2016). Si l'Islande n'est plus classée première à l'indice de développement humain, elle est toujours dans le peloton de tête (à la 16e place en 2016), loin derrière la Suisse, mais devant la France (22e) et la Belgique (21e). On entend dire que le traitement de la crise serait un exemple de « purge » qu'il faudrait suivre dans d'autres pays. C'est sans doute vrai, mais le coût pour les finances publiques islandaises a été très élevé. Ainsi, la dette publique, après avoir atteint des sommets (84 % du PIB en 2013) fond comme neige au soleil et est revenue à 56 % en 2016. Des chiffres prometteurs, portés par une croissance que jalouseraient quelques dirigeants de « grands » pays européens (3,7 % en 2016, 4 % en 2015...).

Étonnamment, en 2012 puis en 2013, les politiciens responsables de la faillite ont été réélus. Leur secret ? Une promesse faite par le Parti du Progrès d'annuler la dette privée des Islandais. Dans la pratique, c'est un peu plus compliqué : 80 milliards de couronnes de dettes à taux variable ont en effet été annulés, l'État se substituant aux emprunteurs pour une partie du capital dû... Condition : avoir acheté pour devenir propriétaire et non bailleur. Le but : réduire le taux d'endettement des ménages. En 2016, une nouvelle page a été tournée. D'autres actualités financières, celle de l'économie occulte des *Panama papers,* a provoqué (encore) la démission du Premier ministre, impliqué dans le scandale financier. Les élections qui ont suivi ont sacrément renouvelé le personnel dirigeant (président, parlement, Premier ministre).

Points forts de l'économie islandaise

L'Islande dispose toujours de solides ressources dans trois domaines. La pêche (25 % des exportations pour plus de 6 % du PIB), un temps en déclin, bénéficie de la remontée vers le Nord de certaines espèces en raison du réchauffement climatique – et particulièrement du maquereau. Le tourisme continue de se développer de plus belle malgré le renchérissement des prix ces dernières années. Quant aux ressources naturelles du sous-sol, elles assurent au pays une autonomie énergétique quasi intégrale.

Parallèlement, la diversification va bon train. En 2007, la plus grosse installation industrielle d'Islande a été construite dans les fjords de l'Est : une gigantesque fonderie d'aluminium gérée par le groupe canadien *Alcoa.* Le minerai ne vient pas d'Islande, mais il est transformé ici à des coûts très concurrentiels grâce à une énergie très bon marché (un barrage spécifique a même été construit). L'année suivante, le gouvernement islandais a donné son feu vert au groupe d'énergies vertes canadien *Alterra Power* pour le rachat de *HS Orka,* premier producteur d'électricité privé du pays. La fierté islandaise en a souffert. De même, deux des trois banques en faillite en 2009 ont été vendues à des institutions européennes. En 2013, un nouveau projet a été lancé : l'exploration des fonds marins islandais en vue d'une exploitation pétrolière offshore, confiée à des intérêts nationaux, mais aussi norvégiens et... chinois.

ENVIRONNEMENT

En 2010, une étude menée par des chercheurs des universités de Yale et Columbia classait l'Islande comme le pays le plus propre du monde (sur 163 nations étudiées). L'Islande devrait ce résultat flatteur à son eau propre et abondante, à son système de soins performant, sa grande quantité d'énergie géothermique très peu polluante (quoique...) et à de nombreuses réserves naturelles. Le parc national du Vatnajökull, le plus grand d'Europe, créé en 2008 par la réunion de plusieurs petits parcs, couvre à lui seul 13 600 km², soit environ 13 % de la superficie du pays ! L'Islande bénéficie, c'est vrai, d'une nature très généreuse : 85 % de son énergie est basée sur des ressources renouvelables – la géothermie comptant pour 65 %, l'hydro-électricité pour 20 %. On atteint même les 100 % si l'on ne considère que la seule consommation d'électricité, et 85 % des maisons islandaises sont chauffées grâce à la géothermie. Présentée comme extrêmement peu polluante, cette

UNE EAU MIRACULEUSE

*On dit qu'*Icelandic Glacial *est l'eau en bouteille la plus pure du monde. Elle est naturellement protégée de la pollution par l'un des environnements les plus propres de la planète. Le gouvernement islandais a fixé une zone d'exclusion de 12 800 ha autour de la source : constructions, agriculture et animaux y sont interdits !*

dernière a toutefois un inconvénient : ses émanations de soufre, qui semblent bien favoriser l'asthme à Reykjavík, par exemple. Autre point litigieux : le haut niveau de vie, la nécessité de se chauffer beaucoup et la présence croissante d'industries sur l'île font de l'Islande le premier consommateur d'énergie au monde par habitant (5 fois plus qu'en France et près de 3 fois plus que les États-Unis).

Une énergie bon marché qui attire les convoitises

Depuis les années 1960, l'Islande a compris qu'elle avait économiquement une carte à jouer avec l'hydroélectricité et la géothermie. Mais, contrairement aux hydrocarbures, cette énergie s'exporte difficilement : il faut donc faire venir les industries jusqu'à elle. Ainsi, depuis la fin des années 1960, l'Islande a ouvert ses portes à la production d'aluminium, l'une des plus polluantes qui soit et l'une des plus grosses consommatrices d'électricité. En 1969, c'est près de Hafnarfjörður que le groupe canadien *Tio Tinto Alcan* plante sa première usine. En 1998, *Norðurál,* une filiale de l'entreprise américaine *Century Aluminium Company,* installe un autre site près d'Akranes (à Grundartangi). En 2005, ces deux usines (agrandies depuis leur construction) consomment déjà pratiquement la moitié de l'électricité produite en Islande... Peu importe : le gouvernement conservateur, soucieux d'attirer les investissements étrangers, promet au géant américain *Alcoa* la construction d'un gigantesque réseau de barrages à Karahnjúkar, aux portes du parc national du Vatnajökull, pour alimenter un projet de fonderie d'aluminium géante à Reyðarfjörður, sur la côte est. Malgré les protestations des défenseurs de l'environnement, c'est chose faite. Entré en fonction en 2007, le barrage a, à lui seul, doublé la production d'énergie islandaise et produit assez pour alimenter une ville de 1 million d'habitants ! Certains rêvent déjà d'un nouvel eldorado industriel alimenté par les énergies dites « vertes ». Fin 2010, *Norðurál* lance la construction d'une nouvelle usine à Helguvík, près de Keflavík. En revanche, le projet d'une autre fonderie d'*Alcoa* à Bakki, près de Húsavík, a dû être abandonné fin 2011 en raison de l'insuffisance des réserves d'énergie géothermique. N'empêche, plus récemment, c'est toute la péninsule de Reykjanes, aux portes de Reykjavík, que le gouvernement espérait transformer en une gigantesque zone industrielle alimentée par la géothermie dans le cadre de son *Master Plan for Hydro and Geothermal Energy Resources* – au risque de tarir certaines des sources chaudes du secteur. Dans un pays en crise, le gouvernement a pu voir en l'installation d'usines étrangères une véritable manne financière et une façon de relancer l'activité économique dans certaines régions... au risque de défigurer et de massacrer des espaces naturels extrêmement vulnérables. Un véritable choix de société, qui n'est malheureusement pas réversible...

Chasse à la baleine

Longtemps pratiquée de manière artisanale, la chasse à la baleine ne s'est vraiment développée en Islande qu'aux XVIIe et XVIIIe s, avec les Basques, puis au XIXe s, avec l'installation par les Norvégiens et les Danois de stations baleinières.

En 1915, pour protéger l'espèce victime d'une surexploitation depuis les années 1880 et lui permettre de se reconstituer, le Parlement islandais (l'*Alþing*) interdit la chasse aux cétacés. Quand cette activité reprend en 1935, ce sont les Islandais eux-mêmes qui

COUP DE BALEINE !

Imaginez l'Islande au Moyen Âge. Une baleine s'échoue... Un petit miracle sur ces terres désolées où manger chaque jour à sa faim relève de l'exploit. Résultat ? Pour parler d'un coup de bol, les Islandais disent aujourd'hui hvalreki *(baleine échouée) ! Quant au partage de l'animal, il relevait jadis d'une science exacte : 100 % pour le proprio du terrain littoral, 30 % seulement s'il y avait été poussé par des chasseurs, ou 70 % s'il était mort en mer avant d'accoster !*

la pratiquent, et ce jusqu'en 1986, année de l'entrée en vigueur d'un moratoire international interdisant la chasse commerciale. Elle se poursuit néanmoins en catimini, sous couvert de recherches scientifiques, mais l'essentiel de la viande est exportée au Japon... En 1992, le pays se retire finalement de la Commission baleinière internationale.
En 2006, l'Islande décide de reprendre la chasse commerciale à la baleine de Minke (ou petit rorqual). Des quotas sont également fixés pour le rorqual commun qui, lui, est pourtant classé comme espèce en danger... L'Islande devient donc le 2e pays, avec la Norvège, à défier ouvertement le moratoire en pratiquant la chasse commerciale. Le tollé international n'y fait rien, et c'est finalement l'effondrement de la demande japonaise dans le sillage du tsunami qui met un terme transitoire à la chasse au rorqual commun. Elle a néanmoins repris de plus belle en 2013.

FAUNE

L'Islande est un de ces rares pays où l'on peut faire une sieste dans l'herbe sans craindre d'être piqué ou mordu par de vilaines bébêtes : aucun reptile ne rampe sur le sol islandais et les quelques abeilles, mouches et moucherons qui sillonnent les airs ne vous empêcheront pas de dormir – mis à part, sans doute, les nuées de moucherons des régions d'eau douce, comme le lac Mývatn, particulièrement agaçants bien qu'inoffensifs.
Le ***renard polaire*** est toujours présent, même s'il fait l'objet d'une chasse assez féroce de la part des éleveurs et que la mise en eau du lac de barrage de Karahnjúkar a noyé un grand nombre de terriers (et leurs habitants avec...). C'est dans les fjords du Nord-Ouest, et plus particulièrement dans le parc du Hornstrandir, qu'on a le plus de chances de le croiser. Vous aurez peut-être aussi la surprise de voir des ***rennes,*** introduits de Norvège au XIXe s. L'Islande en compte 3 000 à 7 000 selon les estimations, retournés à l'état sauvage, principalement regroupés dans l'est du pays.
Les côtes islandaises accueillent aussi des colonies de ***phoques.*** Parmi les sept espèces observables, deux d'entre elles sont tout particulièrement bien représentées et visibles toute l'année : le phoque gris et le phoque commun ou veau marin. On peut les observer dans le Nord (sur la péninsule de Vatnsnes), dans les fjords de l'Est (dans la baie de Heraðsflói) et sur la côte sud (autour de Höfn et près de Jökulsárlón). Pour les espèces plus rares (phoque barbu, phoque à capuchon...), dérivant du Groenland sur les glaces, c'est plutôt dans les fjords de l'Ouest qu'on peut les croiser.
Les eaux islandaises, particulièrement riches en plancton et en krill, attirent aussi les ***cétacés.*** Une quinzaine d'espèces peuvent être observées ; parmi celles-ci, la baleine de Minke (ou petit rorqual) et la baleine à bosse sont les plus courantes. Plus au large, on peut espérer voir aussi rorquals communs, rorquals boréals et, avec beaucoup de chance, la mythique baleine bleue. Les ***orques*** (ou épaulards)

OURS MAL LÉCHÉS

Si l'on s'en réfère aux annales, depuis l'an 890, quelque 600 ours polaires ont débarqué en Islande, au hasard des glaces dérivant depuis le Groenland. La plupart, poussés par les courants dominants, atterrissent vers l'île de Grimsey et dans la région. À peine repérés, leur sort est scellé : trop dangereux, ils sont abattus...

NOS AMIES LES BÊTES

En Islande, il semblerait que le seul mammifère terrestre présent à l'arrivée des colons norvégiens au IXe s ait été le renard polaire.

sont aussi présents, on en compte environ 6 000. Jamais chassés pour leur viande, ils l'ont toutefois été dans les années 1970-1980 pour approvisionner des parcs marins dans le monde entier – certains se souviendront peut-être de l'épopée de Keiko, rendu à l'Atlantique Nord en 2001. C'est plutôt en hiver qu'on vient les observer. À la belle saison, il est aussi possible de croiser des ***dauphins.***

Enfin, les amateurs d'***oiseaux*** seront servis dans ce pays, surtout s'ils viennent entre mai et juin. Tous adorent le sympathique ***macareux moine*** (*lundi* en islandais, *puffin* en anglais), avec son gros bec triangulaire et multicolore, son œil cerclé de rouge et de noir et ses pattes palmées jaune ou rouge selon l'époque (il perd de ses couleurs vives une fois la saison des amours terminée). C'est en Islande que l'on trouve la plus grande population de macareux moines au monde (au moins 6-8 millions). Ces oiseaux vivent en haute mer et ne reviennent à terre que pour se reproduire, de mai à mi- ou fin août ; ils nichent sur les pentes herbeuses des rebords de falaises. Excellents nageurs, ils volent en revanche très mal : les voir décoller sur l'eau est en soi un spectacle assez réjouissant... Ils partagent avec les pingouins une démarche pataude et plutôt comique ! Petite note triste : même s'ils sont encore nombreux sur les îlots inhabités, les macareux ont presque disparu des Vestmannaeyjar, leur bastion historique. Les fjords du Nord-Ouest (falaises de Látrabjarg) vous offriront heureusement de superbes occasions de vous en approcher, de même que des ***guillemots.*** Le lac Mývatn, lui, est connu pour ses 14 espèces de ***canards,*** dont trois sont d'origine américaine (un cas unique en Europe) : plongeon huart, arlequin plongeur et garrot d'Islande.

MACAREUX PAS HEUREUX...

Dans le passé, le ramassage des œufs de macareux était un véritable sport national en Islande et, aujourd'hui encore, le macareux (adulte) finit parfois dans l'assiette au restaurant. En France, il est l'emblème de la Ligue pour la protection des oiseaux, *créée en 1912, justement, pour dénoncer le massacre des macareux moines par les chasseurs bretons.*

Les ***sternes arctiques,*** toujours promptes à défendre leur œuf (posé à même le sol) d'un coup de bec, sont visibles un peu partout, en grandes colonies. Dans les mêmes zones littorales, on voit aussi les élégants ***huîtriers pies*** (noir et blanc sur de grandes pattes et bec orangés) et des troupes d'***eiders,*** de gros canards noir et blanc (mâle), dont le duvet est récolté par les Islandais depuis la nuit des temps. Les zones humides abritent ***pluviers, avocettes*** et rares ***phalaropes.*** Nous ne les citerons pas tous : 371 espèces d'oiseaux sont répertoriées, dont 73 nicheuses !

COQUE EN STOCK

En 2013, des scientifiques gallois ont involontairement tué, en voulant mesurer son âge, une palourde islandaise vieille de... 507 ans. Nouveau record du monde animal.

GÉOGRAPHIE

Quelques chiffres : l'Islande mesure 300 km du nord au sud et 500 km d'est en ouest. Elle est située à moins de 300 km du Groenland, 800 km de l'Écosse et à près de 1 000 km de la Norvège, à proximité du cercle polaire, entre 63° 24' et 66° 33' de latitude nord et entre 13° 30' et 24° 32' de longitude ouest.

La superficie de l'Islande est de 103 000 km², composée pour environ 11 % de glaciers, 40 % de sable, 25 % de champs de lave, 20 % de pâturages, 3 % de lacs et rivières et 1 % seulement de terres cultivées. Les arbres sont rares sur cette île et n'occupent guère que les fonds de vallée mieux protégés (exception qui confirme la règle : la « forêt d'Islande » sur une des rives du lac Lagarfljót).

L'altitude moyenne de l'île est de 500 m et son point culminant est le Hvannadalshnjúkur (2 110 m), situé sur le plus grand glacier d'Islande, qui est aussi le plus vaste d'Europe (il a la même superficie que la Corse) : le Vatnajökull (8 100 km^2).

Phénomènes des latitudes nordiques

L'été et l'hiver, le jour et la nuit

À cause de la latitude de l'Islande, à partir de juin à juillet, il ne fait jamais, ou presque jamais, nuit sur l'île. C'est perturbant, mais aussi grisant, de perdre ce repère, d'autant plus que les paysages sont alors nimbés d'une lumière dorée très particulière. Au mois d'août, la nuit daigne de nouveau s'imposer pour quelques heures sur le pays, puis, peu à peu, devient dominante en hiver, laissant très peu de place au jour de novembre à février.
Détail pratique : si vous ne pouvez dormir que dans le noir, munissez-vous absolument d'un bandeau pour les yeux, car non seulement il ne fait jamais nuit en été, mais en plus il n'y a pas de volets, et les rideaux occultants sont chose rare.

Le soleil de minuit

Le soleil de minuit, c'est lorsque, à son point le plus bas, le soleil ne disparaît pas complètement sous l'horizon. Ce phénomène éphémère propre à l'été austral ne s'observe qu'au-dessus du cercle polaire, or l'Islande est juste au-dessous. Seule la petite île de Grímsey, au nord, est traversée par le cercle polaire. En été, des excursions sont spécialement organisées pour y admirer ce soleil qui ne se couche pas (mais pour jouir de ce magnifique spectacle, encore faut-il que le ciel soit dégagé !).

Les aurores boréales

Les anciens leur prêtaient des pouvoirs surnaturels (les jeunes couples japonais, nombreux en hiver en Islande, le pensent encore : un enfant conçu sous une aurore boréale aura un destin exceptionnel !). C'est, en dehors des villes et villages, la nuit, par temps clair et durant les mois d'hiver, que l'on peut avoir l'occasion de contempler ce fascinant phénomène lumineux, provoqué par l'entrée de particules solaires ionisées dans les hautes couches de l'atmosphère terrestre aux abords des pôles. Plus l'activité solaire est intense, plus le phénomène est beau. Avec un peu de chance, on peut voir des aurores dès septembre et jusqu'en avril.

GÉOLOGIE ET GÉOTHERMIE

Située sur la dorsale médio-atlantique, l'Islande est un point chaud de l'activité volcanique et géothermique : 30 volcans sont entrés en éruption au cours des deux derniers siècles, et les phénomènes volcaniques fournissent à la population de l'eau chaude gratuite et un chauffage peu onéreux et peu polluant.
L'activité volcanique attire de nombreux curieux avides de spectacles inoubliables. On se rend en Islande en espérant voir des geysers, une éruption (une tous les 5 ans en moyenne...), ou plus sûrement des coulées de lave sortie depuis peu des entrailles de la terre. Ce serait dommage de quitter l'île sans avoir senti l'odeur sulfureuse des fumerolles, sans s'être baigné dans des sources chaudes et sans s'être émerveillé à la vue de régions dénudées où la terre est jaune et rouge et la boue des mares bouillonnantes couleur plomb... On apprécie encore mieux ces lieux exceptionnels en comprenant pourquoi ils existent.

L'Islande : un cas géologique

L'Islande est unique : c'est la plus grande île volcanique au monde. Partie émergée d'un gigantesque plateau basaltique sous-marin de 750 km de diamètre, elle est née d'éruptions survenues sur le rift médio-atlantique et d'un point chaud secondaire. Les plus anciennes roches de surface n'ont que 15 à 20 millions d'années, ce qui est très jeune : en France, par exemple, on trouve en Bretagne Nord des roches de 2 milliards d'années ! La partie de l'île la plus ancienne, figée, est constituée par la péninsule de Snæfellsnes et les fjords du Nord-Ouest. Ailleurs, le volcanisme règne encore en maître : le rift, constitué d'une succession de fissures de 5 à 10 km de large (longues de 30 à 100 km) occupe près du tiers de la superficie de l'île.
Toute cette terre qui constitue les plaines et les montagnes d'Islande a donc pris naissance en un temps très court, grâce à un volcanisme particulièrement actif.

Pourquoi ce volcanisme ?

Quelques rappels : si l'on parcourait du centre vers la périphérie les 6 370 km du rayon terrestre, on rencontrerait :
– un noyau constitué de matériaux ferreux ;
– un manteau inférieur ;
– l'asthénosphère, épaisse de 700 km, constituée de roches ductiles se comportant comme une pâte molle ;
– la lithosphère, épaisse de 70 km sous les océans et de 150 km sous les continents. Son niveau le plus superficiel est appelé croûte terrestre : c'est ce qu'on voit autour de nous et sous nos pieds. Cette lithosphère est divisée en plaques rigides, ne pouvant pas se déformer mollement comme l'asthénosphère : les contraintes qui s'exercent dessus entraînent des mouvements le long de failles, ce qui provoque les séismes.
L'Islande occupe une position particulière sur la Terre. Elle se situe entre deux plaques (la nord-américaine et l'eurasienne) qui s'écartent à la vitesse (vertigineuse !) de 2 cm par an. On appelle ce phénomène la dérive des continents. La ligne de contact forme une dorsale, ou ride médio-océanique, soit, dans ce cas, une immense fracture de l'écorce terrestre reliant l'océan Glacial arctique et l'Antarctique. Au niveau des dorsales, du matériel chaud remonte des profondeurs de l'asthénosphère avant de fondre près de la surface : c'est le fameux magma, qui alimente des volcans sous-marins. Cette gigantesque cicatrice se trouve à environ 2 500 m de profondeur sous l'océan Atlantique.
Alors pourquoi l'Islande émerge-t-elle, vous demandez-vous ? Eh bien, parce qu'elle reçoit une seconde source de magma qui s'ajoute à la première ; seconde source due à un point chaud. Ce terme désigne une colonne de matériel originaire de la limite noyau/manteau (très profond et donc très très chaud), qui traverse tout le manteau en ligne droite, en faisant des volutes comme un champignon d'explosion atomique.
L'Islande s'est ainsi constituée et continue de s'agrandir par l'accumulation d'importantes quantités de magma. Il y a donc à faible profondeur des roches très chaudes que les eaux de pluie et de fonte atteignent facilement en descendant par les fissures du sous-sol. Ces eaux se chargent en minéraux, comme le soufre ou la silice, puis remontent naturellement à la surface lorsqu'elles s'évaporent, en formant des geysers ou des sources chaudes. Parfois, il faut un forage pour avoir accès à la précieuse vapeur exploitée pour les besoins de l'industrie.

Pourquoi voit-on...

Des volcans allongés

En Islande, les deux plaques qui s'écartent créent des failles monumentales (voyez celle de Þingvellir, à l'est de Reykjavík). Au niveau des volcans, la lave s'épanche ainsi par des fissures longues de plusieurs centaines de mètres. Rapidement de petits cônes alignés se forment et grandissent. On peut voir de tels alignements sur la côte sud de la péninsule, de Reykjanes au Lakagígar... Le volcan Eldfell, qui détruisit en 1973 une partie de la ville de Heimaey, aux îles Vestmannaeyjar, commença également par une série de petits cônes, mais un seul prit de l'importance pour devenir le volcan actuel.

Différents types de lave

La lave est de la roche en fusion qui trouve son origine à quelques kilomètres sous nos pieds. Il en existe une infinie variété de compositions selon la nature de la roche fondue et la longueur du trajet depuis sa source. La roche que vous rencontrerez partout est le basalte. Il peut être grisâtre ou bleuâtre. Vous trouverez également de la rhyolite (une roche plus rose), de l'obsidienne (une sorte de verre noir et brillant), ou de la pierre ponce au pied du volcan Hekla : c'est une roche claire, poreuse, si légère qu'elle flotte sur l'eau (faites l'expérience !).
Les coulées sont de deux types principaux : la lave peut posséder une surface rugueuse et scoriacée (on parle alors de *a'a*), plus claire, lorsqu'elle s'écoule en présence d'une grande quantité de gaz, ou apparaître au contraire lisse et ridée, en « cordages », lorsqu'il y en a moins ; on parle alors de *pahoehoe*. Par endroits, vous remarquerez la présence insolite de grandes colonnes basaltiques, formées lors de la contraction thermique rapide de la lave. Elles peuvent être verticales et parallèles comme des tuyaux d'orgues *(stuðlaberg)*, ou au contraire être disposées en gerbes (les Islandais appellent ça *kubbaberg*). Cependant, il n'y a pas que les coulées : quand la lave à 1 000 °C sort de sous la mer ou sous un glacier, le choc thermique la fait exploser en petits grains qui s'agglomèrent et durcissent ensuite. En allant à Heimaey, on peut voir ces roches rougeâtres appelées hyaloclastite.
Il est toujours bon de jeter un œil aux cailloux du bord des routes : avec un peu de chance, on trouvera de magnifiques cristaux d'olivine (on fait des bijoux de ce minéral limpide, vert doré, atteignant souvent 5 mm) ou des zéolithes (de grands cristaux blancs, très fréquents dans la région de Djúpivogur à l'est).

Des geysers

Ce sont des sources chaudes particulières, formant un puits étroit. Les eaux de ruissellement qui s'y accumulent, chauffées par les roches du sous-sol, se dilatent, voudraient bouillir, mais en sont d'abord empêchées par la pression de la colonne d'eau moins chaude les surmontant. Finalement, la température augmentant encore, une partie de l'eau du réservoir du geyser est vaporisée, créant une décompression : l'eau, entrant brutalement en ébullition, est alors projetée très haut par la poussée.

Des solfatares et marmites de boue bleue

L'eau des sources chaudes est souvent chargée en sulfures qui se déposent au niveau du sol (comme à Hverir, à l'est du lac Mývatn). Le soufre forme également de l'acide sulfurique au contact de l'eau. Cet acide ronge la roche au fil du temps, c'est pourquoi elle devient friable, jaune, bleue ou rouge, comme rouillée. Le basalte est en quelque sorte digéré par les fumerolles !

Glaciers et jökulhlaups

Quatre glaciers principaux persistent sur l'île, tout en reculant. Le plus grand d'entre eux, le Vatnajökull, a quasiment la superficie de la Corse ! Petite particularité : il recouvre plusieurs volcans très actifs, dont les éruptions sont à l'origine d'un phénomène dévastateur, les *jökulhlaups*. Le mot, islandais, qu'on pourrait traduire par « débâcle glaciaire », a été adopté par la communauté internationale pour décrire les inondations cataclysmiques provoquées par la fonte subite d'un pan entier de glacier lors d'une éruption. La route 1 en a plusieurs fois fait les frais, disparaissant sous des flots de boue et de roche, ponts métalliques inclus. Au nord du Vatnajökull, le canyon de Jökulsárgljúfur, long de 25 km, où se jettent les chutes de Dettifoss, a été formé ainsi.

Des chutes d'eau

Les immenses coulées de basalte superposées forment des marches d'escalier sur le cours des fleuves. Et ces marches forment... des cascades. Il en existe des milliers de petites sur les côtes d'Islande, en particulier au sud de la péninsule de Snæfellsnes. D'autres sont gigantesques et grondantes : Gullfoss, Goðafoss, Dettifoss... Inoubliable !

Un désert planté de lupins bleus

La colonisation humaine s'est accompagnée de la destruction de la forêt primitive de bouleaux nains. Depuis, le vent a « vanné » la terre dénudée, formant ici des dunes de sable noir et là des amoncellements de pierres. Dans le centre de l'île, vous pourrez même voir des rochers complètement lissés, polis par le vent. On tente aujourd'hui de freiner cette érosion éolienne en semant des rangées de lupins qui fleurissent en juin-juillet.

Et la géothermie dont on parle tant ?

Son principe est d'utiliser l'eau chaude du sous-sol, eau qui a l'énorme avantage d'être totalement gratuite. Les installations demandent un impressionnant réseau de tuyaux que vous verrez partout. Les forages sont très onéreux, mais l'investissement est rentable dans la durée et l'énergie procure une autonomie énergétique au pays (les cheminées rejettent néanmoins du CO_2 et du SO_2, qui se transforment en acide sulfurique). La géothermie représente environ 65 % de la production d'énergie islandaise, contre 20 % pour les barrages hydroélectriques.

Les applications sont très diverses : l'eau chaude sert d'abord au chauffage domestique d'une bonne partie de la population (85 %). Elle alimente également de nombreux lieux de baignade dont le plus réputé est le Blue Lagoon. La vapeur permet de chauffer aussi des serres (30 °C !) qui fournissent aux Islandais leurs tomates *(tomatur)*, poivrons *(paprika)*, concombres *(agurka)* et même quelques bananes ! Sur la côte sud, la ville de Hveragerði s'est également spécialisée dans la culture des fleurs et des... bananes. On exploite aussi près de Mývatn une usine de séchage de diatomées (des algues dont on tire de la silice, utilisée comme abrasif ou comme épaississant de peintures), des élevages de saumons et d'ormeaux en eau chaude dans la péninsule de Reykjanes, des installations de séchage de poisson, d'extraction de sel...

PAS SI ÉCOLO...

Les centrales géothermiques bénéficient d'une belle image d'énergie non polluante. Toutefois les remontées d'eau chaude sont accompagnées de beaucoup de soufre et de CO_2. D'ailleurs, à proximité des forages, les bijoux en argent ternissent vite.

Nouveau défi : les chercheurs islandais s'attaquent désormais aux forages à très grande profondeur avec l'idée d'utiliser la chaleur du magma souterrain pour porter la température de l'eau à un niveau supercritique (plus de 374 °C), débouchant sur une gazéification immédiate. L'intérêt ? Un rendement énergétique beaucoup plus intéressant. Autre idée un peu folle : l'entreprise islandaise *Carbon Recycling International* a entrepris de capter les émanations de CO_2 des volcans et des usines pour les transformer en méthanol...

HISTOIRE

Découverte et colonisation de l'Islande

L'Islande est l'une des terres les plus récentes du monde et son histoire humaine commence directement au Moyen Âge. Est-elle la fameuse et mythique « Ultima Thulé » dont parle le Grec Pythéas au IVe s av. J.-C. ? En tout cas, les premiers colons se firent attendre jusqu'au tout ***début du VIIIe s.*** Ce sont des moines irlandais qui s'installèrent pour quelques mois sur cette terre sans habitant, avant de laisser place aux Vikings norvégiens lorsque ceux-ci colonisèrent l'île au IXe s. Deux ou trois navigateurs nordiques vinrent tout d'abord voir de quoi il s'agissait, et l'on doit à un dénommé *Flóki Vilgerðarson* (ou Raven Floki), le premier à avoir navigué de manière délibérée vers l'île, le nom d'*Island,* « terre de glace ». Vers 874 apr. J.-C., les premiers vrais colons nordiques commencent à affluer, avec notamment ***Ingólfur Arnarson,*** qui établit son camp à l'emplacement actuel de Reykjavík. D'autres vagues d'émigrants viennent établir leurs fermes en Islande, emmenant famille et esclaves (qui furent rapidement affranchis). Contrairement aux idées reçues, ces émigrants n'étaient pas des pirates, mais des fermiers norvégiens fuyant le manque de terres et les impôts.

VIKINGS VS COLOMB ?

Les Vikings furent les vrais découvreurs de l'Amérique, mais ils n'avaient pas un très grand sens de la communication. La femme du frère de Leifur le chanceux y donna même naissance à un fils, Snorri, premier Européen né dans le Nouveau Monde. Un conflit avec les Indiens força les Vikings à repartir. Personne n'y retourna, mais la légende du Vínland, pays au doux climat, perdura. En 1477, un jeune marin vénitien visita l'Islande, s'enticha de cette aventure et retourna chez lui plein de projets. Son nom... Christophe Colomb !

L'*Alþing* et l'âge des *sagas*

Les colons n'ayant aucune envie de reproduire les injustices du système monarchique qu'ils avaient fui, leur société clanique s'organise en une sorte d'État dirigé par une assemblée, l'*Alþing,* qui siège pour la première fois en 930, en plein air, sur le site de Þingvellir. ***L'Alþing*** est donc le ***plus vieux parlement national du monde*** qui soit encore en activité.

En l'an ***1000,*** ce parlement décide de délaisser la religion scandinave des origines pour adopter le ***christianisme*** comme religion officielle. C'est durant cette période qu'Éric le Rouge, hors-la-loi banni par la nouvelle justice islandaise, découvre le Groenland – « le pays vert » – et que son fils, Leifur Heppni (Leifur le chanceux), accoste une quinzaine d'années plus tard au *Helluland* (Terre de Baffin ?), puis au *Markland* (Terre-Neuve ?) et enfin dans un mystérieux pays baptisé *Vínland,* qui pourrait être la côte est canadienne, voire celle des États-Unis. Entre ***1120 et 1230*** les premières ***sagas*** islandaises apparaissent, ainsi que le poème *Edda* de Snorri Sturluson, qui constitue une excellente (sinon la meilleure) présentation de la mythologie nordique.

CERTAINS L'AIMENT CHAUD !

Quand le Parlement islandais décida que l'Islande tournerait le dos au paganisme et deviendrait chrétienne, les chefs de clans furent baptisés dans le lac de Þingvellir. Mais certains, plus frileux sans doute, refusèrent et s'en allèrent faire baptême à part dans les eaux chaudes du lac de Laugarvatn, à 25 km de là.

Guerres civiles, union de Kalmar et réforme protestante

À partir de ***1230,*** l'Islande traverse *une* ***période de troubles*** (luttes de pouvoirs, raids sanglants). Elle se termine en 1262 par la soumission de l'île au roi de Norvège, qui n'eut qu'à profiter du chaos ambiant pour prendre possession du pays. L'*Alþing* perd alors tout son pouvoir et des impôts élevés sont perçus au bénéfice des Norvégiens. À la ***fin du XIVe s,*** la lignée du roi de Norvège s'étant éteinte, l'union de Kalmar, réalisée à l'initiative du Danemark, scelle le fait qu'un seul monarque dirige le Danemark, la Suède et la Norvège. La Norvège et l'Islande deviennent ainsi provinces danoises. Suit alors une longue période très sombre pour l'île, soumise au ***monopole du commerce danois,*** et ravagée par les épidémies (peste noire en 1402 qui cause la mort des deux tiers de la population).

Le roi Christian III de Danemark impose de plus, en ***1550, la foi luthérienne.*** Pendant quelques années, certains catholiques résistent dans une sorte de guerre de religion à l'islandaise : l'évêque Árnason ainsi que ses deux fils sont décapités. L'Islande, affaiblie et réduite à une sorte de « colonie » danoise, est négligée par le roi et subit plusieurs ***attaques barbares*** venues de Méditerranée, notamment en 1627 où près de 370 Islandais (essentiellement des îles Vestmann) sont faits prisonniers.

LUTHER ET LE MARIAGE

Il détestait le célibat imposé aux religieux catholiques « qui nous livre à des idées impures ». D'ailleurs, l'ancien moine épousa une religieuse, et le pape faillit en avaler sa tiare. Comble de la provocation, il eut 6 enfants !

Vers un statut autonome

Il faut attendre le XIXe s pour assister à la naissance d'un mouvement national pour l'indépendance, dont le héros est l'avocat ***Jón Sigurðsson*** (1811-1879). En ***1874,*** l'île, à l'occasion de l'anniversaire des 1 000 ans de la colonisation, se voit octroyer le ***statut d'État autonome,*** du moins dans le ***domaine commercial.*** C'est une première étape. Trente ans plus tard, nouveau progrès dans la marche vers l'indépendance : le pouvoir exécutif est transféré en Islande et un poste de Premier ministre est créé : il remplace le gouverneur royal danois.

Du royaume d'Islande à l'indépendance

En ***1918,*** la ***souveraineté islandaise*** est enfin reconnue, mais pas encore pleinement : dans le cadre d'une union à la couronne danoise, cette dernière conserve l'autorité en matière de défense et d'affaires étrangères. Le roi du Danemark est également roi d'Islande. La ***proclamation de la république*** d'Islande à Þingvellir, **le *17 juin 1944,*** met fin à 7 siècles de colonisation étrangère. La ***Seconde Guerre mondiale*** a bien aidé : les contacts ont été rompus avec le Danemark, une fois ce dernier passé sous la coupe nazie, et comme l'acte d'Union de 1918 ne valait que pour 25 ans, il fallait bien passer à autre chose. L'emblème de l'île change :

OPÉRATION FORK : LE DÉBARQUEMENT OUBLIÉ

Dans le cadre de la bataille de l'Atlantique, les Anglais investirent l'Islande le 10 mai 1940. L'île leur permettait de contrôler la navigation des convois alliés en Atlantique nord. Neutre et sans armée, le pays protesta pour la forme, mais collabora sans résistance. D'autant que les Britanniques s'étaient engagés à quitter l'île dès la fin de la guerre et qu'ils évitaient à l'Islande de subir le sort du Danemark, envahi, lui, par les troupes nazies.

la morue surmontée d'une couronne dorée cède la place à l'actuel drapeau bleu avec la croix scandinave rouge sur fond blanc.
Après l'occupation par les Britanniques (voir l'encadré), en 1941, les ***troupes américaines*** prirent le relais, supposées partir la guerre finie. Il y aura ainsi jusqu'à 40 000 soldats américains, quand la population islandaise atteignait tout juste les 120 000 habitants ! En 1951, la base militaire de l'aéroport de Keflavík revient aux États-Unis, qui y stationneront jusqu'en septembre 2006.

Aujourd'hui...

En 1963, à la suite d'une éruption sous-marine, l'Islande s'agrandit d'une nouvelle île, Surtsey, inscrite au Patrimoine mondial de l'Unesco depuis 2008.
En 1980, ***Vigdís Finnbogadóttir*** devient la première femme au monde à être élue chef d'État. Mère célibataire d'une petite fille adoptée, elle fut l'une des organisatrices de la fameuse révolte des « chaussettes rouges » : énorme manifestation le 20 octobre 1975, pour dénoncer les conditions de vie des femmes (en 2005, son anniversaire fut célébré par des dizaines de milliers de femmes protestant à leur tour contre l'écart de salaires hommes-femmes). L'Islande avait déjà été parmi les premiers pays au monde à accorder le ***droit de vote aux femmes (en 1915).*** Dans la société islandaise, les femmes ont toujours occupé une place forte, en pratique au moins, puisque ce sont elles qui géraient la maison et la vie quotidienne quand les hommes partaient en mer pendant des mois. Elles ont même eu un parti politique (autodissous en 1999 car les Islandaises pensaient avoir atteint leurs objectifs), l'***Alliance des Femmes,*** qui avait six députés et dont la chef de file, Ingibjörg Sólrún Gísladóttir, fut maire de Reykjavík de 1994 à 2003 (avant de devenir ministre des Affaires étrangères entre 2007 et 2009). De 1996 à 2016, le pays est présidé par ***Ólafur Ragnar Grímsson,*** qui n'eut aucun mal à se faire réélire en 2000, 2004 puis en 2008 (année où il était le seul candidat...), et enfin en 2012 (alors qu'il ne souhaitait pas vraiment se présenter...). Même s'il a un droit de véto sur les lois, le président n'a guère qu'un rôle honorifique, et c'est le Premier ministre qui tient les rênes de l'État. En mai 2006, ***Geir Haarde,*** président du Parti de l'Indépendance, succède à Halldór Ásgrímsson comme Premier ministre. L'effondrement du secteur bancaire islandais à l'***automne 2008*** et la ***crise financière*** qui frappe de plein fouet le pays (voir la rubrique « Économie ») touche directement les Islandais, qui, en janvier 2009, manifestent devant le Parlement. Le peuple exige que les responsables de ce marasme économique soient désignés et démis de leurs fonctions. Ce qu'on appelle alors la « ***révolution des Casseroles*** » pousse le gouvernement de centre-droit à démissionner. En ***avril 2009, victoire de l'Alliance sociale-démocrate.*** C'est une femme qui prend alors la tête du nouveau gouvernement : ***Jóhanna Sigurðardóttir,*** et qui forme un gouvernement de coalition avec les écologistes (le Mouvement Gauche-Vert). Pour la première fois dans l'histoire du pays, la gauche gouverne seule (l'Alliance sociale-démocrate fut plusieurs fois au pouvoir, mais toujours alliée à un parti de centre-droit). En ***juin 2012,*** alors que les sondages étaient plutôt favorables à Thóra Arnórsdóttir (journaliste et populaire animatrice télé), le président sortant, ***Ólafur Ragnar Grímsson, est réélu.*** Grímsson, dernier homme au pouvoir (tous ceux de l'ancienne classe politique ont été balayés), a été particulièrement rusé et habile, rappelant qu'il avait mis deux fois son veto sur le paiement de la dette, surfant sur une certaine impopularité du gouvernement, défendant des positions

LES GUERRES DE LA MORUE

Islande et Grande-Bretagne ne furent pas loin de se déclarer la guerre à trois reprises, entre 1952 et 1976, en raison de conflits sur les zones de pêche à la morue. Pays sans armée, l'Islande devait en principe être défendue par l'armée américaine : pour éviter une situation inimaginable en ces temps de guerre froide, on força les deux pays à négocier...

anti-européennes et conservatrices et faisant oublier que, avant 2008 et la crise, il avait été le chantre forcené de la bulle financière et des requins de la finance. Dans ce traditionnel mouvement de balancier qui voit battus tous les gouvernements ayant eu à gérer la crise, la droite a remporté les ***législatives de 2013*** (où se présentaient pas moins de 15 formations politiques !). Le Premier ministre s'appelle aujourd'hui Sigmundur Davíð Gunnlaugsson, à la tête d'une coalition qui réunit son parti du Progrès – parti de centre-droit – et le parti de l'Indépendance – parti de droite. Ayant bénéficié de l'impact négatif de la rigueur budgétaire, les deux partis de cette coalition, clairement eurosceptiques, s'accordent sur le refus d'adhérer à l'Union européenne et retirent la candidature du pays en mars 2015. Ils doivent cependant faire face à la montée du ***parti Pirate,*** fondé en 2012 en Islande, déjà présent au parlement et seul parti crédité de plus de 30 % d'intentions de vote. Son credo : la démocratie et la liberté, notamment sur Internet, avant tout. Ainsi, à la suite des attentats contre *Charlie Hebdo* survenus en France en janvier 2015, le parti des Pirates a fait passer une loi autorisant le blasphème, pourtant interdit depuis 1940 dans le pays. Le 5 avril 2016, suite au scandale financier mondial des *Panama papers* l'impliquant, le Premier ministre islandais est contraint à la démission (l'histoire retiendra cette interview hallucinante où Sigmundur David Gunnlaugsson quitte son bureau, surpris par les questions d'un journaliste qui révèle pour la première fois le volet islandais de l'affaire et lui demande de s'expliquer). En août 2016, ***Guðni Th. Jóhannesson*** devient le nouveau président islandais : l'élection de cet universitaire de 48 ans, néophyte en politique, marque sans doute une certaine désillusion des électeurs par rapport au corpus politique. Petit clin d'œil de l'histoire, l'élection s'est déroulée en plein périple héroïque de l'équipe islandaise dans l'Euro de foot : 9 bureaux de vote seront installés en France à cette occasion pour permettre aux supporters de voter malgré leur absence de l'île. Mais revenons à nos moutons islandais : le 29 octobre 2016, les élections législatives renouvellent le parlement. Après une tentative ratée pour former un gouvernement dirigé par ***Bjarni Benediktsson*** (Parti de l'Indépendance, représentant 21 députés), c'est finalement ***Katrín Jakobsdóttir*** (Mouvement des verts et de gauche, représentant 10 sièges) qui se lancera dans l'aventure. 10 sièges reviennent au Parti pirate (qui progresse, mais fait un peu pschitt par rapport aux sondages) et seulement 8 au Parti du progrès du Premier ministre sortant, ainsi lourdement sanctionné.

LÂCHE-MOI LES BASQUES !

En 1615, des Basques, chasseurs de baleines, échouèrent à Hólmavík. Un massacre s'ensuivit pour des raisons qui restent inconnues. Un décret autorisa alors les Islandais à tuer les Basques. Cette autorisation fut (enfin) abrogée... en 2015 !

La femme est l'avenir de l'homme !

De février 2009 à mai 2013, Jóhanna Sigurðardóttir a non seulement été la première femme Premier ministre de ce pays, mais elle a aussi été la première chef de gouvernement occidentale à être ouvertement homosexuelle. Elle a épousé sa compagne le jour de l'entrée en vigueur d'une ***loi légalisant le mariage homosexuel*** en Islande, en ***juin 2010.*** Depuis 1996 déjà, les couples homosexuels bénéficiaient des mêmes droits que les couples

FEMMES MAL TRAITÉES ?

Depuis 40 ans les Islandaises dénoncent les inégalités salariales dont elles sont victimes. En 1975, elles ont décrété un jour de grève. Plus récemment, elles ont opté pour un credo plus original : elles cessent le travail plus tôt que l'heure légale, en fonction de la différence entre leur salaire moyen et celui des hommes. En 2016, elles ont ainsi quitté le boulot à 14h38, à partir du 24 octobre...

mariés, mais n'étaient pas encore considérés officiellement comme « époux ». Il est aussi possible pour deux personnes de même sexe de se marier à l'église, même si les pasteurs restent libres de célébrer ou non ces unions. Et, depuis 2006, l'adoption par les couples homosexuels et le recours aux techniques de fécondation in vitro (FIV) sont autorisés par la loi.
En ***juillet 2012,*** pour la première fois de son histoire, l'Église d'Islande a élu une femme, ***Agnes Sigurdardóttir,*** comme ***archevêque.*** Plus qu'un symbole lorsque plus de 80 % de la population se dit chrétienne... Et même si, aujourd'hui, une majorité d'hommes tient la barre de l'Islande, il reste beaucoup à attendre de ce pays, premier au monde à avoir élu à sa tête en 1980 une femme, Vigdís Finnbogadóttir (voir plus haut « Aujourd'hui »),...

L'Islande dans l'Union européenne ?

Jusqu'en 2008, quand l'Islande était encore un pays prospère à l'extraordinaire niveau de vie, elle tenait jalousement à son indépendance. Mais, après le cataclysme économique, avec une couronne islandaise qui a dévissé et un pays endetté jusqu'au cou, l'hypothèse d'une adhésion à la zone euro est devenue plus tentante.
En juillet 2009, l'Islande dépose donc une demande d'adhésion auprès de l'Union européenne et, à peine un an plus tard, Bruxelles décide d'ouvrir les discussions avec Reykjavík (un traitement très rapide que peuvent lui envier d'autres candidats à l'adhésion...). L'intégration de l'Islande dans l'Union aurait normalement dû se faire juste après celle de la Croatie, au 1er juillet 2013. Mais la victoire de la droite aux élections législatives de cette même année 2013 en a décidé autrement : le nouveau gouvernement ayant, quasiment d'emblée, décidé de suspendre jusqu'aux prochaines élections législatives (soit jusqu'en 2017) toute négociation avec l'Union européenne et retiré la candidature de l'Islande en mars 2015. De toute façon, il semblerait que beaucoup d'Islandais soient défavorables à cette adhésion, un sentiment accru par la décision du peuple britannique de faire sortir le royaume de l'UE. Beaucoup font observer que, sans sa monnaie, qui, une fois dévaluée, a permis de relancer les exportations, l'Islande aurait subi une crise encore plus dure. Avec l'euro, en effet, pas de dévaluation possible...
L'Islande fait pourtant partie de l'Espace économique européen depuis 1994 et de l'espace Schengen depuis 2001, elle applique donc déjà un grand nombre de directives européennes. Malgré tous ces accords, elle a cependant toujours réussi à protéger un secteur crucial pour son économie (et encore plus aujourd'hui !) : la pêche, qui représente 40 % de ses exportations. Or, en cas d'adhésion, elle devrait théoriquement permettre l'accès des pêcheurs européens à ses zones de pêche et ouvrir ce secteur encore fermé aux investisseurs étrangers. Par ailleurs, la question de la chasse à la baleine est un autre gros sujet de frictions au sein de l'Europe...

Quelques dates

– ***870-930 :*** période de la colonisation ; en 874, Ingólfur Arnarson s'installe dans une baie abritée qu'il baptise Reykjavík.
– ***930 :*** création à Þingvellir de l'*Alþing,* le premier Parlement de l'Histoire.
– ***Vers 1000 :*** adoption du christianisme.
– ***Vers 1000 :*** Leif Eiríksson (fils d'Éric le Rouge), découvre le Vínland, soit le continent nord-américain.
– ***1262-1264 :*** l'Islande perd son indépendance et passe sous domination norvégienne.
– ***1380-1397 :*** c'est l'union de Kalmar, soumission de l'Islande à la couronne danoise après l'union des monarchies danoise et norvégienne.
– ***1550 :*** la Réforme ; Christian III, roi de Danemark, impose la religion luthérienne à l'Islande.

– ***1707-1709 :*** une épidémie de variole, suivie de plusieurs catastrophes naturelles, s'abat sur l'Islande ; un quart de la population meurt.
– ***1783-1785 :*** une éruption du Laki, suivie d'une famine, engendre la mort d'environ 10 000 personnes (un cinquième de la population d'alors).
– ***Vers 1840 :*** apparition sur la scène politique de Jón Sigurðsson, qui va mener la lutte pour l'indépendance de l'Islande.
– ***1874 :*** l'Islande obtient sa première Constitution.
– ***1875 :*** première colonie permanente islandaise au Canada, dans le Manitoba, près de Winnipeg.
– ***1880-1890 :*** forte émigration islandaise vers le Nouveau Monde.
– ***1885 :*** les Islandais demandent une révision de la Constitution. Création d'une Banque nationale, la *Landsbanki Íslands.*
– ***1904 :*** l'Islande accède à une sorte d'autonomie.
– ***1911 :*** création de l'Université d'Islande à Reykjavík.
– ***1915 :*** institution du suffrage universel et du droit de vote des femmes.
– ***1918 :*** la souveraineté islandaise est reconnue, mais le roi du Danemark reste le souverain de l'Islande.
– ***17 juin 1944 :*** proclamation de l'Indépendance à Þingvellir et création de la République d'Islande.
– ***1946 :*** entrée de l'Islande aux Nations unies.
– ***1949 :*** adhésion de l'Islande à l'OTAN.
– ***1973 :*** éruption volcanique sur Heimaey, aux îles Vestmannaeyjar ; l'île est évacuée pendant plusieurs mois ; naissance d'un nouveau volcan.
– ***1994 :*** adhésion de l'Islande à l'Espace économique européen (EEE).
– ***2006 :*** l'Islande reprend la chasse commerciale à la baleine.
– ***Octobre 2008 :*** le secteur bancaire s'effondre, entraînant un véritable marasme économique. L'Islande est un pays en faillite.
– ***2009 :*** en janvier, le gouvernement de centre-droit est poussé à la démission par des manifestations ; en février, Davíð Oddsson, gouverneur de la Banque centrale, considéré comme l'un des responsables de la crise, est poussé à démissionner. *Jóhanna Sigurðardóttir* (social-démocrate) est nommée Premier ministre ; en juillet, l'Islande dépose une demande d'adhésion à l'Union européenne.
– ***2010 :*** en avril, publication du « rapport Vérité » de la commission d'enquête spéciale sur les responsabilités politiques dans l'effondrement de l'économie de l'île ; en mai, élection à la mairie de Reykjavík de *Jón Gnarr,* un comédien, à la surprise générale, sur un programme plein de revendications drôles, dérisoires ou ironiques ; en juin, légalisation du mariage homosexuel.
– ***2011 :*** le pays connaît un redressement économique spectaculaire qui lui permet de sortir de la récession. Nouveau référendum sur le paiement de la dette. Malgré l'adoucissement des conditions de remboursement, c'est un nouveau « NEÏ » prononcé par 59 % des voix.
– ***2012 :*** en juin, réélection de *Olafur Ragnar Grimsson,* pour son cinquième mandat à la présidence de la république. À signaler que, sur les quatre challengers, trois étaient des femmes ; en octobre, la Constitution « citoyenne » est soumise à référendum et approuvée par les deux tiers des électeurs (environ 50 % de participation). Le résultat n'engage cependant pas les politiques jusqu'aux élections législatives de 2013.
– ***27 avril 2013 :*** le parti du Progrès (centre-droit) et le parti de l'Indépendance (droite) remportent les élections législatives. La nouvelle Constitution est enterrée.
– ***12 mars 2015 :*** la coalition au pouvoir retire la candidature de l'Islande à l'adhésion à l'Union européenne.
– ***5 avril 2016 :*** le Premier ministre islandais, impliqué dans le scandale financier des *Panama papers,* est forcé à démissionner.
– ***1er août 2016 :*** Guðni Thorlacius Jóhannesson est élu président de la République.

– ***29 octobre 2016 :*** renouvellement du parlement ; parti de l'Indépendance (21 sièges), Mouvement des verts et de gauche (10 sièges), Parti pirate (10 sièges) et Parti du progrès (8 sièges).

MÉDIAS

Votre TV en français : TV5MONDE, la première chaîne culturelle francophone mondiale

Avec ses 11 chaînes et ses 14 langues de sous-titrage, TV5MONDE est distribuée dans plus de 190 pays du monde par câble, satellite et sur IPTV. Vous y retrouverez de l'information, du cinéma, du divertissement, du sport, du documentaire...
Grâce aux services pratiques de son site voyage • *voyage.tv5monde.com* •, vous pouvez préparer votre séjour, et une fois sur place, rester connecté avec les applications et le site • *tv5monde.com* • Demandez à votre hôtel le canal de diffusion de TV5MONDE et contactez • *tv5monde.com/contact* • pour toutes remarques.

Programmes en anglais

À Reykjavík, des infos en anglais sont diffusées tous les matins à 7h30 (juin-août) sur la radio *Rás 1* (FM : 92.4/93.5) ; elles sont aussi enregistrées sur répondeur automatique consultable au ☎ *515-36-90.* Le *BBC World Service* est disponible sur FM : 103.5.
La chaîne nationale de télévision, *RÚV,* ne fonctionne que de 15h à 1h30 ! Elle est en concurrence avec *Stöð 2* (privée), qui, elle, diffuse 24h/24, en particulier de nombreux films et émissions américains sous-titrés en islandais – raison pour laquelle les Islandais comprennent aussi bien l'anglais. Il y a aussi *Stöð 2 Sport*, *Skífan TV* (vidéos musicales), *SkjárEinn* (payant), etc.
Pour des news islandaises en anglais sur le Net, consultez • *mbl.is/frettir/english* • *icenews.is* • ou • *icelandreview.com* • Plus sociétal et tourné sur Reykjavík : • *grapevine.is* •

PERSONNAGES

– ***Björk*** (née en 1965) : pour beaucoup, à la mention de l'Islande, la première chose qui vient à l'esprit est la voix si particulière et la personnalité de la chanteuse Björk, également compositrice et actrice. Björk Guðmundsdóttir, née au sein d'une famille mélomane de Reykjavík, enregistre son premier album à 11 ans. Elle est propulsée sur la scène musicale par la vague punk qu'elle ne tarde pas à canaliser vers de nouvelles directions. Dans le milieu des années 1980, elle permet à la musique islandaise d'émerger avec son groupe de rock ésotérique, les *Sugarcubes.* Le nom de Björk ne devient cependant légendaire qu'avec l'essor de sa carrière en solo, avec *Debut* en 1993. Elle élargit son champ d'action à la composition et à l'art dramatique en incarnant le rôle principal de *Dancer in the Dark* (de Lars von Trier), Palme d'or en 2000, pour lequel elle reçoit le prix d'Interprétation féminine et dont elle a également composé la bande originale. Elle s'est aussi illustrée (et s'illustre encore) par son engagement pour la défense de l'environnement en Islande.
– La scène musicale islandaise est extrêmement dynamique et plusieurs de ses acteurs ont désormais acquis une renommée internationale : citons, dans le genre expérimental, le groupe ***Sigur Rós*** (dont le chanteur Jónsi mène aussi une carrière solo) et le groupe ***Múm,*** mais aussi, dans un autre registre, la chanteuse pop italo-islandaise ***Emilíana Torrini,*** les groupes électro comme ***GusGus*** et ***Bang Gang*** et le folk-électro paisible d'***Ásgeir,*** dont le premier album (*Splendeur dans un silence de mort* !) a été acheté par 1 Islandais sur 10.

Le groupe pop-folk ***Of Monsters and Men*** s'est également fait un nom sur la scène internationale depuis une poignée d'années.

– ***Erró*** (né Guðmundur Guðmundsson en 1932) : au début des années 1950, ce peintre devenu maître du collage étudie l'art à Reykjavík, Oslo, puis Florence, avant de s'initier aux mosaïques byzantines à l'École de mosaïque de Ravenne (en Italie, toujours). En 1958, il s'installe à Paris, où il fréquente le milieu surréaliste. Grand voyageur, il collecte lors de ses nombreux périples toutes sortes d'images de la culture populaire (B.D., publicité, livres, photos de presse, affiches, etc.), à la source de son œuvre, où se mêlent surréalisme et pop art. Artiste engagé, Erró n'hésite pas à dénoncer dans ses œuvres les absurdités et la cruauté de ce monde. D'autres, en retour, l'ont accusé de plagiat...

– ***Halldór Laxness*** (1902-1998) : prix Nobel de littérature en 1955. La vie de ce grand écrivain emblématique de l'Islande est un roman à part entière. Il a voyagé hors de son île, a rejeté sa religion luthérienne pour embrasser la religion catholique puis fréquenté les dadaïstes, croisé le communisme en Russie, pour finir taoïste...

– ***Olafur Eliasson*** (né en 1967) : cet artiste est certes danois, mais d'origine islandaise, et c'est sûrement de son enfance passée en Islande que lui vient son goût pour la nature. Inspiré par le courant du Land Art, son travail explore les phénomènes naturels et le rapport entre la nature et la technologie. Ses œuvres, bien que magnifiques, semblent parfois tenir plus de la démonstration scientifique que de la recherche esthétique. Eliasson expose ses installations de plus en plus ambitieuses dans les lieux les plus prestigieux. En 2003, avec *Project Weather,* il a par exemple reconstitué un véritable soleil dans une ambiance brumeuse à la Tate Modern de Londres ; en 2008, c'est dans le port de New York qu'il « construit » des cascades – *The New York City Warterfalls.* Vous pourrez admirer l'une de ses œuvres à Reykjavík, puisque c'est à lui que l'on doit les miroitements de l'Harpa, la nouvelle salle de concerts et centre de congrès.

– ***Roni Horn*** (née en 1955) : artiste new-yorkaise dont l'œuvre, constituée aussi bien de photos, de dessins que de sculptures ou encore d'installations, s'inspire de l'art minimal et conceptuel. L'artiste entretient une relation très particulière avec l'Islande, où elle vit régulièrement, et a élaboré toute une partie de son travail autour de l'eau, des mutations et des cycles. C'est à elle que l'on doit la « Bibliothèque de l'eau » à Stykkishólmur, sur la péninsule de Snæfellsnes.

– ***Vigdís Finnbogadóttir*** (née en 1930) : après des études de littérature française à Grenoble et à la Sorbonne, cette professeure de français, qui donne des cours de langue sur la chaîne nationale, s'intéresse au théâtre expérimental. Elle est projetée sur le devant de la scène par l'Association féministe islandaise, qui cherche une représentante pour l'élection de 1980. C'est ainsi que cette mère divorcée devient (de justesse) la première femme au monde élue démocratiquement présidente – poste qu'elle occupera jusqu'en 1996. Ardent défenseur du droit des femmes et de l'environnement, Vigdís Finnbogadóttir est aujourd'hui ambassadrice de bonne volonté de l'Unesco.

– On pourrait encore citer l'auteur de polars ***Arnaldur Indriðason*** (voir la rubrique « Livres de route » dans « Islande utile »).

POPULATION

L'Islande battue par les vents n'a jamais connu de population autochtone et l'occupation, jusqu'au IXe s, n'y fut qu'occasionnelle. Si les Vikings norvégiens la colonisèrent ensuite, différentes hypothèses se côtoient pour expliquer les deux principaux types de population encore présents aujourd'hui : scandinave (traditionnellement des blonds aux yeux clairs) et celte (châtains aux yeux marron). Pour certains, les Celtes (Irlandais) étaient déjà présents, pour les autres, ils furent emmenés comme esclaves par les Vikings. D'ailleurs, les analyses ADN tendent à prouver que les hommes étaient scandinaves et les femmes celtes… Toujours est-il que ces dernières, déjà christianisées, jouèrent un grand rôle dans l'évolution du pays vers une religion monothéiste.

Mille ans plus tard, la place des hommes et des femmes ne se joue plus en termes de captives et de maîtres. L'égalité, gagnée de haute lutte dans les années 1970, à travers une grève de 90 % des femmes de l'île (!), est ici une réalité. Première femme au monde élue présidente en 1980 (Vigdís Finnbogadóttir), nomination d'une lesbienne en couple au poste de Premier ministre en 2009 (Jóhanna Sigurðardóttir), qui imposa un quota de 40 % de femmes aux postes managériaux des entreprises, femmes pasteurs (elles sont aujourd'hui 70 sur 160), évêque en 2012, candidature (enceinte !) de la jeune Thóra Arnórsdóttir à la présidence en 2012, on comprend pourquoi le pays a, une fois encore, été élu champion du monde de la parité !

NOMS (TRÈS) COMMUNS

Les Islandais n'ont pas de nom de famille à proprement parler, mais utilisent un patronyme composé du prénom du père suivi de l'attribut son *pour un fils et* dóttir *pour une fille. La liste des prénoms n'étant pas interminable, les personnes s'appelant pareil sont nombreuses… et pas faciles à dénicher dans les annuaires téléphoniques. Les étrangers souhaitant adopter la nationalité islandaise doivent se plier à cette règle.*

Sur un tout autre plan, l'extraordinaire homogénéité génétique de la population islandaise a récemment donné lieu à un projet très controversé : la société privée américano-islandaise *DeCode Genetics* décida en effet de procéder à un fichage génétique et médical de tous les Islandais afin de faire des recherches sur les maladies génétiques. En 1998, l'*Alþing* donna son aval au projet pour une période de 12 ans, mais la Cour suprême islandaise annula cet accord en 2003. Beaucoup d'Islandais estimaient en effet que ces fichiers menaçaient le respect de leur vie privée.

L'immigration était traditionnellement faible : au milieu des années 1990, on ne comptait que 1,5 % d'étrangers en Islande, dont une majorité d'autres citoyens nordiques ; venaient ensuite des Européens de l'Ouest, des Américains et quelques Philippins et Thaïlandais venus participer aux campagnes de pêche. La réussite économique du pays dans les années 2000 a attiré davantage d'immigrants, dont de nombreux Polonais venus travailler dans le bâtiment et l'aluminium. Avec la crise, le chiffre est un peu retombé pour se stabiliser à environ 12 000 immigrés, soit 7 % de la population islandaise. Cela étant dit, le brassage interethnique est quasi nul, et on observe une stagnation, un vieillissement et un isolement de la population d'origine.

COUSINAGE

La population islandaise est tellement peu nombreuse pour que tous les habitants soient cousins au 9e degré. Il est donc fréquent et accepté que les mariages soient possibles entre cousins du 3e degré.

RELIGION ET CROYANCES

Convertis au christianisme en l'an 1000, les Islandais ont adopté le *luthéranisme* en 1550 (aujourd'hui 76,2 % de la population) sous l'influence danoise. La Bible a été traduite en 1584, vous pourrez admirer l'exemplaire original au Musée national d'Islande, à Reykjavík. Grâce au financement public (qui suscite bien des débats), des églises ont été construites un peu partout, parfois en des lieux très isolés. Leur architecture est parfois surprenante : on remarquera, par exemple, les églises en forme de tipi, de montagnes (à Blönduós) ou, à l'évocation de la géologie, en orgues basaltiques comme à Reykjavík et Akureyri – ou encore celle d'Ólafsvík qui, latéralement, évoque un pliage d'origami. Outre les nombreuses églises de l'Église évangélique luthérienne, il y a une cathédrale catholique active à Landakot, sur un site fondé par des prêtres français au début du XIXe s.

L'Islande a beau être un pays moderne, à la pointe de la technologie, la croyance en des forces surnaturelles y est toujours bien ancrée. Selon des statistiques très sérieuses, la majorité de la population n'exclut pas l'existence des revenants et du *Huldufólk* (« le peuple caché », à savoir les elfes, lutins...). Il arrive ainsi que l'on détourne le parcours d'une route en construction si l'on pense qu'elle risque de passer sur leur territoire... En 2004, le géant de l'aluminium *Alcoa,* lors de la construction de sa fonderie dans l'est du pays, a dû s'engager à ne pas toucher à un site que des elfes étaient supposés fréquenter. À Siglufjörður (nord du pays), une entreprise de travaux public a dû déterrer une pierre aux pouvoirs supposés elfiques. L'appartenance de ce bloc au monde caché était connue mais fut pourtant ignorée lors de travaux de terrassement réalisés en août 2015, qui l'ensevelirent sous des déblais. Ceux-ci à peine achevés, une avalanche de catastrophes affecta curieusement les lieux (inondations inhabituelles, glissements de terrain, pannes successives des engins de travaux, ouvriers blessés...). Faisant valoir une loi de 2012 qui protège les sites liés aux croyances, aux coutumes et à la magie, le conseil municipal obtint que la pierre elfique fût exhumée. Sans blague. On comprend mieux ce sondage réalisé en 2007 montrant que près des deux tiers des Islandais considèrent « possible » l'existence de ce monde parallèle peuplé d'êtres... Invisibles ? Dieu aussi est invisible, répondent les Islandais, qui gardent la foi.

ZUISME IS BACK !

Pratiquants ou pas, tous les Islandais doivent payer une taxe religieuse. Le zuisme, culte sumérien datant de plus de 4 000 ans, lui n'est pas considéré comme religion puisqu'il n'y avait aucun adepte. Voilà pourquoi des milliers d'Islandais (1 % de la population) se déclarent zuistes pour ne pas payer l'impôt religieux.

L'ÁSATRÚ

Cette très ancienne religion païenne (viking) connaît aussi une véritable recrudescence. En islandais, le mot Ásatrú *signifie « foi, croyance en les Ases », une des deux familles de divinités du paganisme nordique. Elle dispose de plusieurs avantages. Ainsi, quand on n'est pas satisfait d'un dieu, on peut le mettre à l'écart pendant un certain temps. Il n'y a pas vraiment de comportements interdits. Et on y respecte une stricte égalité entre hommes et femmes.*

SITES INSCRITS AU PATRIMOINE MONDIAL DE L'UNESCO

Organisation des Nations Unies pour l'éducation, la science et la culture

En coopération avec le centre du patrimoine mondial de l'UNESCO

Pour figurer sur la Liste du patrimoine mondial, les sites doivent avoir une valeur universelle exceptionnelle et satisfaire à au moins un des dix critères de sélection. La protection, la gestion, l'authenticité et l'intégrité des biens sont également des considérations importantes.

Le patrimoine est l'héritage du passé dont nous profitons aujourd'hui et que nous transmettons aux générations à venir. Nos patrimoines culturel et naturel sont deux

sources irremplaçables de vie et d'inspiration. Ces sites appartiennent à tous les peuples du monde, sans tenir compte du territoire sur lequel ils sont situés. Pour plus d'informations : ● *whc.unesco.org* ●
En Islande, les sites classés sont le parc national Þingvellir et l'île volcanique de Surtsey, sur les îles Vestmannaeyjar. Celle-ci a la particularité d'être interdite à la visite, car réservée aux scientifiques.

SPORTS ET LOISIRS

L'équitation et le cheval islandais

Vous verrez de nombreuses fermes équestres, réparties dans tout le pays. On y dénombre quelque 80 000 chevaux, soit un pour quatre habitants ! Un grand nombre d'Islandais en possèdent un, et 10 % de la population monte régulièrement. Ce cheval de petite taille extrêmement robuste fut longtemps « l'homme à tout faire » du pays : d'abord seul moyen de locomotion, il fut aussi ouvrier agricole et gardien de moutons, et reste bête à concours selon les ambitions de son propriétaire ! Il a la particularité d'avoir cinq allures (contre trois habituellement), dont le *tölt,* un pas confortable entre le trot et le galop, qu'il est le seul à posséder.

JE SUIS PETIT, ROBUSTE, QUI SUIS-JE ?

Un cheval islandais. Et, malgré ma petite taille, ne me traitez pas de poney ! Respect, s'il vous plaît, car je n'ai subi aucun croisement depuis le Xe s et serais donc un descendant direct des chevaux amenés par les Vikings lors de la colonisation.

On pratique l'équitation un peu partout, dans les fermes, bien sûr, mais on peut aussi s'offrir de belles balades sur des plages sauvages ou de grandes randonnées de plusieurs jours dans des zones reculées (pas mal d'opérateurs le proposent). Les passionnés auront peut-être envie d'assister aux *round-ups* d'automne, comme celui de Víðidalstungurétt, dans la région de Hvammstangi, patrie du cheval islandais. Les chevaux paissant en semi-liberté sont alors rassemblés et triés. Pour une courte chevauchée de 1h à 3h, compter 5 000-15 000 ISK.

Piscine, *hot tubs* et bains chauds...

La piscine et les bains chauds font partie intégrante de la culture islandaise ! Quasiment chaque village en est pourvu, le plus souvent alimenté par de l'eau naturellement chaude. Les gens y vont à la sortie du boulot, le week-end, davantage pour se détendre et papoter que pour faire des longueurs !
Par ailleurs, certains ne manqueront pas d'être surpris la première fois en entendant parler des *hot tubs* (ou *hot pots*), dont sont équipés ces mêmes piscines ou certains hébergements. Le *hot pot* est la traduction littérale du *heitur pottur* (pot chaud), un petit bassin dans lequel on s'assoit ou s'allonge et dont la température oscille entre 38 et 45 °C (façon jacuzzi, quoi !). Les plus merveilleux sont naturels, disséminés dans des recoins plus ou moins secrets. Bien sûr, on vous indique nos préférés...

Mais encore...

Le ***kayak de mer*** se pratique d'avantage dans les fjords de l'Est ou du Nord-Ouest, en particulier sur l'Ísafjarðardjúp, ainsi que dans la baie de Breiðafjörður. Des sorties sont également proposées depuis Reykjavík sur le Hvalfjörður et sur certains lacs de l'intérieur (Langisjór). Si vous débutez, privilégiez les belles journées, sinon le vent pourrait vous causer quelques frayeurs.

Vous n'avez peur de rien – et surtout pas de l'eau glacée ? Offrez-vous une descente en ***rafting*** de la Héraðsvötn, depuis Varmahlíð (côte nord) : branche ouest plus calme, bien pour les familles, ou branche est, qui remue autrement plus. Au sud de l'île, c'est sur la Hvítá que ça se passe. Envie de vous dépasser ? Cap sur la Vestari-Jökulsá, dans l'est de l'île.
L'hiver, on ***skie*** en Islande – et de plus en plus. Bien sûr, il y a des stations, comme celle de Bláfjöll, la plus importante de toutes (15 remontées), à 1h de piste de Reykjavík, ou celle de Hlidarfjall, juste au nord d'Akureyri (5 remontées). Les deux sont éclairées au cœur de l'hiver, mais il est bien plus agréable d'y venir en mars ou avril, quand le soleil est déjà bien revenu. La dizaine d'autres sites ne comportent souvent que quelques pistes, mais, du coup, les forfaits ne sont pas très chers (ça peut être rigolo d'essayer, surtout quand, comme au-dessus des fjords de l'Est, on skie avec vue sur l'océan). Sinon, l'***héliski*** a le vent en poupe pour ceux qui auraient le portefeuille bien lesté : on se fait déposer par un hélicoptère dans un coin inaccessible, pour skier sur des neiges inexplorées par le commun des skieurs. Son bastion : la Troll Peninsula, sur la côte nord, au-dessus de la mer. Pour vous faire envie, consultez : ● *arcticheliskiing.com* ●
Côté canapé, le sport le plus apprécié est certainement le ***football.*** La moitié des équipes nationales vient de l'agglomération de Reykjavík. Le problème du championnat islandais, c'est qu'il est court et décalé par rapport aux autres : en effet, pas de matchs l'hiver ! Autre passion, plutôt récente : le ***handball,*** depuis que l'équipe nationale masculine s'est hissée en finale olympique à Pékin en 2008, remportant la médaille d'argent face à... la France. Ce n'était que la 4e de l'histoire du pays.

TREKKING – RANDONNÉES

Une balade en Islande prend toujours un caractère particulier. Si différente de ce que nous connaissons, sa nature s'en donne à cœur joie pour nous surprendre : champs de lave, déserts de cendres, glaciers incontournables, sable balayé par les vents... Et le climat, loin d'être un allié, déroute par son instabilité : il n'est pas rare de voir défiler les quatre saisons dans la même journée ! En d'autres termes, vous pourrez rarement vous permettre des marches au hasard à travers le pays. D'abord, parce que cela peut être dangereux et, ensuite, parce que la nature est tellement fragile que vous pourriez en perturber l'équilibre (sans exagération). Mais rassurez-vous, il y en a pour tous les types de mollets, des petites balades aux grandes randonnées (Skaftafell, Hveravellir, Landmannalaugar...), souvent tracées et balisées, d'une heure ou de plusieurs jours. C'est tout l'intérêt du développement actuel du tourisme à l'islandaise, c'est-à-dire d'un tourisme « naturel », soucieux à la fois de préserver les sites et de développer les structures d'accueil.
Quelques recommandations ultimes : ne pas faire de cairns n'importe où. Ils sont là traditionnellement pour indiquer un chemin. Ne pas hésiter à prévenir les gardiens des refuges, ou vos rencontres de passage, de votre itinéraire. La meilleure période pour faire de la randonnée se situe entre fin août et début septembre (moins de neige, refuges moins bondés, couleurs somptueuses et premières aurores boréales). Les plus belles régions pour randonner : Landmannalaugar, de Þórsmörk à Skógar, le parc de Skaftafell ou encore le parc de Lónsöræfi (Stafafell) pour randonneurs avertis ; pour les amateurs de grande solitude : le Hornstrandir. Et, surtout, et on ne le répétera jamais assez, prévoir toujours le pire en matière de temps.

Équipement

On va même vous aider à faire votre sac ! Non pas pour être directif, mais parce qu'un mauvais équipement peut nuire à votre séjour. Dans tous les cas, prévoyez tout le nécessaire pour combattre froid, pluie et vent. Voici les indispensables :

– chaussures de randonnée avec des semelles costaudes, à cause de la lave très abrasive (semelles style *Vibram*) ;
– sandales en plastique pour le franchissement des gués (indispensables aux Landmannalaugar et Þórsmörk) ;
– *Thermolactyl, Gore-Tex* et polaire, éventuellement, surtout si vous randonnez ou campez ;
– bonnet et gants ;
– pantalon imperméable ;
– pour les campeurs, tente de type alpinisme si vous ne voulez pas vous envoler, avec le plus d'amarres possible ! Une bonne imperméabilité est essentielle et une capacité à sécher rapidement idéale... prévoir aussi un matelas isolant et un sac de couchage supportant des températures avoisinant 0 °C, voire moins ;
– lunettes de soleil (forte luminosité) ;
– maillot et serviette pour les sources d'eau chaude et les nombreuses piscines ;
– lampe frontale avec piles (à partir d'août) ;
– jumelles, pas indispensables, mais très utiles pour observer aussi bien les oiseaux que les phoques et baleines ;
– boussole. Attention, à cette latitude, le nord magnétique se situe à environ 20° à l'ouest du nord géographique.
– masque de sommeil, quand il fait jour même en pleine nuit !
Et si vous avez l'âme d'un pêcheur, n'oubliez pas que le matériel de pêche doit être certifié « désinfecté » par un vétérinaire pour pouvoir passer la frontière !
– Détail important : on a bien cherché et constaté qu'il n'y a quasiment pas de ***laveries*** automatiques en Islande. C'est comme pour les ordinateurs, les Islandais sont très bien équipés... chez eux ! Cependant, vous trouverez des machines à laver et sèche-linge dans la plupart des campings et des AJ. Vous pouvez demander à les utiliser même si vous n'y logez pas, les propriétaires savent que c'est pour vous l'unique possibilité de laver vos vêtements. Le prix, selon l'endroit, varie beaucoup : de 600 à 2 000 ISK la machine, et autant pour le sèche-linge. Certaines *guesthouses* mettent les leurs à disposition gracieusement.
– Pour ne pas tout charrier depuis la France et économiser sur les bagages en soute, vous pouvez décider de louer votre matériel sur place, par exemple auprès d'***Iceland Camping Equipment*** : *Klapparstigur 16, à Reykjavík.* 📱 *647-05-69.* • *iceland-camping-equipment.com* • Équipe en partie francophone de bon conseil (pas donné toutefois).

Mardi → 19h → Blue lagoon

Mercredi → Blue Lagoon

J1 - Reykjavik

J2 - Hvolsvollur

Mardi soir Reykjavik

Mercredi matin Reykjavik

Mercredi soir Geysir

Jeudi Geysir

Jeudi soir Skogafoss

Vendredi

Vendredi soir Kirkju

Samedi

Samedi soir

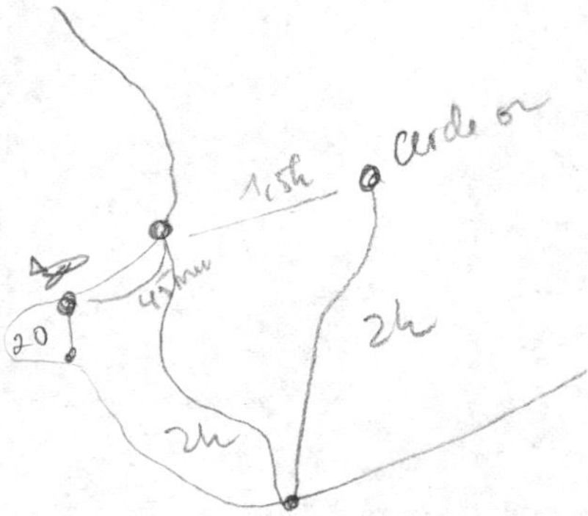
1,5h
45mn
20
2h
2h

les ROUTARDS sur la FRANCE 2017-2018

(dates de parution sur • **routard.com** •)

Découpage de la FRANCE par le ROUTARD

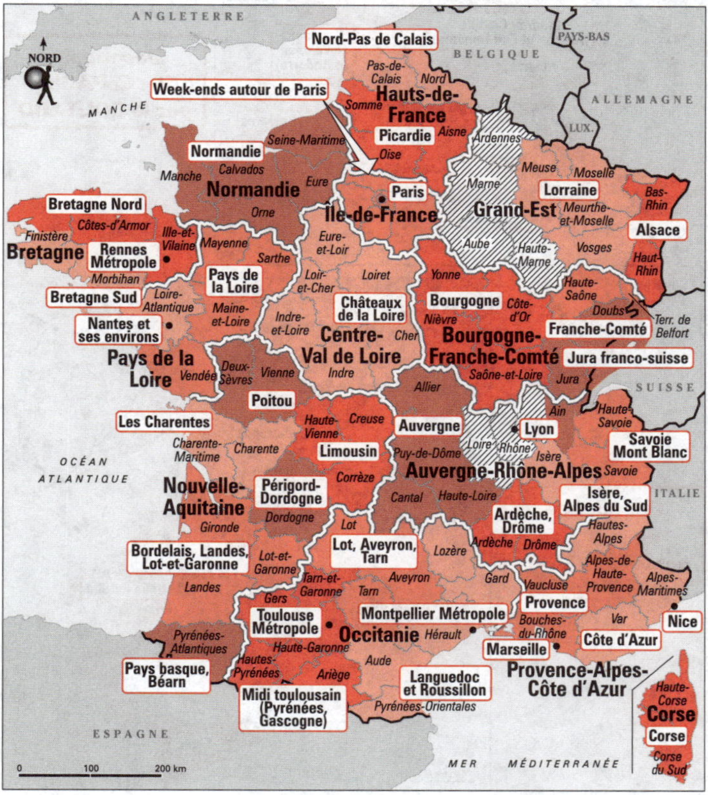

Autres guides nationaux

- Hébergements insolites en France (mars 2017)
- La Loire à Vélo
- La Vélodyssée (Roscoff-Hendaye)
- Nos meilleurs campings en France
- Nos meilleures chambres d'hôtes en France
- Nos meilleurs restos en France
- Les visites d'entreprises

Autres guides sur Paris

- Paris
- Paris balades
- Restos et bistrots de Paris
- Le Routard des amoureux à Paris
- Week-ends autour de Paris

les ROUTARDS sur l'ÉTRANGER 2017-2018

(dates de parution sur • **routard.com** •)

Découpage de l'ESPAGNE par le ROUTARD

Découpage de l'ITALIE par le ROUTARD

Autres pays européens

- Allemagne
- Angleterre, Pays de Galles
- Autriche
- Belgique
- Budapest, Hongrie
- Pays baltes : Tallinn, Riga, Vilnius (avril 2017)
- Crète
- Croatie
- Danemark, Suède
- Écosse
- Finlande
- Grèce continentale
- Îles grecques et Athènes
- Irlande
- Islande
- Madère
- Malte
- Norvège
- Pologne
- Portugal
- République tchèque, Slovaquie
- Roumanie, Bulgarie
- Suisse

Villes européennes

- Amsterdam et ses environs
- Berlin
- Bruxelles
- Copenhague
- Dublin
- Lisbonne
- Londres
- Moscou
- Prague
- Saint-Pétersbourg
- Stockholm
- Vienne

les ROUTARDS sur l'ÉTRANGER 2017-2018

(dates de parution sur • routard.com •)

Découpage des ÉTATS-UNIS par le ROUTARD

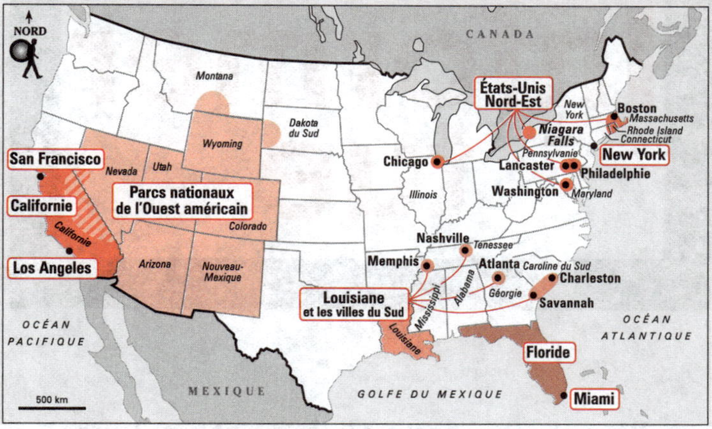

Autres pays d'Amérique

- Argentine
- Brésil
- Canada Ouest
- Chili et île de Pâques
- Costa Rica (nouveauté)
- Équateur et les îles Galápagos
- Guatemala, Yucatán et Chiapas
- Mexique
- Montréal
- Pérou, Bolivie
- Québec, Ontario et Provinces maritimes

Asie et Océanie

- Australie côte est + Red Centre
- Bali, Lombok
- Bangkok
- Birmanie (Myanmar)
- Cambodge, Laos
- Chine
- Hong-Kong, Macao, Canton
- Inde du Nord
- Inde du Sud
- Israël et Palestine
- Istanbul
- Jordanie
- Malaisie, Singapour
- Népal
- Shanghai
- Sri Lanka (Ceylan)
- Thaïlande
- Tokyo, Kyoto et environs
- Turquie
- Vietnam

Afrique

- Afrique du Sud
- Égypte
- Kenya, Tanzanie et Zanzibar
- Maroc
- Marrakech
- Sénégal
- Tunisie

Îles Caraïbes et océan Indien

- Cuba
- Guadeloupe, Saint-Martin, Saint-Barth
- Île Maurice, Rodrigues
- Madagascar
- Martinique
- République dominicaine (Saint-Domingue)
- Réunion

Guides de conversation

- Allemand
- Anglais
- Arabe du Maghreb
- Arabe du Proche-Orient
- Chinois
- Croate
- Espagnol
- Grec
- Italien
- Japonais
- Portugais
- Russe
- G'palémo (conversation par l'image)

Les Routards Express

Amsterdam, Barcelone, Berlin, Bruxelles, Budapest, Dublin, Florence, Istanbul, Lisbonne, Londres, Madrid, Marrakech, New York, Prague, Rome, Venise.

Nos coups de cœur

- Les 50 voyages à faire dans sa vie (nouveauté)
- Nos 52 week-ends dans les plus belles villes d'Europe
- France
- Monde

Espace offert par l'annonceur – Avec le soutien de l'agence ★ EURO RSCG C&O
RÉPARER LES VIES
HANDICAP
INTERNATIONAL

Document à caractère publicitaire

routard assurance COURTE DURÉE

routard assurance

Voyages de moins de 8 semaines

RÉSUMÉ DES GARANTIES*	MONTANT MAXIMUM DES GARANTIES
FRAIS MÉDICAUX (pharmacie, médecin, hôpital)	100 000 € U.E. / 300 000 € Monde entier
Agression (déposer une plainte à la police dans les 24 h)	Inclus dans les frais médicaux
Rééducation / kinésithérapie / chiropractie	Prescrite par un médecin suite à un accident
Frais dentaires d'urgence	75 €
Frais de prothèse dentaire	500 € par dent en cas d'accident caractérisé
Frais d'optique	400 € en cas d'accident caractérisé
RAPATRIEMENT MÉDICAL	Frais illimités
Rapatriement médical et transport du corps	Frais illimités
Visite d'un parent si l'assuré est hospitalisé plus de 5 jours	2 000 €
CAPITAL DÉCÈS	15 000 €
CAPITAL INVALIDITÉ À LA SUITE D'UN ACCIDENT**	
Permanente totale	75 000 €
Permanente partielle (application directe du %)	De 1 % à 99 %
RETOUR ANTICIPÉ	
En cas de décès accidentel ou risque de décès d'un parent proche (conjoint, enfant, père, mère, frère, sœur)	Billet de retour
PRÉJUDICE MORAL ESTHÉTIQUE (inclus dans le capital invalidité)	15 000 €
ASSURANCE RESPONSABILITÉ CIVILE VIE PRIVÉE	
Dommages corporels garantis à 100 % y compris honoraires d'avocats et assistance juridique accidents	750 000 €
Dommages matériels garantis à 100 % y compris honoraires d'avocats et assistance juridique accidents	450 000 €
Dommages aux biens confiés	1 500 €
FRAIS DE RECHERCHE ET DE SAUVETAGE	2 000 €
AVANCE D'ARGENT (en cas de vol de vos moyens de paiement)	1 000 €
CAUTION PÉNALE	7 500 €
ASSURANCE BAGAGES	2 000 € (limite par article de 300 €)***

* Les garanties indiquées sont valables à date d'édition du Guide Le Routard. Par conséquent, nous vous invitons à prendre connaissance préalablement de l'intégralité des Conditions générales mises à jour sur www.avi-international.com ou par téléphone au 01 44 63 51 00 (coût d'un appel local).

** 15 000 euros pour les plus de 60 ans.

*** Les objets de valeur, bijoux, appareils électroniques, photo, ciné, radio, mp3, tablette, ordinateur, instruments de musique, jeux et matériel de sport, embarcations sont assurés ensemble jusqu'à 300 €.

PRINCIPALES EXCLUSIONS* (communes à tous les contrats d'assurance voyage)

- Les conséquences d'événements catastrophiques et d'actes de guerre,
- Les conséquences de faits volontaires d'une personne assurée,
- Les conséquences d'événements antérieurs à l'assurance,
- Les dommages matériels causés par une activité professionnelle,
- Les dommages causés ou subis par les véhicules que vous utilisez,
- Les accidents de travail manuel et de stages en entreprise (sauf avec l'option Sports et Loisirs Plus),
- L'usage d'un véhicule à moteur à deux roues et les sports dangereux : surf, rafting, escalade, plongée sous-marine (sauf avec l'option Sports et Loisirs Plus).

Souscrivez en ligne
sur www.avi-international.com
ou appelez le 01 44 63 51 00*

AVI
Travel insurance and much more

AVI International (SPB Groupe) - S.A.S. de courtage d'assurances au capital de 100 000 euros - Siège social : 40-44, rue Washington (entrée principale au 42-44), 75008 Paris - RCS Paris 323 234 575 - N° ORIAS 07 000 002 (www.orias.fr). Les Assurances Routard Courte Durée et Longue Durée ont été souscrites auprès d'un assureur dont vous trouverez les coordonnées complètes sur le site www.avi-international.com.

Nous tenons à remercier tout particulièrement Loup-Maëlle Besançon, Thierry Bessou, Gérard Bouchu, François Chauvin, Grégory Dalex, Fabrice Doumergue, Cédric Fischer, Carole Fouque, Michelle Georget, David Giason, Claude Hervé-Bazin, Emmanuel Juste, Dimitri Lefèvre, Fabrice de Lestang, Romain Meynier, Éric Milet, Pierre Mitrano, Jean-Sébastien Petitdemange et Thomas Rivallain pour leur collaboration régulière.

Emmanuelle Bauquis
Jean-Jacques Bordier-Chêne
Michèle Boucher
Sophie Cachard
Lucie Colombo
Agnès Debiage
Émilie Debur
Jérôme Denoix
Flora Descamps
Louise Desmoulins
Tovi et Ahmet Diler
Clélie Dudon
Sophie Duval
Alain Fisch
Roman Fossurier
Bérénice Glanger
Adrien et Clément Gloaguen
Marie Gustot
Bernard Hilaire
Sébastien Jauffret
Jacques Lemoine
Amélie Mikaelian
Caroline Ollion
Martine Partrat
Odile Paugam et Didier Jehanno
Émilie Pujol
Prakit Saiporn
Jean-Luc et Antigone Schilling
Caroline Vallano

Direction : Nathalie Bloch-Pujo
Contrôle de gestion : Jérôme Boulingre et Adeline Cazabat Barrere
Secrétariat : Catherine Maîtrepierre
Direction éditoriale : Catherine Julhe
Édition : Matthieu Devaux, Olga Krokhina, Gia-Quy Tran, Julie Dupré, Emmanuelle Michon, Sarah Favaron, Ludmilla Guillet, Coralie Piron, Flora Sallot, Elvire Tandjaoui, Quentin Tenneson, Clémence Toublanc et Sandra Vavdin
Préparation-lecture : Agnès Petit
Cartographie : Frédéric Clémençon et Aurélie Huot
Fabrication : Nathalie Lautout et Audrey Detournay
Relations presse France : COM'PROD, Fred Papet. ☎ 01-70-69-04-69.
• *info@comprod.fr* •
Direction marketing : Adrien de Bizemont, Clémence de Boisfleury et Charlotte Brou
Contacts partenariats : André Magniez (EMD). • *andremagniez@gmail.com* •
Édition des partenariats : Élise Ernest
Informatique éditoriale : Lionel Barth
Couverture : Clément Gloaguen et Seenk
Maquette intérieure : le-bureau-des-affaires-graphiques.com, Thibault Reumaux et npeg.fr
Relations presse : Martine Levens (Belgique) et Maureen Browne (Suisse)
Régie publicitaire : Florence Brunel-Jars

INDEX GÉNÉRAL

LISTE DES CARTES ET DES PLANS

Remarque importante aux hôteliers et restaurateurs

Les enquêteurs du *Routard* travaillent dans le plus strict anonymat. Aucune réduction, aucun avantage quelconque, aucune rétribution n'est jamais demandé en contrepartie. Face aux aigrefins, la loi autorise les hôteliers et restaurateurs à porter plainte.

Avis aux lecteurs

Le Routard, ce n'est pas comme le bon vin, il vieillit mal. On ne veut pas pousser à la consommation, mais évitez de partir avec une édition ancienne. Les modifications sont souvent importantes.
Les réductions accordées à nos lecteurs ne sont jamais demandées par nos rédacteurs afin de préserver leur indépendance. Les hôteliers et restaurateurs sont sollicités par une société de mailing, totalement indépendante de la rédaction, qui reste donc libre de ses choix. De même pour les autocollants et plaques émaillées.

Avec routard.com, choisissez, organisez, réservez et partagez vos voyages !

✓ Rejoignez la plus grande communauté francophone de voyageurs : plus de **2 millions** de visiteurs !

✓ Échangez avec les routarnautes : forums, photos, avis d'hôtels.

✓ Retrouvez aussi toutes les informations actualisées pour choisir et préparer vos voyages : plus de 200 fiches pays, une centaine de dossiers pratiques et un magazine en ligne pour découvrir tous les secrets de votre destination.

✓ Enfin, comparez les offres pour organiser et réserver votre voyage au meilleur prix.

Les **Routards** *parlent aux* **Routards**

Faites-nous part de vos expériences, de vos découvertes, de vos tuyaux. Indiquez-nous les renseignements périmés. Aidez-nous à remettre l'ouvrage à jour. Faites profiter les autres de vos adresses nouvelles, combines géniales... On adresse un exemplaire gratuit de la prochaine édition à ceux qui nous envoient les lettres les meilleures, pour la qualité et la pertinence des informations. Quelques conseils cependant :
– Envoyez-nous votre courrier le plus tôt possible afin que l'on puisse insérer vos tuyaux sur la prochaine édition.
– N'oubliez pas de préciser l'ouvrage que vous désirez recevoir, ainsi que votre adresse postale.
– Vérifiez que vos remarques concernent l'édition en cours et notez les pages du guide concernées par vos observations.
– Quand vous indiquez des hôtels ou des restaurants, pensez à signaler leur adresse précise et, pour les grandes villes, les moyens de transport pour y aller. Si vous le pouvez, joignez la carte de visite de l'hôtel ou du resto décrit.
– N'écrivez si possible que d'un côté de la lettre (et non recto verso).
– Bien sûr, on s'arrache moins les yeux sur les lettres dactylographiées ou correctement écrites !
En tout état de cause, merci pour vos nombreuses lettres.

122, rue du Moulin-des-Prés, 75013 Paris

• *guide@routard.com* • *routard.com* •

Routard Assurance *2017*

Née du partenariat entre *AVI International* et le *Routard*, *Routard Assurance* est une assurance voyage complète qui offre toutes les prestations d'assistance indispensables à l'étranger : dépenses médicales, pharmacie, frais d'hôpital, rapatriement médical, caution et défense pénale, responsabilité civile vie privée et bagages. Présent dans le monde entier, le plateau d'assistance d'*AVI International* donne accès à un vaste réseau de médecins et d'hôpitaux. Pas besoin d'avancer les frais d'hospitalisation ou de rapatriement. Numéro d'appel gratuit, disponible 24h/24. *AVI International* dispose par ailleurs d'une filiale aux États-Unis qui permet d'intervenir plus rapidement auprès des hôpitaux locaux. À noter, *Routard Assurance Famille* couvre jusqu'à 7 personnes, et *Routard Assurance Longue Durée Marco Polo* couvre les voyages de plus de 2 mois dans le monde entier. *AVI International* est une équipe d'experts qui répondra à toutes vos questions par téléphone : ☎ 01-44-63-51-00 ou par mail • *routard@avi-international.com* • Conditions et souscription sur • *avi-international.com* •

Édité par Hachette Livre (58, rue Jean-Bleuzen, CS 70007, 92178 Vanves Cedex, France)
Photocomposé par Jouve (45770 Saran, France)
Imprimé par Lego SPA Plant Lavis (via Galileo Galilei, 11, 38015 Lavis, Italie)
Achevé d'imprimer le 20 avril 2017
Collection n° 13 - Édition n° 01
84/8045/2
I.S.B.N. 978-2-01-279944-8
Dépôt légal : avril 2017

PAPIER À BASE DE FIBRES CERTIFIÉES